# PIRANDELLO
DO TEATRO NO TEATRO

Coleção Textos

Dirigida por:

João Alexandre Barbosa (1937-2006)
Roberto Romano
Trajano Vieira
João Roberto Faria
J. Guinsburg

Equipe de realização – Revisão: Olga Cafalcchio de Oliveira; Capa: Adriana Garcia; Ilustrações: Rita Rosenmayer; Produção: Ricardo W. Neves e Sergio Kon.

# PIRANDELLO
## DO TEATRO NO TEATRO

J. GUINSBURG
Organização

PERSPECTIVA

CIP-Brasil. Catalogação na Publicação
Sindicato Nacional dos Editores de Livros, RJ

Pirandello, Luigi, 1867-1936.
  Pirandello: do teatro no teatro / J. Guinsburg, organização. – São Paulo: Perspectiva, 2009. – (Coleção textos; 11)

  1ª reimpr. da 1. ed. de 1999.
  ISBN: 978-85-273-0197-8

  1. Teatro italiano I. Guinsburg, J. II.Título. III. Série.

09-00640                                                          CDD-852

Índices para catálogo sistemático:
1. Teatro : Literatura italiana    852

1ª edição – 1ª reimpressão
[PPD]

Direitos reservados em língua portuguesa à

EDITORA PERSPECTIVA LTDA.

Av. Brigadeiro Luís Antônio, 3025
01401-000 São Paulo SP Brasil
Telefax: (11) 3885-8388
www.editoraperspectiva.com.br
2019

# SUMÁRIO

Nota de Edição .................................... 9
Uma Operação Tragicômica do Dramático: O Humorismo –
   *J. Guinsburg* .................................. 11
Princípios Estéticos Desentranhados das Peças de Pirandello
   sobre o Teatro – *Sábato Magaldi* ................ 15
Pirandello: "Sou Aquele Por Quem me Tomam" – *Francisco
   Maciel Silveira* ................................. 35

O HUMORISMO ...................................... 41

Primeira Parte

   1. *A Palavra "Humorismo"* ....................... 43
   2. *Questões Preliminares* ....................... 51
   3. *Distinções Sumárias* ......................... 62
   4. *Humorismo e Retórica* ........................ 69
   5. *A Ironia Cômica na Poesia Cavaleiresca* ...... 83
   6. *Humoristas Italianos* ........................ 126

Segunda Parte

*Essência, Caracteres e Matéria do Humorismo* ....... 141

SEIS PERSONAGENS À PROCURA DE UM AUTOR ...... 179

ESTA NOITE SE REPRESENTA DE IMPROVISO ......... 241

CADA UM A SEU MODO ............................ 317

Presença de Pirandello no Brasil – *Annateresa Fabris e Mariarosaria Fabris* ................................... 385

# NOTA DE EDIÇÃO

Reuni neste volume as três peças, *Seis Personagens à Procura de um Autor, Esta Noite se Representa de Improviso* e *Cada Um a seu Modo*, nas quais Pirandello discute e problematiza mais diretamente o modo de ser da arte teatral e sobretudo o estatuto da personagem dramática. Como, de outra parte, sob um ângulo exclusivamente crítico e em explícitas formulações conceituais, esta discussão é desenvolvida em *O Humorismo*, em conjunto com a análise específica do tema que dá o título ao referido ensaio, pareceu-me que seria de grande proveito para os leitores e eventuais realizadores teatrais das peças emoldurá-las com o discurso teórico do próprio Pirandello.

Como observo no meu trabalho introdutório, a vinculação direta entre os citados textos dramáticos e o estudo pirandelliano me foi sugerida pelo ensaio de Sábato Magaldi, inserido em *O Cenário no Avesso*, sob o título: "Princípios Estéticos Desentranhados das Peças de Pirandello sobre Teatro", escrito que também incluímos nesta coletânea, pela perspicaz e pertinente visão de seu autor.

As peças foram por mim traduzidas de parceria com Roberta Barni, Sérgio Coelho e Pérola de Carvalho, diretamente do italiano; mas, quero esclarecer que a forma final dada a cada uma dessas obras é de minha responsabilidade, tendo eu me guiado pelo desejo de conferir à versão em português a mesma norma da linguagem original, não obstante os coloquialismos, e também por julgar que as adaptações às necessidades do diálogo no palco devem ficar a cargo dos diretores e atores, conforme os seus projetos de encenação.

Devo consignar ainda, com os meus agradecimentos, a colaboração das Profas. Mariarosaria Fabris e Annateresa Fabris, de Nydia Lícia, de Pérola de Carvalho, de Sábato Magaldi e de Sérgio Coelho, que me emprestaram livros bem como elementos iconográficos e me auxiliaram em algumas passagens da tradução de *O Humorismo*.

*J. Guinsburg*

# UMA OPERAÇÃO TRAGICÔMICA DO DRAMÁTICO: O HUMORISMO

*J. Guinsburg*

Pode parecer à primeira vista que o texto de Pirandello seja uma discussão sobre a natureza geral do humor, a sua diferença com a categoria do cômico entendida como abrigando somente as suas formas extremas, tais como a farsa, a burla, a paródia grosseira, a linguagem macarrônica, e um mapeamento da presença mais ou menos acentuada do traço humorístico na literatura italiana. De fato, é o que o ensaio pirandelliano faz ao tratar extensamente desses tópicos, defendendo, inclusive polemicamente, uma profunda revisão não só dos fundamentos estéticos – como ocorre na brilhante argüição das idéias de Croce, em particular – mas também, em geral, da conceituação histórico-literária e retórico-aristotélica vigente na crítica peninsular da época em que o trabalho foi escrito. É o caso, por exemplo, da recusa que o ensaísta opõe aos que, sob a influência das teorias críticas de Taine e outros, vêem formas de qualificação estética em atributos etnoculturais, como seja o *esprit* francês, a *Ironie* alemã e o *humour* inglês. Do ponto de vista atual e das abordagens exegéticas que o traduzem, este modo de ver a questão só pode ser aplaudido, ainda que, na argumentação do autor, se faça sentir, por vezes, o sabor de um nacionalismo politicamente bastante em voga na época, mas que talvez milite até contra o internacionalismo ou o universalismo que observa no gênio artístico e na disposição humorística não só dos italianos, como de todos os povos.

Mas esses aspectos talvez não sejam os mais notáveis no discurso que o sagaz e combativo crítico desenvolve com a sua grande argúcia e não menor erudição. Algo bem mais relevante está embutido em sua exposição. Sábato Magaldi, em seu estudo sobre "A Estética de Pirandello" (em *O Cenário no Avesso*), faz ver, com muita justeza, o quanto algumas das principais peças do dramaturgo estão ligadas às concepções sustentadas na reflexão sobre o humor. E esse entendimento é confirmado não só pela referência direta ao ensaio por um dos interlocutores de *Seis Personagens à Procura de um Autor*, como pelo teor de vários argumentos apresentados em outros textos teatrais do mesmo escritor.

Na verdade, não será exagero dizer que toda a teoria dramática de Pirandello, tantas vezes por ele exposta de modo tão original e artístico em suas obras dramatúrgicas, encontra na metalinguagem do estudo sobre o humorismo a sua versão formal apropriada, como se o autor desde sempre trabalhasse com esse instrumental estético e filosófico ou, ao menos, com padrões por ele moldados e perfeitamente definidos. É claro que a sua arte contém muito mais do que modelos objetivados e acabados. Não fosse assim, suas discussões sobre a realidade da vida, a realidade do teatro, o realismo e o real *tout court* não poderiam provocar, ao nível de uma comunicação meramente ficcional do teatro no teatro, a interrogação encarnada existencialmente em tantas de suas personagens e transmitida a tantos de seus receptores (espectadores e leitores) e ao mesmo tempo envolver estes últimos no fascínio das existências dubitativas que aquelas deixam em seu rastro.

Mas, de outro lado, não há dúvida de que Pirandello, já por sua formação e pela própria natureza de seu teatro, elaborou analiticamente as principais chaves de sua poética de criação. A pessoa como *personae*, como máscara de si mesma, como forma que define a sua personagem no jogo do ser não sendo do homem; a identidade que é ao mesmo tempo o velar-se da ficção para o revelar-se do real no irreal pelos atos de realização dramática da obra teatral – são alguns dos operadores postos em cena para flagrar a ambiguidade e a ambivalência essenciais do *self* e de sua autorepresentação no fluxo anímico de sua existência fenomênica. É o teatro no teatro que faz da vida do palco o palco da vida. Compreende-se pois que seja inerente à obra pirandelliana uma estética visceralmente fenomenológica e que esta se apresente como tal, ao menos no universo das peças, quando se efetua a leitura das concepções a elas subjacentes em termos de uma metalinguagem das mais sutis e mais profundas, inclusive como corpo teórico. Nesse sentido, o pensamento que preside a sua arte é também uma reflexão sobre o modo de ser desta, e não é de surpreender que se encontre em *O Humorismo* uma teoria do tragicômico ("o senso do contrário") como fundamento do grotesco, da existência que desestabiliza o *ontos* das criaturas, e que se realizem aí representações exemplares do *Assim É (se lhes Parece)*. Por isso mesmo, cabe considerar a dramaturgia pirandelliana no conjunto e especificamente o texto sobre o humor uma indagação das mais penetrantes na insustentável pesantez de ser das colocações tradicionais e um ponto de partida, como Tchékhov o foi, de uma nova percepção de um teatro dramático capaz de enfrentar ontológica e fenomenalmente o contraditório da criatura, da psique e da vida dos homens. É certo que o enfrentamento com as duplicidades, as ambigüidades anuladoras das essências, como em *Esta Noite se Representa de Improviso*, tem sido perseguido por outras vias e em outras versões cênicas desde o início deste século. Mas Pirandello foi um dos que genialmente o descortinaram no próprio fundo do teatro tradicional, de seus estereótipos melodramáticos e cênicos, pela trama dos contragolpes do humor.

# PRINCÍPIOS ESTÉTICOS DESENTRANHADOS DAS PEÇAS DE PIRANDELLO SOBRE TEATRO*

*Sábato Magaldi*

É natural que Pirandello, ao meditar sobre o teatro em suas peças, adotasse a perspectiva do dramaturgo, valorizando o texto no conjunto do fenômeno cênico. Um autor que renovou a literatura dramática deveria forçosamente atribuir-lhe um significado especial entre os vários elementos do espetáculo. À medida, porém, que ele amadureceu e se familiarizou com os problemas da vida teatral, sua visão foi perdendo a possível unilateralidade e passou a refletir um equilíbrio bastante próximo dos modelos correntes em nossos dias.

*Seis Personagens à Procura de um Autor*, a primeira peça da trilogia do "teatro dentro do teatro" (as duas outras são *Cada Um a seu Modo*, tradução literal de *Ciascuno a Suo Modo*, e *Esta Noite Improvisamos*, título da montagem brasileira de *Questa Sera Si Recita a Soggetto*), não só já desenvolve os temas fundamentais da estética pirandelliana mas, desmontando para o público o processo da criação, é talvez a obra mais fascinante do dramaturgo e um dos documentos fundamentais sobre a experiência criadora na história literária.

A trama baseia-se num artifício, perfeitamente justificável no universo da ficção: seis personagens, recusadas pelo autor que as concebeu, procuram alguém que as passe para a obra realizada. O artifício está em que, no teatro, essas personagens surgiriam com a sua própria

* Texto publicado em *O Cenário no Avesso*, São Paulo, Perspectiva, 1977, Coleção Elos, n. 10.

substância diante de todos, não mediadas pelo ator. Em conseqüência, o público estaria vendo as personagens em estado puro, sem a modificação imposta pelo crivo do intérprete.

Pirandello utiliza-se desse recurso para examinar a relação personagem-intérprete ou, em outras palavras, dramaturgo-ator. Nessa altura de sua vida (Pirandello nasceu em 28 de junho de 1867 e faleceu em 10 de dezembro de 1936, e *Seis Personagens* foi encenada pela primeira vez em 10 de maio de 1921, no Teatro Valle de Roma, pela Cia. Niccodemi, com Vera Vergani e Luigi Almirante nos principais papéis), ele ainda via o texto literário como o valor definitivo, que a presença do intérprete só poderia deturpar. Na imaginação do autor, a personagem teria uma essência que, vista de fora, se aproximaria da caricatura. A verdade da criatura humana é inalcançável, e a mais séria tentativa de captação desvenda apenas um ou outro de seus dados e não a imagem inteira. Do ponto de vista rigoroso do autor, o teatro se definiria como um equívoco, porque participa de sua realidade a traição ao sentido original das palavras.

Não é de estranhar esse radicalismo teórico, porque ele se nutre do conceito de incomunicabilidade, subjacente em todo o pensamento pirandelliano. Se um homem não se revela totalmente a outro, por que a personagem se desnudaria para o intérprete? Na dramaturgia, esse conceito, ao invés de fechar a personagem em obscuridade, abre-a para uma série infinita de possíveis, sem o risco de a dissolução decompô-la em fragmentos inidentificáveis.

O procedimento pirandelliano funda-se em algumas crenças, assumidas até as últimas conseqüências. Em primeiro lugar, eu posso crer-me alguém, mas sou tantos quantas são as pessoas que me contemplam, já que as imagens não se igualam. A personagem, dessa forma, se enriquece pelas diferentes visões que sugere, abrindo-se a uma gama imensa de exegeses. Por outro lado, se eu me creio hoje um, essa pessoa não é a mesma de ontem e não será igual à de amanhã. O fluxo da vida pode acumular imagens parecidas, numa mesma linha direcional, mas ninguém estará fixado numa realidade única e imutável. Pode-se concluir que essa premissa psicológica resultará em extraordinária riqueza estética.

*Seis Personagens* fornece a maioria desses dados ao leitor, que precisa apenas escolhê-los no texto. Uma réplica do Pai sintetiza muito bem o problema da diversidade da personagem:

> O drama, para mim, está todo nisto: na convicção que tenho de que cada um de nós julga ser "um", o que não é verdade, porque é "muitos"; tantos quantas as possibilidades de ser que existem em nós: "um" com este; "um" com aquele –

diversíssimos! É com a ilusão, entretanto, de ser, sempre, "um para todos", e sempre "aquele um" que acreditamos ser, em cada ato nosso. Não é verdade! Não é verdade! Percebemos bem isso, quando, em qualquer de nossos atos, por um acontecimento infeliz, ficamos como que enganchados e suspensos e nos damos conta de não estarmos, por inteiro, naquele ato, e que seria, portanto, uma injustiça atroz julgar-nos só por isso, manter-nos enganchados e suspensos no pelourinho, durante uma existência inteira, como se toda ela se resumisse naquele ato![1]

Como a personagem está fixada no texto e um homem varia a cada momento do cotidiano, o Pai observa:

Uma personagem, senhor, pode sempre perguntar a um homem quem ele é. Porque uma personagem tem, verdadeiramente, uma vida sua, assinalada por caracteres próprios, em virtude dos quais é sempre "alguém". Enquanto um homem – não me refiro ao senhor, agora (ele se dirige ao Diretor) – um homem, assim, genericamente, pode não ser ninguém.

E explica:

Apenas para saber se, realmente, tal como é agora, o senhor se vê... como vê, por exemplo, na distância do tempo, o que era em outra época, com todas as ilusões que então se forjava, com todas as coisas, dentro e em redor de si, como então lhe pareciam – e eram, realmente, para o senhor! Pois bem! tornando a pensar naquelas ilusões que, agora, o senhor não mais se forja; em todas aquelas coisas que, agora, não lhe "parecem" mais como "eram", para o senhor, em outro tempo, não sente faltar-lhe, já não digo estas tábuas do palco, mas a própria terra, debaixo dos pés, considerando que do mesmo modo "este", como o senhor se sente agora, toda a sua realidade de hoje, assim como é, está destinado a parecer-lhe ilusão, amanhã?... (p. 99)

Não há contradição entre esse "alguém" definido da personagem e a matéria humana fluida de que ela se nutre. Porque a personagem incorpora as contradições aparentemente inconciliáveis do homem e apenas as fixa numa forma imutável. Daí, no dizer de Pirandello, a consistência maior da personagem em relação ao homem. A peça dá às seis personagens, desde o seu aparecimento no palco, uma realidade mais verdadeira que a dos frágeis seres humanos, e confere à sua criação um valor de permanência que não existe na finitude das criaturas comuns.

Veja-se, já na entrada, como Pirandello descreve as Personagens:

As Personagens não deverão aparecer como "fantasmas", porém como "realidades criadas", construções imutáveis da fantasia e, por conseguinte, mais reais e consistentes do que a volúvel naturalidade dos Atores. (p. 13)

1. *Seis Personagens à Procura de um Autor*, trad. Brutus D. G. Pedreira, volume I do *Teatro de Pirandello*, Civilização Brasileira, 1972, pp. 43-44.

Adiante, o Pai explicita este pensamento: "Há seres vivos mais vivos que aqueles que respiram e vestem roupas! Menos reais, talvez, porém mais verdadeiros" (p. 18). E, ao narrar que o autor que as criou vivas e não quis, depois, ou não pôde, materialmente, metê-las no mundo da arte, ele perora em favor da personagem:

> E foi um verdadeiro crime, senhor (desperdiçar essas personagens), porque quem tem a sorte de nascer personagem viva pode rir até da morte. Não morre mais! Morrerá o homem, o escritor, instrumento da criação; a criatura não morre jamais! E, para viver eternamente, nem mesmo precisa possuir dotes extraordinários ou realizar prodígios. Quem era Sancho Pança? Quem era Dom Abbondio? E, no entanto, vivem na eternidade, porque, germes vivos, tiveram a felicidade de encontrar a matriz fecunda, a fantasia que os soube criar, que os fez viver para a eternidade! (p. 20)

A circunstância de que a realidade do homem pode mudar de hoje para amanhã é mais um argumento a favor da personagem. A imutabilidade da personagem constitui sua diferença em relação ao homem, como afirma o Pai: se a realidade humana muda, "a nossa não! Está vendo? A diferença é esta! Não muda, não pode mudar, nem ser outra, jamais, porque já está fixada – assim – "esta" – para sempre – (é terrível, senhor!) realidade imutável, que devia dar-lhes um arrepio, ao aproximarem-se de nós!" (p. 101). E se a personagem é imutável, tem uma realidade tão própria que o autor não pode alterá-la ao seu arbítrio. O Pai explica:

> Quando as personagens são vivas, diante de seu autor, este não faz outra coisa senão segui-las, nas palavras, nos gestos que, precisamente, elas lhe propõem. E é preciso que ele as queira como elas querem ser; e ai dele se não fizer isso! Quando uma personagem nasce, adquire logo tal independência, mesmo em relação ao seu autor, que pode ser imaginada por todos, em várias outras situações, nas quais o autor nem pensou colocá-la, e adquirir, também, às vezes, um significado que o autor nunca sonhou dar-lhe! (pp. 101-102)

A personagem é, assim, para Pirandello, um ser concreto e acabado, sem as imperfeições humanas. Ela seria o produto superior da criatividade, pois "a natureza se serve da fantasia humana como instrumento para prosseguir, em nível mais alto, a sua obra de criação" (p. 18). E ela enriquece o registro civil, porque "se nasce, para a vida, de tantos modos, de tantas formas... Árvore ou pedra, água ou borboleta... ou mulher... E [...] se nasce, também, personagem!" (p. 18). Acrescentada à natureza como criatura viva, pelo prodígio da invenção do autor, a personagem passa a reagir com a sua coerência própria que, no confronto imaginário com o ator, provocaria inevitavelmente um conflito.

Em diversos momentos de *Seis Personagens* esse conflito se torna agudo, como se Pirandello quisesse demonstrar a impraticabilidade da passagem da obra ao público, por intermédio do ator. A Enteada, por exemplo, não se vê na Primeira Atriz, que deve interpretá-la. O Pai fala na "expressão" das Personagens, ao que o Diretor objeta:

> Qual nada! Aqui, ela se torna matéria à qual dão corpo e aspecto, voz e gesto, os atores, que, não o esqueça, têm sabido dar expressão a matéria bem mais alta. A de vocês é tão pequena, que, caso se mantenha em cena, o mérito – pode crer! – caberá inteiramente aos meus atores. (pp. 60-61)

Não obstante a defesa que o Diretor faz do intérprete, elevando sua função dentro do processo do teatro, o impasse continua, com a nova argumentação do Pai:

> [...] a representação que fará, mesmo pondo em prática todos os recursos de caracterização, para ficar parecido comigo... (ele se refere ao Primeiro Ator) acho que, com essa altura... (*Todos os Atores riem.*) dificilmente poderá ser uma representação de mim, como realmente sou. Será, antes – pondo de parte o aspecto – será, mais exatamente, como lhe parece que sou, como o senhor me sente – se é que me sente – e não como eu me sinto, dentro de mim. E acho que isto deve ser levado em conta por quem for chamado a julgar-nos. (p. 62)

O drama prossegue quando a Enteada explode em riso e a Primeira Atriz se recusa a "fazer de palhaça" para ela. O Pai a justifica: "Por mais que admire os Atores, eles não são nós..." (p. 84). O Primeiro Ator e a Primeira Atriz interpretam bem os papéis do Pai e da Enteada: "Creia, porém, que, a nós, nos parece outra coisa, que quer ser a mesma e, no entanto, não é". E o Pai esclarece: "Uma coisa... que se torna deles... e não é mais nossa" (p. 84).

O Filho, adiante, dialogando com o Diretor, mostra-lhe a impraticabilidade da realização do espetáculo:

> Mas não compreendeu, ainda, que não pode fazer esta peça? Nós não estamos dentro do senhor e os seus atores nos olham de fora. Parece-lhe possível que se viva diante dum espelho que, além do mais, não satisfeito com gelar-nos, ao refletir a imagem da nossa própria expressão, a restitui a nós como um esgar irreconhecível de nós mesmos?... (p. 111)

Pirandello atribui tanta realidade à personagem que a peça termina com a morte do Rapazinho de catorze anos, irmão da Enteada. Ele se dá um tiro de revólver e, quando a Primeira Atriz constata que ele morreu, o Primeiro Ator objeta: "Morto o quê! Ficção, ficção! Não acredito!..." Os Atores se dividem, considerando ficção ou realidade a morte, e o Pai exclama: "Mas que ficção! Realidade, realidade, senhores! Realidade!..." Sem suportar essa carga de tragédia, o Diretor deseja a volta ao nosso cotidiano prosaico: "Ficção, realidade! Vão todos para o diabo que os carregue! Luz! Luz! Luz! Luz!" (p. 117). O que não impede que se projetem, por fim, as sombras das Personagens, como realidades tangíveis, que assustam o estreito racionalismo do Diretor.

Embora a peça seja, fundamentalmente, uma reflexão sobre a personagem e seu relacionamento com o ator, Pirandello trata nela de outros aspectos do teatro. Ainda quanto ao ator, ele não deixa de satirizar o seu vedetismo: ao começar o ensaio, a Primeira Atriz está, como sempre, atrasada, e surge com um "chapelão petulante" e um cãozinho no braço. Não há indicações de que Pirandello tenha desejado renovar todos os aspectos do espetáculo, porque ele se limita a anotar, por exemplo, a colaboração do Ponto, não aceita hoje em dia, e a referir o procedimento cenográfico da época, incompatível com as exigências estéticas de agora. A peça começa quando vão iniciar-se os ensaios do segundo ato de *Il Giuoco delle Parti* (traduzida por *A Cada Qual o seu Papel*) e, como a rubrica menciona "uma estranha sala de jantar e de estudo" em casa de Leone Gala, o Diretor diz ao Assistente: "Poremos o gabinete vermelho" (p. 10). Pirandello não parece insurgir-se, assim, contra a prática antiga de se aproveitarem para as mais diferentes peças cenários já construídos e incorporados ao acervo da companhia.

No diálogo com o Diretor, o Pai sintetiza com felicidade a questão da verossimilhança, tratada já na *Poética* de Aristóteles. Escreveu Aristóteles:

[...] não é ofício de poeta narrar o que realmente acontece; é, sim, o de representar o que poderia acontecer, quer dizer: o que é possível, verossímil e necessariamente[2].

O Pai diz ao Diretor:

Oh, senhor, sabe muito bem que a vida é cheia de infinitos absurdos, os quais, descaradamente, nem ao menos têm necessidade de parecer verossímeis. E sabe por que, senhor? Porque esses absurdos são verdadeiros. (*Seis Personagens*, p. 16)

E completa:

Digo que, ao pensarmos nesses absurdos verdadeiros, que nem mesmo verossímeis nos parecem, vemos que a loucura consiste, justamente, no oposto: em criar verossimilhanças que pareçam verdadeiras. E essa loucura, permita-me que lhe observe, é a única razão de ser da profissão dos senhores. (p. 17)

2. *Poética*, trad. Eudoro de Sousa, Lisboa, Guimarães & Cia. Editores, prefácio datado de março de 1951, p. 82.

Aristóteles inscreveu na própria definição de tragédia que ela é imitação de ações e não de homens (*Poética*, pp. 76-77), e Pirandello retoma o problema, preocupado em defender-se da acusação que sempre lhe fizeram de cerebralismo, de "filósofo", de debatedor de idéias, o que deixaria em segundo plano a ação propriamente dita. O Diretor, interrompendo uma réplica da Enteada, fala: "Vamos aos fatos, meus senhores, vamos aos fatos! Isso são discussões". Ao que o Pai responde: "Exatamente! Mas um fato é como um saco: vazio, não fica de pé. Para que fique de pé, é preciso pôr-lhe dentro a razão e o sentimento que o determinaram" (pp. 41-42). A verdade é que Pirandello, embora possa parecer, numa análise superficial, um sofista que se deleita em realizar jogos cerebrais, funda a sua obra numa ação dramática feita ao mesmo tempo de paixão e de razão.

Em *Seis Personagens*, Pirandello esboça o tema da improvisação e o debate sobre o papel do Diretor no conjunto do espetáculo, os quais ele aprofundará em *Esta Noite Improvisamos*. O Diretor de *Seis Personagens* entusiasma-se com a perspectiva de encenar o drama dessas criaturas que, de repente, invadem o palco onde se ensaia. O Terceiro Ator comenta que ele deseja fazê-los improvisar um drama, ao que o Galã acrescenta: "Nem mais, nem menos! Como os atores da *Commedia dell'Arte*" (p. 51). Mas a Ingênua (não haverá ironia, em sua escolha, para dizer a réplica?) explica a atitude do Diretor como vaidade, a "vaidade de figurar como autor" (p. 52). Já aí Pirandello introduz a polêmica contra os encenadores que, a partir do começo do século, assumiram a tal ponto a autoria do espetáculo que passaram a utilizar o texto como pretexto para as suas lucubrações pessoais. Nessa fala da Ingênua, Pirandello caricatura a ambição autoral do Diretor, que gosta de sobrepor-se ao significado do texto.

Muitas das idéias desenvolvidas em *Seis Personagens* encontram-se no ensaio *O Humorismo*, de 1908. Aí, Pirandello teoriza sobre problemas que surgirão, na peça, em forma dramática. Veja-se, por exemplo, a seguinte passagem do livro, que parece extraída da peça:

> E justamente as várias tendências que marcam a personalidade fazem pensar com seriedade que não seja *uma* a alma individual. Como considerá-la *uma*, com efeito, se paixão e razão, instinto e vontade, tendências e idealidade, constituem, de certo modo, outros tantos sistemas distintos e móveis, que fazem que o indivíduo, vivendo ora um ora outro entre eles, ora algum compromisso entre duas ou mais direções psíquicas, apareça como se verdadeiramente existissem nele mais almas diversas e até opostas, mais e opostas personalidades? "Não há homem", observou Pascal, "que difira mais de outro do que de si mesmo, na sucessão do tempo"[3].

3. *Saggi di Luigi Pirandello*, a cura di Manlio Lo Vecchio Musti, Arnoldo Mondadori Editore, 1952, p. 165.

O gosto do contrário, que está na gênese da personagem pirandelliana, define o humorismo. Escreveu Pirandello:

> O humorismo consiste no sentimento do contrário, provocado pela especial atividade da reflexão que não se oculta, que não se torna, como ordinariamente na arte, uma forma do sentimento, mas o seu contrário, também seguindo passo a passo o sentimento como a sombra segue o corpo. O artista comum cuida somente do corpo: o humorista cuida do corpo e da sombra, e talvez mais da sombra que do corpo; anota todas as brincadeiras dessa sombra, como ela ora se alonga e ora se achata, quase a fazer trejeitos para o corpo, que no entanto não o calcula e não se importa com isso. (p. 175)

Pode-se concluir, sem dificuldade, que Pirandello, ao enfrentar o problema da estética teatral, na dramaturgia, já havia elaborado um sistema, de que as peças são uma resultante.

*Cada Um a seu Modo* (estreada em 22 de maio de 1924, no Teatro dei Filodrammatici de Milão, pela Companhia Niccodemi) encara os problemas da estética teatral por outro ângulo, não abrangido pela temática de *Seis Personagens*. A situação básica nasce da circunstância de que Pirandello teria escrito uma peça inspirada no suicídio do escultor La Vela, que surpreendeu a noiva, a atriz Amélia Moreno, nos braços do barão Nuti. O conflito maior decorre da presença dos inspiradores do texto no espetáculo. Trata-se de uma peça *à clef*, que sugere a Pirandello uma reflexão sobre o binômio vida-arte.

Na ficção baseada no acontecimento real, comenta-se numa festa que o jovem pintor Giorgio Salvi (o escultor La Vela) se matou por causa da atriz Délia Morello (a atriz Amélia Moreno), envolvida com Michele Rocca (o barão Nuti). Os amigos Doro e Francesco discutem sobre Délia Morello e, no dia seguinte, ambos mudam de idéia: cada qual se convenceu das razões do adversário, o que demonstra, mais uma vez, que o verso e o reverso pouco se distinguem para Pirandello.

Délia, cientificada da defesa que Doro fez dela, procura-o para agradecer-lhe, já que se reconheceu nas razões por ele apresentadas. Na realidade Délia desejou ser surpreendida na situação constrangedora pelo noivo, a fim de evitar, dessa forma, o casamento. As considerações desembocam na certeza de que ninguém conhece efetivamente os motivos de seus impulsos – eles permanecem na obscuridade. Mas a descoberta ou a justificação dos impulsos das personagens são menos importantes que as conseqüências de seu inter-relacionamento e as indagações no campo próprio da arte.

Os protagonistas da história verdadeira protestam contra a visão dada ao seu drama pelos atores, no palco. Mas o barão e a atriz se encontram, nos bastidores, e se comportam como ocorreu no espetáculo nascido deles, isto é, são tomados por um amor fulminante. Nesse caso, pode-se afirmar que a vida imitou a arte – axioma de Oscar Wilde, que o esteticismo de Pirandello parece assumir. A vida da arte é mais verdadeira e duradoura que a vida real e, por isso, se converte em modelo para a frágil conduta humana. O Espectador Inteligente faz o seguinte comentário: "Fizeram forçosamente sob os nossos olhos, sem querê-lo, aquilo que a arte tinha previsto"[4].

Outro ângulo curioso da peça é que a dialética pirandelliana incorpora os contrários em todas as questões. Há os espectadores favoráveis e os desfavoráveis ao espetáculo, bem como os críticos que o aceitam e os que o recusam. Pirandello inclui essas dicotomias no cerne da produção literária, como se ela necessitasse dos contrários para ficar de pé. Como se vê, a contradição em todos os campos é erigida em sustentáculo da própria obra de arte.

Pirandello incorpora os opostos como componentes de sua criação. Essa verdade já surgia no fato de as personagens se convencerem dos argumentos de seus adversários e os abraçarem como se tivessem nascido de si mesmas. O fenômeno exemplifica também o relativismo do raciocínio e da estética pirandellianos – uma sabedoria irônica, de quem nunca se sentiu dono da verdade e se pôs em questão, como a tudo o mais existente na terra. Se esse ceticismo pode parecer insatisfatório num mundo que reclama certezas, ele é muito mais aceitável e profícuo do que a maioria das verdades, sempre primárias e inadmissíveis, que nos são oferecidas.

O texto, embora se mova no mesmo clima nervoso e apaixonado das obras-primas pirandellianas, não esgota o tema proposto com a felicidade com que *Seis Personagens* examinou o seu. Talvez o achado de *Cada Um a seu Modo* não tivesse o mesmo vigor exemplar da primeira peça da trilogia do "teatro dentro do teatro". A obra, do ponto de vista literário, parece um acréscimo à anterior, não uma criação inédita, equivalente a ela no plano da arte. De qualquer forma, desentranham-se dela princípios estéticos não contidos em *Seis Personagens*.

*Esta Noite Improvisamos* (lançada em 14 de abril de 1930, pelo Teatro Di Torino, companhia especialmente constituída para esse fim, sob a direção de Guido Salvini) encerra a trilogia, debatendo um tema da maior atualidade no campo da estética teatral. Ao fazer a "Premessa"

---

4. *Ciascuno a Suo Modo, Maschere Nude*, Arnoldo Mondadori Editore, vol. I, 1965, p. 219.

aos três trabalhos, coligidos no primeiro volume da edição definitiva de seu teatro, Pirandello assim o distingue, caracterizando cada um deles:

> A diversidade dos três trabalhos entre si resulta, além do seu argumento, da maneira e da qualidade dos próprios conflitos entre os elementos do teatro. No primeiro o conflito é entre as Personagens e os Atores e o Diretor; no segundo, entre os Espectadores e o Autor e os Atores; no terceiro, entre os Atores transformados em Personagens e o seu Diretor[5].

O problema está deslocado, assim, em *Esta Noite Improvisamos*, do espetáculo para a perspectiva do diretor, que naquela época, em alguns casos, pretendia constituir-se a última instância do teatro. Não era mais a luta entre o autor e o intérprete, desejando o primeiro o respeito total à palavra, e o segundo, a margem de inspiração que deve vivificar a presença no palco. O dr. *Hinkfuss*, diretor do espetáculo a ser encenado em *Esta Noite Improvisamos*, abole o nome do dramaturgo e pretende coordenar, sob a sua batuta, com base num conto de Pirandello, o desempenho que os atores improvisarão. Não se cogita apenas de estudar a posição do encenador dentro do espetáculo, com um texto qualquer. O dramaturgo quis caricaturar a volúpia autoral dos diretores que, sem o dom da criação literária, procuram substituir-se a ela e transformá-la em mero pretexto de espetáculo. O dr. Hinkfuss, para se configurar melhor a situação, aparece no limite extremo em que tenta extrair a montagem de uma novela e não de uma peça.

Os pressupostos estéticos do diretor se alinham na exposição que ele faz, à guisa de prólogo, respondendo às interpelações do público (nesse diálogo com o público, não estará Pirandello advogando a necessidade de participação total da platéia no espetáculo?). O raciocínio é tão preciso que basta citar as frases essenciais:

> Seu nome (o do autor) não figura nem nos cartazes. Mesmo porque, de minha parte, seria injusto responsabilizá-lo pelo espetáculo desta noite. O único responsável sou eu! Escolhi uma pequena novela sua, como também poderia ter escolhido a de qualquer outro. Preferi a dele, porque dentre todos os escritores de teatro é, quem sabe, o único que compreendeu que a obra de um escritor acaba no momento mesmo em que ele acabou de escrever a última palavra. Ele se responsabilizará frente aos leitores e frente à crítica literária. Não pode nem deve responsabilizar-se frente aos espectadores e críticos dramáticos, que julgam sentados numa poltrona de teatro. [...] Porque, no teatro, a obra de um escritor não existe mais. [...] A obra de um escritor está aqui (*mostra os papéis*). Que faço dela? Tomo-a, como matéria de minha criação cênica e sirvo-me dela como me sirvo da habilidade dos atores

---

5. *Maschere Nude*, vol. I, p. 51.

escolhidos para representar os papéis, segundo a interpretação que eu lhes dei. [...] Num outro teatro, com outros atores, outros cenários, outros movimentos e outras luzes, o senhor deve admitir que a criação cênica será fatalmente outra. E com isso me parece ter demonstrado que o que se julga no Teatro não é nunca a obra de um escritor – eterna no seu texto – mas, sim, esta ou aquela criação cênica que alguém faz, uma diferente da outra. Para julgar o texto seria necessário conhecê-lo; e isso no teatro não é possível, através de uma interpretação que, feita por certos atores, será uma, e, feita por outros, será fatalmente outra. A única solução seria que a obra pudesse representar-se por si mesma, não mais com os atores, mas com os próprios personagens que, por um milagre, assumissem corpo e voz. [...] As obras de arte vivem numa divina solidão fora do tempo[6].

Nessas passagens, Pirandello configura, mais uma vez, a incomunicabilidade fundamental do texto de teatro, que, para transmitir-se, requer intérpretes, impossibilitados de preservar-lhe intacta a pureza. É esse um ponto de partida, a mesma consideração teórica de alguém que se coloca obrigatoriamente na perspectiva do escritor, mas que porá à prova todas as implicações do raciocínio.

O exame prático das premissas postas em causa, Pirandello fará no decorrer da ação, quando os atores improvisarem com base na história do conto *Leonora, addio* (divulgado em português no volume *A Morta e a Viva,* publicação da Livraria Martins Editora). *Esta Noite Improvisamos* retoma, assim, o processo de *Seis Personagens*: duas tramas superpõem-se – a da narrativa propriamente dita, que é aqui a de "um caso de ciúme e dos mais tremendos, porque irremediável: o ciúme do passado", e a dos atores, às voltas com os papéis que devem viver, com o diretor e com o público. Pirandello deseja surpreender, num outro ângulo, o próprio fenômeno da criação artística.

O conto original é admirável, e uma dramatização deveria levantar diversas questões teatrais. Implicitamente, Pirandello revela as diferenças entre a narrativa e o diálogo representado, ao transformar várias cenas do conto, para que possam ter consistência no palco. Não se trata apenas de efeito espetacular, matéria necessária ao teatro. A estrutura da história, armando-se no presente, exige ligações e nova escolha de episódios, capazes de ilustrar um curso de Dramaturgia. A seleção de *Leonora, addio*, entre tantos outros contos, igualmente excepcionais, já parece indicativa da linha pretendida pelo autor. Rico Verri, sequioso de absoluto, não aceita que sua mulher tenha um passado, seja também história. O convívio do casamento só o levou a

---

6. Os trechos citados são da tradução que Nydia Lícia fez para o espetáculo encenado por Alberto D'Aversa, em julho de 1961, no Teatro Bela Vista de São Paulo.

aprofundar o ciúme da época em que ela não lhe pertencia, como se nunca pudesse pisar um terreno firme: a memória é a mais terrível traição. "Mesmo que eu a cegasse – diz ele – não conseguiria apagar a recordação daquilo que seus olhos viram; ela ficaria gravada para sempre na sua mente!" Mais adiante: "Toda a vida que você viveu continua viva dentro de você! Basta um nada, uma palavra, um som, a menor sensação..." A subjetividade total, que é o fundamento da filosofia pirandelliana, torna os seres incomunicáveis e se projeta, no plano do teatro, no paradoxo da impossível captação cênica da palavra do autor.

Sem fazer expressamente psicologia do comediante, o dramaturgo põe os atores, na peça, em situação de definir a própria personalidade. Fica patente para o público o procedimento do intérprete com relação à personagem. Ele acaba por dizer as únicas palavras que poderiam ser pronunciadas, na situação que lhe oferecem. Há um encadeamento quase obrigatório de frases, no eclodir de uma paixão, o qual se impõe ao ator, como também, no texto escrito, deve impor-se ao dramaturgo. Em nome da autenticidade de seu sentimento, o intérprete se revolta contra o dirigismo do encenador: "Como quer que pensemos no seu espetáculo, se temos que viver nossos papéis?" [...] "Ninguém pode dirigir uma vida que nasce!" [...] "Até mesmo o autor tem que obedecer-lhe!" Volta Pirandello, por outros meios, ao princípio da autonomia da personagem e da obra de arte, que têm vida independentemente de quem as criou[7].

O bom ator, improvisando, percorre um caminho semelhante ao do dramaturgo, porque só pode utilizar as palavras verdadeiras, intuídas através do imperativo da situação. E o trabalho do ator se torna, assim, um exercício de verdade, pelo qual ele acredita no papel que lhe é proposto e o vive até as últimas conseqüências. Quebram-se, aqui, as fronteiras entre a representação e a realidade, como é tão caro a todo o pensamento de Pirandello.

Para desempenhar a contento o seu papel, o ator necessita de um clima favorável, no palco, auspiciado pela justeza de todas as deixas. Vários diálogos testemunham a exigência de um apoio para o intérprete atuar com plena convicção. Em certo momento, um ator explica:

Não consigo morrer, senhor diretor. Me dá vontade de rir, vendo como todos são ótimos atores, e não consigo morrer. A criada... (*olha ao redor*) Onde está? Não a vejo. Ela tinha que entrar correndo, e anunciar: "Meu Deus, o patrão! O estão trazendo ferido!" [...] Eu precisaria daquele berro da criada para entrar no papel.

7. Segundo Claudio Vicentini, Capuana influiu em Pirandello, para a elaboração dessa teoria – ver *L'Estetica di Pirandello* – V. Mursia & C., 1970, pp. 66-68.

Instaura-se, dessa forma, a supra-realidade da ficção, da qual a figura do intérprete participa tanto como a do texto literário.

O grande ator acrescenta à sua personalidade a do papel que vai representar. É como se, instrumento de cordas infinitas, isolasse dentro de si apenas aquelas de que precisa, em determinada peça. Sua riqueza é inesgotável, e as possibilidades se abrem a todos os quadrantes. Momina, encarcerada pelo ciúme de Verri, extravasa-se com os filhos na lembrança do passado. No conto, ela morre, na progressão do desespero. Em *Esta Noite Improvisamos*, a atriz, que sofre do coração, desmaia, e chegam a pensar que ela morreu.

O episódio leva às considerações finais da peça. O Velho Ator argumenta para o Diretor que ele "não pretenderá por acaso que cada dia um de nós morra de verdade!" O Primeiro Ator proclama: "Precisamos de um autor!" E o Dr. Hinkfuss, o diretor que vinha de tentar a experiência de substituir-se ao dramaturgo, conclui: "Não, de um autor, não. De papéis escritos, sim, está certo, para que possam reviver por alguns momentos, por nosso intermédio, a vida que nós lhes daremos..."

Quem seria, na realidade, esse Dr. Hinkfuss, alvo da polêmica de Pirandello? Sabe-se que o dramaturgo teve um real contato com o palco da Alemanha de 1924 a 1927[8] e, por isso, ocorreriam obviamente os nomes de Max Reinhardt e Erwin Piscator. Claudio Vicentini acha que, na ocasião, o dramaturgo não poderia deixar de voltar-se contra a linha de encenação de Reinhardt e sobretudo de Piscator (*L'Estetica di Pirandello*, p. 216). E Vicentini cita duas entrevistas dadas pelo dramaturgo:

A possibilidade de obter todos os efeitos, a técnica levada à sua perfeição máxima, está acabando por matar o teatro. Basta às vezes a esses *régisseurs* um esboço de comédia, que permita levar à cena coisas nunca vistas nela, para movê-los a fazer um espetáculo. As danças, as acrobacias, o circo eqüestre, as mutações rápidas de cena e com máquinas potentes e perfeitas, acabaram por tornar-se outros tantos meios de corrupção do próprio teatro. Eu, com o meu drama novo, pretendo reagir contra essa tendência.

E:

*Esta Noite Improvisamos* é justamente uma batalha contra o *régisseur* em nome da obra de arte, a qual, quando é viva e potente, acaba sempre por derrubar os castelos de carta da encenação[9].

8. *Cronologia* em *Maschere Nude*, primeiro volume, pp. 42-43.
9. *Fiera Letteraria* de 14 de abril de 1929 e *Tribuna* de 25 de outubro de 1929, *apud* Vicentini, p. 216.

Vicentini afirma que Sandro D'Amico lhe sugeriu ser "não tanto Reinhardt quanto Piscator" "o típico representante da concepção contra a qual polemiza *Esta Noite Improvisamos*" (p. 245). Uma carta de Pirandello, dirigida em 4 de abril de 1929 a Guido Salvini, demonstra que "*Esta Noite Improvisamos* não era particularmente endereçada contra Reinhardt: a ele, com efeito, Pirandello havia pensado confiar a encenação" (p. 245).

A essa altura, Pirandello já se havia libertado do drama doméstico da esposa louca, pondo-se à frente de uma companhia teatral estrelada por Marta Abba, a quem dedicaria as peças *Diana e la Tuda* e *Trovarsi* (*Encontrar-se*), e deixaria os direitos de representação de vários textos. Não é de admirar que a ligação com uma grande atriz modificasse bastante o conceito que Pirandello tinha do desempenho. À medida que transcorrem os anos, o dramaturgo valoriza sempre mais, no fenômeno cênico, a participação do ator. Preocupa-o menos a traição que o intérprete porventura faça do texto do que a vida que ele lhe imprime, no palco. E pode-se afirmar que o ator passa a primeiro plano, nas preocupações estéticas de Pirandello.

A protagonista de *Trovarsi* é uma atriz – Donata Genzi (o espetáculo estreou em Nápoles no dia 4 de novembro de 1932, pela Cia. Marta Abba, no Teatro dei Fiorentini, cerca de dois anos e meio depois do lançamento de *Esta Noite Improvisamos*). A circunstância sugere que a peça prolongava a preocupação de Pirandello com a estética teatral, desenvolvendo-a dessa vez sob a perspectiva da psicologia do ator. Não há dúvida de que Pirandello procurou captar a essência dessa criatura, que se realiza na despersonalização, para personalizar-se na imagem de cada personagem nova que encarna. *Trovarsi* mostra o que é para Pirandello o desempenho, na sua grandeza própria.

Nos comentários que, de hábito, precedem nas peças a aparição do protagonista, fala-se que a atriz Donata Genzi seria não uma, mas muitas mulheres e, para si, talvez nenhuma. Uma verdadeira atriz, quando se torna mulher como as outras e cria uma vida para si e quer gozá-la, na medida em que se deixa levar acaba de ser atriz[10]. O diálogo introduz uma observação sobre a atriz que se coloca na linha que, embora por inspirações diversas, vem de Diderot (*Paradoxo sobre o Comediante*) a Gordon Craig (*A Arte do Teatro*) e Bertolt Brecht (*Pequeno Organon do Teatro*). Diz-se sobre Donata:

---

10. *Trovarsi, Maschere Nude*, vol. II, p. 908.

Não é necessário que ela "saiba" o amor por si; basta que intua como o sente a personagem a ser representada. Para ela, se o sente, não o verá nunca. O sentimento é cego. Quem ama, fecha os olhos. (p. 909)

Donata, porém, recusa a idéia de ficção para o que faz no palco, e define a vida a seu ver superior do intérprete:

Por que ficção? Não. É toda vida em nós. Vida que se revela a nós mesmos. Vida que encontrou a sua expressão. Não fingimos mais, quando nos apropriamos dessa expressão até torná-la febre dos nossos pulsos... lágrima dos nossos olhos, ou riso de nossa boca... Compare estas tantas vidas que pode ter uma atriz com aquela, que todo o mundo vive diariamente: uma insipidez, freqüentemente, que nos oprime... Não fazemos caso, mas todos desperdiçamos cada dia... ou sufocamos em nós o viço de quem sabe quantos germes de vida... possibilidades que existem em nós... obrigados como somos a contínuas renúncias, a mentiras, a hipocrisias... Evadir! Transfigurar-se! tornar-se outros! (pp. 912-913)

Seria desumanização ou vida superior? Donata completa o raciocínio: "...no palco, não sou nunca eu. Como eu sou verdadeiramente, desculpe, o senhor quer saber, se não o sei eu mesma?" (p. 913) O esclarecimento seguinte deixa bem claro que, para Pirandello, o ator se dissolve na personagem. Diz Donata: "O senhor vê como ama esta ou aquela personagem que eu represento!" (p. 913) – enquanto ela, claro, como pessoa está de fora.

Na ânsia de ter também a sua própria vida, a atriz, nas férias, se entrega à aventura com o jovem Elj Nielsen, símbolo nórdico do risco e do mistério. Depois, ele a quer só para si, sem que se divida com o público. E a separação é fatal. Donata fala:

Encontrar-se... Mas sim, pois bem: Não nos encontramos no fim a não ser sozinhos. – Sorte que fiquemos com os nossos fantasmas, mais vivos e mais verdadeiros do que cada coisa viva e verdadeira, em uma certeza que está só em nós alcançar, e que não pode faltar-nos!

E são suas últimas palavras, encerrando a peça: "Verdade é somente que é preciso criar-se, criar! E assim, somente, nos encontramos" (p. 968). Não se trata de uma estetização fria, mas da certeza de que a vida é um projeto que se constrói permanentemente.

O debate sobre o valor do teatro (ou da arte, por extensão) obcecaria Pirandello até o fim da vida. *Os Gigantes da Montanha*, a última obra que escreveu e deixou incompleta, representa um verdadeiro testamento espiritual, na sua meditação serena e desencantada. A estranha alegoria sintetiza os conflitos íntimos do dramaturgo e os resolve numa visão que não trai mais a perspectiva do autor, fundindo-a numa estética global do teatro.

O diagnóstico da arte, apresentado por Pirandello na peça, é bastante melancólico. No entrecho, a Atriz, que tem a missão de semear pelo mundo a palavra do dramaturgo, é despedaçada pelos "servos fanáticos da vida". O Conde, marido da Atriz, que a acompanha no mambembe teatral, grita sobre o cadáver que os homens destruíram a poesia. Já a personagem Cotrone compreende que não cabe a ninguém a culpa: os atores, "servos fanáticos da arte", foram inocentemente sacrificados – não sabem falar aos homens porque se excluíram da vida.

Se se lembrar que o elenco estava representando *A Fábula do Filho Trocado*, peça do próprio Pirandello, o desfecho aparece como um juízo amargo sobre tudo o que ele escreveu. Sua obra inteira se fecharia num hermetismo estéril, e a recusa do público é, nesse quadro, o veredicto normal. Os gigantes, no mito pirandelliano, são seres materializados, imersos na imensa empresa de fazer escavações e fundições, desvios de água, fábricas, estradas, cultivos agrícolas – tudo o que ocupa o homem moderno na luta pela sobrevivência. Isso faz dos gigantes (ou de nós) seres frios de mente e um tanto bestiais. Eles vêem os atores como fantoches, mas que ao menos deveriam prestar-se a diverti-los. Gostariam que a Atriz deixasse de declamar aquelas "palavras incompreensíveis" e lhes oferecesse canto e balé. Hoje, nos gigantes, não fala o espírito, mas poderá um dia falar. Uma arte encharcada de vida contribuiria, na última visão de Pirandello, para a catequese poética.

Como Pirandello morreu antes de completar a peça, o problema continuou aberto, e a contradição fundamental entre obra de arte e público ainda persiste. Se o dramaturgo tivesse tempo para compor o terceiro ato de *Os Gigantes*, a peça significaria um princípio de caminho para a sua arte tornar-se mais digerível pela platéia? Assim como está redigido, o texto é dos mais difíceis e se emaranha numa complicada simbologia. Outras obras, entre as quais *Seis Personagens*, *Esta Noite Improvisamos*, *Henrique IV* e *Liolà*, funcionam ainda agora pela esfuziante teatralidade mais que pelas lucubrações intelectuais. *Os Gigantes*, reflexão de um homem atormentado, é uma obra que mostra como, até o fim da vida, ele procurava, desesperadamente, comunicar-se.

Como súmula, *Os Gigantes* reedita preocupações que atravessaram toda a obra do autor. Mais uma vez, Pirandello faz "teatro dentro do teatro", escolhendo como protagonista uma companhia de mambembe. Não se trata de uma companhia de repertório habitual: há anos, ela só oferece *A Fábula do Filho Trocado*, como tentativa de dar perenidade ao poeta que se matou por amor à Atriz-símbolo do escritor que se destrói, conscientemente, para existir através da obra. Quando a companhia chega à vila chamada "O Azar", onde vivem Cotrone e seus Azarentos – um lugar indefinido, no limite entre a fábula e a realidade, como o descreveu o autor – os atores já são poucos e as roupas se encontram em frangalhos. Eles abdicam também da própria vida, para que viva o autor morto, numa situação irreal que os tornará incomunicáveis para o público. Mas, ao admitir que o drama só toma forma na boca dos atores, Pirandello modifica substancialmente as premissas de *Seis Personagens*. Ali, a incomunicabilidade se estabelecia entre os vários elementos do espetáculo, a partir da palavra do autor, enquanto, agora, teatro é desempenho, é espetáculo, embora insatisfatório para a platéia. As personagens são apenas fantasmas, e os atores dão o próprio corpo para que elas possam viver, e vivem.

O pessimismo pirandelliano se reveste, na peça, de uma coloração nova. A enigmática figura de Cotrone representa um outro conceito de vida, mágico, isento de prosaica materialidade. Alguns dados de sua biografia mostram que ele não se ajustou aos padrões normais da convivência – decência, honra, dignidade, virtude, aquilo que os animais ignoram. E Cotrone reina agora na vila encantada, expressão de um espiritualismo que representa a recusa dos valores rotineiros. Diz Cotrone que na vila talvez falte o necessário, mas abunda ali o supérfluo. A vila alimenta-se de sonhos, de música, de prece, de amor. A verdade humana é frágil e mutável, enquanto a do sonho, que tem sentido somente no absurdo, deságua no encantamento. Como não se pode viver de nada – observa Cotrone – todos ali vivem numa contínua embriaguez celeste:

> Um corpo é a morte. Eu com esse ridículo nome de Cotrone e ele de Doccia e ele de Quaqueo, nos fazemos de fantasmas. E isso não é um jogo, mas realidade maravilhosa na qual vivemos, desligados de tudo, até os excessos da demência[11].

Pretenderia Pirandello advogar uma alienação das exigências materiais, como única saída para o pesadelo terrestre? Está claro que Cotrone se refugia num delírio místico, compensação da dura tarefa de viver. A glória, o Prêmio Nobel não significaram um poder ilusório sobre o dramaturgo, que um dia confessou ter querido dizer aos ho-

---

11. Essas e as outras citações são da tradução que Alberto D'Aversa fez para o espetáculo do Teatro Dois Mundos, encenado por Federico Pietrabruna em julho de 1969, no Teatro São Pedro de São Paulo.

mens alguma coisa, sem nenhuma ambição, salvo aquela, talvez, de vingar-se por ter nascido. "Mas a vida, não obstante, mesmo por tudo o que me fez sofrer, é tão bonita! (E eis uma outra afirmação sem sombra de lógica, e todavia tão verdadeira e sentida.)" – escreveu Pirandello a Domenico Vittorini[12]. Uma fala de Doccia, habitante da vila, sintetiza bem a sabedoria do despojamento, libertadora das enganosas amarras materiais: "A gente pode ser dona de tudo só quando não possui mais nada". E Cotrone acha que, se já se foi criança uma vez, pode-se sempre voltar a ser, e é preciso acreditar, como as crianças acreditam.

A peça sugere que, se os atores tivessem abdicado da missão de continuar representando a *Fábula* e permanecessem no refúgio da vila, encontrariam afinal o pretendido repouso. A chegada a esse lugar oferece uma possibilidade de avaliação de seus propósitos, já que Cotrone lhes acena com o ingresso na magia e no sonho. Se os atores dão vida a fantasmas, Cotrone e os Azarentos fazem fantasmas de seus corpos, e eles também vivem. "Os fantasmas... Não é necessário buscá-los muito longe: basta fazê-los nascer de nós mesmos". E Cotrone argumenta com a validade desse raciocínio, afirmando que a Atriz conserva em si mesma o fantasma do moço que se matou por causa dela. A vila, aliás, numa criação onírica, inspirada a Pirandello pelo surrealismo, tem o poder de revelar a natureza profunda de cada criatura. Spizzi disfarça-se de jovem poeta, parecido com o dramaturgo suicida, e mais tarde surge enforcado, balançando numa árvore, porque essa é a sua imagem autêntica, embora não se concretize na realidade. Diamante, Segunda Atriz da Companhia, vem à cena como bruxa. Battaglia veste-se de mulher, de acordo com as suas inclinações verdadeiras. O dramaturgo aproveita a oportunidade para pintar as mazelas da gente de teatro... Afirma Cotrone que se a Atriz "ainda vê a vida só dentro dos limites do natural e do possível, não compreenderá nada. Nós estamos fora desses limites, graças a Deus. Para nós é suficiente imaginar e, imediatamente, as imagens se animam com vida própria". O deserto interior do homem só se povoa, nesse caso, se ele troca a realidade pela imaginação. Teoria inconsistente, sem dúvida, mas explicável num indivíduo que parece ter absorvido todo o sofrimento, sem o concurso de uma ideologia que o ajudasse a superá-lo.

A fatura de *Os Gigantes* guarda unidade com toda a obra pirandelliana, procurando, entretanto, um estilo mais sereno, próximo

---

12. *The Drama of Luigi Pirandello*, Nova York, Dover Publications Inc., sem data, indicando ser nova edição de obra inicialmente publicada em 1935. A carta está transcrita como "Foreword", p. VI.

de outros mitos, como *A Nova Colônia* e *Lázaro*. Já fora ultrapassada a fase polêmica da implantação de sua dramaturgia, dissociadora do indivíduo em múltiplas parcelas, e era necessário, ao fim da vida, recompor o homem destroçado. As premissas pirandellianas já estão, por assim dizer, integradas nas personagens e nos diálogos da peça, sem a preocupação demonstrativa dos textos que definiram o estilo do dramaturgo. De um lado, a ausência de ardor deixa a ação mais lenta e, talvez, até um pouco monótona. De outro, fica evidente o equilíbrio clássico, de quem utiliza sem segredos o sortilégio do palco.

Lamentando embora que Pirandello tenha morrido antes de concluir *Os Gigantes*, deve-se sentir alegria porque ele teve tempo de contar a última parte a seu filho Stefano, que a reproduziu numa narrativa sobre cuja fidelidade nunca se levantou dúvida. Tem-se vontade de, como no caso de *Woyzeck*, de Büchner, agradecer a providência que permitiu ficar incompleto o texto. Mesmo à sua revelia, ele ganha uma modernidade imprevista, no apelo que faz aos encenadores para que construam o espetáculo. Se o respeito ao mestre impôs quase uma convenção para se representar Pirandello, sobretudo na Itália, *Os Gigantes* é uma peça que desafia os diretores para um ato criador, de responsabilidade semelhante à do dramaturgo.

Cotrone havia dito que a dificuldade maior não são as personagens principais, mas é a magia, é a tarefa de criar o fascínio da fábula. Para Pirandello, dramaturgo, esse fascínio nasce da fantasia do poeta, não residindo o milagre na representação. Assim, se o espírito das personagens representadas se incorpora aos fantoches, eles se movem e falam. Libertos das mutações dos atores, os fantoches podem encarnar o espírito das personagens e transmiti-lo sem falhas. Por isso, estão um pouco acima dos atores – afirma Cotrone. Sabendo que a dramaturgia só tem sentido no palco, Pirandello sonhou uma correspondência perfeita entre espetáculo e texto.

Por ironia, a morte do dramaturgo deixou a conclusão dos *Gigantes* ao arbítrio dos encenadores. Eles têm autorização para realizar a co-autoria tão reivindicada, ou melhor, a autoria plena do espetáculo. Na verdade, situação semelhante se insinuava em *Esta Noite Improvisamos*. Ouve-se, nessa peça:

> Não querem entender (os dramaturgos) que o teatro é, sobretudo, espetáculo. Arte, sim, mas também Vida. Criação, sim, mas não duradoura: momentânea. Um prodígio: a forma em movimento!

A capacidade de tornar viva e presente a palavra, definindo o milagre da representação, é prerrogativa do ator. Pirandello o reconhece como porta-voz de sua mensagem e dignifica a profissão (ou a arte) que lhe é própria. O resultado é um belo cântico de amor pelo teatro.

Depois da desabalada inspiração ou do absurdo naturalismo do século XIX, a ficção, voltando-se sobre si mesma, discutiu os próprios processos e objetivos. O romance não se contentou em narrar e fez teoria ensaística da narrativa. O poema tornou-se também veículo de poética. Com Pirandello, a peça pôde ser uma súmula do fenômeno do teatro. Falta de inspiração verdadeira? O romance deveria bastar-se como romance, o poema como poema e o teatro como teatro? De qualquer forma, têm sido extremamente sedutoras as tentativas feitas pelo criador de teorizar sobre a criação. O espectador se sente mais íntimo dele. E Pirandello teve o dom de escrever, com essas obras, não apenas peças sobre o teatro: elas são, principalmente, fascinantes peças de teatro.

Conclui-se que, preso de início à estética do autor, Pirandello evoluiu para incorporar ao seu mundo a contribuição do ator e a do encenador. A imagem final que transmite é a de um perfeito equilíbrio entre esses três elementos. No que ele demonstra uma fecunda intimidade com o teatro. A presença excessiva do texto, hoje em dia, reflete uma concepção literária do teatro, que mal se ajusta às suas exigências físicas. A hegemonia do ator tende a transformar o palco num local para exercício de ginástica e de acrobacia. E a supervalorização do encenador leva a conceber-se o espetáculo como um fogo de artifício, que não deixa marcas. Após tantas experiências desencontradas, em que a última palavra de um dia se tornava superada, no dia seguinte, o ideal de uma integração harmoniosa de todos os elementos parece orientar as mais sérias tentativas do novo espetáculo de teatro.

Como autor, embora discutisse teorias, Pirandello não tinha obrigação de defender os princípios de uma estética mais fundamentada, mas a de fazer boas peças. Não será sem propósito concluir, porém, que o conhecimento tão profundo da estética teatral, revelado nas meditações cênicas sobre o teatro, tenha grande parte da responsabilidade pela excelente dramaturgia que Pirandello legou.

# PIRANDELLO – "SOU AQUELE POR QUEM ME TOMAM"*

*Francisco Maciel Silveira*

Quando Luigi Pirandello morre (10.12.1936) vitimado por forte pneumonia, coube a parentes e amigos coadjuvar-lhe no último ato de sua existência. Afinal, a vida não passa, dizia ele, de uma "fúnebre farsa, em que nós – mais ou menos inconscientes – representamos os mais diferentes papéis, pobres marionetes nas mãos do destino cego". Suas "últimas vontades" mais parecem rubricas de cenas por representar: em casa, sem choro nem velas que o envolvessem, desnudo, num lençol; na rua, cortejo fúnebre de terceira classe, nada além do coche, do cavalo, do cocheiro; cremado, que espalhassem as cinzas em Chaos, aldeia perdida em Agrigento (Sicília), onde nascera em 28 de junho de 1867. Como primeira recomendação, pedia que deixassem passar em silêncio sua morte. Seu papel de morto pobre e abandonado estava à procura de autores que lhe insuflassem vida. Uma vez mais Luigi Pirandello dava foros de realidade à ficção.

Famoso, Prêmio Nobel de Literatura de 1934 "por sua audaz e brilhante renovação da arte cênica e dramática" (explorando até as últimas conseqüências a tradição elizabetana da "peça dentro da peça" e desnudando os bastidores da carpintaria teatral), temia que a sociedade o transformasse em estátua petrificado na fama – forma de imobilidade e morte do criador. Já em 1933 escrevera uma sátira à fama,

* Texto publicado na revista *Visão*, ano XXXV, n. 49, 3 de dezembro de 1986, pp. 94-97.

intitulada *Quando Se É Alguém*: um escritor célebre não pode viver como lhe dá na telha, pois tem de amoldar-se ao conceito que formaram dele; ao completar cinqüenta anos, enquanto prefere um discurso comemorativo, vai se transformando em estátua. A moral da peça é a que se repete por sua obra: ninguém pode ser livremente o que deseja ser. Somos atores a representar um papel que a nós próprios nos impomos ou que nos é imposto pela sociedade, pois a vida é "essa contínua, permanente mascarada, da qual somos os fantoches involuntários, quando, sem o sabermos, nos mascaramos daquilo que parecemos ser..." A máscara mortuária de defunto pobre e sem família representava seu derradeiro protesto à fama e à estátua.

## Álbum de Família

Filho de Stefano Pirandello (que lutou com Garibaldi na unificação italiana) e de Caterina Gramitto, Pirandello passou a infância em Agrigento e a juventude em Palermo, para onde o pai se transferira com a família, a fim de melhor gerir seus negócios, ligados à exploração de uma mina de enxofre. Fez seus estudos universitários em Palermo, Roma e Bonn, concluindo o curso de filologia com a tese de licenciatura "Sons e Evolução Fonética do Dialeto de Agrigento" (1891).

O velho Stefano, com o intuito de expandir o patrimônio, arranja-lhe casamento com Maria Antonietta Portulano (janeiro de 1894), filha de milionário a quem se associara. Bafejado pela fortuna do pai e da esposa, Pirandello podia dedicar-se tranqüilamente à criação literária e à produção de filhos: Stefano (1895), Lietta (1897) e Fausto (1899). Um terremoto, que destruiu a mina do pai e soterrou o dote da esposa, abalou os alicerces do "lar, doce lar" instalado num palacete de Roma. Transtornada com o golpe vibrado pelo "destino cego", Maria Antonietta revela os primeiros sintomas de desequilíbrio mental. Sem os rendimentos da mina de enxofre, Pirandello teve de ganhar o pão que o diabo amassou com o suor do próprio rosto, lecionando numa instituição de ensino médio e dando aulas particulares.

Com paciência de Jó, o escritor ainda cuidava dos afazeres domésticos e suportava as crises de ciúme da mulher, cuja mente doentia o punha em maus lençóis: além de acusá-lo de infidelidade conjugal, fantasiava haver entre a filha Lietta e o marido uma relação incestuosa. Com a eclosão da Primeira Guerra Mundial (1914), o filho mais velho alistou-se como voluntário. O "destino cego" volta a olhar para Pirandello: Stefano caiu prisioneiro, só sendo libertado no fim do conflito: 1918.

Para fugir do inferno domiciliar, que culminaria com a internação da esposa, Pirandello refugiava-se na ficção, escrevendo sem parar. No título de algumas de suas peças parece soar a réplica irônica e estóica aos acontecimentos: *Cada Um a seu Modo, Como Queiras, O Prazer da Honestidade, Assim É (se lhes Parece), Mas Não É Coisa Séria...*

## Tragicomédia da Vida

Pirandello considerava a atividade teatral um mero parênteses em sua condição essencial de poeta (*Mal Jucundo*), romancista (*O Falecido Matias Pascal, A Excluída, O Turno*) e contista (364 contos enfeixados em *Novelas para um Ano*). Foi, todavia, como teatrólogo que se petrificou na estátua da fama. Não obstante tenha escrito muito, sua obra, especialmente a dramaturgia (englobada sob o título geral de *Máscaras Nuas*), reduz-se a variações em torno de três motivos básicos, dos quais aliás, tinha plena consciência. Ele os aponta no prefácio de *Seis Personagens à Procura de um Autor*: o engano da compreensão mútua, fundado na vazia abstração das palavras; as múltiplas personalidades que trazemos dentro de nós e "o trágico conflito imanente entre a vida, que se move e se altera continuamente, e a forma, que a fixa, imutável". Dizendo ter a desgraça de pertencer à categoria dos escritores de "natureza mais propriamente filosófica", ergueu sua obra a partir do pressuposto de que a verdadeira realidade, submetida à ação corrosiva do tempo e das palavras, é inacessível e inapreensível, tendo tantas feições e configurações (máscaras) quantas são as consciências perspectivas.

Não há, portanto, verdade absoluta, mas sim, como declara no título de uma peça, *A Verdade de Cada Um*. A tragicomédia humana repousa em ser o homem um animal racional e histriônico. Figurante do "trágico conflito imanente" entre o moto contínuo da vida (paixões, instintos, impulsos) e a forma (a necessidade de cristalizar, por intermédio da razão, esse fluxo vital em sistemas de pensamento e instituições sociopolíticas), o homem vive impulsionado por forças contraditórias que emanam de sua natureza. Enquanto animal arrasta-o a coleira dos impulsos vitais e instintivos. Por ser racional, procura fixar, frear, ordenar e eternizar a fluidez evanescente e desordenada da vida através da forma: os preceitos, normas, leis e costumes. Por sua vez, as instituições sociais e os sistemas de pensamento não passam de máscaras que, escondendo o verdadeiro rosto e o verdadeiro ser de todas as coisas, instauram o reino da aparência e ilusão.

O ser humano – um comediante inato –, a fim de ajustar-se ao universo social, põe-se a representar um papel que para si cria ou que lhe é dado pela sociedade. Daí uma dramaturgia em que os rostos humanos aparecem velados pelas máscaras sociais e em que o imaginário busca tornar-se realidade, porque a vida não passa de uma contínua e tragicômica mascarada. Neste grande teatro do mundo representa-se a "fátua comédia sem fim da vida", não havendo distinção entre a ficção e a realidade. Deste ângulo, iluminar os segredos da ribalta (revelando os bastidores da carpintaria teatral e da criação literária) e efetuar o rompimento das fronteiras entre palco e platéia forma os meios utilizados então para inserir o espectador no espaço-tempo da ficção, que, em última análise, correspondia ao espaço-tempo da realidade empírica.

## Pirandello em Pessoa

A vida pirandelliana do mundo, com seus três motivos básicos, desvela-se em *Henrique IV* (1922), cuja essência e epílogo estão resumidos em dois versos de Álvaro de Campos: "Quando quis tirar a máscara / estava pegada à cara". A aproximação Pirandello-Fernando Pessoa se impõe, mesmo que toda e qualquer semelhança seja mera coincidência. À feição do siciliano, Pessoa procurou romper as barreiras entre a ficção e a realidade empírica. A exemplo de Pirandello, Pessoa acreditou que a verdadeira realidade está encerrada na consciência. Ele encenou também, à sua maneira, o conflito entre a vida, sob o fluxo corrosivo do tempo, e a forma, sua consubstanciação imaginária, no paradoxo de um *drama estático* chamado *O Marinheiro* (1919). Com Alberto Caeiro questionou a possibilidade do conhecimento e expressão da realidade que, ao ser reproduzida pela vazia abstração das palavras, surgia ao fim mascarado pela linguagem dos homens. Uma personagem, enfim, à procura de autor, ele achou dentro de si não um, mas vários, concretizando as múltiplas personalidades que, segundo Pirandello, abrigamos em nós à espera da máscara que nos convenha e expresse. Uno e múltiplo, deu vida e forma a Fernando Pessoa – ele mesmo, Alberto Caeiro, Ricardo Reis, Álvaro de Campos, Bernardo Soares (e outros mais que, à semelhança dos *Seis Personagens à Procura de um Autor*, ficaram balbuciantes no limbo, à espera de ser).

Como se vê, o poeta português levou às últimas conseqüências a dramaturgia pirandelliana. Mas é Luigi Pirandello em pessoa!, exclamará o grande número de fãs do siciliano. Assim é, se lhes parece. Contudo, já que somos tantos quantos são os que vêem – imagem distorcida no espelho dos olhos alheios –, por que não ver Luigi Pirandello como *raisonneur* escapulido do "drama em gente" que Pessoa idealizava? A realização máxima do "drama em gente" pessoano, a heteronímia feita carne e osso na pessoa de Pirandello. Com as feições emprestadas a Dionísio Genoni – o alienista de *Henrique IV*: "bastante calvo, uma formosa cara desavergonhada e rubicunda de sátiro, com olhos fosforescentes, barbita curta e em ponta, brilhante como prata" – e na pele da Sra. Ponza, de *Assim É (se lhes Parece)*, Pirandello colocaria ponto final à questão: "Ora, senhores, sou aquele por quem me tomam!"

# O HUMORISMO
Tradução de J. Guinsburg

# PRIMEIRA PARTE

## 1. A Palavra "Humorismo"

Alessandro d'Ancona, no seu conhecidíssimo estudo sobre Cecco Angiolieri de Siena[1], depois de ter assinalado o quanto havia de burlesco neste nosso poeta do século XIII, observa:

> Mas para nós Angiolieri não é somente um burlesco, porém antes, e mais propriamente, um *humorista*. E que os camerlengos da língua diante disto nos fechem a cara, mas que não pretendam dizer que em italiano é preciso resignar-se a não dizer a coisa, porque não temos a palavra.

E, sagazmente, em uma nota de pé de página[2], adiciona:

> É curioso, porém, que o tradutor francês de uma dissertação alemã sobre *Humour*, incluída no *Recueil de pièces intéressantes, concernant les antiquités, les beaux-arts, les belles-lettres et la philosophie, traduites de différentes langues* [Recolha de Peças Interessantes, Concernentes às Antiguidades, às Belas-Artes, às Belas-Letras e à Filosofia, Traduzidas de Diferentes Línguas], citando Riedel, *Theor. d. Schönen Künste* [*Teoria das Belas-Artes*], I., art. *Laune* [*Disposição de Espírito*], sustente que, embora os ingleses, e Congreve em particular, reivindiquem para si os vocábulos *humour* e *humourist*, "*il est néanmoins certain qu'ils viennent de l'italien*" ["é não obstante certo que eles venham do italiano"].

1. Em *Studi di Critica e Storia Litteraria*, Bolonha, Zanichelli ed., 1880.
2. *Idem*, p. 179.

E daí d'Ancona retoma:

Além do mais, de outra parte, a nossa língua tem humor (*umore*) por *fantasia, capricho*, e humorista (*umorista*) por *fantástico*: e todo mundo sabe que os *humores* da alma e do cérebro estão em estreita relação com a poesia *humorista*. E em seu tempo a Itália teve as academias dos *Umorosi* em Bolonha e Cortona e dos *Umoristi* em Roma[3], e esperamos que os maus humores da política não lhe façam nunca perder os *belos humores* no reino da arte.

A palavra *humor* chegou até nós naturalmente do latim e com o sentido material que tinha de corpo fluido, líquido, umidade ou vapor, e também com o sentido de fantasia, capricho ou vigor. *Aliquantum habeo humoris in corpore, neque dum exarui ex amoenis rebus et voluptariis* ("Quando me exauria com coisas aprazíveis e voluptuosas, não tinha eu no corpo a quantidade de humor que ora tenho" – Plauto). Aqui *humor* não possui evidentemente sentido material, porque sabemos que, desde os tempos mais antigos, cada humor do corpo era considerado como sinal ou causa de moléstia.

"Os homens – lê-se em um velho livro da arte da cura – têm quatro humores: isto é, o sangue, a cólera, a fleuma e a melancolia; e estes humores são causa das enfermidades dos homens." E em Brunetto Latini: "A melancolia é um humor, que muitos chamam cólera negra, é fria, e seca, e tem seu assento na espinha" – como se encontra, em suma, no latim de Cícero e Plínio. Santo Agostinho, a seguir, em seu sermão, nos informa que "os porros acendem a cólera, as couves geram a melancolia"[4].

---

3. E também em Nápoles (*Arch. stor. p. le prov, nap.*, V, 608). E por que não citar também a dos *Umidi* de Florença, da qual Lasca disse (*Carta a Mes. Lorenzo Scala*, anteposta ao primeiro livro das obras burlescas, ed. Bern. Giunta, 1548): "A qual (*Accademia degli Umidi*) faz profissão principalmente, visto serem todas as pessoas dentro dela alegres e despreocupadas, do estilo burlesco, jovial, contente, afetuoso e, por assim dizer, *buon compagno*"? Veja-se, ademais, a propósito das palavras *umore* e *umorismo*, Baldensperger ("Les Définitions de l'humour" em *Études d'histoire littéraire*, Paris, Hachette, 1907) e Spingarn na introdução do primeiro volume de sua coletânea *Critical Essays of the Seventeenth Century*, Oxford, Clarendon Press, 1908; Além do que Croce diz em sua *Critica*, vol. 7, pp. 219-220.

4. Cecco Angiolieri, em um de seus sonetos, falando de sua mãe, que não gostava dele, depois de ter enumerado algumas comidas prejudiciais que ela lhe aconselha, diz:

> *E se di questo non avessi voglia*
> *e stessi quasimente su la colla*
> *molto mi loda porri con la foglia.*

> ("E se disso vontade eu não tivesse
> e estivesse quase de cólera possesso,
> [ela] muito me louva os porros com a folha.")

Convém, tratando-se do humorismo, ter presente também este outro significado da palavra humor, o de moléstia, e que *melancolia*, antes de significar essa delicada afecção ou paixão da alma, como nós a entendemos, tivera na origem o sentido de *bílis* ou *fel* e havia sido para os antigos um humor na acepção material do termo. Veremos depois a relação que as duas palavras, *humor* e *melancolia*, terão entre si ao assumirem um sentido espiritual.

Digamos, por enquanto, que esta relação, se não faltou de todo no espírito de nossa língua, por certo não aparece nela mais claramente. Entre nós, de fato, a palavra humor ou conserva o significado material, tanto que um provérbio toscano pode dizer: "*Chi ha humore non ha sapore*" (aludindo aos frutos aquosos), ou, se assume um significado espiritual, exprime, sim, inclinação, natureza, disposição ou estado passageiro de ânimo ou ainda fantasia, pensamento, capricho, mas sem uma qualidade determinada; tanto isto é verdade que devemos dizer humor *triste* ou *alegre*, ou *tétrico*, *bom* ou *mau* ou *belo humor* etc.

Em suma, a palavra italiana *umore* não é a inglesa *humour*. Esta, como diz Tommaseo, reúne e concilia as nossas expressões *bell'umore*, *buonumore* e *malumore*. Nelas entram um pouco, portanto, as couves de Santo Agostinho.

Discutamos agora a respeito da palavra e não da coisa: convém adverti-lo, porque não desejaríamos que se acreditasse faltar-nos verdadeiramente a coisa pelo simples fato de que a nossa palavra não consegue idealmente reunir e conciliar em si aquilo que já incluía materialmente. Veremos que tudo, no fundo, se reduz a uma necessidade de distinção mais clara que nós sentimos, porque *belo* ou *bom*, *tétrico* ou *alegre*, sempre é humor, e não difere do inglês na essência, mas nas modificações que naturalmente lhe imprimem a língua diversa e a natureza vária dos escritores.

De resto, não se creia que a palavra inglesa *humour* e seu derivado *humorismo* sejam de tão fácil compreensão.

O próprio D'Ancona, em seu ensaio sobre Angiolieri, ao qual deveremos voltar mais tarde, confessa: "Se precisasse dar uma definição de *humorismo* eu me sentiria deveras embaraçado". E tem razão. Todos dizem o mesmo:

*Piuttosto no'l comprendo, che te'l dica.*

("Mais difícil é compreendê-lo do que falar sobre ele.")

De todas as definições intentadas nos séculos XVIII e XIX, Baldensperger, em seu estudo já citado, declara, para concluir, ao modo de Croce, que *"il n'y a pas d'humour, il n'y a que des humouristes"* ("não há humor, há apenas humoristas"), como se, para poder dizer ou reconhecer que este ou aquele escritor é um humorista, não se devesse ter algum conceito de humorismo, e bastasse sustentar, como faz Cazamian, citado pelo mesmo Baldensperger, que o humorismo escapa à ciência, porque seus elementos característicos e constantes são reduzidos em número e sobretudo negativos, lá onde seus elementos variáveis são em número indeterminado. Sim. Também Addison considerava mais fácil dizer o que o *humour* não é, do que dizer o que ele é. E todos os esforços que foram feitos para defini-lo recordam, na verdade, aqueles outros, especiosíssimos, que se envidaram no século XVII para definir o *engenho* (oh, o *Cannochiale aristotelico*, o "Binóculo Aristotélico", de Emmanuele Tesauro!) e o *gosto* ou *bom gosto* e aquele inefável *non so che* ("não sei quê"), por causa do qual Bouhours escrevia: *Les Italiens, qui font mystère de tout, emploient en toutes rencontres leurs non so che: on ne voit rien de plus commun dans leurs poètes* ("Os italianos, que fazem mistério de tudo, empregam em todos os encontros seu *non so che*: não se vê nada de mais comum em seus poetas"). Os italianos *qui font mystère de tout*. Mas vão perguntar aos franceses o que entendem eles por *esprit*.

Quanto ao humorismo,

é certo – prossegue D'Ancona – que a definição não é fácil, porque o humorismo tem infinitas variedades, segundo as nações, os tempos, os engenhos, e o de Rabelais e de Merlin Coccajo não é a mesma coisa que o humorismo de Sterne, de Swift ou o de Jean-Paul, e a veia humorística de Heine e de Musset não é de igual sabor. Não há, além do mais, outro gênero em que seja, ou deveria ser, mais sutil a diferença entre a forma prosaica e a poética, ainda que o fato nem sempre seja notado pelos leitores, nem tampouco pelos escritores. Mas não é aqui o lugar para discutir sobre isto e sobre as razões dessa diferença, nem sobre a variedade entre o *humor* e a sátira, o epigrama, a burla, a paródia e o cômico de todo tipo e qualidade, nem se, como quer Richter, alguns *humoristas* são simplesmente *lunáticos*. O certo é que há um fundo comum em todos aqueles que a voz pública reúne sob a mesma denominação de *humoristas*.

A observação é no fundo justa; mas – devagar com a voz pública! – gostaríamos de dizer a D'Ancona.

Depois da palavra *romantismo*, a palavra mais abusada e equivocada na Itália (*somente na Itália?*) é *humorismo*. Se fossem realmente humorísticos os escritores, os livros, os jornais batizados com este nome, nós não teríamos nada a invejar à pátria de Sterne e de Thackeray ou à de Jean-Paul e Heine. Não se poderia sair de casa sem encontrar na rua dois ou três Cervantes e meia dúzia de Dickens... Queremos apenas assinalar desde o princípio que há uma confusão babilônica na interpretação da palavra *humorismo*. Para a maioria, o escritor humorístico é o escritor que faz rir: o cômico, o burlesco, o satírico, o grotesco, o trivial – a caricatura, a farsa, o epigrama, o *calembour* ("trocadilho") são batizados de humorismo; do mesmo modo como há certo tempo se costuma chamar *romântico* a tudo o que há de mais arcádico e sentimental, de mais falso e barroco. Confunde-se Paul de Kock com Dickens e o Visconde de Arlincourt com Victor Hugo.

Isso Enrico Nencioni já notava em 1884, em um artigo sobre a *Nuova Antologia*, intitulado precisamente "L'Umorismo e gli Umoristi", que causou muita celeuma.

Não se pode dizer deveras que a *voz pública* em todo esse lapso de tempo haja mudado de opinião. Ainda hoje, para grande número de pessoas, escritor humorístico é o escritor que faz rir. Mas, repito, por que somente na Itália? Em toda parte! O vulgo não pode entender os secretos contrastes, as sutis finuras do verdadeiro humorismo. Alhures também se confunde a caricatura, a farsa desbragada, o grotesco, com o humorismo; se confunde inclusive lá onde parecia a Nencioni (e não somente a ele) que o humorismo estivesse em casa: por acaso não se dá o nome de humorista a Mark Twain, cujos relatos são, segundo sua própria definição, "uma coleção de excelentes coisas, prodigiosamente divertidas, que arrancam o riso inclusive das caras mais emburradas"?

O jornalismo, um certo jornalismo, se apoderou da palavra, a adotou e, esforçando-se por fazer rir mais ou menos descomedidamente a todo custo, a divulgou neste falso sentido.

De modo que todo verdadeiro humorista experimenta hoje certa reserva, até certo desgosto, em qualificar-se como tal. – Humorista, sim, mas... não confundamos – sente-se a necessidade de advertir – humorista *no verdadeiro sentido da palavra.*

É como dizer:

– Vede, eu não me proponho a fazer-vos rir fazendo espernear as palavras.

E mais de um, para não passar por bufão, para não ser confundido com cem mil humoristas baratos, quis jogar fora a palavra já desgastada, abandoná-la ao vulgo, e adotar outra: *ironismo, ironista.*

Assim como de humor, humorismo; de ironia, ironismo.

Mas ironia em que sentido? Será preciso distinguir, também aqui. Porque há um modo retórico e outro filosófico de entender a ironia.

A ironia, como figura retórica, encerra em si um fingimento que é absolutamente contrário à natureza do lhano humorismo. Esta figura retórica implica, sim, contradição, porém fictícia, entre o que se diz e o que se pretende que seja entendido. A contradição do humorismo nunca é, ao invés, fictícia, mas essencial, como veremos, e de natureza bem diversa.

Quando Dante agrava a repreensão excetuando de entre os repreendidos justamente quem é mais repreensível, como no caso do bando de pródigos loucos, quando exclama: ...*Or fu giammai – Gente sí vana?*\* ("E houve jamais – Gente tão vã?") e um danado responde: *Tranne lo Stricca...*\* *E tranne la brigata*\* ("Menos o Stricca... E menos a turma"); ou então lá onde diz:

> *Ogni uom v'è barattier fuor che Bonturo*\*\*;
>
> ("Todos lá são tratantes, fora Bonturo;")

ou quando recorda o bem para exacerbar o sentimento do mal, como fazem os diabos ao trapaceiro de Lucca:

> ...*Qui non ha luogo il Santo Volto:*
> *Qui si nuota altrimenti che nel Serchio*\*\*\*;
>
> ("...Aqui não tem lugar o Vulto Santo:
> Aqui se nada de outro modo que no [rio] Sérquio;")

ou quando lembra a quem fala as próprias vantagens em usá-las asperamente, como procede aquele outro diabo que arrebata a São Francisco a alma de um réu, argumentando teologicamente acerca da penitência, de modo que aquela alma por ele apresada ouve a si própria dizer:

> *Forse*
> *Tu non pensavi ch'io loico fossi*\*\*\*\*;
>
> ("Não pensavas que eu lógico fosse;")

ou quando exclama:

> *Godi, Firenze, poiché se' sí grande*\*\*\*\*\*;
>
> ("Exulta, Florença, que és tão grande;")

ou então:

---

\* *A Divina Comédia*, Inf. XXIX, 121, 122; 123; 130 (N. do T.).
\*\* *A Divina Comédia*, Inf. XXI, 41 (N. do T.).
\*\*\* *A Divina Comédia*, Inf. XXI, 48, 49 (N. do T.).
\*\*\*\* *A Divina Comédia*, Inf. XXVII, 122 (N. do T.).
\*\*\*\*\* *A Divina Comédia*, Inf. XXVI, 1 (N. do T.).

*Fiorenza mia, ben puoi esser contenta
Di questa digression che non ti toca*
.....................
*Or ti fa lieta, ché tu hai ben onde;
Tu ricca, tu con pace, e tu con senno...*\*

("Ó Florença minha, bem podes estar contente
com esta digressão que não te atinge
.....................
Agora te alegra, pois tens bem por que;
tu que és rica, em paz e com juízo...")

dá admiráveis exemplos de ironia na acepção retórica da palavra; mas nem aqui, nem em qualquer outro ponto, há na *Comédia* traço de humorismo.

Um outro sentido, dizíamos nós, e neste caso, filosófico, foi dado à palavra *ironia* na Alemanha. Friedrich Schlegel e Ludwig Tieck deduziram-no diretamente do idealismo subjetivo de Fichte; porém, no fundo, deriva de todo o movimento idealista e romântico alemão pós-kantiano. O Eu, única realidade verdadeira, explicava Hegel, pode sorrir da vã aparência do universo: assim como a coloca, pode anulá-la; pode não tomar a sério as próprias criações. Daí a ironia: isto é, aquela força – segundo Tieck – que permite ao poeta dominar a matéria de que trata; matéria que se reduz por isso – segundo Friedrich Schlegel – a uma perpétua paródia, a uma farsa transcendental.

Transcendental um pouco demais, observaremos nós, é esta concepção da ironia; ainda que, se considerarmos um pouco de onde ela nos vem, não pudesse ser de outro modo. Ela tem, todavia, ou pode ter, ao menos em um certo sentido, algum parentesco com o verdadeiro humorismo, mais estreito certamente que o da ironia retórica, da qual, no fundo, puxando e puxando, poder-se-ia vê-la derivar. Aqui, na ironia retórica, não é preciso tomar a sério aquilo que se diz; ali, na romântica, pode-se não tomar a sério aquilo que se faz. A ironia retórica seria, com respeito à romântica, como aquela famosa rã da fábula, a qual, transportada ao complicado mundo do idealismo metafísico alemão e inflando-se mais de vento do que de água, teria conseguido assumir as invejadas proporções do boi. O fingimento, aquela tal contradição fictícia, de que fala a retórica, tornou-se aqui, à força de inflar-se, a vã aparência do universo. Pois bem: se o humorismo consistisse todo ele na punctura de alfinete que esvazia a rã inchada, ironia e humorismo seriam pouco mais ou menos a mesma coisa. Mas o humorismo, como veremos, não é inteiramente essa alfinetada.

---

\* *A Divina Comédia*, Purg. VI, 127, 128; 136, 137 (N. do T.).

Como de costume, Friedrich Schlegel não fez mais do que exagerar idéias e teorias alheias; além do idealismo subjetivo de Fichte, a famosa teoria do jogo exposta por Schiller nas vinte e sete cartas *Über die Ästhetische Erziehung des Menschen* (*Sobre a Educação Estética da Humanidade*).

Fichte quisera, no fundo, levar a termo a doutrina kantiana do dever: dizendo que o universo é criado pelo espírito, pelo "Eu", que é também divindade, a alma da essência do mundo, que gera tudo e é impessoal, que é vontade infatigável, a qual encerra em si mesma razão, liberdade e moralidade; pretendera demonstrar o dever dos homens individualmente de submeterem-se ao querer da totalidade e de tenderem à culminância da harmonia moral.

Ora, este "Eu" de Fichte tornou-se o "eu" individual, o pequeno "eu" cambaio do Senhor Friedrich Schlegel, que com um canudo e um pouco de água com sabão se pôs alegremente a inflar bolhas de sabão – vã aparência do universo, mundos – e a soprar sobre elas. E este era o jogo. Pobre Schiller! Não se poderia ter falseado de modo mais indigno seu Spieltrieb [*Instinto Lúdico*]. Mas o Senhor Friedrich Schlegel tomou ao pé da letra as palavras:

*der Mensch soll mit der Schönheit nur spielen, un er soll nur mit der Schönheit spielen. Denn, um es endlich auf einmal herauszusagen, der Mensch spielt nur, wo er in voller Bedeutung des Worts Mensch ist, un er ist nur da ganz Mensch, wo er spielt*[5],

e disse que para o poeta a ironia consiste em nunca fundir-se de todo com a própria obra, em não perder, nem sequer no momento do patético, a consciência da irrealidade de suas criações, em não ser joguete dos fantasmas evocados por ele mesmo, em sorrir do leitor que se deixará arrastar pelo jogo e inclusive de si mesmo que consagra a própria vida a jogar[6].

Entendida nesse sentido a ironia, cada qual vê como ela é erradamente atribuída a certos escritores, como, por exemplo, ao nosso Manzoni, que fez da realidade objetiva, da verdade histórica, uma verdadeira e autêntica obsessão, a ponto de condenar a sua própria obra-prima. De outra parte, tampouco se pode atribuir a Manzoni aquela outra ironia, a retórica, já que nunca se encontra nele nenhuma contra-

---

5. "[...] o homem deve com a beleza somente jogar e somente com a beleza deve ele jogar. Pois, para exprimir tudo de uma só vez, o homem somente joga onde ele é homem, no pleno sentido da palavra, e somente é homem pleno lá onde joga." Carta XV.

6. Ver Victor Basch, *La Poëtique de F. Schiller*, Paris, Alcan, 1902.

dição fictícia entre o que diz e o que pretende que se entenda, contradição fruto do desdém. Manzoni nunca desdenha a realidade em contraste com seu ideal: por compaixão transige aqui e ali e amiúde perdoa, representando sempre minuciosamente, de forma viva, as razões de seu transigir e de seu perdoar; o que, como veremos, é próprio do humorismo.

A substituição de humorismo, humorista, por ironismo, ironista, não seria portanto legítima. Da ironia, ainda quando usada para bom fim, não se pode desunir a idéia de um quê de *motejo* e de *mordacidade*. Ora, motejadores e indivíduos mordazes podem também ser escritores indubitavelmente humorísticos, mas seu humorismo não mais consistirá nesse motejo mordaz.

Todavia, também é verdade que em uma palavra se pode alterar por comum acordo o significado. São tantas as palavras que adotamos hoje com um certo sentido e que tinham outro antigamente. E se já se alterou verdadeiramente, como vimos, o sentido da palavra *humorismo*, não haveria no fundo nada de mau se – para determinar, para significar sem equívoco a coisa – se adotasse outra palavra.

## 2. Questões Preliminares

Antes de começar a falar da essência, dos caracteres e da matéria do humorismo, devemos limpar o terreno de três outras questões preliminares: *1*. se o humorismo é um fenômeno literário exclusivamente moderno; *2*. se é exótico para nós; *3*. se é especialmente nórdico.

Estas três questões se ligam estreitamente àquela outra, mais ampla e complexa, da diferença entre a arte moderna e a arte antiga, longamente agitada durante a luta entre classicismo e romantismo, por um lado; e, por outro, do romantismo considerado pelos anglo-germânicos como uma desforra contra o classicismo dos latinos.

Veremos, de fato, retomadas nas várias disputas sobre o humorismo todos os argumentos da crítica romântica, a começar pelos de Schiller, o qual, com o seu famoso ensaio *Über naive und sentimentalische Dichtung* (*Sobre a Poesia Ingênua e Sentimentalista*) foi, ao dizer de Goethe[7], o fundador de toda a estética moderna.

Estes argumentos são bem conhecidos: o subjetivismo do poeta especulativo-sentimental, representante da arte moderna, em contra-

---

7. *Zur Naturwissenschaft im Allgemeinen*. Tomo XXXIV das *Obras* ed. Hempel, pp. 96-97. Mas Goethe não leva em conta que antes de Schiller, Herder já havia distinguido *Natur-poesie* da *Kunst-poesie*. Ver também V. Basch, *op. cit.*

posição ao objetivismo do poeta instintivo ou ingênuo, representante da arte antiga; o contraste entre o real e o ideal; a serenidade marmórea, o equilíbrio digno, a beleza exterior da arte antiga, contra a exaltação dos sentimentos, o vago, o infinito, o indeterminado das aspirações, as melancolias, a nostalgia, a beleza interior da arte moderna; e de uma parte as baixezas do verismo da poesia ingênua, e de outra as névoas da abstração e a vertigem intelectual da poesia sentimental[8]; a ação do cristianismo; o elemento filosófico; a incoerência da arte moderna oposta à harmonia da poesia grega; as particularidades singulares em face das tipificações clássicas; a razão que se interessa mais pelo valor filosófico do conteúdo do que pela graça da forma exterior; o sentimento profundo de uma desunião interna, de uma dupla natureza do homem moderno etc. etc.

Para dar alguma prova disso, citaremos o que escrevia Nencioni naquele seu estudo sobre *L'Umorismo e gli Umoristi*, do qual já falamos:

A antigüidade, em seu feliz equilíbrio dos sentidos e dos sentimentos, encarou com calma estatuária também as trágicas profundidades do destino. A alma humana era então jovem e sadia, o coração e a inteligência não haviam sido tampouco atormentados por trinta séculos de preceitos e sistemas, de dores e de dúvidas. Nenhuma doutrina penosa, nenhuma crise interior haviam alterado a serena harmonia da vida e do temperamento humanos. Mas o tempo e o cristianismo ensinaram o homem moderno a contemplar o infinito, a compará-lo com o efêmero e doloroso sopro da vida presente. Nosso organismo está continuamente excitado e superexcitado; e dores seculares *humanizaram* o nosso coração. Contemplamos a alma humana e a natureza com uma simpatia mais penetrante, e encontramos aí arcanos relacionamentos e uma íntima poesia ignorados pela antigüidade... O riso do artista e a fantasia cômica de Aristófanes, alguns diálogos de Luciano, são exceções. A antigüidade não teve, nem podia ter, literatura humorística... Dir-se-ia que esta é a característica da literatura anglo-germânica. O céu crepuscular e o úmido solo do Norte parecem ser mais adequados para nutrir a delicada e estranha planta do humorismo.

Nencioni concedia porém que "também sob o céu azul e na vida fácil das raças latinas" o humorismo "em certos momentos floresceu e duas ou três vezes de modo único, maravilhoso". E falava, com efeito, de Rabelais e de Cervantes, bem como do humorismo "realista e vivente" de Carlo Porta e daquele "delicado e desolado", de Carlo Bini, e considerava o Dom Abbondio de Manzoni uma criação humorística de primeira ordem.

8. Cf. G. Muoni, *Note per una poetica storica del romanticismo*, Milão, Società Ed. Libr., 1906.

Mais resoluto na negação foi Giorgio Arcoleo[9], o qual, embora admitindo que a nota humorística, específica da literatura moderna, não deixa de ter laços com o mundo antigo, e ainda citando aquele ensinamento de Sócrates que diz: "Uma e mesma é a origem da alegria e da tristeza: nos opostos só se conhece uma idéia por sua contrária; da mesma matéria se forma o soco e o coturno", e acrescia:

> Isto pensava o intelecto grego, mas a Arte não podia exprimi-lo; a percepção dos contrastes remanescia no campo abstrato, porque a vida era diversa. A Teogonia envolvia a alma no mito; a Epopéia, os fatos humanos na lenda; a Política, as forças individuais na suprema lei do Estado. A Antigüidade constrange serenamente as formas na harmonia do infinito: vide o Ciclope ou o Gnomo, as Graças ou as Parcas. Assim como a vida tinha homens livres ou servos, onipotentes ou impotentes, do mesmo modo a ciência teve sorrisos ou prantos: Heráclito ou Demócrito; e a literatura teve tragédias ou comédias. Em tudo o mais o contraste passou da esfera do intelecto ao da imaginação, se transmutou em fantasma, e então Aristófanes fez a sátira dos sofistas, e Luciano, a dos deuses. Mas se o paganismo se esquecera na magnificência das formas e da natureza, o Medievo se atormentou nas dúvidas e nas angústias do espírito. Foi triste, teve sonhos agitados por espectros: o poder baronial findava muitas vezes nos conventos; a beleza, nos claustros. A corrupção romana não seduzia sequer como lembrança: a dissolução do grande Império havia inoculado nos ânimos a idéia de impotência. Ao inverso do mundo antigo: este apequenou nas formas plásticas a energia sobrenatural; o Medievo as alargou no infinito e, comprimido no espaço e no tempo, o espírito humano se anulou com bramânica resignação. Tal depressão sufocou todo espírito de iniciativa e de pesquisa. Nas crenças imperou o dogma, na ciência a erudição, na arte a cópia, no costume a disciplina. A humanidade no período da decadência romana havia suportado as dores da vida com a indiferença do estóico; havia procurado os prazeres com a sensualidade do epicureu: na Idade Média quis subtrair-se à vida pelo êxtase; daí uma nova mitologia cristã, povoada de remorsos, medos e preces. O pensamento seguia a fé; o manual de lógica era um apêndice do catecismo. Em tais condições dominava o terror, esperava-se o fim do mundo... Finalmente, tanto na matéria como no espírito surge um novo mundo. É um período de exultação e ao mesmo tempo de melancolia e de reflexão, mas que se revela com duas tendências separadas: uma, junto às raças germânicas; a outra, junto às latinas; lá, o livre exame ou a Reforma; aqui, o culto da beleza e da força, a Renascença. Os contrastes se multiplicam nas instituições, na vida privada, nos costumes, nas leis, na literatura... Não é uma antítese percebida pelo intelecto ou entrevista pela fantasia; não é uma luta contra a natureza humana, como na Idade Média; é dissonância que chia em todas as esferas do pensamento e da ação: é a dissensão entre o espírito novo e as velhas formas. Em tal situação, o triunfo de um ou de outra tem influência decisiva sobre as instituições, sobre a ciência, sobre a arte. Aqui precisamente é notada a diferença dos resultados nas raças germânicas e nas latinas: diferença que explica em grande parte por que o humorismo teve tanto desenvolvimento entre os primeiros, e êxito quase nulo entre os segundos.

9. *L'Umorismo nell'arte moderna*. Duas conferências no Círculo Filológico de Nápoles, Nápoles, Detken ed., 1885.

Ora, dever-se-ia antes de tudo entender que, tomando-se para exame uma excepcional e especiosíssima expressão de arte como é a humorística, essas rápidas sínteses, essas reconstruções históricas ideais, não são admissíveis.

Tal como na formação de uma lenda, a imaginação coletiva rejeita todos os elementos, os traços, os caracteres discordantes da natureza ideal de um fato dado ou de uma dada personagem e evoca, ao invés, e combina todas as imagens convenientes; assim, ao traçar brevemente a síntese de uma dada época, inevitavelmente somos induzidos a não ter em conta tantos detalhes em contradição, de expressões singulares. Não podemos prestar ouvidos às vozes que protestam em meio a um coro sobrepujante. Na distância, sabe-se, certas cores vivas, espalhadas aqui e ali, se atenuam, se abrandam, se fundem na coloração geral, azul ou gris, da paisagem. Para que estas cores ressaltem, reassumindo inteiramente a sua individualidade, é preciso que nos aproximemos delas: reconheceremos então como e quanto nos havia enganado a distância.

Seguindo as teorias de Taine e considerando os fenômenos morais como sujeitos também eles ao determinismo do mesmo modo que os fenômenos físicos, a história humana como parte da história natural, a obra de arte como o produto de determinados fatores e de determinadas leis, isto é, das leis da dependência e das condições, com as regras que delas derivam: do caráter essencial ou da faculdade dominante, da primeira; das forças primordiais, raça, ambiente, momento, da segunda; e vendo exclusivamente nas expressões artísticas os efeitos necessários de forças naturais e sociais, jamais penetraremos na intimidade da arte e nos representaremos por força todas as manifestações de um dado tempo como solidárias entre si e complementares, de modo que cada uma necessita das outras e todas em conjunto espelham aquelas qualidades que, segundo o nosso conceito ou a nossa idéia sumária, as reuniu e produziu; e não já a realidade infinitamente variada e continuamente mutável, e os sentimentos singulares desta, também variados infinitamente e continuamente mutáveis. Depois de haver considerado o céu, o clima, o solo, a sociedade, os costumes, os preconceitos etc., não devemos talvez dirigir o olhar para os indivíduos em sua singularidade e perguntar-nos em que coisa se converteram em cada um deles esses elementos, segundo a especial organização psíquica, a combinação original, única, que constitui este ou aquele indivíduo? Onde um se entrega, o outro se revolta; onde um chora, o outro ri; e pode sempre haver um qualquer que ria e chore a um só tempo. Do mundo que o circunda, o homem, neste ou naquele momento, não vê senão o que lhe interessa: desde a infância, sem sequer suspeitá-lo, faz uma escolha de elementos e os aceita e os acolhe dentro de si; e estes elementos, mais tarde, sob a ação do sentimento, se agitarão para combinar-se nos modos mais diversos.

"A Antigüidade constrange serenamente as formas na harmonia do finito." Eis uma síntese. Toda a Antigüidade? Nenhum antigo excluído? "O Ciclope ou o Gnomo, as Graças ou as Parcas." E também não as Sirenes, metade mulheres, metade peixes? "A vida só tinha homens livres ou escravos." E não podia algum homem livre sentir-se escravo e algum escravo sentir-se livre dentro de si? Não cita o mesmo Arcoleo a Diógenes que "encerra o mundo no tonel e não aceita a grandeza de Alexandre, se este lhe tolhe a vista do sol"? E isto quer dizer que o intelecto grego podia perceber o contraste e a Arte não podia exprimi-lo porque a vida era diversa? Como era a vida? Toda pranto ou toda riso? E como fazia então o intelecto para captar o contraste? Qualquer abstração precisa ter por força raiz em um fato concreto. Havia, pois, o pranto *e* o riso, não o pranto *ou* o riso; e se o intelecto podia captar o contraste, por que não podia exprimi-lo a arte? "Além do mais", – diz Arcoleo, – "o contraste passou da esfera do intelecto para a da imaginação e se transmutou em fantasma, e então Aristófanes fez a sátira dos sofistas, e Luciano, a dos deuses." O que quer dizer além do mais? Se o contraste passou da esfera do intelecto para a da imaginação e se transmutou em fantasma, quer dizer que se tornou arte. E então? Abandonemos Aristófanes, que, como veremos, nada tem a fazer com o humorismo; mas Luciano não é somente o autor do diálogo dos deuses. E vamos adiante.

"O mundo antigo apequenou nas formas plásticas as energias sobrenaturais." Eis uma outra síntese. Todo o mundo antigo e todas as energias sobrenaturais? Inclusive o destino? E toda a Itália do Renascimento "permaneceu em seus gostos pagãos, serena; não teve curiosidade, nem intimidade"? Veremos. Falamos do humorismo e de suas expressões artísticas, expressões excepcionais e especiosíssimas, repito: bastar-nos-ia um só humorista; encontraremos bastantes, em todos os tempos, em todos os lugares; e diremos a razão pela qual os nossos, assinaladamente, devam parecer-nos que não sejam tais.

Todas as divisões são arbitrárias. Pouco depois da publicação do ensaio de Nencioni, que não só negava – como vimos – à Antigüidade uma literatura humorística, mas também a possibilidade de tê-la, saíram entre nós primeiro Fraccaroli, com um estudo intitulado justamente *Per gli Umoristi dell'Antichità*[10], e depois Bonghi[11] e, mais tarde, ou-

---

10. Verona, 1885.
11. *La coltura*, 15 de janeiro de 1886.

tros ainda, a realçar nas literaturas clássicas, e especialmente na grega, bem mais humorismo que Nencioni soube ver.

Esse *feliz equilíbrio*, essa *calma estatuária* e a alma *sã* e *jovem* e a *serena harmonia* da vida e do temperamento dos antigos, tal como a natureza representada por estes com precisão e fidelidade, sem melancolia nem nostalgia, são velhos cavalos de batalha da crítica romântica. Já o próprio Schiller, primeiro autor da divisão, teve de reconhecer que Eurípides, Horácio, Propércio e Virgílio não haviam tido um conceito ingênuo da natureza, e daí concluir que existiam almas *sentimentais* entre os antigos e almas gregas entre os modernos, cancelando assim, como impossível de ser mantida, a linha divisória entre inspiração antiga e inspiração hodierna.

Nas pegadas de Biese, que escreveu sobre a evolução do sentimento da natureza entre os gregos[12], Basch demonstrou facilmente o quanto havia de *sentimental* na poesia e no pensamento dos gregos, na mitologia primitiva, nas metamorfoses muitas vezes grotescas das divindades, na utopia nostálgica da idade de ouro, na refinada merencória dos líricos e dos elegíacos em particular, que representaram a natureza não só "como quadro dos sentimentos da alma, mas ainda como tendo profundas e misteriosas afinidades com seus sentimentos". Até Herder, autor da divisão entre *Natur-poesie* e *Kunst-poesie*, não dava a esta um sentido rigorosamente cronológico. E Richter negava que o cristianismo fosse causa e origem exclusiva da nova poesia, já que os poemas escandinavos dos Edas e os da Índia haviam nascido fora do misticismo cristão; e, repetindo a observação de Herder, de que "nenhum poeta permanece fiel a uma inspiração sentimental única", chamava românticos não já os autores, mas aqueles entre as obras que eram de inspiração sentimental. Heinrich Heine dizia em sua *Alemanha* que se havia caído em deplorável erro chamando de plástica a arte clássica, como se qualquer arte, antiga ou moderna, querendo ser arte, não devesse forçosamente ser plástica em sua forma exterior. E é inútil recordar aqui os apuros em que se viu Victor Hugo, o qual, ao querer apontar como princípio da arte moderna a famosa teoria do grotesco, deparou-se com Vulcano, Polifemo, Sileno, os tritões, os sátiros, os ciclopes, as sirenes, as fúrias, as Parcas, as harpias, o Tersites homérico, as *dramatis personae* das comédias aristofanescas.

De outra parte, ninguém mais sonha em negar que também os antigos tiveram idéia da profunda infelicidade dos homens. Expressa-

---

12. A. Biese, *Die Entwickelung des Naturgefühls bei den Griechen*, Kiel, 1882. Sobre o tema há obras mais recentes.

ram-na, aliás, claramente, filósofos e poetas. Mas, como de costume, alguns também quiseram ver entre a dor antiga e a dor moderna uma diferença quase substancial e sustentaram haver uma lúgubre progressão na dor que se desenvolve com a própria história da civilização, uma progressão que tem fundamento na sensibilidade da consciência humana, cada vez mais delicada, e na sua irritabilidade e sua incontentabilidade, as quais crescem constantemente.

Mas isto já dissera, se não nos enganamos, em tempos assaz remotos, Salomão. Aumento de ciência, aumento de dor. E tinha realmente razão, em tempos tão remotos, Salomão? Está para se ver. Se as paixões, quanto mais se reforçam e se aguçam, tanto mais adquirem uma espécie de atração e de compenetração intercambiável; se com a ajuda da fantasia e dos sentidos nos adentramos, como dizem, em um "processo de universalização" que se faz cada vez mais rápido e mais invasivo, de modo que em uma dor nos parece sentir mais dores, todas as dores, sofremos nós por isto verdadeiramente mais? Não, porque este acréscimo, se jamais ele acontece, vai em detrimento da intensidade. E bem por isso Leopardi observava agudamente que a dor antiga era uma dor desesperada, como ela costuma ser na natureza, como ainda o é nos povos bárbaros e semi-selvagens ou na gente do campo, sem o conforto da sensibilidade, sem a doce resignação ante as desventuras.

Facilmente hoje em dia, a nossos olhos, se cremos ser infelizes, o mundo se converte em um teatro de infelicidade universal? Quer dizer que, em vez de nos afundarmos em nossa própria dor, nós a alargamos, a difundimos no universo. Arrancamos o espinho e nos envolvemos numa nuvem negra. Cresce o aborrecimento, mas a dor se embota e se atenua. Mas, agora, e aquele tal *tédio da vida* dos contemporâneos de Lucrécio? E aquela tal tristeza misantrópica de Timão?

Oh, vamos! É realmente inútil alardear exemplos e citações. São questões, disquisições, argumentações acadêmicas. A humanidade passada não precisa ser procurada muito longe: está sempre em nós, tal qual. Podemos quando muito admitir que hoje, por esta – se se quer – sensibilidade aumentada e pelo progresso (ai de mim!) da civilização, são mais comuns aquelas disposições do espírito, aquelas condições de vida mais favoráveis ao fenômeno do humorismo, ou melhor, de um *certo* humorismo; mas é absolutamente arbitrário negar que tais disposições não existissem ou não pudessem existir na antigüidade.

Por algo Diógenes, com seu tonel e sua lanterna, não é de ontem; e nada mais sério do que o ridículo e nada mais ridículo do que o sério. São exceções, como diz Nencioni, e repete Arcoleo, Aristófanes e Luciano?

Mas então também são exceções Swift e Sterne. Toda a arte humorística, repetimos, tem sido sempre e continua sendo arte de exceção.

Diverso é o pranto, segundo esta crítica, e diverso também é naturalmente o riso dos antigos.

Conhecidíssima é a distinção de Jean Paul Richter entre cômico clássico e cômico romântico: facécia grosseira, sátira vulgar, derrisão dos vícios e defeitos, sem nenhuma comiseração ou piedade, aquele; este, humor, isto é, riso filosófico, mesclado de dor, porque nascido da comparação do pequeno mundo finito com a idéia infinita, riso pleno de tolerância e de simpatia.

Entre nós, Leopardi, que sempre teve nostalgia do passado e que nos *Pensieri di varia filosofia e di bella litteratura* quis ressaltar que sentia a dor não ao modo dos românticos, mas ao modo dos antigos, isto é, a dor desesperada, defendeu também o cômico antigo contra o moderno, o cômico antigo que "era verdadeiramente substancioso, exprimia sempre e punha debaixo dos olhos, por assim dizer, um corpo de ridículo", enquanto o moderno é

uma sombra, um espírito, um vento, um sopro, uma fumaça. Aquele enchia de riso, este apenas o faz saborear; aquele era sólido, este fugaz; aquele consistia em imagens, similitudes, paralelos, contos, em suma coisas ridículas; este em palavras, em geral e sumariamente falando; e ele nasce daquela determinada composição de vozes, daquele equívoco, daquela determinada alusão verbal, daquele joguinho de palavras, daquela certa palavra específica – de maneira que, se tolhemos essas alusões, se decompomos e ordenamos diversamente essas palavras, se removemos esse equívoco, se substituímos uma palavra por outra, desaparece o ridículo.

E ele cita o exemplo de Luciano, que compara os deuses suspensos no fuso da Parca com os peixinhos suspensos na vara do pescador. Depois adverte:

Mas por acaso e sem acaso, presentemente, e máxime aos franceses, parece grosseiro aquilo que uma vez se chamava de sal ático, e aprazia aos gregos, o povo mais civilizado da antigüidade, e aos latinos. E pode ser que também Horácio fosse dessa opinião, quando falou mal dos sais de Plauto; e de fato as sátiras e epístolas de Horácio não são de um ridículo tão sólido como o antigo cômico grego e latino, mas tampouco, nem de longe, tão sutis como o moderno. Ora, à força de frases, até o ridículo se tornou espiritual, algo tão purificado que já não é mais puro licor, mas éter, vapor; e só este é considerado um ridículo digno das pessoas de bom gosto e de espírito e de verdadeiro *bom tom*, e digno do grande mundo e da conversação civilizada. O ridículo das antigas comédias provinha também em grande parte das operações que incumbia às personagens efetuar no palco e as quais, ainda neste caso, não eram apenas pequena fonte de sal, mas pura ação; como nas *Cerimonie* de Maffei, comédia cheia de antigo e verdadeiro ridículo, como aquela saída de Horácio pela janela a fim de evitar os cumprimentos diante das portas. Uma outra grande diferença entre o ridículo antigo e o moderno é que aquele era tomado de coisas populares e domésticas ou, ao menos, não da mais fina conversação, a qual, de outro lado, não existia ainda, ao menos tão refinada; mas o moderno, máxime o francês, gira principalmente em torno do que há de mais esquisito no mundo, das coisas dos nobres mais refinados, das vicissitudes domésticas das famílias mais modernas etc. etc. (como também era proporcionalmente o ridículo de Horácio): de modo que aquele era um ridículo que tinha corpo e, como o fio de uma arma que não seja demasiado agudo, durou longo tempo; ao passo que este, como tem uma ponta finíssima, mais ou menos segundo os tempos e as nações, se estraga e embota num abrir e fechar de olhos, e o vulgo já não o sente, como corte de uma navalha recém estreada.

Leopardi, evidentemente, fala aqui do *esprit* francês em contraposição ao ridículo clássico, sem pensar que este *esprit de conversation, le talent de faire des mots, le goût des petites phrases vives, fines, imprévues, ingénieuses, dardées avec gaité ou malice* ("espírito de conversação, o talento de fazer ditos, o gosto pelas pequenas frases vivas, finas, imprevistas, engenhosas, dardejadas de graça ou malícia")[13] é clássico também e antiquíssimo em França: *Duas res industriosissime persequitor gens Gallorum, rem militarem et argute loqui* ("Duas coisas industriosíssimas perseguiam as gentes da Gália, coisas militares e falas argutas"). Este *esprit* nativo na França, que se refina ainda que pouco a pouco e se torna um tanto convencional, elegante, aristocrático, em certos períodos literários, não é certamente o *humour* moderno, e muito menos o inglês que Taine lhe contrapõe, como feito precisamente de *coisas* mais do que de *palavras* ou, sob um determinado aspecto, feito de bom senso, se – como pensava Joubert – o *esprit* consiste em se ter muitas idéias inúteis e o bom senso de estar provido de noções necessárias. Não confundamos, pois.

Em 1899, Alberto Cantoni, argutíssimo humorista nosso[14], que sentia profundamente o dissídio interno entre a razão e o sentimento e sofria por não poder ser tão ingênuo como prepotentemente nele a natureza teria querido, retomou o argumento em uma novela crítica intitulada *Humour Clássico e Moderno*[15], na qual imagina que um bom velho rubicundo e jovial, que representa o *Humour clássico*, e um homenzinho mirrado e circunspecto, com uma cara um pouco enjoada e um pouco motejadora, que representa o *Humour moderno*, se encon-

---

13. V. H. Taine, *Notes sur l'Angleterre*, Paris, Hachette et Cie, 12. ed., 1903 – cap. VIII, *De l'esprit anglais*, p. 339.

14. Ver sobre ele o meu ensaio "Un critico fantastico", no volume *Arte e scienza*, Roma, W. Modes ed., 1908.

15. Cantoni chama propriamente a este seu trabalho *grotesco*, talvez pela contaminação do elemento fantástico com a crítica.

tram em Bérgamo diante do monumento a Gaetano Donizetti e lá, sem mais, se põem a discutir entre si e depois lançam um ao outro um desafio, isto é, se propõem a andar pelo campo ali perto, até Clusone, onde ocorre uma feira, cada um por conta própria, como se nunca se tivessem visto, e depois retornar à noite, ali de novo, diante do monumento a Donizetti, trazendo cada qual as impressões fugazes e particulares da excursão a fim de compará-las. Em vez de discorrer criticamente sobre a natureza, sobre as intenções e sobre o sabor do humorismo antigo e moderno, Cantoni, nesta novela, refere vivazmente, em um diálogo arguto, as impressões do velho jovial e do homenzinho circunspecto recolhidas na feira de Clusone. As do primeiro poderiam ter sido argumento de uma novela de Bocácio, de Firenzuola, de Bandello; os comentários e as variações sentimentais do outro têm, ao invés, o sabor de relatos de Sterne no *Sentimental Journey* ou de Heine nos *Reisebilder*. Cantoni, como se preferisse a natureza ingênua e lhana, estaria na discussão do lado do velho rubicundo, se não fosse obrigado a reconhecer que este quis permanecer tal como é muito mais do que lhe permitiam os anos e que ele é bastante vulgar e às vezes vergonhosamente sensual; mas depois, sentindo também dentro de si a dissensão que mantém cindida e desdobrada a alma do outro, do homenzinho mirrado, faz com que o velho o morda com palavras ásperas:

– À força de repetir continuamente que tu pareces sorriso e que és dor... chegamos ao ponto em que já não se sabe mais que coisa de verdade pareces ser, nem que coisa de verdade és... Se tu pudesses te ver, não saberias, como eu, se tens mais vontade de chorar ou de sorrir.

– Neste momento é verdade – responde-lhe o *Humour moderno* – porque neste momento penso somente que vós vos detivestes a meio caminho. Em vosso tempo, as alegrias e as angústias da vida tinham duas formas ou, ao menos, duas aparências mais simples e muito dissimilares entre si, e nada era mais fácil do que separar uma da outra para depois realçar as primeiras em prejuízo das segundas, ou vice-versa; mas a seguir, isto é, em meu tempo, sobreveio a crítica, e boa noite; hesitou-se durante muito tempo sem saber que coisa era melhor, nem que coisa era pior, até que começaram a aparecer, depois de haverem estado tanto tempo escondidas, as facetas *dolorosas* da alegria e as facetas *risíveis* da dor humana. Também os antigos costumavam sustentar que o prazer não é mais do que a cessação da dor e que a própria dor, bem examinada, não é em absoluto o mal; porém sustentavam a sério essas belas coisas: o que é como dizer que não haviam penetrado nelas de modo algum; agora, ao invés, chegou o meu tempo e se repete, ai de mim!, quase rindo, ou seja, com a mais profunda persuasão, que os dois supra mencionados elementos, unidos há pouco à alegria e à dor, assumiram aspectos tão incertos e tão descorados que não se pode mais, já não digo separá-los, mas nem ao menos distingui-los. Por isso chegou-se ao fato de que meus contemporâneos não mais sabem estar nem bem contentes, nem bem descontentes, e que vós sozinho já não bastais nem para fomentar o comedido folguedo dos primeiros e nem para desviar

os sofisticados tremores dos segundos. Só eu, que mesclo tudo sapientemente, consigo, de um lado, dissipar o mais que posso as enganosas miragens e limar, de outro, o mais que encontro, as supérfluas asperezas. Vivo de expedientes e de almofadinhas...
– Bela vida! – exclama o velho.
E o homenzinho mirrado prossegue:
– ...para chegar possivelmente a um estado intermédio que represente algo como a substância gris da sensibilidade humana. Agora sente-se de sobra quão demasiado riu-se à tonta e à louca em outros tempos; urge, porém, que o pensamento tome as rédeas das mais decompostas manifestações do sentimento... Lamento não ter podido herdar vossas ilusões e me alegro ao mesmo tempo por me encontrar do lado de cá do fosso, bem aguerrido contra as insídias das mesmas ilusões! O que tendes? Por que me olhais desse modo?
– Penso – responde o velho – que se queres realmente ter duas almas em uma, fazes muito bem em não assumir o famoso modo de olhar daquele viúvo apaixonado, que à esquerda chorava a mulher morta e à direita piscava o olho para a viva. Tu, ao invés, queres chorar e piscar os olhos juntos, com ambos os lados, como a dizer que já não se compreende mais nada.

Como no drama romântico que os dois bravos burgueses Dupuis e Cotonet viam: *vêtu de blanc et de noir riant d'un oeil et pleurant de l'autre* ("vestido de branco e preto rindo com um olho e chorando com o outro").

Mas também aqui temos confusão. No fundo, Cantoni vem dizer o que Richter e Leopardi já haviam dito. Exceto que ele chama também *humour* aquilo que os outros dois haviam chamado cômico clássico e ridículo antigo. Richter – alemão – tece porém o elogio do cômico romântico ou *humour* moderno e vitupera como grosseiro e vulgar o cômico clássico; enquanto Cantoni, tal como Leopardi – bom italiano – o defende, embora reconhecendo que a pecha de vergonhosa sensualidade não é inteiramente desmerecida. Mas também para ele, o *humour* moderno não passa de uma sofisticação do antigo.

Vamos, penso – lhe diz, com efeito, o *Humour clássico* – que sempre se fez as coisas sem ti, ou então que tu não és mais do que a pior parte de mim mesmo, que levantou a crista por impertinência, como agora é de uso. É uma grande verdade, porém, que jamais chegou a conhecer-se bem por si só! Tu me escapaste decerto por baixo e eu não me dei conta.

Ora, isto é verdade? Isto que Cantoni chama *Humour clássico* é o *humour* propriamente dito? Ou não está Cantoni, por um lado, incorrendo no mesmo erro em que já incorreu, por outro, Leopardi, isto é, confundindo com o *esprit* francês todo o ridículo moderno? Dito de maneira mais apropriada: isto a que Cantoni chama *humour clássico* não seria o humorismo entendido em um sentido muito largo, no qual estão compreendidos a burla, a caçoada, a facécia, em suma, todo o cômico em suas várias expressões?

Aqui reside o verdadeiro nó da questão.

Não entra aqui a diferença entre arte antiga e moderna, assim como não entram as prerrogativas especiais dessa ou daquela raça. Trata-se de ver em que sentido se deve considerar o humorismo, se no sentido amplo que comumente e erroneamente se lhe costuma dar, caso em que o encontraremos em grande quantidade tanto nas literaturas antigas como nas modernas de qualquer nação; ou se em um sentido mais restrito e mais próprio, caso em que o encontraremos igualmente, mas em quantidade bem menor, na verdade em pouquíssimas expressões excepcionais, tanto entre os antigos como entre os modernos, de todas as nações.

## 3. Distinções Sumárias

No cap. VIII do livro *Notes sur l'Angleterre*, Taine, como se sabe, empenhou-se em comparar o *esprit* francês com o inglês. Escreveu Taine:

> Não se deve dizer que eles (*os ingleses*) não têm espírito – eles têm um por conta própria, na verdade pouco agradável, mas inteiramente original, de sabor forte e pungente e até um pouco amargo, como suas bebidas nacionais. Chamam-no *humour*; e, em geral, é a facécia de quem, brincando, guarda um ar sério. Esta burla abunda nos escritos de Swift, Fielding, Sterne, Dickens, Thackeray e Sidney Smith; sob este aspecto, o *Livro dos Esnobes* e as *Cartas de Peter Plymley* são obras-primas. Encontramo-la, também, e muito, de qualidade mais autóctone e mais áspera, em Carlyle. Ela confina ora com a caricatura bufonesca, ora com o sarcasmo premeditado; sacode rudemente os nervos, ou afunda e toma abrigo na memória. É uma obra de imaginação estrambótica ou de indignação concentrada. Ela se apraz nos contrastes estridentes, nos disfarces imprevistos. Veste à loucura com as roupas da razão ou à razão com as roupas da loucura. Heinrich Heine, Aristófanes, Rabelais e talvez Montesquieu, fora da Inglaterra, são os que a possuem em maior dose. Ainda que destes três últimos se deva subtrair um elemento estranho, a *caprichosa inspiração* francesa, a alegria, o gozo, aquela espécie de bom vinho que só se vindima nos países do sol. No estado insular e puro, ela deixa sempre, no fim, um sabor de vinagre.
>
> Quem brinca assim raramente é benévolo e nunca alegre, sente e trai fortemente as dissonâncias da vida. E não a desfruta; no fundo antes sofre e se irrita. Para estudar minuciosamente uma coisa grotesca, para prolongar friamente uma ironia, é mister ter um sentimento contínuo de tristeza e cólera. Os estudos perfeitos do gênero devem ser buscados nos grandes escritores, mas o gênero é de tal modo autóctone que se encontra todo dia na conversação corriqueira, na literatura, nas discussões políticas e é a moeda corrente do *Punch*.

A citação é um pouco longa demais; porém oportuna para aclarar muitas coisas.

Taine consegue captar bem a diferença geral entre *plaisanterie* francesa e inglesa, ou melhor, o humor diverso dos dois povos. Cada povo tem o seu, com caracteres de distinção sumária. Mas, como de costume, não é preciso ir muito além, isto é, tomar essa distinção sumária como um sólido fundamento ao tratar de uma expressão de arte especialíssima como a nossa.

Que diríamos de alguém que, da averiguação sumária de que há certos traços fisionômicos comuns através dos quais, *grosso modo*, distinguimos um inglês de um espanhol, um alemão de um italiano etc., sacasse a conseqüência de que todos os ingleses, por exemplo, têm os mesmos olhos, o mesmo nariz, a mesma boca?

Para entender bem o quanto é sumário este modo de distinguir, encerremo-nos por um momento nos limites de nosso país. Todos nós, de uma dada nação, podemos notar facilmente como e quanto a fisionomia de uma pessoa é diferente da de outra. Mas esta observação, óbvia, facílima para nós, é, ao invés, dificílima para um estrangeiro, para o qual todos nós temos um mesmo aspecto geral.

Pensemos em um grande bosque onde houvesse muitas famílias de plantas: carvalhos, áceres, pinheiros, plátanos, faias etc. Sumariamente, à primeira vista, distinguiremos as várias famílias pela altura do tronco, as diversas gradações do verde, em suma, pela configuração geral de cada uma. Mas devemos pensar, ademais, que em cada uma dessas famílias não só uma árvore é diferente da outra, um tronco do outro, um ramo do outro, uma copa da outra, mas que, entre toda aquela incomensurável multidão de folhas, não há duas, duas apenas, idênticas entre si.

Ora, se se tratasse de julgar uma obra de imaginação coletiva, como seria precisamente uma epopéia genuína, surgida viva e possante das lendas tradicionais primitivas de um povo, poderíamos de certa maneira contentar-nos com esta sumária distinção. Não mais podemos contentar-nos com isto, ao invés, em se tratando de julgar obras que são criações individuais, particularmente se são humorísticas.

Tomando abstratamente o tipo de humor inglês, Taine mete num mesmo feixe Swift e Fielding, Sterne e Dickens, Tackeray e Sidney Smith e Carlyle, e lhes junta depois Heine, Aristófanes, Rabelais, Montesquieu. Belo feixe! Do humorismo entendido no sentido mais amplo, como caráter comum, típico modo de rir deste ou daquele povo, saltamos de repente para a consideração das expressões singulares e especialíssimas de um humorismo que já não é mais possível entender naquele sentido amplo, senão sob a condição de se renunciar de forma absoluta à crítica: digo aquela crítica que indaga e descobre todas as diferenças singulares características pelas quais a expressão, e portanto a arte, o modo de ser, o estilo de um escritor se distingue do de outro: Swift de Fielding, Sterne de Swift e de Fielding, Dickens de Swift, de Fielding, de Sterne e assim por diante.

As relações que estes escritores humorísticos ingleses podem ter com o humor nacional são, com efeito, inteiramente secundárias e superficiais, assim como as que podem existir entre eles, e não têm nenhuma importância para a valorização estética.

O que quer que possa haver de comum entre tais escritores isto não deriva da qualidade do humor nacional inglês, mas do fato somente de que são humoristas, cada um sem dúvida a seu modo, porém todos humoristas de verdade, isto é, escritores nos quais corre aquele especial processo íntimo e característico de que resulta a expressão humorística. E somente por isso, não apenas Heinrich Heine, Rabelais e Montesquieu, como todos os verdadeiros escritores humorísticos de todos os tempos e de todas as nações podem formar nas mesmas fileiras que aqueles outros. Mas não Aristófanes, em quem o processo não ocorre em absoluto. Em Aristófanes não temos na verdade contraste, mas tão-somente oposição. Ele nunca está entre o sim e o não; ele nunca vê senão suas próprias razões e ele é pelo não, teimosamente, contra toda novidade, ou seja, contra a retórica, que cria demagogos; contra a música nova, que, mudando os modos antigos e consagrados, remove as bases da educação e do Estado, contra a tragédia de Eurípides, que enerva os caracteres e corrompe os costumes, contra a filosofia de Sócrates, que só pode produzir espíritos indóceis e ateus etc. Algumas de suas comédias são como as fábulas que a raposa escrevesse como resposta às que foram escritas pelos homens caluniando os animais. Naquelas os homens raciocinam e atuam com a lógica dos animais, enquanto nas fábulas os animais raciocinam e agem com a lógica dos homens. São alegorias em um drama fantástico, no qual a burla é sátira hiperbólica, desapiedada[16]. Aristófanes tem um escopo moral, e seu mundo, portanto, não é jamais o da fantasia pura. Não há nele nenhum estudo de verossimilhança: não se preocupa com ela porque se refere continuamente a coisas e pessoas verdadeiras; abstrai hiperbolicamente da realidade contingente e não cria uma realidade fantástica, como,

---

16. Ver Jacques Denis, *La comédie grecque*, vol. I, cap. VI, Paris, Hachette et Cie, 1886, e o belo e douto prefácio de Ettore Romagnoli na sua incomparável tradução das comédias de Aristófanes (Turim, Bocca, 1908).

por exemplo, Swift. Aristófanes não é humorista, mas Sócrates, como observa agudamente Theodor Lipps[17]: Sócrates, que assiste à representação de *As Nuvens* e ri com os outros ante as zombarias que dele faz o poeta, Sócrates que

*versteht den Standpunkts des Volksbewusstseins, zu dessen Vertreter zich Aristophanes gemacht hat, un sieht darin etwas relativ Gutes und Vernünftiges. Er anerkennt ebendamit das relative Recht derer, die seinen Kampf gegen das Volksbewusstsein verlachen. Damit erst wird sein Lachen zum Mitlachen. Anderseits lacht er doch über die Lacher. Er thut es un kann es thun, weil er des höheren Rechtes und notwendigen Sieges seiner Anschauungen gewiss ist. Eben dieses Bewusstsein leuchtet durch sein Lachen und lässt es in seiner Thorheit logisch berechtigt, in seiner nichtigkeit sittlich erhaben erscheinen*[18].

Sócrates tem o sentimento do contrário. Aristófanes, pois, se jamais, só pode ser considerado humorista se entendermos o humorismo no outro sentido muito mais amplo, e para nós impróprio, em que estão compreendidos a burla, a mofa, a facécia, a sátira, a caricatura, todo o cômico, em suas várias expressões. Mas neste sentido também muitos escritores burlescos, facetos, grotescos, satíricos, cômicos de todos os tempos e todas as nações deveriam ser considerados humoristas.

O erro é sempre o mesmo: o da distinção sumária.

São inegáveis as diversas qualidades das diferentes raças, é inegável que a *plaisanterie* francesa não é a inglesa assim como não é a italiana, a espanhola, a alemã, a russa, e assim por diante; é inegável que cada povo tem seu próprio humor; o erro começa quando este humor, naturalmente mutável em suas manifestações segundo os momentos e os ambientes, é considerado, como comumente o vulgo sói fazer, como *humorismo*; ou então por considerações exteriores e sumárias se afirma que é substancialmente diverso nos antigos e nos modernos; e enfim quando, pelo simples fato de que os ingleses chamaram *humour* a esse humor nacional, enquanto os outros povos o

---

17. Theodor Lipps, *Komik und Humor, eine psychologisch-ästhetische Untersuchung*, Hamburgo e Leipzig, Voss, 1898.
18. "[...] compreende o ponto de vista da consciência popular, da qual Aristófanes se fez representante, e vê nisso algo de bom e razoável. Ele reconhece justamente com isso o relativo direito daqueles que se riem de sua luta contra a consciência popular. Com isto seu riso se converte num rir compartilhado. De outro lado, ele ri na verdade dos que riem. Ele o faz e pode fazê-lo porque está certo da justiça superior e do triunfo necessário de suas concepções. Precisamente esta consciência luz através de seu riso e o deixa parecer em sua tolice logicamente justificado e em sua nulidade moralmente sublime."

chamaram de outro modo, se chega a dizer que somente os ingleses têm o verdadeiro e próprio *humorismo*.

Já havíamos visto que, muito antes que aquele grupo de escritores ingleses do século XVIII se chamasse de *humoristas*[19], na Itália tínhamos tido *umidi*, *umorosi* e *umoristi*. Isto, se se quer discutir sobre o nome. Se se quer discutir sobre a coisa, cabe observar, antes de tudo, que, entendendo nesse sentido amplo o humorismo, muitos e muitos escritores que nós chamamos burlescos ou irônicos ou satíricos ou cômicos etc. seriam chamados humoristas pelos ingleses, os quais sentiriam neles aquele sabor especial que nós sentimos em seus escritores e não sentimos mais nos nossos por aquela particularíssima razão que com muita sagacidade foi posta a claro por Pascoli, que diz:

> Há em toda língua e literatura um *quid* especial e intraduzível, que poucos sabem perceber na língua e literatura próprias e advertem, ao invés, sem dificuldade, nas alheias. Toda língua estrangeira, ainda que não entendida por nós, nos soa ao ouvido mais admiravelmente, diria, que a nossa. Um conto, uma poesia, exóticos, nos parecem mais belos, ainda que sejam mais medíocres do que muitas belas coisas nossas; e tanto mais quanto mais conservam algo daquela essência nacional. Pois bem, não acreditai que a vossa língua e literatura não possam exercer o mesmo efeito sobre os outros que as dos outros sobre vós!

Pode-se ter uma prova desse fato no que W. Roscoe escreveu no capítulo XVI, § 12, de sua obra *Vida e Pontificado de Leão X*, a propósito de Berni. Roscoe, inglês, que devia por isso ter consciência do que em seu país se entende comumente por *humour*, escreveu, quanto às fáceis composições de Berni, de Bini e de Mauro etc., que "não é improvável que hajam aberto a estrada para similar *excentricidade de estilo* em outros países" e que "em verdade se pode conceber a idéia mais característica acerca dos escritos de Berni e seus companheiros e sequazes, ao considerar que são em versos fáceis e vivazes a mesma coisa que as obras em prosa de Rabelais, de Cervantes e de Sterne".

E não é de Antonio Panizzi, que viveu longamente na Inglaterra e escreveu sobre nossos escritores em inglês, uma definição do estilo de Berni, que corresponde em grande parte àquela que Nencioni quis dar do humorismo? Diz Panizzi:

> Os principais elementos do estilo de Berni são: o engenho que não encontra semelhança entre objetos distantes e a rapidez com que subitamente conecta as

---

19. Ver a esse respeito as seis conferências de Thackeray, *The English Humourist of the Eighteenth Century*, Leipzig, Tauchnitz, 1853. São eles: Swift, Congreve, Addison, Steele, Prior, Gay, Pope, Hogarth, Smollett, Fielding, Sterne, Goldsmith.

idéias mais remotas; o modo solene com que alude a acontecimentos ridículos e profere um absurdo; o ar de inocência e de ingenuidade com que faz observações cheias de sagacidade e conhecimento do mundo, a *peculiar bonomia com que parece contemplar com indulgência... os erros e as maldades humanas*[20]; a sutil ironia que adota com tanta aparência de simplicidade e de aversão à amargura; a singular franqueza com que parece desejoso de escusar os homens e as obras no próprio momento em que está totalmente dedicado a estraçalhá-los.

De todo modo, é certo que Roscoe sentia em Berni e em nossos outros poetas *bajoni* (burlescos) o mesmo sabor que sentia nos escritores seus co-nacionais dotados de *humour*.

E não o sentia por acaso Byron em nosso Pulci, de quem chegou a traduzir o primeiro canto do *Morgante*? E o próprio Sterne não o sentia até em nosso Gian Carlo Passeroni (*Passeroni dabben'*, como o chamava Parini), aquele bom padre nicense que no canto XVII, parte III, de seu *Cicerone* nos faz saber (estr. 122ª):

> *E gia mi disse un chiaro letterato*
> *Inglese, che da questa mia stampita*
> *Il disegno, il modello avea cavato*
> *Di scrivere in piú tomi la sua vita*[21]
> *E pien di gratitudine e d'amore*
> *mi chiamava suo duce e precettore?*

("E já me disse um ilustre literato
inglês, que desta minha canção provençal
extraíra o projeto e o modelo
de escrever em vários tomos sua vida.
E cheio de gratidão e de amor
chamava-me seu guia e preceptor?")

E, de outra parte, pergunta-se se não lembra em nada os escritores franceses do *grand siècle* e também outros que não pertencem a este, aquele grupo de humoristas ingleses de que falávamos há pouco?

Voltaire, falando de Swift em suas *Lettres sur les Anglais*, diz:

> *Mr. Swift est Rabelais dans son bon sens et vivant en bonne compagnie. Il n'a pas, à la verité, la gaîté du premier, mais il a toute la finesse, la raison, le choix, le bon goût qui manquent à notre curé de Meudon*[22]. *Ses vers sont d'un goût*

---

20. Nencioni define o humorismo como "uma disposição natural do coração e da mente para observar com simpática indulgência as contradições e os absurdos da vida".
21. Alude à obra *A Vida e as Opiniões do Cavalheiro Tristram Shandy*.
22. Como soam curiosos estes elogios a um escritor inglês confrontado com um escritor francês, depois de se haver lido a página de Taine sobre o *esprit* francês e inglês!

*singulier et presque inimitable; la bonne plaisanterie est son partage en vers et en prose; mais pour le bien entendre, il faut faire un petit voyage dans son pays.*

("O Sr. Swift é Rabelais em seu bom senso e vivendo em boa companhia. Ele não tem, na verdade, a graça do primeiro, mas tem toda a finura, a razão, a escolha, o bom gosto que faltam a nosso cura de Meudon. Seus versos são de um gosto singular e quase inimitável; a boa brincadeira é o seu quinhão em verso e em prosa; mas para bem entendê-lo, é preciso fazer uma pequena viagem a seu país.")

*Dans son pays*, está bem; mas há também quem queira dizer que seria necessário fazer ainda uma pequena viagem à lua em companhia de Cyrano de Bergerac.

E quem porá em dúvida a influência de Voltaire e de Boileau sobre Pope? E recordemos que Lessing, ao acusar Gottsched em suas *Cartas sobre a Literatura Moderna,* diz que teria convindo ao gosto e aos costumes alemães a imitação dos ingleses, de Shakespeare, Ben Jonson, Beaumont e Fletcher, mais do que a daquele *afrancesado Addison*.

Mas uma prova ainda mais clara se pode obter do fato de que, enquanto nenhum daqueles que entre nós se ocuparam do humorismo e, por um preconceito *esnobístico*, o viram somente na Inglaterra, jamais sonhou em chamar Bocácio de humorista por suas muitas novelas ridentes, Chaucer por seus *Canterbury Tales* é considerado, ao invés, humorista e, mais ainda, o primeiro dos humoristas.

Quiseram ver no poeta inglês não – como era justo – o *quid* especial da língua diversa e sim um outro estilo; mas, no estilo, uma maior intimidade, e demonstrar esta maior intimidade antes de tudo no engenhoso pretexto das novelas (a peregrinação a Canterbury), nos retratos dos peregrinos noveladores, assinaladamente daquela inesquecível, graciosíssima Prioresa Sóror Eglatina, e do Sir Thopas e da mulher de Beth, e depois na correspondência das novelas com o caráter de quem as conta, ou melhor, no modo com que as diferentes novelas, que Chaucer não inventa, tomam dos peregrinos cor e qualidade.

Mas esta, que quer parecer uma observação profunda, é, ao contrário, superficialíssima, porque se detém somente nas molduras do quadro. A magnífica opulência do estilo bocaciano, a cópia e a aparência da forma, podem por acaso ser considerados exteriores e implicam por acaso escassez de intimidade psicológica? Examinemos, sob este aspecto, uma a uma as novelas, os caracteres de cada personagem singular, o desenvolvimento das paixões, a pintura minuciosa, detalhada, evidente, da realidade, que subentende uma sutilíssima análise, um conhecimento profundo do coração humano, e veremos se Bocácio, sobretudo na arte de tornar verossímeis certas aventuras demasiado estranhas, não supera em grande medida Chaucer.

Abusou-se demasiado de uma observação, como de costume, sumária, feita por aqueles que estudaram, com excessivo amor pelas coisas alheias, as relações entre as literaturas estrangeiras e a nossa: esta observação é que os nossos escritores sempre deram a tudo o que tomaram dos estrangeiros uma assim considerada maior beleza exterior, uma linha mais composta e mais harmoniosa; e que os estrangeiros, ao invés, tiraram dos nossos escritores uma maior beleza interior, um caráter mais íntimo e profundo.

Ora, isto, quando muito, pode valer para certos escritores nossos, medíocres, dos quais algum sumo escritor estrangeiro tenha tirado este ou aquele argumento: pode valer, por exemplo, para certos novelistas nossos, dos quais Shakespeare extraiu a fábula para alguns de seus possantes dramas. Não pode valer para Bocácio nem para Chaucer. Neste caso, ao invés, é preciso considerar no que se converteu um esquelético *fabliau* francês (admitindo-se que Chaucer não tenha tomado nada diretamente de Bocácio) nas novelas de um e de outro.

## 4. Humorismo e Retórica

Giacomo Barzellotti, em seu livro *Dal Rinascimento al Risorgimento*[23], seguindo os conceitos e o sistema de Taine e algumas idéias expressas por Bonghi nas *Lettere critiche*, e num ensaio de etologia de nossa cultura, dedicado a pesquisar a mútua dependência entre as disposições morais e as sociais, os hábitos da mente, os instintos de raça de nosso povo e seus costumes para conceber e exprimir o belo, passando a estudar *Il problema storico della prosa nella Letteratura italiana*, diz que um de nossos preconceitos é

pressupor que a arte de escrever seja, somente ou antes de tudo, um labor externo de forma e de estilo, enquanto a forma mesma e o estilo, cujo estudo é certamente essencial para o escrever, são acima de tudo *uma obra íntima do pensamento*; vale dizer, uma coisa que se pode obter muito bem se tomada de imediato e como um fim em si, uma coisa a que não se chega se não se parte do outro lado, isto é, de dentro, do pensamento, não da palavra, do estudo, da meditação e da elaboração profunda da matéria, do objeto e da idéia.

Ora, este preconceito, como se sabe, foi o da Retórica, que era precisamente uma poética intelectualista, ou seja, inteiramente fundada em abstrações, com base em um procedimento lógico[24].

23. Palermo, R. Sandron ed., 1904.
24. "A retórica corresponde à lógica" – já havia dito Aristóteles (*Ret.*, liv. I, cap. 1).

A arte, para ela, era o hábito de operar segundo certos princípios. E ela estabelecia segundo quais princípios a arte deveria operar: princípios universais, absolutos, como se a obra de arte fosse uma conclusão a ser construída qual um raciocínio. Dizia: "Assim se fez; assim se deve fazer". Recolhidos, como em um museu, tantos modelos de beleza imutável, impunha-se a sua imitação. Retórica e imitação são, no fundo, a mesma coisa.

E os danos que ocasionou em todos os tempos à literatura são sem dúvida, como cada um de nós sabe, incalculáveis.

Fundada no preconceito da assim chamada *tradição*, ensinava a imitar aquilo que não se imita: o estilo, o caráter, a forma. Não pensava que toda forma não deve ser nem antiga nem moderna, mas *única*, isto é, aquela que é própria de toda obra de arte singular e não pode ser outra nem de outras obras, e que por isso não pode nem deve existir tradição em arte.

Regulada como era pela razão, via em toda parte categorias e a literatura como um fichário: para cada ficha, um rótulo. Tantas categorias, tantos gêneros; e cada gênero tinha a sua forma preestabelecida: precisamente aquela e não outra.

É verdade que muitas vezes, depois, se acomodava; mas nunca queria dar-se por vencida. Quando um poeta rebelde desfechava um certeiro pontapé no fichário e criava a seu modo uma forma nova, os retores ladravam detrás dele por um trecho: mas depois, ao fim, se aquela forma lograva impor-se, eles a pegavam, desmontavam-na como a uma maquininha, desfaziam-na em uma relação lógica, catalogavam-na, acrescentando talvez uma nova ficha no fichário. Assim ocorreu, por exemplo, com o drama histórico daquele grande bárbaro que se chama Shakespeare. A Retórica deu-se por vencida? Não; depois de haver latido durante um pedaço do caminho, prescreveu as normas para o drama histórico, acolhido no fichário. Mas é também verdade que esses cães, quando se abatiam sobre um pobre poeta debilitado de mente, faziam dele pedaços e obrigavam-no a estropear sua própria obra não executada estritamente conforme o modelo imposto à imitação forçada. Exemplo: a *Gerusalemme Conquistata* de Tasso.

A cultura, para a Retórica, não era a preparação do terreno, a pá, o arado, a monda, o adubo, para que o germe fecundo, o pólen vital, que uma aragem propícia, em um momento feliz, devesse fazer cair naquele terreno, nele fincasse sólidas raízes e nele encontrasse alimento abundante e se desenvolvesse vigoroso e sólido e brotasse sem dificuldade, alto e possante no desejo de sol. Não; a cultura, para a Retórica, consistia em plantar paus e em vesti-los de ramos. As árvores antigas, guardadas em suas estufas, perdiam seu verdor, emurcheciam; e com as frondes mortas, com as folhas amarelecidas, com as flores secas, ela ensinava a adornar certos troncos de idéias sem raízes na vida.

Para a Retórica, primeiro nascia o pensamento, depois a forma. Isto é, o pensamento não nascia como Minerva armada do cérebro de Júpiter: nascia nu, pobrezinho; e ela o vestia.

O vestido era a forma.

A Retórica, em suma, era como um guarda-roupa: o guarda-roupa da eloqüência, onde os pensamentos nus iam vestir-se. E os trajes, nesse guarda-roupa, já estavam feitos e prontos, todos talhados segundo os modelos antigos, ou ao menos adornados, de tecido humilde ou médio ou magnífico, divididos em outros tantos compartimentos, pendurados em cabides e protegidos pela encarregada do guarda-roupa que se chamava Conveniência. Esta designava os trajes adequados aos pensamentos que se apresentavam desnudos.

– Tu queres ser um Idílio? Um Idiliozinho gracioso e penteado? Vamos ver como suspiras: *Ai de mim!* Oh, muito bem! Leste Teócrito? Leste Mosco? Leste Bione? E as *Bucólicas* de Virgílio? Sim? Recita, vamos, sê bom menino. És um papagaiozinho bem amestrado. Vem cá.

Abria a estante, em cujo letreiro se lia *Idílio*, e tirava uma graciosa roupinha de pastorzinho.

– E tu queres ser uma Tragédia? Mas bem, bem uma Tragédia? Olha que é uma coisa nada fácil! Tens que ser ao mesmo tempo grave e ágil, minha querida. Em vinte e quatro horas, tudo acabado. E quieta, sim! Escolhe um lugar, e fica lá. Unidade, unidade, unidade. Já sabes disso? Bravo. Mas diga-me: Corre sangue real em tuas veias? Estudaste Ésquilo, Sófocles, Eurípides? Também o bom Sêneca? Bravo. Queres matar os filhos, como Medéia? O marido, como Clitemnestra? A mãe, como Orestes? Queres matar um tirano, como Bruto? Entendo. Vem cá.

Assim os pensamentos se tornavam manequins para a forma-vestimenta. Isto é, a forma não era propriamente forma, mas *formação*: não *nascia*, se *fazia*. E se fazia segundo normas preestabelecidas: compunha-se exteriormente, como um objeto. Era pois artifício, não arte; cópia, não criação.

Ora, deve-se a ela, sem dúvida, a escassa intimidade do estilo que se pode notar em geral em tantas obras de nossa literatura; deve-se a ela o fato de que – para nos restringirmos à nossa indagação especial – não poucos escritores nossos que teriam tido e tiveram indubitavelmente, como se pode deduzir de tantos testemunhos, uma acentuadíssima disposição para o humorismo, não conseguiram manifestá-la, dar-lhe expressão, por respeitarem justamente as leis da composição artística.

O humorismo, como veremos, por seu processo íntimo, especioso e essencial, inevitavelmente *decompõe*, desordena, discorda; enquanto, comumente, a arte em geral, como era ensinada na escola, pela retórica, era sobretudo *composição* exterior, acordo logicamente ordenado[25]. E de fato se pode ver que tanto aqueles escritores nossos que costumam ser chamados humoristas, quanto aqueles outros que são verdadeira e propriamente tais coisas, vêm do povo ou têm caráter popular, isto é, estão longe da escola ou são rebeldes à Retórica; ou seja, às leis externas da educação literária tradicional. Pode-se ver, enfim, que quando essa educação literária tradicional foi rompida, quando o jogo da poética intelectualista do classicismo foi infringido pela irrupção do sentimento e da vontade, que caracteriza o movimen-

25. Croce, em uma recensão sobre a primeira edição deste meu ensaio, no volume VII de *Crítica*, quis crer que eu, assim dizendo, contrapusesse arte e humorismo e afirmasse que o humorismo é o oposto da arte, porque esta compõe e aquele decompõe. Veja o leitor inteligente se é lícito e justo deduzir de minhas palavras uma tão incisa e absoluta contraposição ou oposição; se é lícito e justo, depois de haver com muita ligeireza e sem nenhum fundamento argumentado assim, acrescentar como faz Croce: "Mas, possivelmente, a palavra foi além do pensamento de Pirandello, o qual não queria já dizer que o humorismo não é arte, mas antes que é um gênero de arte que se distingue dos outros gêneros de arte ou do conjunto destes". Retornarei a isto mais adiante, quando tratar da atividade especial da reflexão na concepção da obra humorística. Contentar-me-ei aqui por ora a responder a Croce que ele faz – não sei se voluntariamente ou não – uma confusão entre os assim chamados "gêneros literários" como os entendia a retórica, cuja eliminação cumpre aceitar, com aquelas distinções, que não só são legítimas, mas também necessárias, entre as diversas expressões, quando não se quer confundir uma com a outra, abolindo toda crítica, para concluir filosoficamente que todas são arte e que cada uma, como arte, não pode distinguir-se da arte restante. O humorismo não é um "gênero literário", como *o poema, a comédia, o romance, a novela* e assim por diante; tanto é verdade que cada uma destas composições literárias pode ou não ser humorística. O humorismo é qualidade de expressão, que não é possível negar pelo simples fato de que toda expressão é arte e como arte indistinguível da arte restante. A grande preparação filosófica (a minha, como se sabe, é pouquíssima) conduziu Croce a esta edificante conclusão. Sim, pode-se falar deste ou daquele humorista; Croce, do ponto de vista filosófico, não tem nada em contrário; mais ai de quem falar de humorismo! De repente a filosofia de Croce se torna uma formidável cancela de ferro, que é inútil sacudir. Não se passa! Mas o que há atrás desta cancela? Nada. Somente a equação: *intuição = expressão*, e a afirmativa de que é impossível distinguir arte de não arte, intuição artística de intuição comum. Ah muito bem! Não lhes parece que se pode passar perfeitamente diante desta cancela fechada, sem sequer voltar-se para olhá-la?

to romântico, aqueles escritores que tinham uma disposição natural para o humorismo, a expressaram em suas obras não por imitação, porém espontaneamente.

Alexandre D'Ancona naquele seu estudo sobre Cecco Angiolieri, do qual partimos, quer descobrir as características do verdadeiro humorismo na poesia deste nosso bizarro poeta do século XIII. Ora, isto não, realmente. O exemplo de Angiolieri pode servir-nos para aclarar o que dissemos até agora e para nada mais. Já demonstrei alhures[26] que as características do *verdadeiro* humorismo faltam absolutamente em Angiolieri, como faltam também àqueles considerados como tais por D'Ancona. A palavra *melancolia*, por exemplo, em Cecco, se não tem mais o sentido original que tinha no latim de Cícero e de Plínio, está no entanto muito longe de significar aquela delicada afecção ou paixão d'alma que configura para nós: melancolia, para Cecco, significa sempre não ter dinheiro para esbanjar, não ter a Becchina ao seu lado, esperar em vão que o pai, velhíssimo e rico, morra.

Um certo verso que D'Ancona chama soluçante e que cita por último a fim de concluir que todo esforço que o poeta faça para libertar-se da melancolia resulta inútil:

*con gran malinconia sempre istò,*
("com grande melancolia sempre estou,")

não tem em absoluto o caráter compendioso nem o valor expressivo que D'Ancona quer atribuir-lhe. Em suma, o contraste, aquilo que *parece sorriso e é dor*, não se encontra jamais em Cecco. Para prová-lo, D'Ancona cita também aqui, além do mais, dois versos, destacando-os de todo o resto e dando-lhes um valor expressivo que não possuem:

*Però malinconia non prenderaggio
anzi m'allegrerò del mi' tormento.*

("Porém à melancolia não me prenderei,
ao invés, alegre ficarei com meu tormento.")

---

26. Ver meu volume *Arte e scienza* (Roma, W. Modes ed., 1908): "I sonetti di Cecco Angiolieri".

*ed e' morrà quando il mar sarà sicco
si ll' à dio fatto per mio strazio sano!*

("e [ele] morrerá quando o mar estiver seco
se Deus, para aflição minha, sadio o fez!")

De fato, a estes dois versos segue-se um terceiro, que não só explica o aparente contraste, mas o destrói inteiramente. Cecco não sentirá melancolia, antes se alegrará com seu tormento, porque ouviu dizer a um homem sábio:

> *che ven um dí che val per piú di cento.*
> ("pois virá um dia que vale mais que um cento.")

E esse dia será o da morte do pai, que lhe permitirá fazer farra [*far gavazze*], como alude em outro soneto:

> *Sed i' credesse vivar um dí solo*
> *piú di coloui che mi fa vivar tristo,*
> *assa' di volte ringrazere' Cristo...*
>
> ("Se eu cresse apenas mais um dia ter de vida
> além de quem entristece o meu viver,
> a Cristo mil graças eu daria...")

Este dia tem no entanto de vir: será preciso esperá-lo com paciência, porque:

> *l'uom non può sua ventura prolungare*
> *né far piú brieve c'ordinato sia;*
> *ond' i' mi credo tener questa via*
> *di lasciar la natura lavorare*
> *e di guardarmi, s'io 'l potrò fare*
> *che non m'accolga piú malinconia*
> *ch' i' posso dir che per la mia follia*
> *i' ò perduto assai bon sollazzare.*
> *Anche che troppo tardi mi n'avveggio*
> *non lascerò ch' i' non prenda conforto,*
> *c'a far d'un danno due sarebbe peggio.*
> *Ond'i' mi allegro e aspetto buon porto,*
> *ta' cose nascer ciascun giorno veggio,*
> *che 'n di vita (mia) non m'isconforto.*
>
> ("Não pode o homem prolongar sua ventura
> nem consegue fazer que a abreviem;
> daí ter eu tomado este caminho
> de deixar a natureza trabalhar
> e de cuidar-me, se eu posso fazê-lo
> para que a melancolia não mais me afogue
> e assim jamais possa eu dizer
> [que por loucura minha]
> haja eu perdido algum bom divertimento.
> Embora tarde demais disso me dê conta

conforto não recuso,
pois fazer de um dano dois pior seria.
Daí me alegro e espero por bom porto,
e tantas coisas nascer a cada dia vejo,
que enquanto os dias (meus) viver
[o ânimo não perco].")

Sobre o valor da palavra *melancolia*, tantas vezes repetida por Cecco, não é possível alimentar, como D'Ancona pretendeu, nenhuma ilusão. Cecco não *se alegra* jamais verdadeiramente com seu *tormento*, embora, sim, o revista de uma forma arguta e vivaz, a qual, para mim, freqüentemente, mais do que por intenção burlesca ou satírica, provém de sua natureza campônia, e é inteiramente popular sienesa.

Todo o povo toscano, que merecidamente se gaba de ser o mais arguto da Itália, se quer ainda hoje narrar as suas desventuras e as suas aflições, exprimir seus ódios e seus amores, manifestar o desdém ou a exprobação ou um desejo, não usa forma diversa. Em geral, colorir comicamente a frase é no povo virtude espontânea, nativa. Belli, por exemplo, não quer traduzir em dialeto romanesco, para Luís Luciano Bonaparte, o Evangelho de São Mateus, porque a língua da plebe é *bufona* e "apenas conseguiria algo mais que uma irreverência para com os sagrados volumes"[27]. Aqui temos, em suma, a ironia, isto é, aquela tal contradição fictícia entre o que se diz e o que se quer que seja entendido. O contraste não está no sentimento, mas é somente verbal.

Devemos, portanto, por um lado, ter em conta esse humor geral do povo, essa língua *bufona* da plebe, e, por outro, entender o humorismo naquele sentido largo e impróprio, se queremos incluir Cecco Angiolieri entre os humoristas, e não somente Cecco Angiolieri, então, mas todo aquele grupo de poetas toscanos, não de escola, mas do povo, cheios de naturalidade em sua arte ainda não bem segura, em cujo peito desperta pela primeira vez, ou por doce vontade ou por casos reais, por sentimentos verdadeiros, uma alma do canto humano, entre as insulsas e desconsoladoras macaquices dos poetas, que o fazem por distração ou por divertimento ou por moda ou por galanteria, entre as disputas também que são da escola provençalizante; daqueles poetas, enfim, em cujos versos, para dizê-lo com Bartoli, está o anúncio do caráter realista que nossas letras irão assumir.

São toscanos esses poetas, e na Toscana, sobretudo, encontraremos essas expressões assim chamadas humorísticas em sentido lato:

---

27. Ver Morandi, *Prefaz. ai sonetti romaneschi del Belli*, Città di Castello, Lapi, vol. I, 1889.

na Toscana, e em nossa não escassa literatura dialetal. Por quê? Porque o humorismo precisa acima de tudo de intimidade de estilo, a qual foi sempre obstada entre nós pelas preocupações com a forma, por todas aquelas questões retóricas que se produziram sempre entre nós em torno da língua. O humorismo requer o mais vivo, liberto, espontâneo e imediato movimento da língua, movimento que só se pode ter quando a forma pouco a pouco se cria. Ora, a Retórica ensinava não a *criar* a forma porém a *imitá-la*, a compô-la exteriormente; ensinava a procurar a língua fora, como um objeto, e naturalmente ninguém conseguia encontrá-la senão nos livros, naqueles livros que ela havia imposto como modelos, como textos. Mas que movimento se podia imprimir a essa língua exterior, fixada, mumificada, a essa forma não criada pouco a pouco, mas imitada, estudada, composta?

O movimento está na língua viva e na forma que se cria. E o humorismo, que não pode prescindir dela (seja no sentido amplo, seja em seu próprio sentido), encontrá-lo-emos – repito – nas expressões dialetais, na poesia macarrônica e nos escritores rebeldes à Retórica.

É preciso que se entenda essa *criação* da forma, isto é, as relações entre a língua e o estilo? Schleiermacher, em suas *Vorlesungen über Ästhetik*, advertia agudamente que o artista emprega instrumentos que, por sua natureza, não são feitos para o individual, mas para o universal, tal como a linguagem. O artista, o poeta, deve extrair da língua o individual, quer dizer, precisamente o estilo. A língua é conhecimento, é objetivação; o estilo é o subjetivar-se desta objetivação. Neste sentido é *criação* de forma; ou seja, é a larva da palavra aninhada em nós e animada por nosso sentimento particular e movida por uma vontade particular nossa. Não é, portanto, criação *ex nihilo*. A fantasia não cria no sentido rigoroso da palavra, isto é, não produz formas genuinamente novas. Se, de fato, examinarmos os arabescos mais caprichosos, os grotescos mais estranhos, os centauros, as esfinges, os monstros alados, encontraremos sempre neles, mais ou menos alterados por suas combinações, imagens correspondentes a sensações reais.

Pois bem, encontramos uma forma, mais ou menos, ou melhor, em um certo sentido correspondente ao grotesco, nas artes figurativas, na arte da palavra e é precisamente o estilo macarrônico: criação arbitrária, contaminação monstruosa de diversos elementos do material cognoscitivo.

E assinalemos que esse estilo surgiu justamente como rebelião e como derrisão, e que não esteve só, isto é, que teve também como companheiros outras linguagens burlescas, fictícias. Notava Giovanni Zannoni, ilustrando *I precursori di Merlin Cocaí*[28]:

> O dialeto desprezado quis insinuar-se malignamente no latim para acutilar a togada língua dos doutos, e aquilo que havia sido um elemento parcial da sátira popular e goliárdica converteu-se em elemento máximo; quis mostrar sua própria flexibilidade, quando o vulgar ainda acadêmico, grave, empachado, não podia dobrar-se a todas as exigências do humorismo, e de repente formou uma nova maneira de riso de escárnio. Deste modo, de duas causas contrárias teve origem a linguagem macarrônica, que foi a mais grossa e fragorosa risada do Renascimento, a burla mais atroz do classicismo e que, embora involuntariamente, ajudou tanto ao definitivo triunfo do vulgar.

Mas quantos foram esses escritores rebeldes? Poucos ou muitos? Poucos, ai de mim!, porque o maior número é sempre dos medíocres: *servum pecus* ("rebanho servil"). Barzellotti reconhece que "um primeiro impulso de originalidade e de fecunda espontaneidade criadora" se efetuara "na mente e na vida dos italianos durante os séculos XIII e XIV"; mas logo a seguir diz que "todos, ou quase todos, os humanistas interromperam, com a imitação e a repetição dos antigos, esse primeiro impulso de originalidade".

Ora, esta nos parece mais uma daquelas considerações muito sumárias, que havíamos deplorado mais acima, consideração que concorda com outras semelhantes sobre a *indiferença céptica*, por exemplo, sobre a *serenidade pagã*, sobre a *mortificação das energias individuais*, sobre a *falta de aspirações*, sobre o *repouso nas formas e no sentido* etc. etc., de nosso grande Renascimento, como se o culto da Antigüidade não tivesse sido, já de per si, uma grande idealidade, tão grande que iluminou todo o mundo, a recuperação de um patrimônio que se fez frutificar sapientemente e produziu obras imortais; e como se este não houvesse chegado antes a tempo para preencher o vazio de idealidades caídas ou decadentes; como se em conjunto com quatro ou cinco doutos áridos e vazios não tivesse havido outros tantos plenos de vida e ardor, em cujo latim palpitam, vibram a energia toda da língua italiana; como se por dentro do *Facetiarum libellus unicus* (*Facécias, Livro Único*) de Poggio, por exemplo, não soprassem novos ventos[29]; como se Valla fosse somente autor do tratado *Elegantiarum*

---

28. Città di Castello, Lapi, 1888.

29. Quantas faíscas de verdadeiro e próprio humorismo em Poggio! Bastará recordar o pacto daquele bom homem com o cantador de rua para diferir a morte de Heitor, que tanto o afligia; a resposta daquele cardeal de Espanha aos soldados da Santa Sé: "Ainda não tenho fome"; o desespero daquele bandido por causa da gota de leite que lhe entrou pela goela durante a quaresma etc. etc.

*latinae linguae* (*Ornamentos da Língua Latina*); como se em Pontano, em Poliziano e em muitos outros não estivesse assim inteiro e fresco o sentimento da realidade que Poliziano, depois, compondo em língua vulgar, pôde ter todas as graças ingênuas de um poeta popular. E sob este mundo dos doutos, tão sumariamente considerado, não estava por acaso o povo? E se pode dizer, de outro lado, que os nossos poetas cavaleirescos, por exemplo, deram somente maior beleza exterior, uma linha mais composta, mais harmoniosa à matéria romanesca, se a recriaram de alto a baixo com a fantasia? É bem outra coisa que a beleza externa!

Já se repetiu demasiado, e com demasiada ligeireza, que na índole de nossa gente predomina o intelecto mais do que o sentimento e a vontade, isto é, a parte objetiva do espírito mais do que a subjetiva; donde o caráter de nossa arte ser mais intelectualista do que sentimental, mais exterior do que interior.

O equívoco aqui é baseado na ignorância do procedimento daquela atividade criadora do espírito que se chama fantasia: ignorância que era fundamental na Retórica. O artista deve sentir a própria obra como esta se sente e querê-la como esta se quer. Ter uma finalidade e uma vontade exteriores, quer dizer, sair da arte.

E de fato saem dela todos os que se obstinam em repetir que nossa arte renascentista foi esplêndida por fora e vazia por dentro. Vazia em que sentido? No sentido de que não teve vontade nem fins fora de si mesma? Mas isto foi um mérito e não um defeito. Ou se não, cumpriria demonstrar que foi uma arte falsa, isto é, artifício. Pode-se demonstrá-lo? Sim, certamente, se tomarmos os medíocres, os escravos da retórica, a qual ensinava precisamente o artifício, a cópia! Mas por que devemos tomar os medíocres? Por que devemos olhar assim, tão ao modo de Taine, para o atacado, sem distinguir? É falsa arte a de Ariosto?

Jogando fora num montão os medíocres, e enfrentando os verdadeiros poetas, perceberemos de repente que nos achamos diante de uma questão de conteúdo e não de forma, uma questão portanto estranha à arte. Mas este mesmo conteúdo, que causa tanto desagrado, como foi assumido pelos poetas verdadeiros, aqueles que tiveram inegavelmente um estilo e, portanto, originalidade e intimidade? Não há realmente nada que preencha o vazio que se pretende sentir neles? Não há ironia nesses poetas? E por que não se quer reconhecer o valor positivo, implícito, dessa ironia? *Itali rident*, sim, mas com este riso se expulsou o Medievo; e quanto fel sob este riso! E o que tem de diferente este riso em Erasmo de Roterdã ou em Ulrico de Hutten? Por que se desconhece somente nos nossos esse valor positivo da ironia e se reconhece, ao invés, nos estrangeiros? Se desconhece em Pulci e Folengo, por exemplo, e se reconhece em Rabelais? Talvez porque este teve a perspicácia de convidar os leitores a imitarem o cão ante o osso, e aqueles outros não.

[...] *Vites-vous oncques chiens recontrans quelque os médullaire? C'est, comme Platon dit* (lib. II, *De Rep.*), *la bête du monde plus philosophe. Si vû l'avez, vous avez pú noter de quelle dévotion il le guette, de quel soin il le garde, de quelle ferveur il le tient, de quelle prudence il l'entomme, de quelle affection il le brise e de quelle diligence il le succe. Qui l'induit à ce faire? Quel est l'espoir de son étude? Quel bien pretend-il? Rien plus sinon qu' un peu de moüelle.*

("Vistes jamais cães encontrando algum osso medular? Ele é, como Platão diz (liv. II, *Da Rep.*), o animal mais filósofo do mundo. Se o vistes, tereis podido notar com que devoção ele o espreita, com que cuidado ele o guarda, com que fervor ele o apanha, com que prudência ele o ataca, com que afeição ele o quebra e com que diligência ele o suga. Quem o induz a assim fazer? Qual é a esperança de seu estudo? Que bem pretende ele? Nada mais exceto um pouco de tutano.")

E o osso atirado por Rabelais aos críticos tem sido de fato contemplado com devoção, tomado com cuidado, tido com fervor, roído com prudência, partido com afeto e chupado com diligência. E por que não sucedeu o mesmo com os de Pulci e os de Folengo?[30] Mas toda vez que se joga um osso a um crítico deve-se dizer-lhe: "Olhe, que dentro está a medula"? Ou fazer com que esta medula se mostre um pouquinho em alguma parte fora do osso? Mas tanto mais apreciável é uma obra de arte quanto maior é a absorção da vontade e da finalidade na criação artística. Essa maior absorção corre o risco de parecer indiferença em face dos ideais da vida a quem considere as obras com critérios estranhos à arte e as obras de arte superficialmente; mas – prescindindo do fato de que os ideais da vida, por si mesmos, nada têm a ver com a arte, que deve ser criação espontânea e independente – também essa indiferença, no fundo, não existe, porque do contrário não haveria sequer ironia. Se a ironia existe, e é inegável, não há a indiferença de que tanto se falou.

Deve-se dizer, antes, que esta ironia não consegue, senão raras vezes, dramatizar-se comicamente, como ocorre nos verdadeiros humoristas; permanece quase sempre cômica sem drama e, portanto, facécia, burla, caricatura mais ou menos grotesca. O mesmo, porém, acontece em Rabelais:

30. Ver sobre Pulci o livro de Attilio Momigliano, *L'indole e il riso di L. P.* (Rocca S. Casciano, Cappeli, 1907), do qual não obstante divirjo em grande parte, como direi depois; e o que dizem de Folengo, De Sanctis em sua *Storia d. lett. ital.*, cap. XIV, Canello em seu *Cinquecento* e os estudos de Zumbini e de Zannoni.

*Mieulx est de ris que des larmes escripre:*
*Pour ce que rire est le propre de l'homme.*

("É melhor do riso que das lágrimas escrever:
Porque rir é próprio do homem.")

E Alcofribas Nasier é *condamné en Sorbonne pour les facéties de haute graisse qui caractérisent son livre* ("condenado na Sorbonne pelas facécias de muita gordura que caracterizam seu livro"). Que têm de mais ou de diferente essas *facéties de haute graisse* daquelas de Pulci, Folengo e Berni? Releiamos com esse intuito o *Morgante Maggiore* e o *Baldus* e depois *La vie de Gargantua* e *Les faits et les dits héroïques du bon Pantagruel roi des Dipsodes*, e a cada passo saltarão aos olhos o inegável parentesco espiritual, as inegáveis derivações.

E releiamos Berni. Deixando também de lado as 18 estâncias no início do canto XX do "Rifacimento" do *Orlando Enamorado* bem como o opúsculo de Vergerio sobre o protestantismo de Berni e todas as outras reflexões filosóficas, sociais e políticas esparsas aqui e ali no próprio "Rifacimento"; deixando de lado o *Dialogo contro i poeti* e as paródias de Petrarca em derrisão dos petrarquistas, e a famosa invectiva *Nel tempo che fu fatto papa Adriano VI* e os sonetos contra Clemente VII:

*Il papa non fa altro che mangiare,*
*Il papa non fa altro che dormire;*

("O papa nada faz senão comer,
o papa nada faz senão dormir;")

e todos os demais sonetos contra padres e abades, e também aquele soneto que começa:

*Poiché da voi, signor, m'è pur vietato*
*Che dir le vere mie ragion non possa,*
*Per consumarmi le midolle e l'ossa*
*Con questo novo strazio e non usato*[31];

("Já que por vós, Senhor, me foi vedado
poder falar das veras razões minhas,
por consumir-me os tutanos e os ossos
com esse novo e insólito tormento;")

---

31. Ler a este respeito o que diz Graf em seu áureo livro *Attraverso il Cinquecento* sobre as condições do literato no século XVI.

e deixando de lado também o capítulo em louvor a Aristóteles que *non afetta il favellar toscano* ("não afeta o linguajar toscano"), dedicado a Messer Pietro Buffetto cozinheiro; respiguemos justamente naqueles capítulos que parecem mais frívolos e respiguemos nas cartas de Berni. A Messer Latino Juvenale ele escreve:

> *Ecco il Valerio me riprende, e dice ch'io farei bene a lasciare andar queste baje e a rivolgere i miei pensieri a miglior parte; che maledetto sia egli, e chi sente talmente seco. Che penitenza è la mia, a dare ad intendere al mondo che questo si debbe piuttosto imputare alla mia disgrazia che ad alguna elezione? Io non ho comprato a contanti questo tormento, né me le sono andato cercando a posta per far rider la gente del fatto mio: che non se ne ridon però se non gli scempi.*

("Eis que Valério me repreende dizendo que eu bem faria em não dar importância a estas zombarias, dirigindo meus pensamentos a lugar melhor. Que maldito seja ele, e quem sente de tal maneira. Que penitência é esta minha, de dar a entender ao mundo que isso se deva imputar mais à minha desgraça que a alguma escolha? Não comprei a dinheiro contado este tormento nem fui no seu encalço de propósito para fazer com que rissem do meu caso: e por isso só os simplórios não se riem.")

E a Monsenhor Cornaro escreve: *Ma che la natura e la fortuna mi ha fatto tale, dico, asciutto di parole e poco cerimonioso, e per ristoro intrigato in servitú.* ("Mas foi a natureza e o destino que assim me fizeram, digo, enxuto de palavras e pouco cerimonioso e, no entanto, enredado em servidão.") Em outra carta confessa: *Io, spinto dalla furia del dolore, sono ricorso al rimedio della poesia.* ("Impelido pela fúria da dor, recorri ao remédio da poesia.") Ele se governa, como diz em uma poesia, *a volte di cervello* ("a voltas do cérebro"), e a Messer Agnolo Divizio escreve: *conciossiaché alla giornata io operi e faccia tutte le mie azioni. Che si cava di questo mondo finalmente altro che'l contentarsi o almeno cercare di contentarsi?* ("assim sendo, que cada dia eu opere e faça todas as minhas ações. Afinal, que outra coisa se tira deste mundo senão o contentar-se ou *ao menos a tentativa de contentar-se*?")

> Ciascun faccia secondo il suo cervello
> *Che non siam tutti d'una fantasia.*

("Que cada um faça segundo sua própria cabeça,
porque não somos todos de uma fantasia.")

E a Giovan Francesco Bini: *Nondimeno ancora io sono stoico come voi, e lascio correre alla'ngiú l'acqua di questo fiume.* ("Todavia ainda não sou estóico como vós, e deixo que as águas deste rio para baixo corram.") Em meio da peste, ao mesmo Divizio, seu patrão, que andava fugindo de medo, para cá e para lá, ele escreve:

> *Se ben son uomo, e como uomo tengo conto della vita, ho anche tanta grazia da Dio, che a luogo e tempo so non ne tener conto; ch'è anche cosa da uomo. Sicché non mi dite pauroso, ché io sono piuttosto degno di esser chiamato temerario.*

("Se bem sou homem, e como homem tenho consideração pela vida, tenho também tanta graça de Deus, não sei ter em conta no [devido] lugar e tempo; o que também é coisa de homem. De modo que não me chamem de medroso, que de temerário mais mereço ser chamado.")

E como um estóico verdadeiramente permaneceu em meio da peste, dominou seu terror e conseguiu adquirir aquele sentimento que, como veremos, é fundamental para o humorismo, isto é, *o sentimento do contrário*: a ironia; nos dois capítulos em louvor da peste, consegue dramatizar-se comicamente, e por isso vai além da facécia, além da burla, além do cômico. Vê no flagelo, como verá depois, Dom Abbondio, a vassoura, mas com bem outras reflexões filosóficas.

> *Non fu mai malattia senza ricetta*
> *La natura l'ha fatte tutt'e due,*
> *Ella imbratta le cose, ella le netta.*

("Jamais houve doença sem remédio,
a ambas a natureza fez:
aquela as coisas borra, esta as limpa.")

E a natureza, depois de ter encontrado a obscuridade e as velas e de ter feito os ouvidos e os sinos,

> *Trovò la peste perche bisognava;*

("Achou a peste porque precisava;")

e precisava porque:

> *... a questo corpaccio del mondo*
> *Che per esser maggior piú feccia mena,*
> *Bisogna spesso risciacquare il fondo*
> *E la natura che si sente piena*
> *Piglia una medicina di moria*

("... a esse corpanzil do mundo
que por ser maior produz mais fezes,
amiúde é mister lavar com muita água o fundo.

E a natureza, sentindo-se repleta,
toma um remédio de peste mortífera.")

Mas a natureza também tem "força de bufão", e Berni sabe muito bem levar em conta todos os seus contrastes amargos e suas ásperas dissonâncias, bem como rir-se deles, representando-os. Numa carta em verso ao pintor Sebastiano del Piombo, falando também de Michelangelo, amigo comum, diz:

> *Ad ogni modo è disonesto a dire,*
> *Che voi che fate i legni e i sassi vivi,*
> *Abbiati poi com'asini a morire.*
> *Basta che vivon le querci e gli olivi,*
> *I sorbi, le cornacchie, i cervi e i cani,*
> *E mille animalacci più cattivi.*
> *Ma questi son ragionamenti vani,*
> *Però lasciamli andar, ché non si dica*
> *Che noi siam mammalucchi o luterani.*

("De qualquer modo, desonesto é dizer
que vós, que a lenhos e pedras tornais vivos,
depois como asnos tendes de morrer.
Bastam que vivam os carvalhos e as oliveiras,
as sorveiras, as gralhas, os cervos e os cães.
E mil bicharocos mais perversos.
Esses, porém, são raciocínios vãos.
Porém deixemo-los ir embora para que não se diga
que nós somos mamelucos ou luteranos.")

## 5. *A Ironia Cômica na Poesia Cavaleiresca*

Quando Brunetière, primeiro na *Revue des Deux Mondes*[32] e depois no volume de *Études critiques sur l'histoire de la littérature française*[33] atirou-se contra a erudição contemporânea e a literatura francesa no Medievo, saíram em defesa de ambas, ferozmente indignados, muitos críticos, especialmente romanistas, e não somente na França.

É certo que a defesa da erudição contemporânea seria muito mais eficaz, se seus defensores não tivessem se entregado por pirraça, de um lado, a toda espécie de vilanias contra a crítica estética e, de outro, não houvessem tentado defender com demasiado zelo também as belezas da poesia medieval, épica e cavaleiresca, da França.

32. 1879, III, p. 620 e ss.
33. Paris, 1880.

Recordo, entre outras, a defesa de Cr. Nyrop, em sua *Storie dell'Epopea francese nel M.E.*[34], pela ingênua especiosidade dos argumentos. "Fez-se uma censura aos poemas dizendo-se que são toscos e rudes e que as personagens que neles atuam não podem pretender o nome de heróis, visto que todos os seus esforços não tendem a outra coisa senão a *matar*." – Pois bem, como os defendia ele desta acusação de tosquidão, de rudeza, de crueldade? Não os defendia em absoluto. Diz ele, ao contrário:

Conceder-se-á de bom grado que em muitos poemas são cantadas e celebradas coisas que, observadas do ponto de vista de nosso tempo, não podem chamar-se senão de crueldade, abomináveis e bestiais crueldades, e que os heróis amiúde desafogam sua ira de maneira desumana sobre aqueles que por desventura caíram em seu poder.

Cita alguns exemplos e logo, à guisa de escusa, acrescenta:

Mas a Idade Média – observada com os olhos de nosso tempo – não era tampouco diferente; o poema francês antigo não se tornou certamente culpado de nenhum exagero, porquanto a história conservou a lembrança de muitas crueldades similares.

Bela desculpa, a fidelidade histórica em face da estimativa estética! Mas até a crueldade mais atroz, como tudo, pode ser tema de arte; e crudelíssimo se mostra Aquiles ao arrastar ao redor das muralhas de Tróia o cadáver de Heitor: o que era preciso demonstrar é que a crueldade, nos poemas franceses, está representada não só com a fidelidade histórica (o que no fundo importaria pouco), mas artisticamente: e isto Nyrop não podia fazer, porque

os heróis [ele mesmo reconhece] considerados pelo lado psicológico são figuras pouco complexas, os seus impulsos interiores, os seus momentos de dúvida, as lutas de sua alma são algo de que os poetas quase nunca falam... Analisar e dissecar uma alma só é possível e pode interessar somente em um período de civilização mais avançado. O poeta do Medievo não conhece todos esses graus delicados do sentimento: para ele existem somente os mais destacados signos exteriores, para ele os homens são valentes ou covardes, alegres ou tristes, crentes ou heréticos, e o que são, eles o são completamente, e o poeta do Medievo não despende nunca muitas palavras para dizê-lo a seus ouvintes ou a seus leitores.

Examinando depois, um a um, todos os poemas, Nyrop se vê constrangido a reconhecer que a religião, a qual, ao lado do furor bélico, se

---

34. Trad. italiana de Gorra, Turim, Loescher, 1888. Ver Liv. III, cap. III (*Valore dell'Epopea*).

apresenta como um dos principais motivos na épica francesa, é uma concepção "pueril"; mais ainda, a religiosidade, diz ele,

> ocorre o mais das vezes nos poemas como alguma coisa externa, ajuntada aos heróis, pelo que se acha em geral em contradição com as ações destes. Em outras palavras: os heróis não parecem estar inteiramente convencidos da verdade de todas as belas sentenças cristãs que se põem em suas bocas; seu caráter e seu interior mal concordam com os mitos e os humanos dogmas do cristianismo, o que dá como resultado uma contradição insolúvel que aparece fortemente em seus discursos e em suas ações. Assim, para oferecer um exemplo, não é raro que um ou outro herói se esqueça de si mesmo em suas preces, ao ponto de acrescentar as piores ameaças se Deus não lhe conceder aquilo que ele roga. E eu creio [adiciona Nyrop] que Gautier e D'Avril estejam muito desviados do caminho, quando consideram a religiosidade como o mais importante elemento da epopéia.
>
> O entusiasmo de Gautier toda vez que os heróis pronunciam o nome de Deus é às vezes até ridículo; ele cai em êxtase ante a frase mais baixa e trivial em que se fale dos anjos e exclama de pronto: *sublime, incomparável*; e quando topa com algum verso tão estereotipado quanto este "*Foi que doi Dieu, le fils sainte Marie*" ("A fé que dá Deus, o filho e Santa Maria"), ele o chama de enérgica afirmação de fé. Seu ponto de vista, tomado em conjunto, é tão limitado e extremamente católico, que não vale a pena combatê-lo. Eu concebo somente a religiosidade dos heróis como alguma coisa que, de uma parte, foi ajuntada mais tarde, talvez no tempo das Cruzadas, e por isso se torna um fator concomitante, mas subordinado; minha opinião pode, ademais, ser apoiada no fato de os eclesiásticos, em especial os monges, serem raramente apresentados a uma luz de que tivessem muito a louvar-se; se querem alcançar o favor dos poetas, precisam, como Turpino, apresentar-se com a espada na cintura[35].

Quis recordar isto porque me parece que o esqueceram demasiado os que, discorrendo com escasso conhecimento da epopéia francesa, notam nela seriedade e profundidade de sentimento religioso e não sei quais e quantos altos e nobres ideais, para vir depois dizer que aquele sentimento e esses ideais não podiam encontrar eco em nossos poetas cavaleirescos, florescidos num tempo de *céptica indiferença*, de *pagã serenidade, privado de aspirações* etc. etc.

Todas estas frases feitas nada têm a ver, e a razão do riso de nossos poetas cavaleirescos deve ser buscada em outra parte.

35. Os cavaleiros se permitem inclusive, e isto acontece até mesmo nos poemas da cruzada, fazer burla dos oficiantes. Assim, no *Antioche*, ocorre uma cena divertida e característica, quando os cavaleiros franceses saem da cidade para pelejar contra Kerboga. Enguerrant de Saint-Pol se acha à sua testa e seu reluzente elmo brunido e sua couraça resplendente cintilam sob os raios do sol. À saída da cidade, detêm-se e um arcebispo implora a bênção do céu sobre eles e quer aspergi-los com água benta, mas Enguerrant faz algumas objeções e lhe pede que não lhe manche o elmo: *Anqui le vourrai bel a Sarrasins mostrer* ("Que o quero belo para mostrar a Sarracenos." Cf. Pigeonneau, *Cycle de la Croisade*, pp. 90-91).

Já a ironia para com esta matéria, a sátira da vida cavaleiresca, encontramo-la na França nos mesmos poemas, como, por exemplo, no *Aiol*; a derrisão para com o imperador, os indícios de sua gradual degradação se apresentam já em poema tão antigo como *Ogier le Danois*, em que Carlos não tem mais a prudência tranqüila e se deixa facilmente vencer pela ira, e injuria e depois teme a vingança dos injuriados. Pouco a pouco vemo-lo tornar-se imbecil, *assotez*, alvo das burlas, e moralmente corrupto. No *Garin de Montglane*, como é sabido, chega inclusive a jogar a França numa partida de xadrez.

A razão desta degradação, desta derrisão, é fácil de ser achada; encontra-se especialmente naqueles poemas em que se deseja glorificar algum herói provincial, poemas compostos por trovadores que serviam vassalos, se não de todo rebeldes, quase independentes, aos quais aprazia rir às custas da autoridade imperial.

Do mesmo modo, a derrisão da vida cavaleiresca e a degradação dos cavaleiros, exaltados primeiro às custas do *vilan* ("vilão"), encontrar-se-ão nos poemas não mais cantados na corte ou nos castelos. Se o nosso bom Tassoni tivesse podido ler no *Siège de Neuville* a façanha daqueles valentes tecelões flamengos capitaneados por Simão Banin, talvez não mais tivesse se vangloriado de ser o inventor do poema herói-cômico. Até isto encontramos na França, *purus et putus* ("puros e sem mistura").

E então? Rajna adverte que "a propagação da matéria da região transalpina para a cisalpina parece ter-se efetuado desde cedo e haver depois esmorecido; porque de outro modo seria difícil compreender como a Itália chegou a conhecer melhor os estratos arcaicos das *chansons de geste* do que as subseqüentes, a ponto de conservar relatos e formas de relatos esquecidos depois e alterados na França, e de ignorar ao invés quase por completo as criações híbridas que introduziram no gênero o elemento maravilhoso dos romances de aventura". E ele traça em breves linhas o tipo mais comum de romance cavaleiresco prevalente na época franco-italiana, tipo ao qual corresponde em grandíssima parte o *Morgante* de Pulci. Mas também cabe notar, com o próprio Rajna, que "a literatura romanesca toscana, sem distinção de prosa e de rima, tem relações diretas e imediatas com as épocas precedentes... Não faltam textos em prosa fabricados sobre versões rimadas, ou então, a um só tempo, sobre estas e sobre formas anteriores, francesas ou franco-italianas".

O fato é que quando na França os poemas mais antigos foram transpostos em forma de romances e chegaram ao povo, a épica estava morta; e que, ao contrário, na Itália – se não a épica, que não era possível – o poema cavaleiresco começou a nascer quando, com versões em prosa ou rimadas, a produção francesa e franco-italiana ou vêneta entrou na Toscana e aí encontrou o seu metro, a oitava; e que em todo esse movimento a matéria ou permaneceu tal qual era, degradada, ou, para afidalgar-se, se contaminou (no sentido clássico da palavra) e inclusive se elevou até dramatizar-se seriamente.

O que tem, pois, a ver aí o ceticismo da época, a indiferença, a falta de qualquer ideal, se os nossos poetas cavaleirescos tendem ao invés a realçar pouco a pouco, a enobrecer a matéria, a cortejar quase em sonho aqueles ideais, lavando do excessivo sangue os heróis e tornando-os mais humanos e mais gentis? Se nem assim conseguem ser levados a sério, já não é porque os vejam despojados daqueles ideais e não mais animados do antigo sentimento religioso, mas porque a representação que a prosa medieval havia feito deles (fora algumas raríssimas exceções), rude e tosca, não podia de nenhum modo e por nenhum lado fazer com que fossem tomados a sério. A poetas cultos e maduros, que lêem e sabem admirar os clássicos, esses heróis todos de uma só peça, forjados todos sob a mesma estampa, deviam parecer por força fantoches.

E não obstante, o povo e também os senhores tomavam gosto no relato de suas gestas inverossímeis.

O povo, compreende-se: ainda agora se deleita vivamente em Nápoles e Palermo; e a matéria se modifica, aumenta, ganha alimento e qualidade dos sentimentos, dos costumes, das aspirações da gente ante a qual se representa, assumindo uma forma tosca, com a qual esta gente facilmente se contenta. O povo crê; em especial o povo meridional, inculto, apaixonado e ainda quase primitivo, conserva mesmo hoje todos aqueles elementos de ingênua maravilha e credulidade supersticiosa e fanática, que tornam possível o nascimento e o desenvolvimento da lenda; e se Garibaldi, vestido de flamas, passa em seu meio, é investido de pronto, espontaneamente, dos mais antigos atributos lendários: é tido por invulnerável e se diz que havia em sua espada um cabelo de Santa Rosália, padroeira de Palermo, do mesmo modo que Orlando tinha em Durendala um cabelo da Virgem. E todos nós, de resto, embora privados da beata ignorância popular, não temos por acaso com respeito a Garibaldi, cuja vida foi e quis ser uma verdadeira criação em tudo, até no modo de vestir-se, fora e acima dos conhecimentos de toda realidade contingente, nós todos, digo, não temos em relação a Garibaldi um sentimento lendário, épico, que se ofende se um traço discordante quer minimamente saltar à luz ou se um documento histórico tenta em algum ponto diminuí-lo? Não obstante, ninguém de nós poderia mais contentar-se inteiramente hoje em dia com uma epopéia garibaldina verdadeira e propriamente dita, isto é, saída do povo com aqueles atributos lendários ingênuos e primitivos; como, de outro lado, não nos contentamos com as composições épico-líricas sobre este herói, composições em que o poeta tenta substituir a imaginação coletiva do povo por sua própria fantasia individual, e não consegue, porque o herói criou de per si epicamente com sua vontade e sentimento sua própria vida, de modo que sua história é por si epopéia, e nada poderia ajuntar-lhe a fantasia de um poeta, assim como as ampliações maravilhosas e ingênuas da imaginação coletiva do povo no-la devolveria diminuída e ridícula: paródia de epopéia se se quiser representá-la; como é, por exemplo, *La scoperta dell'America* de Cesare Pascarella.

Para o povo a história não é escrita; ou, se é escrita, ele o ignora ou não se importa com isso; a sua história, ele a cria para si, e de um modo que responda a seus sentimentos e a suas aspirações.

Em uma só estória, quando muito, teria podido o povo crer, em matéria cavaleiresca: na famosa *Cronaca* do pseudo-Turpino, a qual, no caso, para um exemplo, teria podido confirmar-lhe que o gigante denominado Ferraú ou Ferracutus *fuit de genere Goliat*, porquanto a sua estatura era *quasi cubitis XX, facies erat longa quasi unius cubiti et nasus illius unius palmi mensurati et brachia et crura ejus quatuor cubitum erant et digiti ejus tribus palmis* ("foi da raça de Golias [pois sua estatura] atingia quase 20 côvados, o rosto tinha quase um côvado de comprido e o nariz media um palmo; braços e pernas tinham quatro côvados e os dedos, três palmos"). Mas isto não era absolutamente necessário! Porque, pelo contrário, a necessidade do povo é sempre outra: a de crer e não de duvidar minimamente daquilo que lhe apraz crer.

Essa dúvida podia nascer nos tardios remendões pseudoliterários da épica francesa, quando, alteradas a seu modo as antigas lendas, questionavam, para citar, Turpino ou as crônicas de São Dionísio:

*E qui ice voudrai a mançogne tenir*
*Se voist lire l'estoire en France, a Paris.*

("E quem aqui quiser a mentira manter,
vê-se lendo a estória na França, em Paris.")

De onde se vê que nem nisso foram originais os nossos poetas cavaleirescos, cada vez que à maneira de escusa acrescentavam: *"Turpin lo dice"*.

Quando esta matéria cavaleiresca, das praças de onde enfim caiu, sobe, por capricho ou por curiosidade ou por desejo que se tenha, aos palácios, às cortes dos senhores, o que acontece?

Mas cumpre, antes de tudo, considerar a índole, o gosto, os costumes dessas cortes às quais sobe!

Como era a corte de Lorenzo de Medici, quais os hábitos, os prazeres e os conhecimentos dele, é algo bem sabido; e bastaria, embora sem dar todo aquele peso que se deve à diferença de índole e à diversidade de educação dos poetas, para explicar-nos em grande parte porque o *Morgante Maggiore* é tão diverso do *Innamorato*, de Bojardo, e do *Furioso*, de Ariosto.

O *Morgante* corresponde perfeitamente à corte de Lorenzo, o qual se compraz com a expressão popular e compõe para o povo, parodiando, como na *Nencia da Barberino*. Ele tem o gosto da paródia, e o demonstra até com os *Beoni*, paródia dantesca, literária, neste caso; paródia da expressão popular, na *Nencia*. "É bem verdade que Medici – notou Carducci no prefácio às poesias de Lorenzo de Medici[36] – arremedou e parodiou mais do que reproduziu a expressão dos afetos e o modo de falar de nossos camponeses, já que os *Rispetti*, várias vezes impressos nos últimos anos, mostram claramente que o povo da Toscana tinha mais delicadeza de afetos, mais refinamento de fantasia, mais elegância de linguagem, do que apraz a Lorenzo de Medici, dito o Magnífico, atribuir-lhe, e a Luigi Pulci, seu cortesão. O qual, como é comum nos cortesãos, quis dar a entender que tinha em conta o poderoso poeta imitando-o na *Beca da Dicomano*; e como ocorre com os imitadores, para superá-lo o exagerou, salientando o estranho e o grotesco lá onde Medici, inclusive na paródia, se ativera ao delicado".

Mas é claro que a intenção paródica comunica forçosamente à forma a caricatura, posto que, quem queira imitar um outro, precisa colher seus traços mais acentuados e insistir neles: tal insistência gera inevitavelmente a caricatura.

A presença daquela pia mulher que foi Lucrezia Tornabuoni poderia igualmente explicar-nos, ao menos em parte, o mascaramento religioso que Pulci quis dar a seu poema; paródia também, de outra parte, a meu ver, como todo o resto.

Basta tratar de religião com a linguagem bufona da plebe para que se tenha a irreverência.

A esse propósito, lembrarei aqui, uma vez mais, aquilo que Belli fazia responder a Luís Luciano Bonaparte, que lhe propunha a tradu-

---

36. Florença, Barbèra, 1859.

ção em dialeto romano do *Evangelho de São Mateus*. Mas essa irreverência que nasce da língua bufona da plebe não denota de modo nenhum por si mesma qualquer irreligiosidade. E lembrarei também a anedota que se conta na Sicília de outro grande poeta dialetal, conhecidíssimo na ilha e inteiramente ignorado no Continente, Domenico Tempio, o qual chamado um dia pelo bispo de Catânia e paternalmente exortado a não mais cantar coisas obscenas e a dar, ao invés, durante a Semana Santa, um belo exemplo de contrição erguendo um cântico sagrado sobre a paixão e morte de Cristo, responde a Monsenhor o Bispo que de bom grado o satisfaria, visto que era muito crente e devoto; e quis também dar-lhe uma prova, saindo-se com dois versos de inspirada improvisação contra Pôncio Pilatos, tão indecentes, que fizeram de pronto passar, no Monsenhor, a gana do belo exemplo de contrição a ser oferecido ao povo catanês durante a Semana Santa.

Todas as disputas que se travaram em torno da irreverência para com a religião, mais ainda a impiedade, o ateísmo de Pulci, não podem na verdade deixar de parecer vãs quando se entende como se deve o espírito do poema, a qualidade e a razão de sua ironia e de seu riso.

Não é possível, ou é mesmo muito injusto, julgar em si e por si exclusivamente o *Morgante Maggiore*, como fez, por exemplo, uma primeira vez De Sanctis[37], o qual acreditou, e quis demonstrar, que Pulci, ao compor o seu poema, não tinha verdadeira e profunda consciência de seu escopo; e, no entanto, condenou como insuficiências do poeta a puerilidade das situações, o caráter rudimentar da psicologia das personagens, as repetições na trama, etc. etc. Pulci, ao contrário, tem absoluta consciência de seu escopo, e entre os dois casos que propõe De Sanctis, isto é, o de quem diz tolices com intenção cômica e faz rir, não dele, mas daquilo que diz, e o de quem, ao contrário, diz tolices por tolice e faz rir de si e não do que disse, o autor do *Morgante* está certamente no primeiro caso e não no segundo. Pulci diz tolices com intenção cômica ou, mais propriamente, paródica, e faz rir, não tanto, porém, como quisera fazer crer, em seu livro recente, Attilio Momigliano[38], como veremos depois.

---

37. Ver *Scritti varii inediti o rari*, edição aos cuidados de B. Croce, vol. I, Nápoles, Morano e figlio, 1898. De Sanctis, depois, em sua *Storia della letteratura italiana*, corrigiu seu juízo sobre Pulci e seu poema. Citei aqui sua primeira opinião só porque também de um erro do grande crítico (de resto reparado) se pode tirar proveito, pondo-se em justa evidência, nesta fácil confrontação, entre os dois casos de que ele fala, qual é verdadeiramente o de Pulci.

38. Ver o volume já citado *L'indole e il riso di L. P.*, Rocca S. Casciano, Cappelli, 1907.

Lembrei mais acima *La scoperta dell'America* de Cesare Pascarella. Pois bem, pode-se dizer que, esteticamente, Pulci se encontra, ante a matéria cavaleiresca, mais ou menos na mesma posição do poeta dialetal romanesco em face da descoberta da América narrada por um popular. Pascarella de fato surpreende, ou finge surpreender, numa taberna um homem do povo sabido, que conta aos amigos aquela descoberta, comovendo-se com a glória e a desventura de Colombo. Quem sonharia atribuir ao poeta romano as tolices que diz aquele homem do povo? A ridícula puerilidade daqueles diálogos com o rei da Espanha português? Todas as outras maravilhas não menos ridículas e infantis da viagem, da chegada e do regresso? E note-se que todas essas maravilhas suscitam também, até certo ponto, algumas reações de incredulidade em quem ouve: "– Como sabes tu essas coisas?" "– Ah! É a história" (*Turpin o disse*). E, aqui e ali, comparações que parecem demonstrar com a máxima evidência qualquer coisa e, em vez disso, não demonstram nada; e algumas tiradas calorosas de desdém ou de admiração; e certas explicações em que se compraz a lógica rudimentar do homem do povo quando quer dar a razão de algum caso ou acontecimento extraordinário; e certos ímpetos de comoção que fazem rir, não por intenção cômica de quem conta, mas, ou por falsas deduções ou por imagens impróprias e desacordes ou por frases incongruentes.

*Ciaripensa, e te scopre er Cannochiale*

("Pensa claro e descobre a luneta.")

Quem sonharia dizer que Pascarella deseja aqui pôr a ridículo Galileu? Mas ele não pode, ainda que mantendo inteiramente objetiva a representação desse relato de estalagem, deixar de rir dentro de si mesmo e daquele homem do povo que narra assim a glória de Colombo e de outros italianos ilustres, bem como da descoberta da América contada desse modo. E esse seu riso secreto forma quase um halo hilare, uma atmosfera de comicidade irresistível em torno daquela representação objetiva. A intenção cômica do poeta, ao referir-se objetivamente às patetices daquele homem do povo, jamais se revela; o poeta nunca se mostra. O mesmo não se pode dizer, na verdade, de Pulci. Enquanto Pascarella reproduz simplesmente, Pulci muitas vezes contrafaz por paródia. Mas não se lhe deve imputar todas as tolices, as vulgaridades, as puerilidades dos jograis ou da literatura épica e romanesca vinda de França ou da Itália setentrional, visto que, ao invés, contrafazendo e parodiando, ele zomba dela abertamente. Seria como tomar a sério uma coisa feita por brincadeira; ou como culpar Pascarella de ter motejado da glória de Colombo, reproduzindo o relato que dela fazia aquele homem do povo. Pulci tampouco sonha escarnecer da cavalaria ou da religião; diverte-se arremedando os cantadores de praça, cantando com seus modos, com sua linguagem, com sua psicologia infantil, com seus meios inventivos estereotipados, a matéria épica e cavaleiresca; de quando em quando segue e interpreta o sentimento popular mediante uma cena patética, de alguma ação que suscite a ira a ou comiseração ou o desdém etc. Naturalmente, tudo isso, se representa para ele uma diversão, um jogo, pelo simples fato de que emprega nele a sua arte, seu estudo e tempo, não pode deixar de ser também tomado a sério; e não raro, portanto, ele se identifica de verdade com o relato, mas sempre com o sentimento, com a lógica, com a psicologia do povo, e encontra expressões eficientíssimas. É certo que depois, de repente, rompe essa seriedade com uma risada. Porém não é nunca, segundo me parece, por intenção satírica: a saída é amiúde burlesca, popular; segue e interpreta também aqui com freqüência o sentimento do povo.

Assim, pois, em minha opinião, Momigliano se engana e se contradiz a si próprio, quando afirma[39] que

> o sorriso do *Morgante* é subjetivo: subjetivo no sentido de que é a natural, incoercível irrupção da índole de Pulci na matéria épica. Neste sentido [ele acrescenta] o *Morgante* é um dos poemas épicos mais subjetivos que conheço; poder-se-ia defini-lo como o mundo cavaleiresco visto através de um temperamento jucundo. Creio antes, após tantas discussões sobre o seu protagonista – que para uns é Morgante e para outros Gano – que a única personagem que domina toda a ação, em torno da qual toda a ação se desenvolve, é o próprio autor: fora dele não há protagonista.

Poucas páginas antes[40], ele havia dito: "Naquela época de riso despreocupado mais do que satírico, o riso do *Morgante* não é senão o verniz do tempo, que se sobrepõe à matéria tradicional deformando-lhe somente a superfície". E, ao indagar e estudar na primeira parte do volume a índole de Luigi Pulci:

> O certo é que enquanto o homem chorava, o poeta ria. Não foi pequena força de ânimo persistir em escrever um poema jocoso como o *Morgante* com o coração destroçado por feridas sempre novas, entre as ameaças da fome e da prisão por dívidas. Não são infreqüentes os casos dos poetas que se riem de seus próprios afãs, mas são raríssimos os de um poeta desventurado que emprega a sua atividade artís-

39. Pp. 120-121 do vol. cit.
40. P. 113.

tica numa obra na qual o riso não é velado jamais pelo pranto. É um milagre no qual provavelmente teve algum papel o influxo do Renascimento.

Confesso de passagem que não consigo ver o espírito de nosso Renascimento tão alegre, como o vê Momigliano em conjunto com vários outros. Desconfio dos convites ao gozo, especialmente quando são tão insistentes e querem ter o ar de estar despreocupados; desconfio de quem quer ser jovial a todo custo. O *Trionfo di Bacco e d'Arianna?* Mas é o *carpe diem* de Horácio:

> *Tu ne quaesieris, scire nefas, quem mihi, quem tibi*
> *finem Di dederint...*
>
> ("Não perguntarás, saber é sacrilégio, que fim a mim
> e a ti os Deuses darão...")

E se pode chamar jucundidade àquela de quem se atordoa para não pensar? Poderia ser, se jamais o fosse, filosofia de sábios e não jucundidade de jovens. E quantas coisas tristes dizem os famosos cantos carnavalescos a quem saiba lê-los por dentro!

Mas deixemos isso, que no momento seria uma questão ociosa, tanto mais quanto, para mim, Pulci reproduz em tudo o aspecto característico da índole florentina, e sua língua bufona é a língua do povo, e a idéia e o sentimento do povo, a respeito da matéria épica e cavaleiresca, na expressão de um cantador, é o que ele quer contrafazer e parodiar em seu *Morgante*, o qual, para mim, repito, não é, afinal, todo esse monumento de jucundidade que Momigliano desejaria nos fazer crer.

Para explicar-nos *o milagre*, de que fala Momigliano, basta ter em mente o seguinte fato, que está mais ligado ao escopo que Pulci se propôs do que à sua índole. Se a vida do poeta é tristíssima, se ele em sua composição *Io vo' dire una frottola* ("Quero contar uma lorota") confessa: "*I' ho mal quand' i' rido*" ("Sinto-me mal quando rio") e "*Io non sarò mai lieto*", "*...non piacqui mai – A me stesso, né piaccio*" ("Eu nunca estarei contente", "...jamais me agradara – A mim mesmo não agrado"), se desde que nasceu tem mais inclinação à tristeza e à melancolia, como Momigliano mesmo demonstra por outros testemunhos, além deste da *Frottola* escrita nos anos tardios de sua vida, se "ele tinha dois modos para mitigar as próprias dores: resignar-se – e era o remédio ao qual recorria mais raramente – ou *rir-se delas, ao modo dos humoristas*: verdadeiro consolo de desesperado" e "este humorismo triste – subjetivo em Pulci, não objetivo – falta quase completamente no *Morgante*", como se torna depois subjetivo, ao invés, o riso do

*Morgante*, natural, incoercível irrupção da índole de Pulci na matéria épica? Como pode ser Pulci o verdadeiro protagonista de seu poema?

Oxalá tivesse sido! Mas Pulci, se em parte nas cartas e na *Frottola* consegue rir de suas dores à maneira dos humoristas, jamais consegue objetivar em seu poema a disposição natural ao humorismo. Ele vive duas vidas, mas não as faz viver em seu poema.

Dualismo doloroso [exclama Momigliano] que condena Pulci a representar no *Morgante* o papel de uma máscara alegre, ao passo que, quando a sua fantasia se esfria, lá onde os versos fáceis fluem como um bando perenemente alegre, das portas de um palácio encantado, a dor de sua vida atormentada de cada dia deve, por contraste, assaltá-lo mais aguda do que nunca!

No que ficamos? Se é uma máscara, não é a índole que natural e incoercivelmente irrompe na matéria épica!

Mas não é tampouco uma máscara. Não há quase nada de verdadeiramente subjetivo no poema: o *Morgante* é "a matéria cavaleiresca com uma alma plebéia infusa", como diz Cesareo, o qual no gigante armado de badalo e em Morgutte vê o próprio povo que se mira no espelho de seu tosco e sincero naturalismo. O primeiro é

ignorante, voraz, manipresto, burlão, mas não tem perfídia; e executa as empresas mais árduas a um aceno de seu amo; é a força ignara e subitânea do povo convenientemente dirigida por um sentimento que lhe desenvolve as qualidades obscuras, a honradez, a justiça, a indulgência, a devoção, a ternura. Margutte, ao invés, é o povo sem fé e sem sentimento, a canalha abjeta e impudente, motejadora e oblíqua, criminosa e jactanciosa.

E o verdadeiro protagonista do poema é, portanto, Morgante, o bom povo, que segue, admirado, as disparatadas aventuras dos paladinos de França e nelas participa a seu modo. Pulci, na sua paródia, não quis representar outra coisa.

Não posso demorar-me em salientar todas as falsas conseqüências que Momigliano tira – segundo me parece – da errônea convicção de que o riso do *Morgante* é subjetivo. Ele está em boa companhia: também para Rajna as novidades do *Morgante* consistem "em certos episódios, onde o Autor introduz curiosos personagens de sua criação e se entretém tanto com a fantasia quanto com a razão; *sobretudo depois na demonstração de seu eu* e na atitude que assume em face de sua própria obra"[41]. Ora, o seu verdadeiro eu, Pulci, se devemos nos ater às indagações que faz o próprio Momigliano – repito – não o de-

---

41. Ver *Introduzione alle Fonti dell'Orl. Fur.*, 2. ed., p. 20, Florença, Sansoni, 1900.

monstra absolutamente no *Morgante*. Mas como, se aí representa o papel de uma máscara alegre! Para mim é gravíssimo erro atribuir diretamente ao poeta aquilo que aparece atribuído ao sentimento, à lógica, à psicologia, à língua bufona da plebe, na paródia que ele faz disso.

Assim, por exemplo, Momigliano observa em um certo ponto: "Não ousaria porém sustentar a perfeita inocência de Pulci, quando Ullivieri aparece a fim de explicar o mistério da Trindade com aquele exemplo da vela que não explica absolutamente nada". Como se a literatura popular não estivesse cheia dessas explicações que não explicam absolutamente nada! E, além do mais, se o padrão se encontra já no *Orlando*, o que tem a ver com isto a malícia de Pulci? Mais abaixo, a propósito da conversão de Fuligatto, observa: "Já essas conversões e esses batismos – por sua rapidez e por sua freqüência e pelo fervor demasiado dos neófitos – são sempre mais ou menos suspeitosos". Mas este é um dos traços característicos que demonstram justamente a puerilidade da concepção religiosa na epopéia francesa! Apenas conquistada uma cidade, os vencedores impõem a conversão aos infiéis: quem se recusa é passado a fio de espada; e os batizados se tornam de repente cristãos zelosíssimos. O que tem Pulci a ver com isso? A propósito do episódio de Orlando sendo motejado no cap. XXI pelos garotos da cidade, que o paladino atravessa montado no seu Vegliantino reduzido a tal estado que mal se mantém de pé, Momigliano diz que Pulci não sente a majestade cavaleiresca, e depois observa:

Para o nosso poeta o riso é uma das grandes leis às quais todos devem pagar o devido tributo. Pulci, portanto, acena em suas personagens tanto para os lados sérios quanto para os lados ridículos e os reduz de quando em quando aos limites do humano. Assim, neste episódio, parece que faz pouco de Orlando, mas não é verdade: um paladino invicto, com o palafrém caindo aos pedaços – também Vegliantino aqui desce da costumeira dignidade dos cavalos dos heróis – não está submetido a uma *diminutio capitis* (exp. latina, "diminuição de cabeça", diminuição de *status*), não se avizinha um pouco do Cavaleiro da Triste Figura? E isto não pode acontecer a um paladino? Mas fazei com que se aproxime um petulante a motejar dele e vereis que ele não é um D. Quixote, porém um paladino autêntico: eis de que modo Orlando, rebaixado por um momento, de súbito se reergue. *Nella fonte c'è qualche cosa di molto simile* ("Na fonte há algo de muito similar") (*Or.*, L., 30-37). Já estamos na vizinhança da burla, mas ainda não a alcançamos: a burla tê-la-emos somente quando o riso for explosão da rebeldia meditada do raciocínio.

Ainda aqui se atribui a Pulci aquilo que já, antes de tudo, se encontra na fonte, e que se encontra depois em outros poemas, como por exemplo no *Aiol* e no *Florent et Octavien*. Assim, aquela certa facilidade de comoção que têm os paladinos, e que a Momigliano parece não ser muito natural em guerreiros daquela têmpera, se encontra já, como é notório, na epopéia francesa, onde centenas de vezes se lêem versos como estes (fórmulas épicas estereotipadas):

*Trois fois se pasme sor le corant destrier.*

("Três vezes desmaia sobre o corcel galopante.")

Isto quando todo um exército não desmaia:

*Cent milie franc s'en pasment cuntre terre.*

("Cem mil francos caem por terra desmaiados.")

Dado o conceito que Momigliano tem de humorismo, ou seja, de que este é "o riso que penetra mais fina ou mais profundamente no próprio objeto e que, mesmo quando não se eleva à contemplação de um fato geral, é todavia indício de um espírito acostumado a buscar o miolo das coisas", compreende-se que possa encontrar, também, com muito boa vontade, humorismo no *Morgante*, não obstante ele próprio ter dito primeiro que "o gênero de riso do *Morgante* não brota de uma psicologia profunda" e que isto procede "de duas razões: da incapacidade de Pulci e da matéria, a qual costuma satisfazer-se com caracteres inconsistentes" e que Pulci "vê especialmente o ridículo físico, o ridículo das formas, das atitudes, dos movimentos de um corpo", e o seu riso é de costume "um riso superficial" que "em sua quase constante ligeireza saca do espírito e da literatura dos tempos". Mas para ele "o pranto, a indulgência, a simpatia etc. etc., são todos elementos acessórios" do humorismo, o qual, em suma, é – como disse Masci – "o sentido geral da comicidade" e nada mais. Entendido assim, o humorismo pode encontrar-se por toda parte. Ulivieri caiu da sela de Manfredonio diante de Meridiana e diz:

*Alla mia vita no caddi ancor mai,*
*Ma ogni cosa vuol cominciamento –?*

("Ainda não havia eu caído em minha vida,
mas tudo uma vez tem o seu começo –?")

Humorismo! Meridiana lhe responde:

*Usanza è in guerra cader dal destriere*
*Ma chi si fugge non suol mai cadere –?*

("Na guerra, é uso cair do ginete o cavaleiro,
mas quem se evade não sói jamais cair –?")

Humorismo! Rinaldo, esquecido de Luciana, se enamora de Antéia e recomenda a Ulivieri que a sirva com todo o cuidado, e o amigo responde: *"Cosi va la fortuna; Cércati d'altro amante, Luciana; Da me sarai d'ogni cosa servito?"* ("Assim é a sorte; / Procura outro amante, Luciana; / Serás servida por mim em cada coisa; /"); – "Resposta concisa, filosófica, humorística", comenta Momigliano, e assim sucessivamente.

Mas não! Não se pode encontrar o verdadeiro humorismo no *Morgante*. Poder-se-ia encontrá-lo, se Pulci tivesse conseguido transfundir suas dores, suas misérias, em algumas das personagens ou em alguma cena, e se tivesse rido delas, como na *Frottola* ou em algumas de suas cartas; se a sua ironia, a vã aparência daquele estúpido, pueril ou grotesco mundo cavaleiresco, houvesse conseguido em algum ponto dramatizar-se, através de seu sentimento, comicamente. Mas Pulci não só não se vê, nem pode ver-se no drama, como não consegue ver tampouco o drama no objeto representado. E como se pode falar portanto de humorismo? Digo do verdadeiro humorismo, que não é em absoluto aquele que Momigliano crê, seguindo Masci. Do outro, isto é, do humorismo entendido no sentido mais largo e comum, do qual eu falei, ah!, deste sim, deste há em Pulci tal quantidade quanto em cem escritores ingleses reunidos, que Nencioni assim como Arcoleo teriam considerado verdadeiros humoristas. Isto é indubitável.

Entretive-me tão longamente com o *Morgante* porque dentre os nossos três maiores poemas cavaleirescos é este o que certamente dá mais campo à ironia: a ironia que – segundo a expressão de Schlegel – reduz a matéria a uma perpétua paródia e consiste em não perder, nem sequer no momento do patético, a consciência da irrealidade da própria criação.

O entendimento dos dois outros poetas, Bojardo e Ariosto, é mais sério. Mas cumpre que nós nos entendamos bem sobre esta maior seriedade... Pulci é poeta *popular*, no sentido de que não eleva em nada acima do povo a matéria de que trata, antes a mantém ali para rir-se dela parodiando-a, em uma corte burguesa como a de Lorenzo, que tem gosto, como disse, pela paródia. Bojardo é poeta *cortesão*, no sentido de quem tem, para usar as próprias palavras de Rajna, "uma profunda simpatia pelos costumes e sentimentos cavaleirescos, isto é, pelo amor, gentileza, valor, cortesia" e se "não se abstém de gracejar sobre o assunto, nem sente remorso por expor à derrisão suas personagens, é porque pretende celebrar a valentia, a cortesia e o amor, e não já a Orlando e Ferraguto"; cortesão, portanto, no sentido de que escreve para proporcionar bons momentos e agradável divertimento a uma corte que, vivendo em ócio rico e elegante, apaixonando-se com os casos de Ginevra e Isotta, pelas aventuras dos cavaleiros errantes, não teria podido fazer boa cara aos paladinos de França, se estes tivessem se apresentado sem amor nem cortesia. Ariosto, se por condições de vida, com respeito à casa de Este, é – em outro sentido – poeta cortesão, também ele, no tocante à matéria que se põe a tratar, só tem em conta as condições sérias da arte.

Vimos que na própria França de há muito o mundo épico e cavaleiresco havia perdido toda a seriedade. Como teriam podido os poetas italianos tratar seriamente aquilo que já fazia tempo deixara de ser sério? A ironia cômica era inevitável. Mas "quem realiza um trabalho cômico – observa justamente De Sanctis – não está isento das condições sérias da arte".

Pois bem, Ariosto é quem mais respeita estas condições sérias da arte e quem menos as respeita é Pulci, mas não por defeito de arte, como pareceu primeiro a De Sanctis, porém – repitamos – pelo escopo que ele se propõe.

Quem faz uma paródia ou uma caricatura está por certo animado de um intento ou satírico ou simplesmente burlesco: a sátira ou a burla consistem em uma alteração ridícula do modelo, e não são por isso comensuráveis salvo em relação às qualidades deste e particularmente com as que se salientam mais e que já no modelo representam um exagero. Quem faz uma paródia ou uma caricatura insiste nessas qualidades salientes; dá-lhes maior relevo; exagera um exagero. Para fazê-lo é inevitável que se forcem os meios expressivos, que se alterem estranhamente, grosseiramente ou até grotescamente, a linha, a voz ou, de alguma maneira, a expressão, que se faça em suma violência à arte e às suas condições sérias. Trabalha-se sobre um vício ou sobre um defeito de arte ou de natureza, e o trabalho deve consistir no exagero para que riam dele. Resulta inevitavelmente um monstro; qualquer coisa que, se considerada em si e por si, não pode ter nenhuma verdade, nem, portanto, nenhuma beleza; para entender-se a sua verdade e por isso a sua beleza, é preciso examiná-la em relação ao modelo. Sai-se assim do campo da fantasia pura. Para rir-se daquele vício ou daquele defeito ou para ridicularizá-los, devemos também gracejar com o instrumento da arte; ser consciente de nosso jogo, que pode ser cruel, que pode ainda não ter intenções malignas ou ter ainda intenções sérias, como as tinha, por exemplo, Aristófanes em suas caricaturas.

Se pois Pulci em seu labor cômico atenta menos às condições sérias da arte, não é por insuficiência de arte, repito. O mesmo não se pode dizer em relação a Bojardo. A maior seriedade deste deve ser considerada não já na intenção artística, de que carece, mas sim na de agradar à sua corte, seguindo, ademais, seu gosto e seu prazer. Chegou-se até a dizer que Bojardo trata seriamente, em seu poema, a cavalaria. Rajna, que – como é sabido – em seu livro sobre *Le Fonti dell'Orl. Fur.* parece ter se proposto a realçar Bojardo à custa de "seu continuador", a propósito da distinção a ser feita entre *Orlando Enamorado* e *Orlando Furioso*, pergunta:

> Fá-la-emos consistir na assim chamada *ironia ariostesca*? Estaria certo, sem dúvida, se fosse verdade, como se pretende, que Ariosto, com um sorriso incrédulo, houvesse desfeito em fumo o edifício de Bojardo e transformado em fantasmas as personagens do *Enamorado*. O mal é que aquele edifício, aquelas personagens, já eram uma fantasmagoria também para o Conde de Scandiano. Se Ludovico não crê no mundo que canta e se joga com ele, seu predecessor e mestre não crê muito mais nele e, chegada a ocasião, não faz menos caçoada; se há ironia no *Furioso*, não falta tampouco no *Enamorado*.

E algumas páginas antes:

> É certo que ouvir falar de burlesco e humorismo, a propósito do *Enamorado*, deve causar assombro, e não pouco. Estamos tão acostumados a ouvir repetir em todos os tons, e por homens autorizadíssimos e dos mais judiciosos, que Bojardo canta a guerra de Albraccà, e as aventuras de Orlando e de Rinaldo, com aquela mesma seriedade e convicção com que Tasso celebrava um século depois os feitos dos cristãos na Palestina e a conquista de Jerusalém! É um erro cuja refutação me parece supérflua... Não é muito difícil perceber que entre Bojardo e o mundo que ele tomou para representar há um verdadeiro contraste, dissímil somente em grau e em tom daquele que impedia Pulci de identificar-se com sua matéria. Porque aos olhos de todo italiano culto do século XV eram ridículos aqueles terríveis golpes de lança e de espada que, por comparação, teriam feito parecer meninos os heróis de Homero; ridículo aquele golpear-se (!) as armaduras e as carnes pelas razões mais fúteis, ou inclusive sem motivo algum no mundo; ridículas as profundas meditações amorosas, que absorviam toda a alma durante horas e horas, e suprimiam qualquer sombra de consciência; ridículos, em suma, todos os exageros dos romances cavaleirescos. Então como se quer que um homem embebido até a medula da cultura clássica e dotado de um bom senso a toda prova, pudesse contemplar e representar este mundo sem jamais prorromper em gargalhada? E de fato Bojardo ri e se engenha em fazer rir; até em meio a narrativas as mais sérias sai com piadas e facécias; e mais de uma vez cria cenas que se diriam encontradas por Cervantes para zombar da cavalaria e de seus heróis.

Rajne crê defender assim Bojardo de uma injustiça. Seu engano – e que foi posto em relevo na reimpressão do livro de Cesareo[42] – é o de

---

42. Ver em *Critica militante* (Messina Trimarchi, 1907) o estudo *La fantasia dell'Ariosto* (publicado antes em sua *Nuova Antologia*).

tratar a questão das relações entre Bojardo e Ariosto sem uma preparação estética adequada. No entanto, já De Sanctis, ao tratar da poesia cavaleiresca em um curso de preleções na Universidade de Zurique, havia advertido de maneira maravilhosa:

> A faculdade poética por excelência é a fantasia; mas o poeta não trabalha somente com as faculdades estéticas, todas as suas faculdades cooperam; o poeta não é só poeta; enquanto a fantasia forma o fantasma, o intelecto e os sentidos não permanecem inertes. Um poeta pode ter poderosa virtude estética e ser pobre de imaginação, cometer erros no desenho ou despropósitos históricos e geográficos: estes defeitos não afetam a essência da poesia. Mas se um poeta que tem em alto grau estas elevadas faculdades, que possui um belo desenho e uma perfeita execução mecânica, tem débil a fantasia, ele não saberá tornar vivo àquilo que vê: a falta de fantasia é a morte do poeta. Eis a distinção a ser feita. Até aqui não tendes o direito de pôr em dúvida o engenho poético de Bojardo; os defeitos, que enumeramos, dependem de outras faculdades. Para vir examiná-lo como poeta, é preciso portanto ver bem até que ponto ele dispunha da potência formativa do fantasma. Bojardo tem uma grande inventiva: foi o poeta italiano que recolheu o mais amplo e o mais variado material de poesia; não só pela quantidade como pela qualidade. A inventiva já é uma primeira condição do poeta; e a este respeito, Bojardo é superior a Pulci. Mas isto não basta, é pouca coisa: a invenção na arte é o de menos. Dumas deixa a seus secretários o encargo de recolher os materiais nos quais se reserva a tarefa de infundir depois a vida. Recolhido o material, Bojardo sabe trabalhá-lo? Eis a questão. Não o deixa nu e árido como Pulci; tem a faculdade da concepção, dá a cada fato e personagem as determinações necessárias para que adquiram uma fisionomia própria. Não lhe basta o ato de esboçar uma personagem; no entanto, é um dos principais desenhistas da poesia italiana. Poucos sabem dar com mais segurança os lineamentos a um caráter... O que resta ao poeta fazer? Mostrar viva a personagem. Quem lhe deu determinada forma e determinado caráter deve fazê-la viver. Cumpre que a *concepção* se converta em *situação*. Até os mais apaixonados nem sempre são apaixonados. Querendo-se pôr em ação as determinações, é preciso escolher circunstâncias tais que, por seu intermédio, possam manifestar-se as forças internas de uma personagem. Há situação estética quando a personagem é colocada nas condições mais favoráveis para que possa revelar-se. Mas Bojardo não sabe mudar a concepção em situação.

Cesareo, que desenvolve amplamente e precisa em seu estudo sobre *La Fantasia dell'Ariosto* essa estupenda intuição de De Sanctis, nota neste ponto que, na verdade "quando uma criatura vive na fantasia de um poeta, ela se revelará inteira em qualquer circunstância em que se encontre. O poeta não tem que escolher nada, porque esta criatura é livre, autônoma, está fora do poeta mesmo e só se pode encontrar naquelas situações a que a levam seu caráter, em contraste com os caracteres circundantes. As situações vêm por si, o poeta não as escolhe; ele deve cuidar somente para que em cada situação, até nas menos dramáticas, a personagem apareça inteiramente, com todas as suas determinações interiores. E então uma só situação bastará para dar-nos a conhecer esta criatura; e nós saberemos mais ou menos o que ela fará em situações "mais favoráveis". O caráter de Farinatta já está inteiro nos primeiros seis versos com os quais ele se dirige a Dante; o de Hamlet já está inteiro na cena da audiência na Corte; o de Don Abbondio já está inteiro em seu passeio à vista dos valentões. Sem dúvida, a sucessão das situações aumenta a intensidade e a evidência do caráter; mas qualquer situação é uma situação estética.

Para Cesareo, falta a Bojardo precisamente a visão completa do caráter; e eu estou de acordo com ele. Sobre um outro ponto dissinto de De Sanctis: é onde ele diz que Bojardo "por intenções pedantescas, quis fazer seriamente o que é substancialmente ridículo". Não consigo ver verdadeiramente tais intenções pedantescas em Bojardo, assim como não consigo ver que ele tenha querido ser sério e que somente "pela força dos tempos" tenha surgido como ridículo. Se, como diz o próprio De Sanctis, ele "se ri de suas invenções", não quis ser sério. Mais ainda, segundo o meu parecer, o erro de Bojardo reside justamente lá onde Rajna crê defendê-lo de uma injustiça: isto é, que sendo ele nobre cavaleiro, animado de profunda simpatia pelos costumes cavaleirescos, ou seja, pelo amor, pela gentileza, pelo valor, pela cortesia, *não tenha querido ser sério*, como podia por seu sentimento e como devia pelo respeito às condições sérias da arte. E, não querendo ser sério, não soube rir, porque a essa matéria só convinha um tipo de riso, o da forma, e a forma é sobretudo o que falta a Bojardo. Diz bem Rajna quando afirma que "não é muito difícil dar-se conta de que, entre Bojardo e o mundo tomado por ele para ser representado, há um verdadeiro contraste, dessemelhante apenas pelo grau e pelo tom daquele que impedia Pulci de identificar-se com sua matéria". Mas a inferioridade de Bojardo com respeito a Pulci e a Ariosto reside precisamente aqui, no *grau* e no *tom* de seu riso. Ele quis somente cuidar de divertir a si mesmo e aos outros, e não entendeu que, querendo solevar do seio do povo aquela matéria e não querendo mais fazer deliberadamente sua paródia, como Pulci fizera, precisava respeitar as condições sérias da arte, como Ariosto as respeitou.

Não é absolutamente verdade que o poeta de *Orlando Furioso* com um sorriso incrédulo desfaça em fumo o edifício de Bojardo e transforme em fantasmas as personagens de *Orlando Enamorado*. Ao contrário! Ele dá antes àquele edifício e àquelas personagens aquilo que lhes faltava: consistência e fundamento de verdade fantástica e coerência estética.

Cumpre entender-se bem sobre o problema de o poeta não crer no mundo que ele canta ou que, como quer que seja, representa. Mas se poderia dizer que não só para o artista como para ninguém existe uma representação, seja criada pela arte ou seja enfim aquela que todos nós efetuamos de nós mesmos, dos outros e da vida, que se possa crer como uma realidade. São, no fundo, uma e mesma ilusão, a da arte e aquela que comumente vem a todos nós de nossos sentidos.

Ainda assim, chamamos *verdadeira* a de nossos sentidos e *fictícia* a da arte. Entre uma e outra ilusão, todavia, não é questão de *realidade*, mas sim de *vontade*, e somente enquanto o fingimento da arte é *querido*, não no sentido de que seja procurado com a vontade para um fim estranho a si próprio: porém querido por si e por si amado, desinteressadamente; ao passo que o dos sentidos não está em nós querê-lo ou não querê-lo: temo-lo, como e enquanto temos os sentidos. Aquele é, pois, livre, e este, não. E um fingimento é, portanto, imagem ou forma de sensações, ao passo que o outro, o da arte, é criação de forma.

O fato estético, efetivamente, começa apenas quando uma representação adquire em nós, por si mesma, uma vontade, isto é, quando em si e por si ela *se quer*, provocando por esse simples fato, *que ela se quer*, o movimento (técnica) capaz de efetuá-la fora de nós. Se a representação não tem em si esta vontade, que é o movimento mesmo da imagem, ela é somente um fato psíquico comum; a imagem não querida por si mesma; fato mecânico-espiritual, porquanto não está em nós querê-la ou não querê-la; mas que se tem enquanto corresponde em nós a uma sensação.

Temos todos, mais ou menos, uma vontade que provoca em nós aqueles movimentos aptos a criar a nossa própria vida. Esta criação, que cada um faz para si mesmo, da própria vida, necessita também ela, em maior ou menor grau, de todas as funções e atividades do espírito, isto é, do intelecto e da fantasia, além da vontade; e quem a tem mais e a põe mais em ação, consegue criar para si mesmo uma vida mais elevada, mais ampla e mais forte. A diferença entre esta criação e a da arte reside somente nisto (o que precisamente faz com que uma seja muito comum e a outra nada comum): que aquela é *interessada* e esta *desinteressada*, o que quer dizer que uma tem como fim a utilidade prática e a outra não tem fim algum senão ela mesma. Uma é querida por alguma coisa; a outra se quer por si mesma. E pode-se obter uma prova disto na frase que cada um de nós sói repetir toda vez que, por desgraça, contra a nossa expectativa, o próprio fim prático, os próprios interesses se vêem frustrados: *"Trabalhei por amor à arte"*. E o tom com que se repete esta frase nos explica a razão por que a maioria dos homens, que trabalha para fins de utilidade prática e que não compreende a vontade desinteressada, costuma chamar de loucos os poetas verdadeiros, isto é, aqueles em quem a representação se quer por si mesma sem outro fim fora de si mesma, e tal qual eles a querem, como ela se quer. Não lembrarei aqui a pergunta do Cardeal Hipólito a Messer Ludovico, o qual, por toda resposta, poderia ter-lhe relido aquela oitava do canto onde se narra a viagem de Astolfo à Lua:

> *Non sí pietoso Enea, né forte Achile*
> *Fu, com'è fama, né si fiero Ettorre;*
> *E ne son stati e mille e mille e mille*
> *Che lor si puon com verità anteporre:*
> *Ma i donati palazzi e le gran ville*
> *Dai discendenti lor, gli ha fatto porre*
> *In questi sensza fin sublimi onori*
> *Dall'onorate man degli scrittori...*

("Nem tão piedoso foi Enéias, nem Aquiles
[tão forte,]
como diz a fama, nem Heitor tão valente;
e houve milhares e milhares e milhares
que se lhes podem com verdade antepor:
mas foi com palácios doados e grandes vilas
que os seus descendentes infindas e subidas
[honras alcançaram]
pelas honradas mãos dos escritores...")

Pelo que se pode ver como até em um poeta da maior grandeza um sentimento, ao menos em parte não desinteressado, pode manchar a obra e mortificá-la.

Felizmente isto acontece só em uma parte do poema. Em qualquer outro ponto é possível notar que é a reflexão, mais do que o sentimento, que move a representação, a qual então perde a ação espontânea, de ser orgânico e vivente, e adquire um movimento rígido e quase mecânico. É lá onde o poeta demonstra ter-se proposto a frio o respeito às condições sérias da arte, isto é, lá onde não as respeita mais instintivamente, mas por intenção preconcebida. Citarei por exemplo as personificações de Melissa e Logistilla.

Mas lá onde o poeta respeita instintivamente as condições sérias da arte, cessa a ironia? Consegue o poeta perder a consciência da irrealidade de sua criação? E como se identifica com a sua matéria?

Este é o ponto que cumpre aclarar e que requer uma análise mais sutil. Aqui reside o segredo do estilo de Ariosto.

Na lonjura do tempo e do espaço, o poeta vê diante de si um mundo maravilhoso que em parte a lenda e em parte as caprichosas invenções dos cantadores construíram em torno de Carlos Magno. O poeta já vê o Imperador não como aquela *coisa obscura* de Pulci, que passeia pela sala principal intimidado com os formidáveis exércitos dos sarracenos ou, mais amiúde, com as ameaças de vinditas dos paladinos por causa das traições de Gano, que o leva pelo nariz para onde queira; nem o vê como Bojardo, um Carlão abobado, que se detém a falar com Angélica, com rosto afogueado e com os olhos brilhantes, porque também ele sente uma quedinha. O poeta compreende que um imperador assim feito é de farsa ou de teatrinho de marionetes. Ria o vulgo, riam as crianças dos fantoches. O riso é fácil quando, com burlesca grosseria, se estropia uma figura ou se faz de algum modo uma ridícula violência à realidade. Isto Ariosto não pode querer; e isso já o coloca muito acima de seus predecessores, não só, mas talvez tão acima que, ela, – conquanto logo se esforce ou por enlouquecer ou por levar até a sua altura aquela matéria – pelo que já tem em si de irredutível, permanece sempre em parte demasiado inferior a ele. Ele a domina como patrão absoluto e, segundo o imprevisível capricho de sua maravilhosa fantasia criadora, combina e separa, associa e desassocia todos os elementos que ela lhe fornece. Com este jogo, que maravilha e encanta por sua prodigiosa agilidade, consegue salvar-se a si mesmo e à matéria. Lá onde pode, ou seja, naquilo que têm de eterno os sentimentos humanos e as humanas ilusões, ele se identifica totalmente, até dar a mesma consistência da realidade à sua representação; lá onde não pode, onde a seus próprios olhos se desvela a irrealidade irreparável daquele mundo, ele dá, ao invés, à representação, uma ligeireza, quase de sonho, que se alegra toda com uma sutilíssima ironia difusa, que não rompe quase nunca o encanto desta ou daquela obra de magia representada, nem aquele outro bem mais maravilhoso que a magia de seu estilo opera.

Aí está, já disse, a palavra: a magia do estilo. O poeta compreendeu que só com uma condição se podia dar coerência estética e verdade fantástica àquele mundo, em que precisamente a magia tem uma parte tão grande: com a condição de que o poeta se tornasse um mago, por sua vez, e de que seu estilo tomasse a qualidade e a virtude da magia. E esta é a ilusão que o poeta cria em nós, e talvez também em si mesmo, identificando-se com o fino jogo para abandonar-se a ele inteiramente. Ah!, aquele jogo lhe parece tão belo que desejaria com todo o fervor que fosse realidade: e no entanto, não o é por mais que se queira! Tanto que, de tempo em tempo, o sutilíssimo véu se rasga: e através do rasgão se descobre a realidade verdadeira, do presente; então a ironia difusa se concentra de súbito e com um imprevisto estalo se revela. Este estalo porém não aturde, nem jamais choca demasiado: a gente o pressente sempre. E além das ilusões que o poeta cria para nós e para si próprio, há aquelas que as personagens criam para si mesmas e as que os magos e as fadas lhes criam. É tudo um jogo de ilusões, fantasma-górico. Mas a fantasmagoria não está tanto no mundo representado, que tem muitas vezes, repito, a mesma consistência da realidade, quanto no estilo e na representação do poeta, o qual, com maravilhosa percepção, compreendeu que somente assim, rivalizando com a magia, podia salvar os elementos irredutíveis da matéria e torná-los coerentes com todo o resto. Queremos uma prova? O poeta rivaliza com a magia de Atlante, no canto XII: o mago levantou um castelo onde os cavaleiros se afadigam em vão para buscar suas damas que crêem estar aí raptadas; três, Orlando, Ferraú e Sacripante, nele perseguem a imagem fingida de Angélica, que julgam verdadeira. Pois bem, o poeta, mais mago que Atlante, faz com que Angélica, viva e verdadeira, entre naquele castelo. Angélica, que pode desvanecer-se como aquela vã imagem criada por Atlante por magia.

> *Quivi entra, che veder non la può il Mago*
> *E cerca il tutto, ascosa dal suo anello;*
> *E trova Orlando e Sacripante vago*
> *Di lei cercar invan per quello ostello.*
> *Vede como fingendo la sua imago*
> *Atlante usa gran fraude a questo e a quello.*
> *Chi tor debba di lor molto rivolve*
> *Nel suo pensier, né ben se ne risolve.*
> ........................
> *L'anel trasse di bocca, e di sua faccia*
> *Levò dagli occhi a Sacripante il velo.*
> *Credette a lui sol dimostrarsi, e avvenne*
> *Ch'Orlando e Ferraú le sopravvenne.*
> ........................
> *Corser di par tutti alla donna, quando*
> *Nessun incantamento gl'impediva;*
> *Perché l'anel ch'ella si pose in mano*
> *Fece d'Atlante ogni disegno vano.*

("Ela entra ali, que vê-la não pode o Mago;
e oculta pelo anel, por toda a parte busca,
e acha Orlando e Sacripante desejosos
a buscá-la em vão pelo castelo.
Vê então como, fazendo aparecer uma imagem [dela,]
Atlante a um e a outro engana.

> A qual deles preferir revolve
> no pensamento, mas indecisa fica.
> ........................
> Tirou o anel da boca e de seu rosto
> tirou o véu aos olhos de Sacripante.
> Acreditava só a ele mostrar-se, e aconteceu
> que Orlando e Ferraú a surpreenderam.
> ........................
> Correram todos com igual passo para a dama,
> agora que nenhum encantamento os impedia;
> porque o anel que ela se pôs na mão
> tornou vão todo o desígnio de Atlante.")

É uma magia que entra em outra. O poeta se vale deste elemento, e o torna primeiro tão seu num momento, ante nossos olhos iludidos, que a realidade se converte em magia e a magia em realidade: tão logo Angélica se revela, a realidade de súbito aparece e rompe o encanto; desaparece graças ao anel, e eis o castelo de Atlante a assumir quase consistência real para nós. Que estupenda finura neste jogo! É um jogo de magia; mas a verdadeira magia é a do estilo de Ariosto.

O que acontece com aqueles pobres cavaleiros?

> *Volgon pel bosco or quinci or quindi in fretta*
> *Quelli scherniti la stupida faccia.*
>
> ("Rodam pelo bosque, ora aqui, ora ali, com pressa,
> aqueles escarnidos, o estúpido semblante.")

Quem os faz ir ao encontro desses escárnios e de males ainda piores? Mas o amor, meus senhores, que não é propriamente uma loucura, faz cometer muitas, tanto ontem como hoje, e as fará cometer amanhã e sempre!

> *Chi mette il piè su l'amorosa pania,*
> *Cerchi ritrarlo, e non v'inveschi l'ale;*
> *Che non è in somma Amor se non insania*
> *A giudizio de' savi universale:*
> *E sebben come Orlando ognun non smania,*
> *Suo furor mostra a qualch'altro segnale.*
> *E quale è di pazzia segno piú espresso,*
> *Che, per altri voler, perder sé stesso?*
>
> *Vari gli efetti son; ma la pazzia*
> *È tutt'una però, che li fa uscire.*
> *Gli è come una gran selva, ove la via*
> *Conviene a forza, a chi vi va, fallire.*

("Quem mete o pé no amoroso visco,
que daí o tire e não envisque as asas;
pois o que é em suma o Amor se não insânia,
a juízo universal dos sábios:
E embora a gente não endoideça como Orlando,
por algum outro sinal seu furor mostra.
E que sinal de loucura mais expressa,
do que o de, por a outrem querer, perder a si mesmo.

Vários são os efeitos; mas a loucura
é uma só, todavia, que os faz surtir.
É para eles como uma grande selva, onde a trilha
leva à força, a quem vai por ela, a perder-se.")

Nestes dois últimos versos o poeta dá uma perfeita imagem de seu poema, que se apóia, em grande parte, nesse amor que desvaria. Fontes, jardins, castelos encantados? Claro que sim! Se para nós, hoje, são ilusões inconsistentes, foram como que realidades para as loucuras que o Amor fez cometer ontem, lá, naquele mundo longínquo; ride dele, se vos apraz; mas pensai que outras imagens não menos falazes criam hoje e criarão amanhã, com a eterna magia de suas ilusões, o Amor, para escárnio e tormento dos homens. Se rides deles, poderíeis igualmente rir de vós

*Frate, tu vai
L'altrui mostrando, e non vedi il tuo fallo.*

("Tu, irmão,
que o alheio erro mostras, o teu não vês.")

Sob a fábula está a verdade. Vede: o poeta não precisa mais que carregar um pouquinho a mão para que a fábula se transmude em alegoria. E a tentação é forte, e aqui e ali o poeta de fato cai nela; a fantasia, porém, de súbito o reergue, felizmente, e o recambia ao justo grau e ao justo tom em que se colocara desde o princípio: – Direi de Orlando,

*Che per amor venne in furore e matto
D'uom che si saggio era stimato prima;
Se da colei che tal quasi m'ha fatto,
Che 'l poco ingegno ad ora ad or mi lima
Me ne sarà però tanto concesso
Che mi basti a finir quanto ho promesso.*

("Que por amor se tornara furioso e doido
alguém que tão sensato antes era estimado;
se aquela, que quase tal me fez,
que de momento em momento o pouco engenho me desgasta,

deste me seja concedido, porém, o tanto
que me baste para terminar o quanto prometi.")

E desde o princípio o estilo tem virtude mágica. Todo o primeiro canto é, na representação fantasmagórica, percorrido por relâmpagos, por aparições fugazes. E esses relâmpagos não lampejam somente para deslumbrar os leitores, mas também os atores da cena. Vejam: a Angélica salta-lhe diante Rinaldo; a Ferraú, que procura o elmo, Argália; a Rinaldo, Bajardo; a Sacripante, Angélica; a ambos, Bradamante, e depois o mensageiro, e depois Bajardo de novo e depois de novo Rinaldo. E esses relâmpagos, após rapidíssimo relampejo, se extinguem comicamente, com o engano da ilusão imprevista. O poeta exercita, consciente, essa sua magia; jamais dá tempo; deixa uma coisa e pega outra; espanta-se e sorri do espanto alheio e de suas próprias personagens.

> *Non va molto Rinaldo che si vede*
> *Saltare innanzi il suo destrier feroce;*
> *Ferma, Bajardo mio, deh ferma il piede!*
> *Ché l'esser senza te troppo mi nuoce.*
> *Per questo il destrier sordo a lui non riede.*
> *Anzi piú se ne va sempre veloce.*
> *Segue Rinaldo, e d'ira si distrugge,*
> *Ma seguitiamo Angelica que fugge.*

("Não vai muito adiante Rinaldo
que vê saltar à frente o seu corcel feroz:
'Pára, meu Bajardo, detém teu pé!
Que ficar sem ti muito me lesa'.
Surdo a isso o corcel até ele não torna,
e até, sempre mais veloz, mais se afasta.
Segue-o Rinaldo, e em ira se consome,
mas sigamos nós Angélica que foge.")

Imaginai só se Bajardo queria parar! Seu amo está apaixonado e, portanto, louco. E

> *Quel destrier, ch'avea ingegno a meraviglia,*

("Aquele corcel, que engenho à maravilha possuía,")

compreende aquilo que seu amo não pode compreender. Eis: o juízo que o Amor tolheu aos homens é dado pelo poeta a um animal. No canto II (estrofe 20) diz, ao modo de acréscimo, *il destrier ch'avea intelletto umano* ("o corcel que tinha intelecto humano"). Humano, sim, mas – entendamo-nos – não de homem apaixonado!

Não juraria realmente que não há aqui uma ponta de sátira. A ironia do poeta é uma sutilíssima serra que tem muitos dentes e também entre eles os da sátira, que morde um pouco a todos, fino, bem fino, fundo bem fundo, a começar pelo Cardeal Hipólito, seu senhor.

*Oh gran bontà dei cavalieri antiqui!*

("Oh grande bondade dos cavaleiros [dos tempos] antigos!")

A vós parece que a ironia consiste somente no fato de que Ferraú e Rinaldo, depois de terem se pegado do modo que sabeis, cavalgam juntos como se nada tivesse acontecido? Rajna diz que os romances franceses trazem, em boa fé, muitos exemplos de tais magnânimas cortesias, e cita três do *Tristão* para concluir: "Esta é a cortesia e a lealdade dos cavaleiros da Bretanha". Ótimo! Mas não já dos dois cavaleiros de Ariosto, que não demonstram sombra de cavalaria. Para compreendê-lo, cumpre pensar o que poderia responder Ferraú à proposta de Rinaldo para desistirem do duelo: "Eu não combato por uma presa; eu combato para defender uma dama que me pede ajuda; e se eu conseguir defendê-la, não terei combatido em vão". Um bom cavaleiro antigo, verdadeiramente nobre, teria respondido assim. Mas tanto Rinaldo quanto Ferraú não vêem em Angélica algo mais do que uma presa a ser apropriada, e uma vez que esta se lhes escapou da mão, ajudam-se mutuamente para reencontrá-la com um critério muito positivo e pouquíssimo cavaleiresco. Aquela exclamação, portanto, de *oh gran bontà dei cavalieri antiqui!* é na verdade irônica e soa a zombaria. Tanto é assim que, pouco depois, no canto II, repetindo-se a mesma situação de duelo interrompido pela mesma razão, Rinaldo deixa Sacripante a pé:

*E dove aspetta il suo Bajardo, passa,*
*E sopra vi si lancia, e via galoppa;*
*Né al cavalier, ch'a piè nel bosco lassa,*
*Pur dice addio, non che lo 'nviti in groppa.*

("E lá onde espera o seu Bajardo, passa,
monta-o de um salto e a galope parte;
nem mesmo diz adeus ao cavaleiro,
que deixa a pé no bosque, ou sequer a garupa
[lhe oferece."])

Repeti a sério, se puderdes, depois disto:

*Oh gran bontà dei cavalieri antiqui!*

("Oh! Grande bondade dos cavaleiros [dos tempos] antigos!")

O poeta brinca, e com aquele pobre rei da Circássia, *quel d'amor travagliato Sacripante* ("aquele de amor atormentado Sacripante"), e a brincadeira do poeta é verdadeiramente cruel e ultrapassa a medida. Já, no modo como o descreve: *Un ruscello/Parean le guance, e 'l petto un Mongibello!* ("Um regato/parecem as faces,/e o peito um Mongibello!") Põe a seu lado, benigna, aquela por quem ele se dói[43]; depois, ante os olhos de Angélica, faz com que seja jogado miseravelmente ao chão por um cavaleiro que passa correndo; e Angélica não terminou ainda de reconfortá-lo com fina ironia, isto é, atribuindo, como de costume, a culpa da queda ao cavalo, quando o poeta faz com que lhe seja dado um coice pelo asno do mensageiro que chega correndo aflito e extenuado no lombo de um rocim:

*Tu dêi saper che ti levó di sella*
*L'alto valor d'una gentil donzella.*

("Tens de saber que te tirou da sela
o alto valor de uma gentil donzela.")

mas ele o corrige assim:

*Che avrebbe di pietà spezzato un sasso.*

("Que teria de dó feito partir-se uma pedra.")

Isso é tudo.

43. É verdadeiramente curioso notar a que aberrações pode ser levado Rajna por seu anseio de surpreender a todo custo o poeta de *Orlando Furioso* com as mãos na bolsa alheia. A propósito deste episódio de Sacripante e Angélica, cita nada menos de doze livros que Ariosto deveria ter tido presentes. E não percebe que é absolutamente estúpida a pretensa conciliação dessas pretensas fontes, visto que, em Ariosto, em vez do habitual cavaleiro que escuta furtivo os lamentos, temos Angélica, ela própria em pessoa. Mas isto – tem coragem de escrever Rajna – "é uma diferença de suma importância para Sacripante, mas *secundária para nós*". É como dizer que, se na verdade Tasso esteve presente ao batismo de Sorgalis nos *Chetifs*, a propósito do batismo de Clorinda, é diferença secundária que Tancredi batize Clorinda no lugar de um outro cavaleiro qualquer! Sabeis quais são, ao invés, as *partes substanciais*? Erva, árvores, água, se é dia ou noite, e outras amenidades semelhantes. Como se Angélica não estivesse no bosque desde o princípio do canto! Rajna poderia ter-se poupado de tanta ostentação de erudição e vir sem mais ao episódio de Prasildo em Bojardo. A diferença porém permanece substancial. Ariosto toma um verso de Bojardo:

*Che avria spezzato un sasso di pietade;*

("Que teria feito partir-se uma pedra de dó;")

É de morrer! Mas não basta: eis Rinaldo; Angélica foge; e o pobre Sacripante, rei da Circássia, queda-se ali, escarnecido, surrado, e a pé.

Mas, ao fim de contas, pode consolar-se, porque tais desgraças não sobrevêm somente a ele. A outros ocorrem ainda piores. Há para todos! O poeta se diverte ao representar a fraude das várias ilusões e a fraudar também os magos que urdem a fraude. É um mundo à mercê do amor, da magia, da sorte; o que quereis? E assim como representa as loucuras do amor e os enganos da magia, também representa a mutabilidade da fortuna.

Ferraú, que se separou de Rinaldo na encruzilhada, roda, roda, volta a encontrar-se *onde si tolse* ("de onde saíra"), e como não espera encontrar a sua dama, se esquece dos golpes dados e recebidos, do duelo adiado, e volta a procurar o elmo que havia caído na água.

> *Or se fortuna (quel che non volesti*
> *Far tu) pone ad efetto il voler mio,*
> *Non ti turbar,*
>
> ("Se a fortuna faz agora (o que não quiseste
> tu fazer) de meu querer realidade,
> não te irrites,")

lhe grita Argália emerso das ondas com o elmo na mão, o elmo que caíra a Ferraú justamente lá onde o cadáver de Argalia foea jogado. Um trecho que para nós não soa comicamente, mas que podia talvez soar assim para aqueles que tinham familiaridade com o poema e as personagens de Bojardo, nos versos que pintam o horror de Ferraú ao lhe aparecer a sombra de Argália:

> *Ogni pelo arricciosse*
> *E scolorosse al Saracino il viso.*
>
> ("Cada pêlo se eriçou
> e o rosto do Sarraceno se descoloriu.")

Ora, Ferraguto fora descrito por Bojardo como

> *Tutto* ricciuto *e* ner *come carbone.*
>
> ("Todo crespo e negro qual carvão.")

Podia *eriçar-se-lhe* o pêlo e *descolorir-se-lhe* a cara?
Não estará talvez brincando aqui também o poeta?

O outro contendor, Rinaldo, enviado por Carlos à Bretanha em busca de ajuda e impedido portanto de continuar procurando Angélica

*Che gli avea il cor di mezzo il petto tolto,*

("Que do meio do peito lhe arrancara o coração,")

chega a Calais, no mesmo dia,

*Contro la volontà d'ogni nocchiero,*
*Pel gran desir che di tornare avea,*
*Entrò nel mar ch'era turbato e fiero;*

("Contra a vontade de todo timoneiro,
movido do grande desejo que tinha de voltar,
entrou no mar que estava tão encapelado e bravo;")

mas, sim, senhores, impelido pelo vento até a Escócia, ele se esquece de Angélica, se esquece de Carlos e da grande pressa que tinha de regressar, adentra sozinho a grande selva da Caledônia, seguindo ora uma, ora outra senda

*Dove piú aver strane avventure pensa.*

("Onde pensa ter aventuras as mais estranhas.")

E chegando a uma abadia, primeiro come e depois pergunta ao abade como se pode encontrar essas aventuras para mostrar-se valente. E "os monges e o abade":

*Risponsogli, ch'errando in quelli boschi,*
*Trovar potria strane avventure e molte:*
*Ma come i luoghi, i fati ancor son foschi;*
*Che non se n'ha notizia le piú volte.*
*Cerca, diceano, andar dove conosci*
*Che l'opre tue non restino sepolte,*
*Acciò dietro al periglio e alla fatica,*
*Segua la fama, e il debito ne dica.*

("Responderam-lhe que errando por aqueles
[bosques,]
poderia se deparar com muitas e estranhas
[aventuras:]
lugares e fados, porém, ainda são obscuros,
pois no mais das vezes deles não se tem
[notícia.]
Busca, dizem, pisar terra conhecida
para tuas obras sepultas não ficarem,
e assim atrás do perigo e da fadiga
siga a fama, e esta diga deles o devido.")

Rajna se compraz aqui em notar que "nunca um barão do ciclo de Carlos Magno foi convertido tão expressamente em cavaleiro andante como neste caso"; mas não se pode deixar de perceber que "as palavras dos hóspedes dão, todavia, a conhecer como o espírito da cavalaria romanesca já se esvaíra", posto que, sempre, para os principais entre os Cavaleiros Errantes, a modéstia é um dos primeiros deveres, a tal ponto que nada é tão difícil quanto induzi-los a confessarem-se autores de alguma ação gloriosa, e mesmo quando se encontram ante milhares de espectadores, procuram ocultar-se com divisas desconhecidas; cavalgam quase sempre incógnitos, mudam muitas vezes de insígnia e com freqüência se escondem dos amigos mais queridos e fiéis.

E então? Não devemos argüir que aqui há uma intenção satírica, e que esta intenção foi inclusive tão forte no poeta que o levou ao menos uma vez a faltar às condições sérias da arte, que ele, não obstante, mais do que ninguém, sói respeitar? De fato, a incoerência estética na conduta de Rinaldo é patentíssima e inescusável; a personagem não aparece livre, porém sujeita à intenção do autor.

Quis apontar isto, porque me parece que se tende demasiado, de um tempo para cá, a forçar os termos da identificação do poeta com a matéria de sua estória. Sem dúvida é dificílimo enxergar com nitidez e precisão tais termos. Mas não os enxerga de fato, ao meu ver, ou tem bem pouco *chiare il lume del discorso* ("clara a luz do discurso") aquele que, reconhecendo – como é justo – a identificação do poeta com o seu mundo, nega a ironia ou a exclui em grande parte ou lhe dá pouca importância. Cumpre reconhecer uma e outra coisa – a identificação e a ironia – visto que no acordo, nem sempre perfeito, mas quase sempre alcançado, destas duas coisas, à primeira vista contrárias, está, repito, o segredo do estilo ariostesco.

A identificação do poeta com o seu mundo consiste no fato de que, com sua poderosa fantasia, ele *vê* desbastado, acabado inclusive em cada contorno, preciso, límpido, ordenado e vivo, aquele mundo que outros tinham conjuntado grosseiramente e povoado de seres que, por sua tosquidão ou por sua estupidez ou pela puerilidade de sua incoerência etc., não podiam de modo algum ser levados a sério nem sequer por seus próprios autores; e, mais ainda, eles o haviam povoado de magos e de fadas e de monstros que, naturalmente, só aumentavam sua irrealidade e sua inverossimilhança. O poeta tira esses seres de seu estado de fantoches ou de fantasmas, dá-lhes consistência e coerência, vida e caráter. Até aqui obedece à sua própria fantasia, instintivamente. Depois sucede a especulação. Há, eu disse, um elemento irredutível daquele mundo, isto é, um elemento que o poeta não consegue objetivar seriamente, sem mostrar consciência da irrealidade do fato. Não obstante, com esse maravilhoso tino, do qual se falou mais acima, ele se engenha em torná-lo coerente com todo o restante. Mas nem sempre neste jogo a fantasia o assiste. E então ele se ajuda com a especulação: a vida perde o movimento espontâneo, convertida em máquina, em alegoria. É um esforço. O poeta intenta dar uma certa consistência àquelas construções fantásticas, cuja irrealidade irredutível ele sente, por meio de um – por assim dizer – andaime moral. Esforço vão e mal entendido, porque o simples fato de dar sentido alegórico a uma representação deixa ver claramente que já se tem esta última na conta de fábula que não possui nenhuma verdade nem fantástica nem efetiva, e que ela é feita para demonstrar uma verdade moral. É de jurar que o poeta não se sente premido em absoluto a efetuar a demonstração de alguma verdade moral e que essas alegorias se encontram no poema sugeridas pela reflexão, como remédio. Aquele era o mundo, aqueles os elementos que isso oferecia. O elemento da magia, do maravilhoso cavaleiresco não podia de modo algum ser eliminado sem desnaturar todo aquele mundo. E então o poeta ou procura reduzi-lo a símbolo, ou, sem mais, o acolhe, mas – naturalmente – com um sentimento irônico.

Um poeta pode, sem acreditar na realidade da própria criação, representá-la como se cresse nela, isto é, não mostrar de modo algum consciência da irrealidade desta; pode representar como verdadeiro um mundo seu totalmente fantástico, de sonho, regulado por leis próprias e, segundo estas leis, perfeitamente lógico ou coerente. Quando um poeta se coloca nestas condições, o crítico já não deve ver se o que o poeta lhe pôs diante dos olhos é verdadeiro ou sonho, mas se como sonho é verdadeiro; porque o poeta não quis representar uma realidade efetiva, porém um sonho que tivesse a aparência de realidade, entende-se, de sonho, fantástica, não efetiva.

Pois bem, este não é o caso de Ariosto. Em mais de um ponto, como já havíamos observado, ele mostra abertamente consciência da irrealidade de sua criação, mostra-a inclusive lá onde dá valor geral e consistência lógica, não fantástica, ao elemento maravilhoso daquele mundo. O poeta não deseja criar e representar um sonho como verdade; não está preocupado somente com a verdade fantástica de seu mundo, mas preocupa-o também a realidade efetiva; não deseja que este seu mundo esteja povoado por espectros ou por fantoches, mas por homens vivos e verdadeiros, movidos e agitados por nossas próprias paixões; o poeta, em suma, vê não as condições daquele passado legendário transformadas em realidade fantástica em sua visão, porém as razões do presente, transportadas e investidas naquele mundo longínquo. Pois bem, naturalmente quando estas razões encontram aí elementos capazes de acolhê-las, a realidade fantástica se salva; mas quando não os encontram, pela própria irredutibilidade daqueles elementos, a ironia explode, inevitável, e essa realidade se fragmenta.

Quais são estas *razões do presente*? São as razões do bom senso, de que o poeta é dotado; são as razões da vida dentro dos limites da possibilidade natural: limites que em parte a lenda e em grande parte o caprichoso arbítrio de toscos e vulgares cantadores haviam torpe, grosseira ou grotescamente violado; são as razões do tempo, enfim, em que o poeta vive.

Tínhamos visto Ferraú e Rinaldo juntos a cavalo, guiados – como disse – por um critério muito positivo e pouquíssimo cavaleiresco; havíamos ouvido o conselho do abade a Rinaldo à procura de aventuras; poderíamos apresentar muitos outros exemplos; mas bastará sem dúvida o do vôo de Ruggiero sobre o hipogrifo. Mesmo quando o poeta, com a magia do estilo, consegue dar consistência real àquele elemento maravilhoso, alçando-se depois em um vôo demasiado alto nessa realidade fantástica, de repente, como se temesse ter vertigem ele mesmo ou quem o escuta, precipita-se a pousar sobre a realidade efetiva, rompendo assim o encanto do fantástico. Ruggiero voa sublime no hipogrifo; mas inclusive a partir da sublimidade desse vôo o poeta avista em terra as razões do presente, que lhe gritam: – Baixa! Baixa!

> *Non crediate Signor, che però stia*
> *Per sí lungo cammin sempre su l'ale:*
> *Ogni sera all'albergo se ne gia*
> *Schivando a suo poter d'alloggiar male.*
>
> ("Não crede, Senhor, que ele tenha ficado
> por tão longo percurso sempre sobre as asas:
> fugindo ao desconforto que lhe era imposto,
> toda noite dali descia, para em terra buscar
> [hospedaria."])

Esse hipogrifo é verdadeiro? Realmente verdadeiro? Isto é, representa-o o poeta sem mostrar absolutamente consciência de sua irrealidade? Ele o vê por primeira vez baixar do castelo de Atlante nos Pireneus, levando o mago na garupa, e diz que – sim – o castelo, como castelo, não era verdadeiro, era falso, obra de magia; mas o hipogrifo, não; o hipogrifo era verdadeiro e natural. Realmente verdadeiro? Realmente natural? Mas claro que sim, gerado por um grifo e por uma jumenta. São animais que existem nos montes Rifeus.

– Ah, sim? De verdade mesmo? E como é que nunca se vê nenhum? – Oh, Deus; existem, *mas são raros*... – Esta atenuação, francamente irônica, me faz pensar naquela farsa napolitana na qual um impostor se lastima de suas desventuras e, entre outras, daquela do pai, que, antes de morrer, sofreu muito, obrigado a viver, coitadinho, não sei quantos meses sem fígado: à observação de que sem fígado não se pode viver, concede que sim, tinha fígado, mas pouco, é isso! O mesmo acontece com os hipogrifos; existem, mas são raros! Por impostor propriamente dito, o poeta não quer passar. Tem o ar de nos dizer: – Meus senhores, eu não posso prescindir dessas lorotas, preciso que entrem no meu poema; e é preciso que eu, até onde posso, faça com que creiam nelas. – Eis aí a grande muralha que cinge a cidade de Alcina:

*...Par che sua altezza a ciel s'aggiunga*
*E d'oro sia dall'alta cima a terra.*

("...Parece, de tão alta, o céu tocar,
ser, do cimo ao chão, de ouro inteira.")

Mas como? Uma muralha feita assim, toda de ouro?

*Alcun dal mio parer chi si dilunga*
*E dice che'ella è alchimia; e forse ch'erra,*
*Ed anco forse meglio di me intende:*
*A me par oro, poiché si risplende.*

("Alguém aqui de minha opinião discorda
e diz que é alquimia; e talvez erra,
e até melhor que eu talvez do assunto
[entenda:]
a mim ouro parece, pois que assim
[resplende."])

Como deve dizê-lo melhor o poeta? Ele sabe, como vós, que "nem tudo o que reluz é ouro"; mas a ele deve parecer ouro, "pois que assim resplende..." Para *afinar* o mais possível com aquele mundo, desde o princípio ele se declarou tão louco como o seu herói. É todo um jogo de contínuos acomodamentos para estabelecer o acordo entre ele e a matéria, entre as condições inverossímeis daquele passado lendário e as razões do presente. Ele diz:

*Chi va lontan dalla sua patria, vede*
*Cose da qual che già credea, lontane;*
*Che narrandole poi, non se gli crede,*

*E stimato bugiardo ne rimane;*
*Ché 'l sciocco vulgo non gli vuol dar fede,*
*Se non le vede e tocca chiare e piane.*
*Per questo io so che l'inesperienza*
*Farà al mio canto dar poca credenza.*
*Poca o molta ch'io ci abbia non bisogna*
*Ch'io ponga mente al vulgo sciocco e ignaro.*
*A voi so ben che non parrà menzogna*
*Che 'l lume del discorso avete chiaro.*

("Quem da pátria se vai para longe, vê
coisas que jamais pensara ver um dia;
mas ao narrá-las não há quem nelas creia,
e para sempre como mentiroso é visto,
pois a plebe estúpida
só crê no que vê e toca, claro e lhano.
Por isso sei que a inexperiência
fará com que meu canto pouca crença alcance.
Pouca ou muita, não importa,
não me ocupo com instruir a plebe ignara
[e estulta.]
Bem sei que a vós mentira não parece,
pois tendes clara a luz do discurso.")

Aqui "ter clara a luz do discurso" significa "saber ler sob o velame dos versos". Estamos no canto de Alcina e o poeta nos sugere: "Se eu digo Alcina, se eu digo Melissa, se eu digo Erifila, se eu digo o *iníquo* bando, ou Logistila, Andrônica ou Fronésia ou Dicila ou Sofrosina, vós entendeis muito bem a que pretendo aludir". É um outro expediente (não feliz) para estabelecer o acordo, mas que também, como todos os outros, descobre a ironia do poeta; isto é, a consciência da irrealidade de sua criação. Todavia, lá onde o acordo não pode estabelecer-se, essa ironia não explode estrídula ou destoada, precisamente porque o acordo está sempre na intenção do poeta, e esta intenção de acordo é por si mesma irônica.

A ironia está na visão que o poeta tem, não só daquele mundo fantástico, mas da própria vida e dos homens. Tudo é fábula e tudo é verdadeiro, porque é fatal que creiamos serem verdadeiras as vãs aparências que brotam de nossas ilusões e paixões; iludir-se pode ser belo, mas quando se é levada a imaginar em demasia sempre se chora depois o engano: e este engano se nos aparece cômico ou trágico, conforme o grau de nossa participação nas vicissitudes de quem dele padece, segundo o interesse ou a simpatia que aquela paixão ou aquela ilusão suscitam em nós, segundo os efeitos que aquele engano produz. Assim acontece que vemos o sentimento irônico do poeta mostrar-se também sob um outro aspecto no poema, não mais destacado e evidente, porém através da representação mesma em que conseguiu transfundir-se de modo que esta se sinta assim e se queira assim. O sentimento irônico, em suma, objetivado, emana da própria representação, mesmo lá onde o poeta não mostra abertamente ter consciência da irrealidade desta.

Eis aí Bradamante em busca de seu Ruggiero: para salvá-lo, correu o risco de perecer em mãos do traidor, *maganzece*, Pinabello; o poeta a faz sofrer, junto com os leitores, o suplício de ouvir predito e ver indicado pela maga Melissa todos os seus ilustres descendentes; e depois ela se vai, se vai por montes inacessíveis, sobe penhascos, atravessa torrentes, chega ao mar, encontra a hospedaria onde está Brunello (e aqui não se diz se ela come aí); e retoma o caminho

> *Di monte in monte e d'uno in oltro bosco*
>
> ("De monte em monte e de um a outro bosque.")

e chega até os Pireneus; apodera-se do anel; luta com Atlante; consegue romper o encanto; desfaz em fumaça o castelo do mago; e, sim senhores, depois de haver corrido tanto, depois de ter-se afadigado e labutado tanto, vê levado pelo hipogrifo o seu Ruggiero libertado. Não lhe resta senão receber as congratulações daqueles a quem ela não se havia preocupado em libertar! Mas nem sequer estes, porque:

> *Le donne e i cavalier si trovâr fuora*
> *Delle superbe stanze alla campagna*
> *E furon di lor molte a cui ne dolse;*
> *Che tal franchezza un gran piacer lor tolse.*
>
> ("Damas e cavaleiros viram-se
> fora dos soberbos aposentos, em pleno campo.
> E foram muitos os que com isso se doeram;
> pois que a liberdade ganha de um imenso
> [prazer os havia tolhido."])

Ariosto não acrescenta nada mais. Um verdadeiro humorista não teria deixado escapar essa estupenda ocasião de descrever os efeitos nas damas e nos cavaleiros dessa imprevista ruptura de encanto, desse reencontrar-se no campo, e a dor do perdido bem da escravidão em troca de uma liberdade que do belo sonho os fazia cair na realidade nua e crua. A descrição desta, falta em absoluto. O poeta, ao invés, se compraz em outra descrição, como já Atlante se comprazia em divertir-se com os cavaleiros que vinham desafiá-lo; quero dizer, na descrição cômica de todos aqueles libertados que queriam apoderar-se do hipogrifo, o qual os conduz pelo campo:

> *Como fa la cornacchia in secca arena*
> *Che seco il cane or qua or là si mena.*
>
> ("Como faz a gralha em seca areia,
> que atrás dela, zonzo, traz o cão.")

Por que falta aquela outra descrição? Porque o poeta se pôs, desde o princípio, com respeito à sua matéria, em condições totalmente opostas àquelas em que teria se colocado um humorista. Ele se esquiva do contraste e procura o acordo entre as razões do presente e as condições fabulosas daquele mundo passado: e o obtém, sim, ironicamente, porque, como eu disse, esta intenção de acordo é, por si mesma, irônica; mas o efeito é que aquelas condições não se afirmam como realidade na representação, mas, sim, para dizê-lo com De Sanctis, se dissolvem na ironia, a qual, ao destruir o contraste, não pode mais dramatizar-se comicamente, porém permanece cômica, sem drama.

Ao invés, afirmando-se as razões do presente transportadas e investidas nos elementos daquele mundo longínquo capaz de acolhê-las, podemos então ter também o drama, mas séria e até tragicamente representado: Ginebra, Olímpia, a loucura de Orlando. Os dois elementos – cômico e trágico – jamais se fundem.

Fundir-se-ão em uma obra, na qual o poeta, bem longe de mostrar consciência da irrealidade daquele mundo fantástico, bem longe de procurar com ele o acordo, que por necessidade não é possível salvo ironicamente, manifesta de tantos modos a consciência daquela irrealidade; bem longe de transportar para aquele mundo fantástico as razões do presente a fim de nele investir os elementos capazes de acolhê-las, dará a este mundo fantástico do passado consistência de pessoa viva, corpo, e o chamará de Dom Quixote, e lhe porá na mente e lhe dará por alma toda aquela loucura e o colocará em contraste, em choque contínuo e doloroso com o presente. Doloroso porque o poeta sentirá dentro de si viva e verdadeira essa criatura e sofrerá com ela os contrastes e os choques.

Para quem busca contatos e semelhanças entre Ariosto e Cervantes, bastará simplesmente pôr bem claro, em duas palavras, as condições em que, desde o princípio, Cervantes colocou o seu herói e aquelas em que Ariosto se colocou. Dom Quixote não finge crer, como Ariosto, naquele mundo maravilhoso das lendas cavaleirescas: crê nele a sério; carrega-o, tem dentro de si aquele mundo, que é a sua realidade, a sua razão de ser. A realidade que Ariosto carrega e sente dentro de si é bem outra; e com esta realidade dentro de si, ele está como que perdido na lenda. Dom Quixote, ao invés, que traz dentro de si a lenda, está como que perdido na realidade. Tanto isto é verdade que, para não desvairar de todo, para reencontrar-se de algum modo, tão perdidos como estão, um se põe a procurar a realidade na lenda; e o outro, a lenda na realidade.

Como se vê, são duas condições de todo opostas.

Sim – vos diz Dom Quixote –, os moinhos de vento são moinhos de vento, mas são também gigantes; não eu, Dom Quixote, foi quem trocou os moinhos de vento por gigantes, mas o mago Freston foi quem transformou os moinhos de vento em gigantes.

Eis a lenda na realidade evidente.

Sim – vos diz Ariosto – Ruggiero voa no hipogrifo: o mago Freston, isto é, a estrambótica imaginação de meus antecessores, meteu no interior deste mundo também bestas de tal natureza, e cumpre que eu faça voar em uma delas o meu Ruggiero; porém eu vos digo que toda noite ele vai à hospedaria e evita, o quanto pode, alojar-se mal.

Eis a realidade na lenda evidente.

Mas, ainda assim, uma coisa é fingir que se crê e outra crer a sério. Aquela ficção, por si mesma irônica, pode levar a um acordo com a lenda, a qual ou se dissolve facilmente na ironia, como vimos, ou, com um procedimento inverso ao do fantástico, isto é, com um andaime lógico, deixa-se reduzir à aparência de realidade. A realidade verdadeira, ao invés, se por um momento se deixa alterar em formas inverossímeis pela contemplação fantástica de um maníaco, resiste e quebra a cara, se este maníaco não se contenta mais em contemplá-la a seu modo, de longe, mas vem chocar-se com ela de frente. Uma coisa é acometer um castelo fictício, que se deixa de repente desfazer-se em fumaça, e outra é acometer um moinho de vento verdadeiro, que não se deixa derrubar como um gigante imaginário.

*– Mire, vuestra merced – grita Sancho a seu amo —, que aquellos que alli se parecen no son gigantes, sino molinos de viento, y lo que en ellos parecen brazos son las aspas, que volteadas del viento hacen andar la piedra del molino.*

("Veja, vossa mercê – grita Sancho a seu amo –, que aqueles que ali se mostram não são gigantes, porém moinhos de vento, e o que neles parecem braços são as aspas, que volteadas pelo vento fazem andar a pedra do moinho.")

Mas Dom Quixote dirige um olhar compassivo a seu pançudo escudeiro, e grita aos moinhos

*– Pues aunque moveis más brazos que los del gigante Briareo, me lo habéis de pagar.*

("Pois, ainda que movais mais braços que o gigante Briareu, haveis de me pagar por isso.")

Quem paga é ele, coitado! E nós rimos. Mas o riso que aqui explode por este choque com a realidade é bem diverso daquele que nasce lá pelo acordo que o poeta busca com aquele mundo fantástico por meio da ironia, que nega precisamente a realidade daquele mundo. Um é o riso da ironia, o outro o riso do humorismo.

Quando Orlando, também ele, se choca contra a realidade e perde por completo o senso, ele joga fora as armas, se desmascara, se despoja de todo o aparato legendário, e precipita-se, homem nu, na realidade. Estoura a tragédia. Ninguém pode rir de seu aspecto e de seus atos; tudo o que pode haver de cômico neles é superado pelo trágico de seu furor.

Dom Quixote também está louco, mas é um louco que não se desnuda; é antes um louco que se veste, se mascara com aquele aparato legendário e, assim mascarado, move-se com a máxima seriedade para as suas ridículas aventuras.

Aquela nudez e este mascaramento são os signos mais manifestos da loucura de ambos. Aquela, em sua tragicidade, tem algo de cômico; esta tem algo de trágico em sua comicidade. Nós, porém, não rimos dos furores daquele homem nu; rimos das proezas deste mascarado, muito embora sintamos que tudo quanto há de trágico nele não é de todo anulado pelo cômico de seu mascaramento, assim como o cômico daquela nudez é anulado pelo trágico da paixão furibunda. Sentimos, em suma, que o cômico é aqui também superado, não porém pelo trágico, mas por intermédio do cômico mesmo[44]. Comiseramo-nos rindo, ou rimos comiserando-nos.

Como conseguiu o poeta obter este efeito?

Pelo que me diz respeito, não consigo convencer-me de que o engenhoso fidalgo Dom Quixote haja nascido *em um lugar da Mancha* e não de preferência em Alcalá de Henares no ano de 1547. Não consigo convencer-me de que a famosa Batalha de Lepanto, que devia, como tantas outras empresas magnânimas da cavalaria errante, estrepitosamente aprestadas, cair no vazio, de tal modo que o arguto

---

44. Aplico aqui a fórmula de Lipps, que define precisamente o humorismo: *Erhabenheit in der Komik und durch dieselbe* ("Sublimidade no cômico e por ele mesmo") (ver *op. cit.*, p. 253). Mas como se explica essa superação do cômico através do cômico mesmo? A explicação que Lipps dá não me parece aceitável pelas mesmas razões que infirmaram toda a sua teoria estética. Ver a respeito a crítica de Croce na segunda parte de sua *Estetica,* p. 434.

grão-vizir de Selim pôde dizer aos cristãos: – "Nós vos havíamos cortado um braço tomando-vos a ilha de Chipre, mas vós o que nos haveis feito, destruindo-nos tantos navios imediatamente reconstruídos? A barba, que renasce no dia seguinte!" – não consigo convencer-me, dizia, que a famosa Batalha de Lepanto, de que os confederados cristãos não souberam tirar nenhum proveito, não seja qualquer coisa como *la espantable y jamás imaginada aventura de los molinos de viento*.

– Esta é – diz Dom Quixote a seu fiel escudeiro –, esta é, Sancho, boa guerra e grande serviço a Deus arrancar tanta má semente da face da terra!

Não via portanto, Dom Quixote, o turbante turco na cabeça daqueles gigantes que ao bom Sancho pareciam moinhos de vento?

Quiçá o eram, para a Espanha.

A ilha de Chipre podia importar aos senhores venezianos, uma guerra contra os turcos podia importar a Pio V, fero papa dominicano, em cujas velhas veias fervia ainda quente o sangue da juventude. Mas naqueles belos dias de primavera, quando Torres chegou à Espanha, enviado pelo Papa para patrocinar a causa dos venezianos, Filipe II dirigia-se aos suntuosos festejos de Córdoba e Sevilha: moinhos de vento, os navios do grão-vizir!

Mas não para Dom Quixote: digo para o Dom Quixote, não da Mancha, porém de Alcalá. Eram gigantes de verdade para ele, e com que coração de gigante dirigiu-se ao encontro deles.

As coisas lhe correram mal, ai meu Deus! Mas à evidência, como a algum inimigo, como à sorte ingrata, ele jamais quis render-se! E disse então que as coisas da guerra acham-se sujeitas mais do que as outras a contínuas mutações: pensou, e pareceu-lhe verdade, que o malvado encantador, inimigo seu, o mago Freston, aquele que lhe havia tirado os livros e a casa, tinha transformado os gigantes em moinhos para tirar-lhe também a glória do triunfo.

Isto somente? Uma mão também lhe tirou o malvado mago. Uma mão, e depois a liberdade.

Muitos quiseram procurar a razão pela qual Miguel Cervantes de Saavedra, valoroso soldado, veterano de Lepanto e Terceira, em vez de cantar epicamente, como teria melhor convindo à sua natureza heróica, a gesta do Cid ou os triunfos de Carlos V, ou a própria jornada de Lepanto, ou a expedição aos Açores, pôde conceber um tipo como o Cavaleiro da Triste Figura e compor um livro como *Dom Quixote*. E se quis até supor que Cervantes criou o seu herói pela mesma razão que mais tarde o nosso bom Tassoni criou seu Conde de Culagna. Alguém, é verdade, chegou inclusive a dizer que a verdadeira razão daquele trabalho está no contraste constante em nós, entre as tendências poéticas e as prosaicas de nossa natureza, entre as ilusões da generosidade e do heroísmo e as duras experiências da realidade. Mas esta que, se jamais, poderia ser uma explicação abstrata do livro, não nos dá as razões pelas quais ele foi composto.

Descartados por inadmissíveis os pontos de vista de Sismondi e de Bouterwerk, todos, mais ou menos, se ativeram ao que o próprio Cervantes declara no prólogo da primeira parte de sua obra-prima, e no fecho do segundo volume: isto é, que o livro não tem outra finalidade senão a de sustar e de destruir a importância que tem no mundo e entre o vulgo os livros de cavalaria, e que o desejo do autor não foi outro senão o de entregar à execração dos homens as falsas e extravagantes histórias da cavalaria, as quais, golpeadas de morte pela história de seu verdadeiro Dom Quixote, agora não andam de outro jeito salvo cambaleando e têm indubitavelmente que cair de todo.

Ora, nós nos guardaremos bem de contradizer o próprio autor; tanto mais quanto é notório a todos qual o poder de que dispunham naqueles dias, na Espanha, os livros de cavalaria e como o gosto por semelhante literatura havia assumido aí o grau de loucura. Nós nos valeremos também dessas palavras e nos serviremos do próprio autor e da própria história de sua vida para demonstrar a verdadeira razão do livro e aquela, mais profunda, do humorismo deste.

Como nasce em Cervantes a idéia de colher vivo e vero no seu país e no seu tempo, e não longe, na França, no tempo de Carlos Magno, o herói a ser celebrado com aquele intento expresso nas palavras do prólogo? Quando e onde nasce-lhe esta idéia, e por quê?

Não é sem razão o extraordinário favor que gozava naquele tempo a literatura épica e cavaleiresca: o incubo do século do poeta é a luta entre a Cristandade e o Islamismo. E o poeta, também desde a infância sob o fascínio do espírito cavaleiresco, pobre, mas altivo descendente de uma nobre família há muitos séculos dedicada à monarquia e às armas, foi durante toda a vida um denodado defensor de sua fé. Não tinha portanto necessidade de ir buscar longe, na lenda, o herói, cavaleiro da fé e da justiça: tinha-o presente em si mesmo. E este herói combate em Lepanto; este herói defronta-se, por cinco anos, como escravo em Argel, com Hassan, o feroz rei berbere; este herói combate em três outras campanhas por seu rei contra franceses e ingleses.

Como é possível que de repente se lhe transmutem em moinhos de vento estas campanhas e o elmo que traz na cabeça, em vil bacia de barbeiro?

Teve muita fortuna uma consideração de Sainte-Beuve, segundo a qual nas obras-primas do gênio humano vive escondida uma futura *mais-valia*, a qual se desenvolve por si só, independentemente dos próprios autores, como da semente se desenvolve a flor e o fruto sem que o jardineiro haja feito outra coisa exceto cavar bem, rastelar, regar o terreno, e dispensado a tudo isto aquele cuidado e conferido aqueles elementos que melhor se prestavam para fecundá-lo. Desta consideração poderiam valer-se todos aqueles que no Medievo descobriam não sei que alegorias nos poetas gregos e latinos. Era este também um modo de desfazer em relações lógicas as criações da fantasia. Por certo, quando um poeta consegue verdadeiramente dar vida a uma criatura sua, esta vive independentemente de seu autor, tanto que podemos imaginá-la em outras situações nas quais o autor não pensou colocá-la, e vê-la agir segundo as leis íntimas de sua própria vida, leis que nem o autor teria podido violar; por certo, essa criatura, de que o poeta logrou recolher instintivamente, assumir e fazer viver tantas particularidades características e tantos elementos esparsos aqui e acolá, pode tornar-se depois aquilo a que se costuma chamar *um tipo*, e que não estava no intuito do autor no ato da criação.

Mas pode-se dizer isto realmente do *Dom Quixote* de Cervantes? Pode-se sustentar a sério que a intenção do poeta, ao compor o seu livro, era somente a de arrebatar, com a arma do ridículo, toda autoridade e prestígio que tinham no mundo e entre o vulgo os livros de cavalaria, a fim de destruir os seus maus efeitos, e que o poeta jamais sonhou em pôr em sua obra-prima tudo aquilo que aí vemos?

Quem é Dom Quixote e por que é tido como louco?

Ele, no fundo, não tem – e todos o reconhecem – mais do que uma só e santa aspiração: a justiça. Quer proteger os débeis e abater os prepotentes, trazer remédio aos ultrajados pela sorte, tirar vingança das violências da malvadeza. Quão mais bela e mais nobre seria a vida, mais justo o mundo, se os propósitos do engenhoso fidalgo surtissem efeito! Dom Quixote é brando, de sentimentos delicados, pródigo e não se preocupa consigo mesmo, tudo é para os outros. E como fala bem! Quanta franqueza e quanta generosidade em tudo o que diz! Considera o sacrifício um dever, e todos os seus atos, ao menos nas intenções, são merecedores de encômio e de gratidão.

E onde está então a sátira? Todos nós amamos esse virtuoso cavaleiro; e se as suas desgraças, de um lado, nos fazem rir, de outro nos comovem profundamente.

Se Cervantes queria, pois, reduzir a pedaços os livros de cavalaria, pelos maus efeitos que exerciam nos ânimos de seus contemporâneos, o exemplo que traz com Dom Quixote não é conveniente. O efeito que aqueles livros produzem em Dom Quixote não é desastroso senão para ele, para o pobre Hidalgo. E é tão desastroso, só porque a idealidade cavaleiresca não mais podia estar de acordo com a realidade dos novos tempos.

Pois bem, precisamente isto, Dom Miguel de Cervantes havia aprendido à sua própria custa. Como havia sido recompensado por seu heroísmo, pelos dois arcabuzaços e pela perda da mão na Batalha de Lepanto, pela escravidão sofrida durante cinco anos na Argélia, pelo valor demonstrado no assalto à Terceira, pela nobreza de ânimo, pela grandeza de engenho, pela modéstia paciente? Que sorte haviam tido os sonhos generosos, que o tinham levado a pelejar nos campos de batalha e a escrever páginas imortais? Que sorte haviam tido suas luminosas ilusões? Armara-se cavaleiro como seu Dom Quixote, combatera, enfrentando inimigos e riscos de toda espécie, por causas justas e santas, nutrira-se sempre das mais altas e nobres idealidades, e que recompensa obtivera? Depois de haver passado miseravelmente a vida em empregos indignos dele: primeiro, excomungado, de comissário de provisões militares na Andaluzia; depois, de exator, ilaqueado, não vai porventura parar na prisão? E onde é esta prisão? Ali mesmo, justamente ali, na Mancha! Em uma escura e ruinosa masmorra da Mancha nasce o *Don Quijote*.

Mas antes já havia nascido o verdadeiro Dom Quixote: nascera em Alcalá de Henares em 1574. Ele não se havia reconhecido, ele não se havia ainda visto muito bem: acreditara estar combatendo contra os gigantes e trazer sobre a cabeça o elmo de Mambrino. Ali, naquele escuro cárcere da Mancha, ele se reconhece, ele *se vê* finalmente; ele se dá conta de que os gigantes eram moinhos de vento e o elmo de Mambrino uma vil bacia de barbeiro. Ele se vê e ri de si mesmo. Riemse todas as suas dores. Ah, louco, louco, louco! Fora, à fogueira, todos os livros de cavalaria!

Sim, sim, *mais-valia* futura! Ler no mesmo prólogo da primeira parte o que Cervantes diz ao ocioso leitor:

> Eu não podia transgredir a ordem natural que quer que *cada coisa engendre aquilo que se lhe assemelhe*. E assim, que outras coisas poderia engendrar o meu estéril e mal cultivado engenho, se não a história de um filho ressequido, macilento e caprichoso, cheio de pensamentos vários nunca até agora imaginados por nenhum outro; engendrado como foi em um cárcere, onde toda angústia tem sede e todo triste humor tem lugar?

Mas como se poderia explicar de outro modo a profunda amargura que é como a sombra sequaz de cada passo, de cada ato ridículo, de cada louca empresa daquele pobre gentil-homem da Mancha? É o sentimento de pena que inspira a sua própria imagem ao autor quando, materializada como é na sua dor, ela se lhe afigura como ridícula. E ela se quer assim porque a reflexão, fruto de amaríssima experiência, sugeriu ao autor o sentimento do contrário, pelo que reconhece o seu erro e quer punir-se com a derrisão que os outros farão dele.

Por que não cantou Cervantes o Cid Campeador? Mas quem sabe se no escuro e ruinoso cárcere a imagem deste herói não se lhe apresentou de verdade para despertar nele uma angustiosa inveja!

Entre Dom Quixote, que em seu tempo quis viver, mas fora do tempo e fora do mundo, como na lenda e no sonho haviam vivido os cavaleiros andantes, e o Cid Campeador, que, ajudado pelo tempo, pôde facilmente fazer legenda de sua própria história, não houve naquele cárcere, na presença do poeta, um diálogo?

Entre outros povos o romance de cavalaria havia criado para si mesmo personagens fictícias, ou melhor, o romance cavaleiresco havia saído da lenda que se formara em torno dos cavaleiros. Ora, o que faz a lenda? Aumenta, transforma, idealiza, abstrai da realidade comum, da materialidade da vida, de todas aquelas ocorrências ordinárias, que precisamente criam as maiores dificuldades na existência. Para que uma personagem, não mais fictícia, porém um homem que tome como modelo as desmesuradas imagens ideais criadas pela imaginação coletiva ou pela fantasia de um poeta, consiga preencher por si essas grandiosas máscaras legendárias, é preciso não só uma grandeza de alma extraordinária, como, também, a ajuda do tempo. Isto aconteceu com o Cid Campeador.

E Dom Quixote? Coragem a toda prova, espírito nobilíssimo, flama de fé; mas esta coragem só lhe traz bastonadas; esta nobreza de espírito é uma loucura; aquela flama da fé é uma mísera estopa que ele se obstina em manter acesa, pobre balão mal feito e remendado, que não consegue pegar vento, que sonha lançar-se a pelejar com as nuvens, nas quais vê gigantes e monstros, e entrementes vai ao rés da terra tropeçando em todas as sarças, todos os espinhos e todos os galhos, que o dilaceram, miseravelmente.

## 6. *Humoristas Italianos*

Não é minha intenção traçar aqui, nem mesmo por seus pontos supremos, a história do humorismo entre a gente latina e, especialmente, na Itália. Quis apenas, nesta primeira parte de meu trabalho, opor-me a quantos pretenderam sustentar que isso seja um fenômeno exclusivamente moderno e quase uma prerrogativa dos povos anglo-germânicos, com base em certos preconceitos, e em certas divisões e considerações, arbitrárias umas, sumárias outras, como me parece haver demonstrado.

A discussão em torno dessas divisões arbitrárias e considerações sumárias, talvez me tenha feito atrasar um tanto em meu caminho, que eu me propusera mais expedito, entretendo-me em observar de perto alguns aspectos específicos, certas condições particulares na história de nossa literatura; todavia, não me desviei jamais do tema principal, que de resto quer ser tratado com sutil penetração e minuciosa análise. Dei uma volta ao seu redor, mas para envolvê-lo sempre mais e penetrá-lo melhor por todas as partes.

A quem talvez tenha acreditado encontrar uma contradição entre o meu assunto e os exemplos que até agora aduzi dos escritores italianos, nos quais não reconheci a nota do *verdadeiro* humorismo, lembrarei que eu falei em princípio de duas maneiras de entendê-lo, e disse que o verdadeiro nó da questão reside precisamente aqui: isto é, se o humorismo deve ser compreendido no sentido lato com que se costuma comumente compreendê-lo, e não só na Itália; ou num sentido mais estreito e particular, com caracteres peculiares bem definidos, que é para mim o modo justo de entendê-lo. Compreendido naquele sentido lato – disse eu – pode-se encontrá-lo em grande quantidade tanto na literatura antiga como na moderna de qualquer país; compreendido neste sentido restrito e para mim, próprio, encontrá-lo-emos igualmente, porém em quantidade muito menor, antes em *pouquíssimas expressões excepcionais*, tanto entre os escritores antigos como entre os modernos de qualquer país, não sendo prerrogativa desta ou daquela raça, deste ou daquele tempo, mas fruto de uma especialíssima disposição natural, de um íntimo processo psicológico que pode ocorrer tanto em um sábio da Grécia antiga, como Sócrates, quanto em um poeta da Itália moderna, como Alessandro Manzoni.

Não é lícito, porém, tomar a capricho este ou aquele modo de entender e aplicar um deles a uma literatura, para concluir que esta não tem humorismo, e aplicar a outra para demonstrar que o humorismo ali é de casa. Não é lícito sentir somente nos estrangeiros, por causa da língua diversa, aquele sabor particular que pela familiaridade do mesmo instrumento expressivo não mais se adverte nos nossos, mas que, em troca, os estrangeiros percebem, por sua vez, nestes. Assim procedendo, seremos os únicos a não reconhecer traço de humorismo em nossa literatura, ao passo que veremos os ingleses, por exemplo, colocarem à testa da sua um humorista, Chaucer, o qual, se jamais, pode ser considerado como tal, onde quer que se tome o humorismo no sentido mais amplo, isto é, naquele sentido pelo qual podem ser considerados humoristas Bocácio e tantos outros escritores nossos como ele.

Nenhuma contradição, portanto, de nossa parte. A contradição, ao invés, está naqueles que, depois de haverem afirmado que o humorismo é um fenômeno nórdico e uma prerrogativa dos povos anglo-germânicos, quando querem apresentar dois exemplos do mais puro e perfeito humorismo, citam Rabelais e Cervantes, um francês e um espanhol; ou então Montaigne e Rabelais; e citando Rabelais não têm olhos para ver em sua casa Pulci, Folengo e Berne; e citando Montaigne, que é o tipo do céptico sereno, não ávido de lutas, sorridente, sem ímpetos, sem ideais a defender, sem virtudes a seguir, o céptico que tolera tudo sem possuir fé em nada, que não tem nem entusiasmos nem aspirações, que se serve do dúbio para justificar a inércia com a tolerância, que demonstra uma percepção da vida, serena, porém estéril, índice de egoísmo e de decadência de raça, já que o livre exame que não impele à ação pode, mais do que salvar da escravidão, aceitar ou tornar-se cúmplice do despotismo, não se dão conta, digo, que as razões pelas quais negaram a tantos escritores italianos não só a nota humorística, mas também a possibilidade de tê-la, são precisamente estas que dizem eles ter produzido o humorismo de Montaigne.

Um peso, como se vê, e duas medidas.

Veremos que, na realidade, ter uma fé profunda, um ideal diante de si mesmo, aspirar a algo e lutar para alcançá-lo, longe de serem condições necessárias ao humorismo, são antes opostos a ele; e que todavia pode perfeitamente ser humorista mesmo quem tenha uma fé, um ideal diante de si, uma aspiração, e lute a seu modo para atingi-lo. Em suma, um ideal qualquer, por si mesmo, não dispõe em absoluto ao humorismo, antes dificulta essa disposição. Mas o ideal bem pode existir, e se existir, o humorismo, que deriva de outras causas, certamente tomará a qualidade deste, como de resto de todos os outros elementos constitutivos do espírito deste ou daquele humorista. Em outras palavras: o humorismo não precisa em absoluto de um fundo ético, pode tê-lo ou não tê-lo, isto depende da personalidade, da índole do escritor; mas, naturalmente, sua presença ou ausência influi na qualidade do humorismo e em seu efeito, ou seja, é mais ou menos amargo, é mais ou menos áspero e pende mais ou menos para o trágico ou para o cômico, ou para a sátira, ou para a burla etc.

Quem crê que tudo seja um jogo de contraste entre o ideal do poeta e a realidade e diz que se obtém – a invectiva, a ironia, a sátira, se o ideal do poeta permanece acerbamente ofendido e desdenhado pela realidade; a comédia, a farsa, o logro, a caricatura, o grotesco, se pouco lhe importa aquela ofensa e se é induzido a rir mais ou menos fortemente das aparências da realidade em contraste consigo mesmo; e que, enfim, tem-se o humorismo, se o ideal do poeta não fica ofendido e não se irrita, mas transige bonacheironamente, com indulgência um pouco dolorosa, [quem crê nisto] mostra possuir uma visão demasiado unilateral e inclusive um pouco superficial do humorismo. Por certo, muita coisa depende da disposição de ânimo do poeta; por certo o ideal deste, em contraste com a realidade, pode ou indignar-se ou rir ou transigir; mas um ideal que transige não demonstra na verdade ser muito seguro de si e estar profundamente radicado. E consistirá o humorismo nesta limitação do ideal? Não. A limitação do ideal será, se alguma vez o foi, não a causa, mas a conseqüência daquele processo psicológico particular que se chama humorismo.

Deixemos pois de lado por um bom tempo os ideais, a fé, as aspirações e assim por diante: o ceticismo, a tolerância, o caráter realístico que nossas letras assumiram, quase desde o início, foram boas disposições e condições favoráveis ao humorismo; o obstáculo maior foi a retórica imperante, que impôs leis e normas abstratas de composição, uma literatura *de cabeça*, quase mecanicamente construída, em que estavam sufocados os elementos subjetivos do espírito. Rompido o jugo, dissemos, desta poética intelectualista justamente pela rebelião dos elementos subjetivos do espírito, que caracteriza o movimento romântico, o humorismo se afirmou livremente, sobretudo na Lombardia, que foi o campo mais produtivo do romantismo italiano. Mas este assim chamado romantismo foi o último e clamoroso levante de escudos da vontade e do sentimento insubmissos ao intelecto; em muitos outros períodos, em muitos outros momentos da história literária de todas as nações ocorreram rebeliões assim, e sempre houve almas solitárias rebeldes, e sempre houve o povo que se expressa nos vários dialetos sem aprender na escola regras e leis.

Entre esses escritores solitários rebeldes à retórica, entre os escritores dialetais, devemos procurar os humoristas e, em sentido amplo, encontrá-los-emos em grande abundância, desde os primórdios de nossa literatura, notadamente na Toscana; no sentido verdadeiro e próprio encontraremos poucos, mas tampouco acharemos mais na literatura de outros países; nem estes poucos nossos são inferiores aos poucos estrangeiros, que por confusão nossa foram continuamente postos à frente e são sempre aqueles, se bem se considera, que se contam pelos dedos de uma mão. Só que o valor e o sabor dos nossos, nós nunca soubemos salientar bem e prezar, nem advertir e distinguir como se deve, porque a crítica, guiada na maior parte de nossa história literária por preconceitos que nada têm a ver com a estética ou, de qualquer maneira, por critérios gerais, não soube nenhuma vez adaptar-se e dobrar-se às singulares e especialíssimas individualidades de tais escritores, e julgou como sendo erros, excessos ou defeitos o que eram caracteres peculiares. Só digo isto: quem sabe que juízos encontraríamos em nossas histórias literárias, a respeito de um livro como *Vida e Opiniões de Tristram Shandy*, se escrito em italiano, por um escritor italiano; quem sabe que obras-primas do humorismo seriam, por exemplo *Circe* ou *I capricci di Giusto Bottajo*, se escritos em inglês, por um escritor inglês, ou quiçá mesmo a *Vita de Cicerone*, de Gian Carlo Passeroni!

Eu discorria, faz alguns anos, precisamente a este propósito, com um cultíssimo cavalheiro inglês, conhecedor profundo da literatura italiana.

– Nem mesmo em Maquiavel? – perguntava-me ele com admiração quase incrédula. – Os vossos críticos não reconhecem humorismo nem mesmo em Maquiavel? Nem na novela de *Belfagor*?

E eu pensava na nua grandeza deste sumo escritor nosso, que jamais foi vestir-se no guarda-roupa da retórica; que, como poucos, compreendeu a força das coisas; para quem a lógica viera sempre dos fatos; que reagiu contra toda síntese confusa com a mais arguta e mais sutil análise; que desmontou toda máquina ideal com dois instrumentos, da experiência e do raciocínio; que destruiu toda exageração de forma com o riso; eu pensava que ninguém teve maior intimidade de estilo do que ele nem mais agudo espírito de observação; que poucas almas, como a sua, estiveram dispostas à apreensão dos contrastes, a receber mais profundamente a impressão das incongruências da vida; pensava que, parecendo a muitos uma característica do humorismo aquele certo cuidado com as minúcias e uma – como diz D'Ancona – "a julgá-la abstratamente e à primeira vista, trivialidade e vulgaridade", também ele, Maquiavel, algumas vezes se misturou à multidão até a vulgaridade, tanto que escreveu: *Cosi involto tra questi pidocchi, traggo il cervello di muffa, e sfogo questa malignità di questa mia sorte, sendo contento mi calpesti per questa via per vedere se la se ne vergognassi*" ("Assim envolto entre esses piolhos, trago o cérebro [cheio] de mofo, e desafogo esta malignidade da minha sorte, ficando contente de que me pise por esta via a fim de ver se não a envergonho disto" [da malignidade de minha sorte]), mas ele também escreveu:

*Però se alcuna volta io ride o canto*
*Facciol perché non ho se non quest'una*
*Via da sfogare il mi' angoscioso pianto;*

("Porém se alguma vez eu rio ou canto,
Faço-o porque só conto com esta única
via para desafogar o meu angustioso pranto.")

pensava também numa aguda observação de De Sanctis, o qual diz:

Maquiavel adota a tolerância que compreende e absolve; não já a tolerância indiferente do céptico, do imbecil, do tolo; mas a tolerância do cientista, que não sente ódio contra a matéria que analisa e estuda, e a trata com a ironia do homem superior às paixões e diz: – Eu te tolero não porque te aprove, mas porque te compreendo;

pensava em todos esses elementos que, como que feitos de propósito, se os pusermos em fila, são precisamente aqueles que os entendidos em literatura estrangeira reconhecem como próprios dos verdadeiros e mais celebrados humoristas (entenda-se, ingleses ou tedescos), e – que Deus me perdoe – não sabia mais se devia chorar ou rir de todas as maravilhas que esses entendidos sempre disseram... – que sei eu? – das *Cartas de um Fabricante e Vendedor de Tecidos* e dos demais escritos políticos do decano Jonathan Swift.

A estes entendedores, que sempre põem diante de nós os costumeiros cinco ou seis escritores humorísticos das literaturas estrangeiras, basta dar-lhes, de nossa literatura, um juízo assim como este:

A obra de arte é brincadeira genial da fantasia, é riso fugaz de impressões provocadas pelas imagens, não pelas coisas, alegria acadêmica de recordações, hilaridade erudita; falta o sentimento profundo da família (*e Swift o tinha tanto, de fato!*), da natureza, da pátria; ou melhor, falta naquela forma alegre e ela adota outra, acre e violenta (*e que mel havia, de fato, em Swift!*), que lembra Pérsio e Juvenal. Não dou nomes; bastará indicar que as tradições clássicas, o espírito de imitação, a língua restrita no vocabulário e esquiva do povo, impediram na arte a liberdade de posturas, de forma, de estilo, indispensável ao *humour*; como outros obstáculos, o Papado, a dominação estrangeira, as discórdias internas, a vaidade regional, as academias e as escolas impediram a liberdade política, religiosa e científica. Aflige-nos um antigo mal: em ciências, pedantes; em arte, retores; na vida, atores, solenes sempre ou graves, incapazes de análise, crédulos diante das grandes idéias, desdenhosos das modestas e lentas experiências, buscadores de teses e antíteses, vaporosos ou empíricos, ateus ou místicos, amaneirados ou bárbaros. A nossa cultura é em estratos, e nem sempre nacional; o estrangeiro persiste dentro de nós; as formas literárias têm tipos fixos; uma geração faz o texto, outras várias fazem as notas; assim, pensamos e sentimos por reflexo, por reminiscência ou por fantasia; assim nos foge o sentido real da vida, debilita-se aquela liberdade de percepção e de atitudes que cria o humorismo; e se reproduz o círculo vicioso; os escritores humoristas não surgem porque faltam as condições adequadas, e estas não mudam porque faltam os escritores. O defeito está na raiz; pouco desenvolvido é o espírito de curiosidade; fraca é a nota íntima. O *humour* quer um e outro; quer o pensador e o artista; mas a arte e a ciência, entre nós, estão separados um do outro e separados da vida[45].

Citei Maquiavel. Citarei, a este propósito, outro pequeno escritor nosso que não teve "aquela liberdade de atitudes, de forma, de estilo indispensável ao *humour*", a quem "o Papado... a academia e as escolas impediram a liberdade política, religiosa e científica", um que não suportava a análise, que era pedante em ciência e retórico em arte, um que teve pouco desenvolvido o espírito de curiosidade, etc.: Giordano Bruno, se me permitis, *acadêmico de nenhuma academia*, autor, entre outros, do *Spaccio de la Bestia Trionfante*, da *Cabala del Cavallo Pegaseo*, do *Asino Cillenico*, do *Candelajo*; aquele que teve por mote, como todos sabem: *In tristitia hilaris, in hilaritate tristis* ("Na tristeza alegre, na alegria triste"), que parece o mote do próprio humorismo.

E a vela da qual o seu candelabro (*candelajo*) "poderá aclarar um tanto certas sombras das idéias, as quais, na verdade, espantam os animais" – diz ele mesmo; e diz também:

> Considerai quem vai, quem vem, o que se faz, o que se diz, como se entende, como se pode entender; já que certamente, contemplando essas ações e discursos humanos com o senso de Heráclito, ou de Demócrito, tereis ocasião de muito rir ou chorar.

Por sua conta, o autor as contemplou com o senso de Heráclito e Demócrito ao mesmo tempo.

> Aqui Giordano Bruno fala vulgarmente, nomeia livremente, dá o nome próprio a quem a natureza doa o próprio ser; não diz que é vergonhoso aquilo que a natureza faz digno; não cobre aquilo que ela mostra descoberto; chama o pão, pão; o vinho, vinho; o pé, pé; e outras partes com o nome próprio; chama o comer, comer; o dormir, dormir; o beber, beber, e assim os outros atos naturais eles os significa com o próprio título.

Isto, na "Epístola Explicatória" que precede o *Spaccio de la Bestia Trionfante*. Abramos um pouco este *Spaccio* e ouçamos o que Mercúrio diz de Júpiter. Eis aqui:

> Ordenei que hoje ao meio-dia dois melões entre outros, no meloal de Fronzino, estejam perfeitamente maduros; mas que não sejam colhidos antes de se terem

---

45. Ver Arcoleo, *op. cit.*, pp. 94-95.

passado três dias, quando não serão julgados bons para comer. Desejo que, ao mesmo tempo, da jujubeira que está no sopé do Monte Cicala, em casa de Gioan Bruno, trinta jujubas sejam colhidas perfeitas e dezessete bojudas caiam por terra, quinze sejam roídas pelos vermes; que Nasta, mulher de Albenzio, enquanto quer encrespar-se os cabelos das têmporas venha, por haver esquentado demais o ferro, a tostar cinqüenta e sete fios, mas que não se queime a testa, e que por esta vez não blasfeme quando sentir o fedor, mas com paciência o padeça; que do esterco de seu boi nasçam duzentos e cinqüenta e dois escaravelhos, dos quais quatorze sejam pisados e mortos pelo pé de Albenzio, vinte e seis morram de patas para cima, vinte e dois vivam em cavernas, oitenta se ponham a peregrinar pelo pátio, quarenta e dois se retirem para viver debaixo daquele cepo perto da porta, dezesseis sigam empurrando as bolinhas para onde melhor lhes pareça e o resto corra à sorte... Que Ambrogio no centésimo décimo segundo empurrão avie depressa e expedito o negócio com a sua mulher, e que não a engravide desta vez, mas na outra vez, com aquele sêmen em que se converte aquele alho-porro cozido que agora come com mosto e pão de milho.

E isto para demonstrar a Sofia que ela se engana se pensa que os celestes não cuidam das coisas mínimas, tanto quanto das maiores.

Como se chama isto?

De si mesmo diz Giordano no Anteprólogo do *Candelajo*:

> O autor, se vós o conheceis, diríeis que tem uma fisionomia desvairada; parece estar sempre na contemplação das penas do inferno; parece ter estado na prensa, como os barretas; um indivíduo que ri só para fazer como fazem os outros. No mais o vereis enfastiado, arredio e estranho: não se contenta com nada, retraído como um velho de oitenta anos, caprichoso como um cão.

E Dédalo se declara "próximo dos hábitos do intelecto" na "epístola proemial" ao *De l'Infinito Universo e Mondi*, e como Momo, deus do riso, se introduz no *Spaccio*.

Observa Graf em seu admirável estudo sobre *Tre commedie italiane nel Cinquecento*[46]:

> O estilo de Bruno é a imagem viva do mundo onde se move. A uma amplíssima variedade de formas, de figurações e de processos, consorcia-se nisso uma eficácia sem paralelo. Cheio de fervor vital, não se arremansa nos simétricos compartimentos retóricos, mas se desenvolve por uma efluente e orgânica função. De natureza proteiforme, amolda-se com igual agilidade ao mais árduo pensamento da mente disquisitória e ao mais vulgar sentimento de uma alma abjeta. As palavras nele se enfrentam em recontros impensados e de seu choque irrompe, faiscante, nova luz de idéias. Seu estilo é um vivo fermento de conceitos peregrinos, de imagens epifânicas, de cláusulas fecundas. A língua copiosa, proporcionada à variedade e

---

46. Em *Studii dramatici* (Turim, Lescher, 1878). As três comédias são *La Calandria*, *La Mandragola*, *Il Candelajo*.

ao número de coisas que por seu intermédio devem expressar-se, não conhece, ou despreza, as reservas e as leis da pureza acadêmica, e assim se enriquece com elementos extraídos dos repositórios mais augustos da eloqüência clássica, tanto como dos fundos últimos da fala vernácula. Um instrumento feito deste modo era necessário para um engenho que, sem perder jamais o equilíbrio, percorre todos os graus do ser, dos baixos termos do real até os supremos do ideal. Quer se confronte, associe ou separe os termos do pensamento, quer se narre ou descreva, a sua virtude permanece sempre igual a si mesma[47].

As inegáveis contradições que Graf, neste seu estudo, descobre na mente do filósofo panteísta, pelo que confessa não entender "como se engendra nela o momento do riso" se explicam, segundo creio, perfeitamente com aquele íntimo e particular processo psicológico em que consiste precisamente o humorismo e que implica por si mesmo estas e muitas outras contradições.

De resto, o próprio Graf acrescenta: "Pode acontecer que a contradição provenha de uma certa desconformidade preexistente entre o intelecto e a índole, de uma parte, e entre a virtude apreensiva e a raciocinativa, de outra".

47. Certas tropologias de Bruno são de uma eficácia sem par; assim, quando diz de um inepto arrazoador que ele chegou armado *di parole e scommi che si muojono di fame e di freddo* ("de palavras e sarcasmos já quase mortos de fome e frio"). Algumas comparações esculpem, como lá onde a propósito de dois presunçosos sabichões ele diz *que l'uno parea il conestabile de la gigantessa dell'orco, l'altro l'amostante de la dea riputazione* ("um parecia o condestável da giganta do orco, o outro o paxá da deusa reputação"). Em a *Cabala del Cavallo Pegaseo* descreve assim Don Cocchiarone mistiriarca filósofo: "*Don Cocchiarone pien d'infinita e nobil maraviglia sen va per il largo de la sua sala, dove rimosso dal rude ed ignobil volgo, se la spasseggia, e rimenando or quinci or quindi de la litteraria sua toga le fimbrie, rimenando or questo or quell'altro piede, rigettando or verso il destro or verso il sinistro fianco il petto, con il testo commento sotto l'ascella, e con gesto di voler buttar quel pulce ch'ha tra le due prime dita, in terra, con la rugata fronte cogitabondo, con erte ciglia et occhi arrotondati, in gesto d'un uomo fortemente maravigliato, conchiudendola con un grave et enfatico suspiro, farà pervenire a l'orecchio de' circonstanti questa sentenza:* Hucusque alii Philosophi non pervenerunt" ("Dom Cocchiarone cheio de infinito e nobre espanto percorre em toda a extensão a sua sala e, afastado do rude e ignóbil populacho, por ela passeia, e movendo ora daqui ora dali de sua literária toga as fímbrias, movendo ora este pé ora aquele outro, jogando o peito ora para o lado direito ora para o esquerdo, com o texto comentado debaixo do sovaco, e num gesto de quem quer jogar ao chão a pulga que traz segura entre os dois primeiros dedos, com enrugada fronte cogitabunda, com celhas hirtas e olhos arredondados, num gesto de homem profundamente maravilhado, eis que rematada por grave e enfático suspiro, esta sentença faz ele chegar à orelha dos circunstantes: *Até este ponto os outros filósofos não chegaram*.")

Mas eu não posso demorar-me a discorrer sobre todo escritor que me ocorra nomear nesta rápida corrida. Devo limitar-me a fugazes acenos, diferindo para melhor tempo um estudo cabal e uma antologia dos humoristas italianos, que aqui, dado o meu propósito, estaria fora de lugar. Bastará pôr à vista alguns poucos nomes; e dois já havíamos citado, dos do cimo, e um terceiro, escritor mais modesto, que foi do povo e foi artesão, acostumado, como disse ele mesmo, "a lutar o dia todo com a tesoura e a agulha: coisas que, embora sejam instrumentos de mulher, e as musas são mulheres, não se lê porém jamais que fossem por elas usadas". Refiro-me a Giambattista Gelli, que nos jardins de Rucellai se nutriu de filosofia e deu à luz aquela *Circe* e aqueles *Capricci di Giusto Bottajo* que – repito – quem sabe que obras-primas de humorismo pareceriam, se escritas em inglês, por escritor inglês.

Mas falando a sério, se na Inglaterra são considerados humoristas Congreve, Steele, Prior e Gay, não encontraremos nós, de nossa parte, para contrapor-lhes na nossa literatura outros nomes de escritores, que nós, por nossa conta, jamais sonhamos chamar de humoristas, ainda do século XVIII, e inclusive de dois ou três séculos antes? Mas quantos bizarros e alegres engenhos entre aqueles nossos *bajoni* ("motejadores") do século XVI! E Cellini? Falando a sério, se nos vimos colocados diante de *The Dunciad* de Pope, não temos de pegar a mancheias, para enterrá-la, toda uma literatura, da qual costumamos envergonhar-nos, a começar pelos *Mattaccini*, de Caro? Como se faltassem guerras de tinta entre os nossos literatos de todos os tempos, desde os sonetos de Cecco Angiolieri contra Dante, até a *Atlantide*, de Mario Rapisardi! Riso também este, por certo, má alegria, humor, quer dizer, fel, cólera fria e seca, como a chama Brunetto Latini, ou melancolia no sentido primitivo da palavra: justamente a melancolia de Swift libelista. Penso em Franco, em Aretino e, mais para cá, naquele terrível Monsenhor Ludovico Sergardi. Neste somente? Mas em bem mais um

> *é forza ch'io riguardi*
> *Il qual mi grida e di lontano accenna*
> *E priega ch'io nol lasci nella penna,*

> ("é forçoso que eu olhe atento,
> aquele que grita para mim e de longe acena,
> e implora que eu não a abandone sob a pena,")

vendo com quanta largueza os outros embarcam escritores nesse *Narrenschiff* ("barca dos tolos") do humorismo? Mas sim, por que não?, também tu, Ortensio Lando, ainda que voluntariamente não te faças de doido, como Bruto, para ter direito de viver e falar com liberdade, como disse Carlo Tenca; sobe também tu, autor dos *Paradossi* e do *Commentario delle cose monstruose d'Italia e d'altri luoghi*, tu que, mesmo se fosse só por isso, tiveste a coragem de chamar, em teu tempo, de animalzinho a Aristóteles. Eu, por mim, te deixaria em terra com todos os outros, em terra com Doni, em terra com Boccalini, Tácito, procônsul na ilha de Lesbos, em terra com Dotti, em terra com tantos outros anteriores e posteriores a ti, Caporali, Lipp, Passeroni; mas não quisera ser eu só tão rigoroso, sobretudo quando vejo desde a barca alguém que tem o direito incontestável de estar nela, Lawrence Sterne, a fazer acenos e convidar aquele último dos nossos que eu nomeei, a subir nela.

E Alessandro Tassoni? Deve-se deixar em terra também ele? Nas recentes comemorações em sua honra, muitos quiseram ver estofo de humorista verdadeiro neste agudo e acerbo escarnecedor, mais ainda, desprezador de seu tempo. Se fosse inglês, ou alemão, já estaria de há muito na barca, também ele, e seria digno de estar nela,

*a giudizio de' savi universale.*

("a juízo universal dos sábios.")

Estamos sempre no mesmo: em que sentido se deve entender o humorismo?

Arcoleo, no fim de sua segunda conferência, declara não ser propenso àquela crítica que, com respeito a formas literárias, dispensa facilmente excomunhões e ostracismos; e diz que são muito complexas as razões pelas quais na Itália teve pouca vida a forma humorística, e que ele não quer profanar este tema que merece um estudo especial. Quais são estas razões muito complexas, que à luz dos próprios exemplos citados por Arcoleo parecem aqui e ali contraditórias, já nos foi dado ver: entre nós não há espírito de observação nem intimidade de estilo, somos pedantes e acadêmicos, somos cépticos e indiferentes, não aspiramos a nada. Contra essas acusações, havíamos citado bastantes nomes, que nunca, nem em um lampejo, vieram à mente de Arcoleo. Somente uma vez, falando de Heine no fim da vida, que ri de sua dor, pensa, por associação, em Leopardi, que se sentia também ele "um tronco que pena e vive" e escrevia a Brighenti: "Estou aqui escarnecido, cuspido, espezinhado por todos, de maneira que se penso nisso me dá calafrios. Todavia, *me acostumo a rir* e o consigo". Sim, mas "permaneceu lírico", observa Arcoleo, "a educação clássica não lhe permitiu ser humorista!" Mas escreveu também, se não nos enganamos, certos diálogos e algumas outras pequenas prosas... Continuou lírico também aí? A educação clássica... Mas ao menos a tendência romântica terá permitido a Manzoni ser humorista? Ora! Seu Dom Abbondio "não aspira a nada, luta entre o dever e o medo; é ridículo sem mais". Não é este um modo bastante expedito de julgar e mandar? Pois este modo, na verdade, é que Arcoleo mantém do princípio ao fim das duas conferências: o tema é assim tratado, aos borrifos, por sentenças inapeláveis. Humorismo: fogo de artifício de crepitantes definições; depois, primeira fase: dúvida e ceticismo – "rir do próprio pensamento" – Hamlet; segunda fase, luta e adaptação – "rir da própria dor" – Dom Juan. E entre os humoristas da primeira fase são citados dois franceses, Rabelais e Montaigne, e dois ingleses, Swift e Sterne; entre os humoristas da segunda, dois alemães Richter e Heine, três ingleses, Carlyle, Dickens, Thackeray, e depois... Mark Twain. Como se vê, nenhum italiano. E dizer que chegamos até Mark Twain.

Arcoleo conclui assim:

> O espírito cômico permaneceu envolvido no embrião da *commedia dell'arte* ou na poesia dialetal; e grande e rico desenvolvimento tiveram, ao invés, quer em poesia quer em prosa, em poemas, novelas, romances e ensaios, a ironia e a sátira. Basta confundir com estas formas o *humour* para que nasça o juízo oposto ao meu, ou para que eu pareça exagerado e injusto. Não pretendo falar de tentativas ou de esboços; encontram-se facilmente em toda história artística e de toda forma: mas eu não consigo ver entre nós uma literatura humorística e, caso seja necessário, não terei de fazer mais do que uma comparação entre Ariosto e Cervantes.

Esta comparação nós a fizemos, e com um juízo não oposto àquele que ele teria emitido, se tivesse feito a comparação. Entre parênteses, entretanto, Cervantes – como Rabelais, como Montaigne – é um latino; e não cremos que, realmente, a Reforma na Espanha... Deixemos correr! Voltemos à Itália! Não queremos em absoluto confundir o espírito cômico, a ironia, a sátira, com o humorismo: e outra coisa! Mas não se deve tampouco confundir o humorismo verdadeiro e próprio com o *humour* inglês, isto é, com aquele modo típico de rir o humor que, como todos os outros povos, os ingleses também têm. Não se pretenderá que os italianos ou os franceses tenham o *humour* inglês; como não se pode pretender que os ingleses riam a nosso modo ou façam *sprit* como os franceses. Quiçá o tenham tido alguma vez; mas isto não quer dizer nada. O humorismo verdadeiro e próprio é outra coisa, e é até para os ingleses uma *excentricidade de estilo*. Basta confundir uma coisa com a outra – dizemos também nós, por nossa vez – para que se venha reconhecer uma literatura humorística a um povo e negá-la a outro. Mas uma literatura humorística só se pode ter com uma condição, ou seja, a de se fazer esta confusão; e então cada povo terá a sua, assumindo todas as obras em que este humor típico se exprime nos modos mais bizarros; e nós poderíamos começar a nossa, por exemplo, com Cecco Angiolieri, assim como os ingleses a começam com Chaucer, e eu não diria que a começam bem, não pelo valor do poeta, mas porque ele mostra haver mesclado à bebida nacional um pouco do vinho que se vindima no país do sol. De outro modo, uma literatura humorística verdadeira e própria não é possível em nenhum povo: pode-se ter humoristas, isto é, poucos e raros escritores em que por disposição natural ocorra aquele complicado e especiosíssimo processo psicológico que se chama humorismo. Quantos deles cita Arcoleo?

Certamente o humorismo nasce de um estado especial de ânimo, que pode, mais ou menos, difundir-se. Quando uma expressão de arte consegue conquistar a atenção do público, este se põe de repente a pensar e a falar e a escrever segundo a impressão que recebeu; de modo que aquela expressão, surgida a princípio da intuição particular de um escritor, tendo penetrado rapidamente entre o público, é depois por este variadamente transformada e dirigida. Assim sucedeu com o romantismo, assim sucedeu com o naturalismo: converteram-se nas idéias do tempo, quase uma atmosfera ideal; e muitos, por moda, fizeram-se românticos e naturalistas, como muitos, por moda, fizeram-se humoristas na Inglaterra do século XVIII, e muitos foram dos *umidi* no século XVI na Itália, e dos *arcadi* no século XVIII. Um estado de ânimo pode criar-se em nós e tornar-se coerente ou permanecer fictício, conforme responda ou não à especial fisionomia do organismo psíquico. Mas depois as idéias da época mudam, modifica-se a moda, os sequazes dos modismos embarcam rapidamente em outras naves. Quem resta? Restam aqueles poucos, a contar pelos dedos, que tiveram primeiro a intuição extraordinária, ou aqueles em quem esse especial estado de ânimo se tornou tão coerente que puderam criar uma obra orgânica, resistente ao tempo e à moda.

Crê Arcoleo seriamente que em nossa literatura dialetal não haja outra coisa senão espírito cômico? Ele é siciliano e certamente leu Meli, e sabe quão injusto é o juízo de *arcádia superior* dado a sua poesia, que não somente soou a charamela pastoral mas que teve também todas as cordas da lira e se expressou em todas as formas. Será que não há humorismo verdadeiro e próprio em muitas partes da poesia de Meli? Bastaria citar apenas *La cutuliata* para demonstrá-lo!

*Tic, tic..., chi fu? Cutuliata.*

("Tic, tic..., quem foi? A Pateta.")

E não há humorismo verdadeiro e próprio em tantos e tantos sonetos de Belli? E sem falar da figura de Maggi, não são obras-primas do humorismo *Giovannin Bongee* e *Marchionn di gamb avert*, de Carlo Porta? E, visto que se fala de tipos que permanecem imperecíveis, e o *Monsú Travet*, de Bersezio, e o *Nobilomo Vidal*, de Gallina? E temos outro escritor dialetal, até agora quase de todo ignorado, mas grandíssimo: humorista verdadeiro como jamais houve, e – nem se feito de propósito – meridionalíssimo, de Reggio Calabria, Giovanni Merlino, revelado há uns poucos anos numa conferência por Giuseppe Mantica[48], seu conterrâneo, que também teria sido um grande escritor se, no breve curso de sua existência, a política não o tivesse distraído demasiado das letras. Merlino escreveu seus livros para cinqüenta e cinco leitores que ele nomeia um por um e divide em quatro categorias, impondo a cada uma delas uma obrigação especial em recompensa ao prazer que lhes proporciona. Um de seus volumes, todos ainda inéditos, diz-se *Miscellanea di varie cose sconnesse e piacevoli*, "feita para aqueles que, tendo pouco cérebro, querem instruir-se ao modo mais cômodo para perdê-lo inteiramente"; os outros são *Memorie utile ed inutile ai posteri, ossia la vita di Giovanni Merlino del quondam Antonino de Reggio, principiata a 27 decembre 1789 e proseguita fino al 1850, composta di sette volumi*. Quisera poder citar por extenso o longo *Dialogo alla calabrese tra Domine Dio e Giovanni Merlino* ou o *Conto com Domine Dio* para demonstrar que humorista foi Merlino. À espera de que os herdeiros o tornem a todos conhecido editando os volumes, remeto à publicação que Mantica fez desses dois incomparáveis diálogos, com a tradução à frente.

Isto, quanto à literatura dialetal. É sério que Arcoleo não descobre depois senão ironia e sátira nos escritores italianos? Eu penso em um certo *Socrate immaginario* de um certo abade do século XVIII; penso no *Didimo chiericò*, de Foscolo; em alguns vôos em prosa de Baretti; penso nos *Promessi Sposi*, de Manzoni, todo infuso de genuíno humorismo[49]; penso no *Sant'Ambrogio*, de Giusti, verdadeira poesia humorística, quiçá a única entre tantas satíricas ou sentimentais; penso naqueles determinados diálogos e naquelas determinadas pequenas prosas

---

48. Ver *Giovanni Merlino, umorista*, Nápoles, Pierro, 1898.
49. Ver na segunda parte a demonstração do humorismo de Dom Abbondio, que a Arcoleo parece uma figura ridícula ou cômica sem mais.

de Leopardi; penso no *Asino* e no *Buco nel muro*, de Guerrazzi; penso no *Fanfulla*, de D'Azeglio; penso em Carlo Bini; penso naquela tal cozinha no castelo de Fratta das *Confessioni d'un ottuagenario*, de Nievo; penso em Camillo de Meis, em Revere. E como Arcoleo chega até Mark Twain, penso no *Re umorista*, no *Demonio dello stili*, na *Altalena delle antipatie*, no *Pietro e Paola*, em *Scaricalasino* e no *Illustrissimo*, de Cantoni; no *Demetrio Pianelli*, de De Marchi; penso nos poetas da *scapigliatura*\* lombarda e em tantas notas de puro e profundo humorismo nas líricas de Carducci e de Graf. Penso nas numerosas personagens humorísticas que povoam os romances e novelas de Fogazzaro, de Farina, de Capuana, de Fuccini e também em algumas obras de jovens escritores, de Luigi Antonio Villari a Albertazzi, a Panzini... e quisera pôr a *Lanterna di Diogene* deste último em uma das mãos de Arcoleo e, na outra, a vela do *Candelajo* de Bruno: estou seguro de que descobriria bastantes escritores humorísticos na literatura italiana antiga e nova.

---

\* "Desgrenhamento", escola literária do século XIX, em Milão. (N. do T.)

# SEGUNDA PARTE

# ESSÊNCIA, CARACTERES E MATÉRIA DO HUMORISMO

## 1

O que é o humorismo? Se quiséssemos ter em conta todas as respostas que foram dadas a esta pergunta, de todas as definições que autores e críticos tentaram dar-lhe, poderíamos encher muitas e muitas páginas, e provavelmente ao fim, confusos entre tantos pareceres e contra-pareceres, não conseguiríamos outra coisa senão repetir a pergunta: Mas, em suma, o que é o humorismo?

Já havíamos dito que todos aqueles que, de propósito ou incidentalmente, dele falaram, em uma só coisa concordam: em declarar que é dificílimo dizer o que ele é verdadeiramente, porque o humorismo tem infinitas variedades e tantas características que, ao querer descrevê-lo em geral, se corre sempre o risco de esquecer-se de alguma.

Isto é verdade, mas também é verdade que há já bastante tempo se poderia ter entendido que partir dessas características não é a melhor via para vir a entender a verdadeira essência do humorismo, visto que sempre acontece tomar-se uma delas como fundamental, aquela que se julgou comum a várias obras ou a vários escritores estudados com predileção; de modo que se chega a ter tantas definições do humorismo quantas são as características encontradas, e todas naturalmente possuem uma parte de verdade, e nenhuma é a verdadeira.

Certamente, da soma de todas essas várias características e das conseguintes definições, pode-se chegar a compreender, assim, em geral, o que é o humorismo; mas se terá dele sempre um conhecimento sumário e exterior, precisamente porque baseado nessas determinações sumárias e exteriores.

A característica, por exemplo, daquela tal peculiar bonomia ou benévola indulgência que alguns descobrem no humorismo, já definido por Richter como "melancolia de um espírito superior que chega até a divertir-se com aquilo que o entristece"[1], aquele "tranqüilo, jucundo e reflexivo olhar sobre as coisas", aquele "modo de acolher os espetáculos divertidos, que parece, em sua moderação, satisfazer o senso do ridículo e pedir perdão do que há de pouco delicado em tal comprazimento", aquela tal "expansão dos espíritos do interior para o exterior encontrada e retardada pela corrente contrária de uma espécie de benevolência pensativa", de que fala Sully em seu *Essai sur le rire*[2], não se apresentam em todos os humoristas. Alguns desses traços que, para o crítico francês, e não só para ele, são os principais do humorismo, aparecem em alguns e em outros não; e, mais ainda, em certos humoristas encontrar-se-á o contrário, como, por exemplo, em Swift, que é melancólico na acepção original da palavra, isto é, cheio de fel; e de resto veremos um pouco adiante, ao falar de Dom Abbondio, de Manzoni, a que se reduz, no fundo, essa peculiar bonomia ou simpática indulgência.

Ao contrário, aquela "acre disposição para descobrir e exprimir o ridículo do sério e o sério do ridículo humano", de que fala Bonghi, convirá a Swift e a outros humoristas iguais a ele, burladores e morda-

---

1. De Richter pode-se citar algumas definições. Ele chama inclusive o humorismo de "o sublime ao revés". A melhor descrição, segundo o seu modo de entendê-lo, é aquela a que já havíamos aludido alhures, ao falar do caráter diverso do riso antigo e do riso moderno: "O humor romântico é a atitude grave de quem compara o pequeno mundo finito com a idéia infinita: daí resulta um riso filosófico que é misto de dor e grandeza. É um cômico universal, isto é, pleno de tolerância e de simpatia por todos aqueles que, participando da nossa natureza etc., etc.". Em outra parte, ele fala daquela certa "idéia que aniquila", que gozou de muito favor junto aos críticos alemães, ainda que aplicada em um sentido menos filosófico. *Der Humor kann*, diz Lipps, *schliesslich ein vollbewusster sein. Er ist ein solcher, wenn der Träger desselben sich sowohl des Rechtes, als auch der Beschränktheit seines Standpunktes, sowohl seiner Erhabenheit als auch relativen Nichtikeit bewusst ist.* ("O humor pode enfim ser plenamente consciente. Ele é assim, quando o seu portador está cônscio tanto da correção como também da limitação de seu ponto de vista, tanto da sublimidade como também da relativa nulidade".)

2. Paris, Alcan, 1904, p. 276.

zes, mas não convirá a outros; nem de resto, como observa Lipps, opondo-se à teoria de Lazzarus, que considera o humorismo somente uma disposição de ânimo, este modo de considerá-lo é completo. Como tampouco será o de Hegel que o vê como uma "atitude especial do intelecto e do ânimo em que o artista se põe a si mesmo no lugar das coisas", definição que, se não nos colocarmos bem para olhar só daquele lado a partir do qual Hegel olha o humorismo, tem todo o aspecto de um rébus.

Característica mais comum, e no entanto mais geralmente observada, são as "contradições" fundamentais às quais se costuma dar por causa principal o desacordo que o sentimento e a meditação descobrem ou entre a vida real e o ideal humano ou entre as nossas aspirações e as nossas debilidades e misérias, e por principal efeito aquela tal perplexidade entre o pranto e o riso; depois o ceticismo de que se colore toda observação, toda pintura humorística e, por fim, seu proceder minuciosamente e também maliciosamente analítico.

Pela soma, repito, de todas essas características e conseguintes definições pode-se chegar a compreender, assim, em geral, o que é o humorismo, mas ninguém negará que disto não resulta um conhecimento demasiado sumário. Que se junto a algumas determinações totalmente incompletas, como vimos, outras são indubitavelmente mais comuns, a razão íntima destas não é vista depois com inteira precisão nem explicada.

Renunciaremos nós a vê-la com precisão e a explicá-la, aceitando a opinião de Benedetto Croce que no *Journal of Comparative Literature* (fasc. III, 1903) declarou que o humorismo é indefinível como todos os estados psicológicos, e no livro *Estética* o incluiu entre os numerosos conceitos da estética do simpático? Diz ele:

> A investigação dos filósofos trabalhou longamente em torno desses fatos, e especialmente em redor de alguns deles, tais como, em primeira linha, o *cômico*, e depois o *sublime*, o *trágico*, o *humorístico* e o *gracioso*. Mas cumpre evitar o erro de considerá-los como *sentimentos especiais, sinais* do sentimento, admitindo assim distinções e classes de sentimentos, lá onde o sentimento orgânico por si mesmo não pode dar lugar a classes; e cumpre aclarar em que sentido é possível chamá-los fatos *mistos*. Estes dão lugar a conceitos *complexos*, ou seja, a complexos de fatos, nos quais entram sentimentos orgânicos de prazer e desprazer (ou inclusive sentimentos orgânicos-espirituais), e dadas circunstâncias externas que fornecem àqueles sentimentos meramente orgânicos ou orgânicos-espirituais um determinado conteúdo. O modo de definição desses conceitos é o *genético*: posto o organismo na situação *a*, ao sobrevir a circunstância *b*, tem-se o fato *c*. Isto e outros processos semelhantes não têm nenhum contato com o fato estético, salvo aquele contato geral de que todos eles, na medida em que constituem a matéria ou a realidade,

podem ser representados pela arte; e o outro, acidental, de que nesses processos intervêm às vezes fatos estéticos, como no caso da impressão de *sublime* que pode produzir a obra de um artista titânico, de um Dante ou de um Shakespeare ou aquela, *cômica*, que pode provocar o intento de um borra-paredes ou de um escrevinhador. Também nestes casos o processo é extrínseco ao fato estético, ao qual não se liga senão o sentimento de prazer e desprazer, de valor e desvalor estético, do belo e do feio.

Antes de tudo, por que são indefiníveis os estados psicológicos? Eles o serão talvez para um filósofo, mas o artista, no fundo, não faz outra coisa senão definir e representar estados psicológicos. Além disso, se o humorismo é um processo ou um fato que dá lugar a conceitos complexos, ou seja, complexos de fatos, como se torna depois isto um conceito? Conceito será aquilo que o humorismo dá lugar, não o humorismo mesmo. Certamente, se por fato estético se deve entender aquilo que Croce entende, tudo se torna extrínseco a isso e não só este processo. Mas havíamos demonstrado em outra parte e também no curso deste trabalho, que o fato estético não é nem pode ser aquele que Croce entende. E, de resto, o que significa a concessão de que "este e outros processos semelhantes não têm nenhum contato com o fato estético, salvo aquele contato geral de que todos eles, na medida em que constituem a matéria ou a realidade, podem ser *representados* pela arte?" A arte pode representar esse processo que dá lugar ao conceito de humorismo. Ora, como poderei eu, crítico, dar-me conta desta representação artística, se não me dou conta do processo da qual resulta? E no que consistiria então a crítica estética? "Se uma obra de arte – observa Cesareo, precisamente, no seu ensaio sobre *La critica estetica* – há de provocar um estado de ânimo, parece manifesto que tanto mais pleno será o efeito final quanto mais intensa e concordemente cooperarem nele todas as determinações singulares". Também na estética a soma está na razão dos aportes. O exame uma a uma de todas as expressões particulares nos dará a medida da expressão total. *Ora, como a perfeita reprodução de um estado de ânimo, em que precisamente consiste a beleza estética, é um fato emocional que pode resultar somente da soma de algumas representações sentimentais, assim a análise psicológica de uma obra de poesia é o fundamento necessário de qualquer valoração estética.*

Falando deste meu ensaio em sua revista *La Critica*[3], Croce, a propósito do estudo de Baldesperger, "Les définitions de l'humour" (em *Études d'histoire littéraire*, Paris, Hachette, 1907), se compraz em

---

3. Vol. 7, a. 1909, pp. 219-223.

dizer que Baldensperger recorda também as pesquisas de Cazamian, editadas na *Revue germanique* de 1906: "Pourquoi nous ne pouvons définir l'humour", em que o autor, sequaz de Bergson, sustenta que o humorismo escapa à ciência, porque seus elementos característicos e constantes são em pequeno número e sobretudo negativos, enquanto os elementos variáveis aparecem em número indeterminado. Pelo que, o encargo da crítica é estudar o conteúdo e o tom de cada humor, isto é, a personalidade de cada humorista.

*Il n'y a pas d'humour, il n'y a que des humouristes* ("Não há humor, há apenas humoristas") – diz o senhor Baldensperger.

E Croce se apressa a concluir:

– A questão fica assim esgotada.

Esgotada? Voltamos e voltaremos sempre a perguntar como nunca, se o humorismo não existe, nem se sabe nada a seu respeito, nem se pode dizer o que vem a ser, se há afinal escritores de que se possa saber e dizer que são humoristas. Com base no que se saberá e se poderá dizer?

O *humorismo* não existe; há escritores humoristas. O *cômico* não existe; há escritores cômicos.

Perfeito! E se um tal, enganando-se, afirma que determinado escritor humorista é um escritor cômico, como farei eu para esclarecer-lhe o engano, para demonstrar-lhe que se trata de um humorista e não de um cômico?

Croce invoca o prejuízo metódico no tocante à possibilidade de definir um conceito. Eu invoco esta colocação e lhe pergunto como poderia ele demonstrar, por exemplo, a Arcoleo, o qual afirma que a personagem Dom Abbondio é cômica, que não, que, ao contrário, a personagem é humorística, se não tiver bem claro na mente o que é e o que se deve entender por humorismo?

Mas ele diz, no fundo, que não está movendo guerra às definições, e que o seu modo de refutá-las todas, filosoficamente, é, antes, aceitá-las todas, empiricamente. Até a minha que, de resto, não é, nem quer ser uma definição, mas de preferência uma explicação daquele processo íntimo que ocorre, e que não pode deixar de ocorrer, em todos aqueles escritores que se dizem humoristas.

A Estética de Croce é tão abstrata e negativa, que não é absolutamente possível aplicá-la à crítica, a não ser com a condição de se negá-la em seguida, como ele mesmo o faz, aceitando esses assim chamados conceitos empíricos que, expulsos pela porta, voltam a entrar-lhe pela janela.

Ah, uma bela satisfação a filosofia!

## 2

Vejamos, pois, sem mais, qual é o processo de que resulta essa representação particular que se costuma chamar humorística; se ela tem caracteres peculiares que a distinguem e de que derivam: se há aí um modo particular de considerar o mundo, que constitui precisamente a matéria e a razão do humorismo.

Ordinariamente – já o disse alhures[4] e aqui é forçoso que eu o repita –, a obra de arte é criada pelo livre movimento da vida interior que organiza as idéias e as imagens em uma forma harmoniosa cujos elementos todos têm correspondência entre si e com a idéia mãe que as coordena. A reflexão, durante a concepção, assim como durante a execução da obra de arte, não permanece certamente inativa: assiste ao nascimento e ao crescimento da obra, segue suas fases progressivas e goza com elas, aproxima os vários elementos, coordena-os, compara-os. A consciência não ilumina todo o espírito; especialmente para o artista, ela não é uma luz distinta do pensamento, que permite à vontade atingir nela como que um tesouro de imagens e idéias. A consciência, em suma, não é uma potência criadora, porém o espelho interior em que o pensamento vai remirar-se; pode-se dizer antes que ela é o pensamento que vê a si mesmo, assistindo àquilo que este faz espontaneamente. E, comumente, no artista, no momento da concepção, a reflexão se esconde, remanesce, por assim dizer, invisível: é, quase, para o artista uma forma do sentimento. À medida que a obra vai sendo feita, ela a critica, não friamente, como faria um juiz desapaixonado, analisando-a; mas de repente, graças às impressões que recebe dela.

Isto, comumente. Vejamos agora se, pela natural disposição de ânimo daqueles escritores que se chamam humoristas e pelo modo particular que eles têm de intuir e de considerar os homens e a vida, este mesmo procedimento se produz na concepção de suas obras; isto é, se a reflexão desempenha aí o papel que acabamos de descrever ou se, de preferência, assume uma atividade especial.

Pois bem, veremos que na concepção de toda obra humorística a reflexão não se esconde, não remanesce invisível; isto é, não permanece quase uma forma do sentimento, quase um espelho em que o sentimento vai remirar-se, mas que se coloca diante dele como um juiz, analisa-o desapaixonadamente e decompõe sua imagem; esta é uma análise, porém, uma decomposição, da qual surge ou emana um outro

---

4. Ver em meu livro já citado *Arte e scienza* o ensaio "Un critico fantastico".

sentimento: aquele que se poderia chamar, e eu de fato assim o chamo, *o sentimento do contrário*.

Vejo uma velha senhora, com os cabelos retintos, untados de não se sabe qual pomada horrível, e depois toda ela torpemente pintada e vestida de roupas juvenis. Ponho-me a rir. *Advirto* que aquela velha senhora é o *contrário* do que uma velha e respeitável senhora deveria ser. Assim posso, à primeira vista e superficialmente, deter-me nessa impressão cômica. O cômico é precisamente um *advertimento do contrário*. Mas se agora em mim intervém a reflexão e me sugere que aquela velha senhora não sente talvez nenhum prazer em vestir-se como um papagaio, mas que talvez sofra por isso e o faz somente porque se engana piamente e pensa que, assim vestida, escondendo assim as rugas e as cãs, consegue reter o amor do marido, muito mais moço do que ela, eis que já não posso mais rir disso como antes, porque precisamente a reflexão, trabalhando dentro de mim, me leva a ultrapassar aquela primeira *advertência*, ou antes, a entrar mais em seu interior: daquele primeiro *advertimento do contrário* ela me fez passar a esse *sentimento do contrário*. E aqui está toda a diferença entre o cômico e o humorístico.

– Senhor, senhor! Ó senhor! Talvez, como os outros, julgais *ridículo* tudo isto; talvez eu vos aborreça, contando-vos essas estúpidas e miseráveis particularidades de minha vida doméstica; mas para mim não é *ridículo*, porque eu sinto tudo isto... – Assim grita Marmeladov na hospedaria, em *Crime e Castigo*, de Dostoiévski, a Raskólnikov, em meio às risadas dos clientes bêbedos. E este grito é precisamente o protesto doloroso e exasperado de uma personagem humorística contra quem, diante dele, se detém em uma primeira observação superficial e não consegue ver outra coisa senão a sua comicidade.

E eis aqui um terceiro exemplo, que, por sua deslumbrante clareza, poderia chamar-se típico. Um poeta, Giusti, entra um dia na igreja de Santo Ambrósio, em Milão, e se depara aí com um magote de soldados

*Di que' soldati settentrionali,*
*Come sarebbe boemi e croati,*
*Messi qui nella vigna a far da pali...*

("Daqueles soldados setentrionais,
quiçá boêmios e croatas,
postos aqui na vinha a servir de empas...")

O seu primeiro sentimento é de ódio; aqueles soldados hirsutos e duros estão ali a recordar-lhe a pátria escrava. Mas eis que no templo se eleva o som do órgão: depois aquele cântico tedesco lento, lento

*D'un suono grave, flebile, solemne...*

("De um som grave, flébil, solene...")

que é prece e parece lamento. Pois bem, esse som determina de repente uma disposição insólita no poeta, acostumado a usar o flagelo da sátira política e civil: determina nele a disposição propriamente humorística: isto é, o dispõe àquela particular reflexão que, desapaixonando-se do primeiro sentimento, do ódio suscitado pela vista daqueles soldados, gera precisamente o sentimento do contrário. O poeta sentiu no hino

> *[...] la dolcezza amara*
> *Dei canti uditi da fanciullo: il core,*
> *Che da voce domestica gl'impara,*
> *Ce li ripete i giorni del dolore,*
> *Un pensier mesto della madre cara,*
> *Un desiderio di pace e d'amore,*
> *Uno sgomento di lontano esilio...*

("[...] a doçura amarga
dos cantos ouvidos em criança: o coração,
que da voz doméstica os aprende,
no-los repete nos dias de dor,
um pensamento triste, da mãe querida,
um desejo de paz e de amor,
um temor de longínquo exílio...")

E reflete que aqueles soldados, arrancados de seus lares por um rei temeroso,

> *A dura vita, a dura disciplina,*
> *Muti, derisi, solitari stanno,*
> *Strumenti ciechi d'occhiuta rapina,*
> *Che lor non tocca e che forse non sanno.*

("Para a dura vida e a dura disciplina,
mudos, escarnecidos, solitários estão,
instrumentos cegos de olhuda rapina,
que não os toca e que eles talvez não conheçam.")

E eis aqui o contrário do ódio de antes:

> *Povera gente! lontana da' suoi*
> *In un paese qui che le vuol male...*

("Pobre gente, longe dos seus,
aqui, numa terra que lhes quer mal...")

O poeta é obrigado a fugir da igreja porque

*Qui, se non fuggo, abbraccio un caporale,*
*Colla su' brava mazza di nocciuolo*
*Duro e piantato li como un piuolo.*

("Aqui, se não fujo, abraço um caporal,
com sua pesada maça de aveleira,
rijo e ali plantado qual estaca.")

Notando isto, ou seja, advertindo este sentimento do contrário que nasce de uma especial atividade da reflexão, eu não saio absolutamente do campo da crítica estética e psicológica. A análise psicológica desta poesia é o necessário fundamento da valoração estética da mesma. Eu não posso entender sua beleza, se não entendo o processo psicológico de que resulta a perfeita reprodução daquele estado de ânimo que o poeta queria suscitar, na qual consiste precisamente a beleza estética.

Vejamos agora um exemplo mais complexo em que a atividade especial da reflexão não se descobre assim à primeira vista; tomemos um livro do qual já havíamos falado: o *Dom Quixote* de Cervantes. Queremos julgar seu valor estético. O que faremos? Após a primeira leitura e a primeira impressão que tenhamos recebido dele, levaremos em conta também o estado de ânimo que o autor pretendeu suscitar. Qual é esse estado? Nós quiséramos rir de tudo quanto há de cômico na representação desse pobre alienado que mascara com sua loucura a si mesmo, aos outros e a todas as coisas; quiséramos rir, mas o riso não nos vem aos lábios lhano e fácil; sentimos que algo o turba e o obstaculiza; um senso de comiseração, de pena e também de admiração, sim, porque se as aventuras heróicas desse pobre *hidalgo* são ridiculíssimas, não há dúvida, todavia, de que ele, em sua ridicularia, é verdadeiramente heróico. Tínhamos uma representação cômica, mas dela exala um sentimento que nos impede de rir ou nos turba o riso da comicidade representada; no-lo torna amargo. Através do cômico mesmo, temos também aqui o sentimento do contrário. O autor o despertou em nós porque este despertou nele, e nós já havíamos visto as razões disso. Pois bem, por que não se descobre aqui a especial atividade da reflexão? Sim porque esta – fruto da tristíssima experiência da vida, experiência que determinou a disposição humorística no poeta – já se havia exercido sobre o sentimento do autor, sobre aquele sentimento que o armara cavaleiro da fé em Lepanto. Desafogando-o deste sentimento e pondo-se contra ele, como juiz, no escuro cárcere da Mancha, e analisando-o com amarga frieza, a reflexão já havia despertado no poeta o sentimento do contrário, e o fruto disto é precisamente o *Dom Quixote*: ele é esse sentimento do contrário, objetivado. O poeta não representou a causa do processo – como Giusti na sua poesia –, só representou o efeito, e no entanto o sentimento do contrário sopra através da comicidade da representação; esta comicidade é fruto do sentimento do contrário gerado no poeta pela especial atividade da reflexão sobre o primeiro sentimento, mantido oculto.

Ora, que necessidade tenho eu de consignar algum valor ético a esse sentimento do contrário, como faz Theodor Lipps em seu livro *Komik und Humor*?

Isto é – entendamo-nos bem – a Lipps, na verdade, não assoma nunca esse sentimento do contrário. Ele, por um lado, não vê senão uma espécie de mecanismo, tanto do cômico, como do humor: aquele mesmo que Croce cita em sua *Estética* como exemplo de explicação aceitável para tais "conceitos": "Uma vez posto o organismo na situação *a*, sobrevindo a circunstância *b*, tem-se o fato *c*". E, por outro lado, Lipps se empanturra continuamente de valores éticos, visto que, para ele, todo gozo artístico e estético em geral é gozo de algo que tem valor ético: não já como elemento de um complexo, mas como objeto da intuição estética. E traz constantemente à baila o valor ético da personalidade humana, e fala do positivo humano e da negação disso. Ele diz:

> *Das durch die Negation, die am positiv Menschlichen geschieht, dies positiv Menschliche uns näher grebracht, in seinem Wert offenbarer und fühlbarer gemacht wird, darin besteht, wie wir sahen, das allgemeinste Wesen der Tragik. Ebendarin besteht auch das algemeinste Wesen des Humors. Nur dass hier di Negation anderer Art ist als dort, nämlich komische Negation. Ich sagte vom Naiv-komischen, dass es auf dem Wege liege von der Komik zum Humor. Dies heisst nicht: die naive Komik ist Humor. Vielmehr ist auch hier die Komik als solche das Gegenteil des Humors. Die naive Komik ensteht, indem das vom Standpunkte der naiven Persönlichkeit aus Berechtigte, Gute, Kluge von unserem Standpunkte aus im gegenteiligen Lichte erscheint. Der Humor ensteht umgekehrt, indem jenes relativ Berechtigte, Gute, Kluge aus dem Prozess der komischen Vernichtung wiederum emportaucht, und nun erst recht in seinem Werte einleuchtet und genossen wird*[5].

---

5. "No fato de que pela negação do que há de positivo no humano este positivo humano é trazido para mais perto de nós e se torna mais manifesto e mais sensível em seu valor, é nisso que consiste, como vimos, a essência mais geral do trágico. É exatamente nisso também que consiste a essência mais geral do humor. Sucede apenas que aqui a negação é de outra espécie do que lá, ou seja, é uma negação cômica. Eu disse a respeito do cômico ingênuo que ele se encontra no caminho do cômico para o humor. Isto não significa que a comicidade ingênua seja humor. Trata-se bem mais de que o cômico como tal também aqui é o contrário do humor. O cômico ingênuo produz-se na medida em que, do ponto de vista da personalidade ingênua, se nos apresenta como justo, bom, inteligente, aquilo que, de nosso

E um pouco adiante:

> *Der eigentliche Grund und Kern des Humors ist überall und jederzeit das relativ Gute, Schöne, Vernünftige, das auch da sich findet, wo es nach unseren gewöhnlichen Begriffen nicht vorhanden, ja geflissentlich negiert erscheint*[6].

Ele diz também:

> *In der Komik nicht nur das Komische in nichts zergeht, sondern auch wir in gewisser Weise, mit unserer Erwartung, unserem Glauben an eine Erhabenheit oder Grösse, den Regeln oder Gewohnheiten unseres Denkens u. s. w. "zu nichte" werden. Über dieses eigene Zunichtewerden erhebt sich der Humor. Dieser Humor, der Humor, den wir angesichts des Komischen haben, besteht schliesslich ebenso wie derjenige, den der Träger des bewusst humoristischen Geschehns hat, in der Geistesfreiheit, der Gewissheit des eigenen Selbst un des Vernünftigen, Guten und Erhabenen in der Welt, die bei aller objektiven und eigenen Nichtigeit bestehen bleibt, oder eben darin zur Geltung kommt*[7].

Mas pouco depois é obrigado a reconhecer ele mesmo que *"nicht jeder Humor diese höchste Stufe erreicht"*[8] e que há *"neben dem versöhnten, einen entzweiten Humor"*[9].

Mas que necessidade tenho eu, repito, de dar um valor ético qualquer àquilo que chamei o sentimento do contrário ou de determiná-lo *a priori* de algum modo? Este sentimento se determinará por si, vez por vez, segundo a personalidade do poeta ou o objeto da representação. Que importa a mim, crítico estético, saber em quem ou onde está

ponto de vista, aparece a uma luz oposta. O humor, ao contrário, surge na medida em que volta a aflorar do processo da aniquilação cômica aquilo que é relativamente justo, bom e inteligente e que somente agora é evidenciado e desfrutado em seu verdadeiro valor."

6. "O autêntico fundamento e cerne do humor é em toda parte e em todos os tempos o relativo bom, o belo, o razoável, que também se encontra lá onde as nossas idéias habituais se empenham em negar sistematicamente que possam estar."

7. "Na comicidade não é só o cômico que se desfaz em nada, mas também nós, de certo modo, com nossa expectativa, nossa crença em algo sublime ou grandioso, as regras ou rotinas de nosso pensar etc. somos reduzidas 'a nada'. Sobre essa nadificação ergue-se o humor. Este humor, o humor que nos é dado à vista da comicidade, consiste, no fim de contas, tal como aquele que é dado ao portador consciente do evento humorístico, na liberdade de espírito, na certeza do próprio eu e do que é racional, bom e sublime no mundo, certeza que, não obstante toda inanidade objetiva e própria, permanece existente, ou justamente nisso adquire validade."

8. "Nem todo humor alcança esse grau superior."

9. "Junto ao humor reconciliado, um humor dividido."

a razão relativa e o justo e o bem? Eu não quero nem devo sair do campo da fantasia pura. Eu me ponho portanto diante de qualquer representação artística e me proponho somente a julgar-lhe o valor estético. Para este juízo, necessito, antes de tudo, saber o estado de ânimo que aquela representação artística quer suscitar: sabê-lo-ei pela impressão que recebi dela. Esse estado de ânimo, toda vez que me acho ante uma representação verdadeiramente humorística, é de perplexidade; sinto-me como preso entre duas coisas: quero rir, rio, mas o riso me é perturbado e obstaculizado por algo que emana da representação mesma. Busco a razão disto. Para encontrá-la, não preciso absolutamente desfazer a expressão fantástica em uma relação ética, trazer à baila o valor ético da personalidade humana e assim sucessivamente.

Encontro esse sentimento do contrário, qualquer que seja, que emana de tantos modos da própria representação, constantemente em todas as representações que costumo chamar de humorística. Por que limitar eticamente sua causa, ou então abstratamente, atribuindo-a, por exemplo, ao desacordo que o sentimento e a meditação descobrem entre o ideal humano e a vida real ou entre nossas aspirações e nossas debilidades e misérias? Nascerá também disto, como de muitíssimas outras causas indetermináveis *a priori*. A nós importa somente certificar que esse sentimento do contrário nasce, e que nasce de uma atividade especial que a reflexão assume na concepção de tais obras de arte.

3

Atenhamo-nos a isto; sigamos esta atividade especial da reflexão, e vejamos se ela nos explica uma a uma as várias características que se podem encontrar em toda obra humorística.

Havíamos dito que, comumente, na concepção de uma obra de arte, a reflexão é quase uma forma do sentimento, quase um espelho em que o sentimento se mira. Querendo seguir esta imagem, poder-se-ia dizer que, na concepção humorística, a reflexão é, sim, como um espelho, mas de água gelada, em que a chama do sentimento não se mira somente, mas mergulha e se apaga, o chiado da água é o riso que o humorista suscita; o vapor que dela exala é a fantasia muitas vezes um pouco fumacenta da obra humorística.

– *Há justiça neste mundo no fim de contas!* – grita Renzo, o noivo apaixonado e revoltado.
– *Tanto é verdade que um homem avassalado pela dor já não sabe mais o que diz* – comenta Manzoni.

Aí está a chama do sentimento que mergulha e se apaga na água gelada da reflexão.

A reflexão, ao assumir aquela sua atividade especial, vem perturbar, interromper o movimento espontâneo que organiza as idéias e as imagens em uma forma harmoniosa. Já se notou muitas vezes que as obras humorísticas são decompostas, interrompidas, entremeadas de contínuas digressões. Até numa obra tão harmônica em seu conjunto como *I Promessi Sposi*, se observou algum defeito de composição, uma minúcia a sobrar aqui e ali e o freqüente interromper-se da representação ou por chamadas ao famoso Anônimo ou pela arguta intrusão do próprio autor. Isto, que aos nossos críticos pareceu um excesso, por um lado, e um defeito, por outro, é, pois, a característica mais evidente de todos os livros humorísticos. Basta citar o *Tristram Shandy*, de Sterne, que é todo ele um emaranhado de variações e digressões, não obstante o fato de que o autobiógrafo se proponha a narrar tudo *ab ovo*, ponto por ponto, e comece pelo ventre de sua mãe e pelo relógio de pêndulo que o Senhor Shandy pai costumava carregar pontualmente.

Mas se essa característica foi notada, suas razões não se vêem com clareza. Esse descomedimento, essas digressões, essas variações já não derivam do bizarro arbítrio ou do capricho dos escritores, mas são precisamente a conseqüência necessária e inobviável da perturbação e da interrupção do movimento organizador das imagens por obra da reflexão ativa, que suscita uma associação por contrários: isto é, as imagens, em vez de associadas por similitude ou por contigüidade, se apresentam em contraste: cada imagem, cada grupo de imagens desperta e chama as contrárias, que naturalmente dividem o espírito, o qual, irrequieto, se obstina em encontrar ou estabelecer entre elas as relações mais impensadas.

Todo verdadeiro humorista não é somente poeta, senão também crítico, mas – repare-se – um crítico *sui generis*, um crítico fantástico; e digo *fantástico* não apenas no sentido de extravagante ou de caprichoso, como ainda no sentido estético da palavra, muito embora possa parecer à primeira vista uma contradição em termos. Mas é realmente assim; e por isso eu, de minha parte, sempre falei de uma *especial* atividade da reflexão.

Isto aparecerá com clareza quando se pensa que se, indubitavelmente, uma inata ou hereditária melancolia, as tristes vicissitudes, uma amarga experiência da vida, ou ainda um pessimismo ou um ceticismo adquirido com o estudo e com a consideração sobre as sortes da existência humana, sobre o destino dos homens etc., podem determinar essa particular disposição de ânimo que se costuma chamar humorística, esta disposição depois, por si só, não basta para criar uma obra de arte. Esta não é outra coisa senão o terreno preparado: a obra de arte é o germe que cairá neste terreno, e brotará e se desenvolverá nutrindo-se do humor deste, isto é, extraindo daí condições e qualidade. Mas o nascimento e o desenvolvimento desta planta devem ser espontâneos. A propósito, a semente só cai no terreno preparado para recebê-la; isto é, onde melhor possa germinar. A criação de arte é espontânea: não é composição exterior, por adição de elementos cujas relações se haja estudado; de membros dispersos não se compõe um corpo vivo, enxertando, combinando. Uma obra de arte, em suma, é enquanto é "ingênua"; não pode ser o resultado da reflexão consciente.

Portanto, a reflexão de que falo não é uma oposição do consciente frente ao espontâneo; é uma espécie de projeção da própria atividade fantástica: nasce do fantasma, como a sombra do corpo; tem todos os caracteres da "ingenuidade" ou natividade espontânea; está no próprio germe da criação e emana de fato dela isso que eu chamei sentimento do contrário.

Bem por isso acrescentei que se poderia dizer que o humorismo é um fenômeno de desdobramento no ato da concepção. A concepção da obra de arte não é, no fundo, outra coisa senão uma forma de organização das imagens. A idéia do artista não é uma idéia abstrata; é um sentimento que se converte em centro da vida interior, se apodera do espírito, agita-o e, agitando-o, tende a criar para si um corpo de imagens. Quando um sentimento comove violentamente o espírito, comumente despertam todas as idéias, todas as imagens que estão com ele de acordo; aqui, ao invés, pela reflexão inserta no germe do sentimento, como se fora um visco maligno, as idéias e as imagens despertam em contraste. É a condição, é a qualidade que o germe toma, ao cair no terreno que descrevemos mais acima: se lhe insere o visco da reflexão; e a planta brota e se reveste de um verde estranho e, não obstante, com ela congênito.

Neste ponto, Croce vai à frente com toda a força de sua lógica coletada em um *assim que*, para inferir de tudo quanto eu disse mais acima que eu contraponho arte e humorismo. E ele se pergunta:

> Quer dizer que o humorismo não é arte ou que é mais do que arte? E, neste caso, o que é ele? Reflexão sobre arte, ou seja, crítica de arte? Reflexão sobre a vida, ou seja, filosofia da vida? Ou uma forma *sui generis* do espírito, que os filósofos, até agora, não conheceram? Se Pirandello a descobriu, devia, de todo modo, tê-la demonstrado, ter-lhe assinalado um lugar, deduzi-la e dar-nos a entender a conexão com outras formas do espírito. Coisa que não realizou, limitando-se a afirmar que o humorismo é o oposto da arte.

Olho ao meu redor assombrado. Mas onde, mas quando jamais afirmei isto? Um dos dois: ou eu não sei escrever, ou Croce não sabe ler. Como entra aí a reflexão *sobre* a arte, que é crítica de arte, e a reflexão *sobre* a vida, que é filosofia da vida? Eu disse que *ordinariamente*, em geral, na concepção de uma obra de arte, isto é, enquanto um escritor a concebe, a reflexão tem uma função que procurei determinar, para depois vir a determinar qual a atividade especial que esta assume, não já *sobre* a obra de arte, mas *naquela* obra *especial* de arte que se chama humorística. Pois bem, por que o humorismo não é arte ou é mais do que arte? Quem o disse? Ele o disse, Croce, porque quer dizê-lo, não porque eu não me tenha expresso claramente, demonstrando que é arte com este caráter particular, e esclarecendo de onde lhe provém tal caráter, ou seja, desta atividade especial da reflexão, a qual decompõe a imagem criada por um primeiro sentimento para fazer surgir desta decomposição e nos apresentar um contrário, como precisamente se viu nos exemplos aduzidos e se poderia ver em todos os demais que fosse possível apresentar, examinando uma a uma as mais célebres obras humorísticas.

Não queria admitir uma hipótese muitíssimo injuriosa para Croce, isto é, de que ele crê que uma obra de arte se componha como uma massa qualquer, com tanto de ovos, tanto de farinha, tanto de queijo ou de qualquer outro ingrediente, que se poderia pôr ou deixar de fora. Mas, infelizmente, me vejo obrigado por ele mesmo a admitir uma hipótese de tal natureza, quando ele, "para fazer-me tocar com a mão que o humorismo como arte não pode distinguir-se do resto da arte", propõe esses dois casos acerca da reflexão, a qual eu – segundo ele – quisera converter em caráter distintivo da arte humorística, quase como se fosse o mesmo dizer, assim, em geral, *a reflexão*, e falar, como eu faço, de uma *especial atividade da reflexão*, mais como processo íntimo, indefectível no ato da concepção e da criação de tais obras, do que como caráter distintivo que por força deva aparecer. Mas deixemos as coisas correrem. Propõe, dizia, estes dois casos: isto é, que a reflexão

ou entra como componente na matéria da obra de arte e, neste caso, entre o humorismo e a comédia (ou a tragédia, ou a lírica, e assim por diante) não há diferença alguma, já que em toda obra de arte entram, ou podem entrar, o pensamento e a reflexão; ou bem permanece extrínseca à obra de arte, e então se terá crítica e jamais arte, e nem tampouco arte humorística.

Está claro! A massa! *Receita*: um tanto de fantasia, um tanto de sentimento, um tanto de reflexão; amasse-se e ter-se-á uma obra de arte qualquer, porque na *composição* de uma obra de arte qualquer podem entrar todos esses ingredientes, e também outros.

Mas pergunto eu: que relação tem essa massa, essa *composição* de elementos como *matéria* da obra de arte, qualquer que seja e como quer que seja, com aquilo que eu disse mais acima e que fiz ver, ponto por ponto, falando por exemplo do *Sant'Ambrogio* de Giusti, quando mostrei como a reflexão, inserindo-se qual visco no primeiro sentimento do poeta, que é de ódio para com aqueles soldados estrangeiros, gerou pouco a pouco o contrário do sentimento inicial? E acaso porque esta reflexão, sempre vígil e espelhante em todo artista durante a criação, não segue aqui o primeiro sentimento, mas até certo ponto se lhe opõe, torna-se ela por isto extrínseca à obra de arte, torna-se por isto crítica? Eu falo de uma *atividade* intrínseca da reflexão, e não da reflexão como *matéria* componente da obra de arte. Está claro! E não é crível que Croce não o entenda. Não quer entendê-lo. E a prova é aquela sua vontade de fazer crer que minhas distinções são imprecisas e que eu as repito, modifico e as tempero continuamente e que, quando outra coisa não sei, recorro às imagens; ao passo que, ao invés, nos exemplos que ele cita dessas minhas pretensas repetições e modificações e acudidoras imagens, desafio qualquer pessoa a descobrir o mínimo desacordo, a mínima modificação, a mínima tentativa de temperar a primeira asserção, e não antes uma explicação mais clara, uma imagem mais precisa; desafio qualquer pessoa a reconhecer, com ele, o meu embaraço, posto que os conceitos, a seu dizer, se deformam entre minhas mãos quando os tomo a fim de oferecê-los a outrem.

Tudo isto é verdadeiramente lamentável. Mas tal é o poder que exerce sobre Croce aquilo que ele foi uma vez levado a dizer: isto é, que do humorismo não se deve, nem se pode falar.

Vamos adiante.

## 4

Para explicar-nos a razão do contraste entre a reflexão e o sentimento, devemos penetrar no terreno em que cai o germe, quero dizer, no espírito do escritor humorista. Porque se a disposição humorística por si só não basta, uma vez que se exige o germe da criação, esta semente depois se nutre do humor que encontra. O mesmo Lipps, que distingue três modos de ser do humorismo, a saber:

*a*) o humor como disposição ou modo de considerar as coisas;
*b*) o humor como representação;

*c*) o humor objetivo;

conclui que na verdade o humor está somente em quem o tenha: subjetivismo e objetivismo não são outra coisa senão uma atitude diversa do espírito no ato da representação. Isto é, a representação do humor, que está sempre em quem o tenha, pode ser expressa em dois modos: subjetiva ou objetivamente.

Esses três modos de ser se apresentam a Lipps porque ele limita e determina eticamente a razão do humorismo, o qual é para ele, como já havíamos visto, superação do cômico através do cômico mesmo. Saibamos o que ele entende por superação. Eu, segundo ele, tenho humor, quando:

*ich selbst bin der Erhabene, der sich Behauptende, der Träger ders Vernünftigen oder Sittlichen. Als dieser Erhabene, oder im Lichte dieses Erhabenen betrachte ich die Welt. Ich finde in ihr Komisches und gehe betrachtend in die Komik ein. Ich gewinne aber schliesslich mich selbst, oder das Erhabene in mir, herhöht, befestigt, gesteigert wieder*[10].

Ora, esta é para nós uma consideração absolutamente estranha, antes de tudo, e depois também unilateral. Tirando à fórmula o valor ético, o humorismo com isso continua sendo considerado, se muito, no seu efeito e não em sua causa.

Para nós, tanto o cômico quanto o seu contrário estão na disposição de ânimo e ínsitos no processo que daí resulta. Em sua anormalidade, não pode ser senão amargamente cômica a condição de um homem que se vê estar quase sempre fora de tom, por ser a um só tempo violino e contrabaixo; de um homem em quem não pode nascer um pensamento sem que imediatamente não lhe nasça um outro oposto, contrário: a quem por uma razão pela qual tenha de dizer *sim*, de pronto lhe surjam uma, duas ou três que o obrigam a dizer *não*; e entre o sim e o não o mantenham suspenso, perplexo, por toda a vida; de um homem que não pode abandonar-se a um sentimento, sem advertir de súbito dentro de si algo que lhe faça momice e o perturbe e o desconcerte e o indigne.

Este mesmo contraste, que reside na disposição de ânimo, se observa nas coisas e passa à representação.

10. "[...] eu mesmo sou o sublime, que se afirma, o portador do razoável ou moral. Como tal, sendo eu este sublime ou, à luz desta sublimidade, considero o mundo. Eu encontro nele coisas cômicas e entro conscientemente na comicidade. Eu conquisto, porém, finalmente, a mim mesmo, ou ao sublime em mim, elevado, fortalecido, intensificado".

É uma fisionomia psíquica especial, à qual é absolutamente arbitrário atribuir uma causa determinante; ela pode ser fruto de uma experiência amarga da vida e dos homens, de uma experiência que se, de um lado, não mais permite o sentimento ingênuo de tomar asas e alçar-se qual uma cotovia para lançar um trinado ao sol, sem que ela o retenha pela cauda no ato de levantar vôo, de outro, induz a refletir que a tristeza dos homens se deve muitas vezes à tristeza da vida, aos males de que ela está cheia e que nem todos sabem ou podem suportar; induz a refletir que a vida, não tendo fatalmente para a razão humana um fim claro e determinado, precisa, para não tatear no vazio, ter um fim particular, fictício, ilusório, para cada homem, ou baixo ou alto; pouco importa, visto que não é, nem pode ser, o fim verdadeiro, que todos buscam afanosamente e ninguém encontra, talvez porque não exista. O que importa é que se dê importância a alguma coisa, ainda que seja vã: ela valerá tanto quanto outra considerada séria, porque, no fundo, nem uma nem outra darão satisfação; tanto isto é verdade que permanecerá sempre ardentíssima a sede de saber, jamais se extinguirá a faculdade de desejar e nunca se dirá em demasia que a felicidade dos homens consiste no progresso.

Veremos que todas as ficções da alma, todas as criações do sentimento, são matéria do humorismo; isto é, veremos a reflexão como que converter-se em um diabrete que desmonta o mecanismo de toda imagem, de todo fantasma instigado pelo sentimento; desmonta-o para ver como é feito; deixa a mola soltar-se e todo o mecanismo chiar, convulso. Pode ocorrer que faça isto às vezes com aquela *simpática indulgência* de que falam os que enxergam somente um humorismo bonacheirão. Mas não há que fiar-se nisso, porque se a disposição humorística tem por vezes isto de particular, ou seja, esta indulgência, este compadecimento ou ainda esta piedade, cumpre pensar que eles são fruto da reflexão que se exercitou sobre o sentimento oposto; são um sentimento do contrário nascido da reflexão sobre aqueles casos, sobre aqueles sentimentos, sobre aqueles homens, os quais provocam ao mesmo tempo o desdém, a contrariedade e a irrisão do humorista, que é tão sincero nesta contrariedade, nesta irrisão, neste desdém, quanto naquela indulgência, naquele compadecimento, naquela piedade. Se assim não fosse, ter-se-ia não mais o humorismo verdadeiro e próprio, mas a ironia, que deriva – como vimos – de uma contradição somente verbal, de um fingimento retórico inteiramente contrário à natureza do puro humorismo.

Cada sentimento, cada pensamento, qualquer impulso que surja no humorista, desdobra-se de súbito em seu contrário: cada sim em um não, que acaba no fim por assumir o mesmo valor do sim. Às vezes pode o humorista talvez fingir que está somente de um lado: dentro dele no entanto fala o outro sentimento que parece não ter coragem de revelar-se primeiro; fala-lhe e começa a mover ora uma tímida escusa, ora um atenuante, que esmoreçam o calor do primeiro sentimento, ora uma arguta reflexão que desmonte sua seriedade e induza a rir.

Assim ocorre que nós todos deveríamos sentir desprezo e indignação por Dom Abbondio, por exemplo, e julgar Dom Quixote ridículo ao extremo e amiúde louco de amarrar; contudo, somos induzidos ao compadecimento, até à simpatia por aquele, e a admirar com infinita ternura as ridicularias deste, enobrecidas por um ideal tão alto e puro.

Onde está o sentimento do poeta? No desprezo ou na compaixão por Dom Abbondio? Manzoni tem um ideal abstrato, nobilíssimo, da missão do sacerdote sobre a terra, e encarna este ideal em Federigo Borromeo. Mas eis a reflexão, fruto da disposição humorística, a sugerir ao poeta que este ideal abstrato só por raríssima exceção pode encarnar-se, e que as debilidades humanas são muitas. Houvesse Manzoni escutado somente a voz daquele ideal abstrato, teria representado Dom Abbondio de um modo que todos se veriam no dever de sentir por ele ódio e desprezo, mas o poeta ouve dentro de si também a voz das debilidades humanas. Pela disposição natural do espírito, pela experiência da vida, que lha determinou, Manzoni não pode deixar de desdobrar em germe a concepção daquela idealidade religiosa, sacerdotal; e entre as duas flamas acesas de Fra Cristoforo e do Cardeal Federigo vê, ao rés-do-chão, cauta e encolhida, alongar-se a sombra de Dom Abbondio. E se compraz até certo ponto de pôr frente a frente, em contraste, o sentimento ativo, positivo, e a reflexão negativa; o facho aceso do sentimento e a água gelada da reflexão; a pregação alada, abstrata, do altruísmo, para ver como se dilui nas razões pedestres e concretas do egoísmo.

Federigo Borromeo pergunta a Dom Abbondio:

> E quando vós vos apresentastes à Igreja para investir-vos deste ministério, ela vos deu segurança de vida? Disse-vos que os deveres inerentes ao ministério estavam livres de qualquer obstáculo, imunes a todos os perigos? Ou vos disse talvez que lá onde começasse o perigo, ali cessaria o dever? Ou não vos disse expressamente o contrário? Não vos advertiu que vos mandava como um cordeiro entre lobos? Vós não sabíeis que havia criaturas violentas, a quem poderia desagradar aquilo que a vós seria comandado? Aquele de Quem nos vem a doutrina e o exemplo, à imitação de Quem nos deixamos nomear e nos nomeamos pastores, vindo à terra para exercer seu ofício, pôs por acaso como condição ter a vida salva? E para salvá-la, para conservá-la, digo, alguns dias a mais sobre a terra, à custa da caridade e do dever, havia necessidade da santa unção, da imposição das mãos, da graça

do sacerdócio? Basta o mundo para dar esta virtude, para ensinar esta doutrina. O que digo? Oh, vergonha!, o mundo mesmo refuta: o mundo faz também suas leis, que prescrevem o mal assim como o bem; tem também o seu evangelho, um evangelho de soberba e ódio; e não quer que se diga que o amor pela vida seja uma razão para transgredir os mandamentos. Não quer e é obedecido! E nós!, nós filhos e anunciadores da promessa! Que seria da Igreja se essa vossa linguagem fosse a de todos os vossos confrades? Onde estaria, se houvesse aparecido no mundo com essa doutrina?

Dom Abbondio escuta esse longo e animoso sermão cabisbaixo. Manzoni diz que seu espírito "se encontrava entre aqueles argumentos como um pintinho nas garras de um falcão, que o mantivesse soerguido em uma região desconhecida, em um ar que jamais havia respirado". A comparação é bonita, ainda que para alguns a idéia de rapacidade e fereza que há no falcão tenha parecido pouco conveniente para o Cardeal Federigo. O erro, a meu ver, não reside tanto na maior ou menor conveniência da comparação, quanto na comparação mesma, por amor da qual Manzoni, querendo refazer a fabulazinha de Hesíodo, foi levado talvez a dizer o que não devia. Encontrava-se realmente Dom Abbondio soerguido numa região desconhecida entre aqueles argumentos do Cardeal Borromeo? Mas a comparação do cordeiro entre os lobos se lê no Evangelho de Lucas, onde Cristo diz justamente aos apóstolos: "*Eis que eu vos envio como cordeiros entre os lobos*". E quem sabe quantas vezes Dom Abbondio o havia lido; como em outros livros, quem sabe quantas vezes teria lido aquelas austeras admonições; aquelas elevadas considerações. E digamos mais: talvez o próprio Dom Abbondio, em abstrato, falando, pregando sobre a missão do sacerdote, tivesse dito mais ou menos o mesmo. Tanto é verdade que, em abstrato, ele as entende isto muito bem:

– Monsenhor Ilustríssimo, estou errado – responde ele, com efeito; mas se apressa a acrescentar: – Quando a vida não deve contar, não sei o que dizer.

E quando o Cardeal insiste:

– E não sabeis vós que sofrer pela justiça é nossa vitória? E se não sabeis disto, o que pregais? Do que sois mestre? Qual a *boa nova* que anunciais aos pobres? Quem pretende de vós que vençais a força com a força? É certo que não vos será perguntado, um dia, se soubestes manter no lugar os poderosos; visto que para isto não vos foi dada nem missão, nem meios. Mas a vós será perguntado, sim, se utilizastes os meios que estavam à vossa mão para fazer o que vos era prescrito, ainda que tivessem a temeridade de vô-lo proibir.

– Também estes santos são bem curiosos – pensa Dom Abbondio; – em substância, se se esprime o suco, importa-lhes mais os amores de dois jovens do que a vida de um pobre sacerdote.

E posto que o cardeal ficou parado como quem espera uma resposta, ele responde:
— Torno a dizer, monsenhor, que o errado sou eu... A coragem, não se pode dar.

O que significa exatamente: — Sim, senhor, raciocinando abstratamente, a razão está de parte de Vossa Ilustríssima Senhoria; o errado sou eu. Porém Vossa Ilustríssima Senhoria diz bem, mas aquelas caras eu as vi, aquelas palavras eu as ouvi.

— E por que, pois — pergunta-lhe por fim o cardeal — vós vos haveis empenhado em um ministério que vos impõe estar em guerra com as paixões do século?

Oh, o porquê nós sabemos muito bem: Manzoni mesmo no-lo diz desde o princípio; no-lo quis dizer e podia também prescindir disso: Dom Abbondio, nem nobre, nem rico, menos ainda corajoso, havia-se dado conta, antes quase de atingir a idade do juízo, de ser, naquela sociedade, como um vaso de terracota obrigado a viajar em companhia de muitos vasos de ferro. Havia portanto, de bastante bom grado, obedecido a seus pais, que queriam que ele fosse padre. Para dizer a verdade, não tinha pensado demais nas obrigações e nos nobres fins do ministério ao qual se dedicava: arrumar do que viver com alguma folga e entrar em uma classe privilegiada e forte lhe haviam parecido duas razões mais do que suficientes para uma tal escolha.

Em luta, portanto, com as paixões do século? Mas se ele se tornou padre a fim de resguardar-se precisamente dos choques daquelas paixões e, com seu *sistema particular*, evitar todos os contrastes?

Cumpre todavia escutar, meus senhores, as razões do coelho! Imaginei certa vez que à toca da raposa, ou de Messer Renardo, como se costuma chamá-la no mundo das fábulas, acorressem um a um todos os animais por causa da notícia que entre eles se havia espalhado a respeito de certas contrafábulas que a raposa tinha a intenção de compor em resposta a todas aquelas que desde tempos imemoriais os homens compõem e de cuja letra os animais têm, quiçá, motivos para sentir-se caluniados. E entre os outros vinha à toca de Messer Renardo o coelho para protestar contra os homens que o chamavam de medroso e dizia: "Mas posso dizer-vos, quanto a mim, Messer Renardo, que sempre pus em fuga ratos e lagartixas, passarinhos e grilos e muitos outros bichinhos, os quais, se lhes perguntásseis que conceito têm de mim, quem sabe o que vos responderiam, mas não por certo que eu seja um animal medroso. Ou acaso pretenderiam os homens que, à sua presença, eu me erguesse sobre duas patas e me dirigisse ao seu encontro para que me pegassem e matassem? Eu creio na verdade, Messer

Renardo, que para os homens não deve haver nenhuma diferença entre heroísmo e imbecilidade!

Ora, eu não nego, Dom Abbondio é um coelho. Mas nós sabemos que Dom Rodrigo, se ameaçava, não ameaçava em vão, sabemos que para *conseguir seu propósito* era efetivamente capaz de tudo; sabemos que tempos eram aqueles e podemos muitíssimo bem imaginar que se Dom Abbondio houvesse casado Renzo e Lúcia, ninguém evitaria decerto que levasse uma escopetada, e que, talvez, Lúcia, esposa somente de nome, fosse raptada, ao sair da igreja, e Renzo, também ele, morto. De que serviram a intervenção, a sugestão de Fra Cristoforo? Lúcia não foi raptada do convento de Monza? Existe a *liga dos patifes*, como disse Renzo. Para desatar aquela meada é preciso a mão de Deus; não por um modo de dizer, a mão de Deus propriamente. Que podia fazer um pobre padre?

Medroso, sim, senhores, Dom Abbondio: e De Sanctis ditou algumas páginas maravilhosas examinando o sentimento de medo no pobre cura; mas não teve em conta isto, cáspite: que o medroso é ridículo, é cômico, quando cria para si riscos e perigos imaginários; mas quando um medroso tem verdadeiramente *razão de ter medo*, quando vemos preso, enredado num embate terrível, alguém que por natureza e por sistema quer evitar todas as disputas, até as mais leves, e que deveria encontrar-se por seu sacrossanto dever naquele embate terrível, esse medroso não é mais cômico, somente. Para tal situação não basta tampouco um herói como Fra Cristoforo, que vai enfrentar o inimigo em seu próprio palácio! Dom Abbondio não tem a coragem do próprio dever; mas este dever, por causa da maldade alheia, torna-se dificílimo, e por isso tal coragem é tudo exceto fácil; para cumpri-lo seria preciso um herói. Em lugar de um herói encontramos Dom Abbondio. Nós não podemos, senão abstratamente, nos indignarmos com ele, isto é, se considerarmos em abstrato o ministério do sacerdote. Teríamos decerto admirado um sacerdote herói que, no lugar de Dom Abbondio, não tivesse feito caso da ameaça e do perigo e houvesse cumprido o dever de seu ministério. Mas não podemos deixar de nos compadecer de Dom Abbondio, que não é o herói que se quereria ter em seu lugar, que não só não possui a grandíssima coragem que se desejaria, mas que não a possui nem muito nem pouco; e *a coragem ninguém pode dá-la!*

Um observador superficial terá em conta o riso que nasce da comicidade exterior dos atos, dos gestos, das frases reticentes etc. de Dom Abbondio, e chamá-lo-á ridículo, sem mais, ou dirá que é uma figura simplesmente cômica. Mas quem não se contenta com estas superficialidades e sabe ver mais fundo, sente que o riso brota aqui de algo bem diverso e não é somente o da comicidade.

Dom Abbondio é aquele que se encontra no lugar daquele que se teria gostado de ter aqui. Mas o poeta não se indigna com esta realidade que encontra, porque, embora tendo, como dissemos, um ideal altíssimo da missão do sacerdote sobre a terra, tem também dentro de si a reflexão que lhe sugere que esse ideal não se encarna salvo em raríssimas exceções, e por isso o obriga a limitar esse ideal, como observa De Sanctis. Mas o que é essa limitação do ideal? É precisamente o efeito da reflexão que, exercitando-se sobre este ideal, sugeriu ao poeta o sentimento do contrário. E Dom Abbondio é precisamente esse sentimento do contrário objetivado e vivente; e por isso não é cômico apenas, mas franca e profundamente humorístico.

*Bonacheirice? Simpática indulgência?* Vamos devagar: deixemos de lado essas considerações, que são no fundo estranhas e superficiais, e que, se se quiser aprofundá-las, corre-se o risco de que também aqui nos façam descobrir o contrário. Queremos vê-lo? Sim, Manzoni fica compadecido deste pobre homem que é Dom Abbondio; mas é um compadecimento, meus senhores, que ao mesmo tempo o reduz a destroços, necessariamente. De fato, só com a condição de rir e de fazer com que se riam dele, pode compadecer-se e fazer com que se compadeçam dele, comiserar-se e fazer com que se comiserem dele. Mas, rindo-se e compadecendo-se dele ao mesmo tempo, o poeta passa também a rir-se amargamente desta pobre natureza humana enferma de tantas debilidades; e quanto mais as considerações piedosas se restringem para proteger o pobre cura, tanto mais se alarga em torno dele o descrédito do valor humano. O poeta, em suma, nos induz a ter compaixão do pobre cura, fazendo-nos reconhecer que, apesar de tudo, se passarmos bem a mão na consciência, é humano, é de todos nós, aquilo que sua personagem sente e experimenta. E o que se segue? Segue-se que se, por sua própria virtude, esse particular se torna geral, se esse sentimento misto de riso ou pranto, quanto mais se estreita e se determina em Dom Abbondio, tanto mais se alarga e quase se evapora numa infinita tristeza; segue-se, dizíamos, que se se quiser considerar por esse lado a representação do cura manzoniano, não saberemos mais rir dele. Aquela piedade é, no fundo, desapiedada: a simpática indulgência não é tão bonachona como parece à primeira vista.

É grande coisa, como se verifica, ter um ideal – religioso, como o de Manzoni; cavaleiresco, como o de Cervantes – para vê-lo depois reduzir-se pela reflexão em Dom Abbondio e Dom Quixote! Manzoni se consola diante disso, criando ao lado o cura de vilório Fra Cristoforo e o Cardeal Borromeo; mas é também verdade que, sendo ele sobretudo humorista, sua criatura mais viva é aqueloutra, isto é, aquela em que o sentimento do contrário se encarnou. Cervantes não pode consolar-se de modo algum porque, no cárcere da Mancha, com Dom Quixote – como ele mesmo disse – engendra *alguém que se lhe assemelha*.

5

É considerar superficialmente, havíamos dito, e só de um lado, o humorismo, ver nele apenas um contraste particular entre o ideal e a realidade. Um ideal pode haver, repitamos, isto depende da personalidade do poeta; mas se há, é para ver-se decomposto, limitado, representado deste modo. Certamente, como todos os outros elementos constitutivos do espírito de um poeta, o ideal entra e se faz sentir na obra humorística, lhe dá um caráter particular, um sabor particular; mas não é condição imprescindível: absolutamente não!, pois que antes é próprio do humorista, pela atividade especial que nele assume a reflexão – gerando o sentimento do contrário – o não saber mais de que parte ficar, a perplexidade, o estado irresoluto da consciência.

E precisamente é isto o que distingue com nitidez o humorista do cômico, do irônico, do satírico. Nestes outros não nasce o sentimento do contrário; se nascesse, seria riso amargo, isto é, não mais cômico, mas o riso provocado no primeiro pelo percebimento de qualquer anormalidade; a contradição que no segundo é somente verbal, entre aquilo que se diz e aquilo que se pretende que seja entendido, se tornaria efetiva, substancial, e portanto não mais irônica; e cessaria o desdém ou, como quer que seja, a aversão à realidade, que é a razão de toda sátira.

Não que ao humorista, todavia, apraza a realidade! Bastaria somente isso, que lhe aprouvesse um pouco, por menos que fosse, para que, exercendo-se a reflexão sobre esse seu prazer, ela lho estragasse.

Essa reflexão se insinua, aguda e sutil, por toda parte e a tudo decompõe: toda imagem do sentimento, toda simulação ideal, toda aparência da realidade, toda ilusão.

O pensamento do homem, dizia Guy de Maupassant, *tourne comme une mouche dans une bouteille* ("gira como um mosca numa garrafa"). Todos os fenômenos ou são ilusórios ou sua razão nos escapa, inexplicável. Falta absolutamente ao nosso conhecimento do mundo e de nós mesmos aquele valor objetivo que comumente presumimos atribuir-lhe. É uma construção ilusória contínua.

Queremos assistir à luta entre a ilusão, que se insinua também por toda parte e constrói a seu modo; e a reflexão humorística, que decompõe uma a uma aquelas construções?

Comecemos por aquela que a ilusão faz a cada um de nós, isto é, pela construção que cada um, por obra da ilusão, faz de si mesmo. Vemo-nos nós em nossa verdadeira e lhana realidade, tal como somos, ou não preferencialmente como quiséramos ser? Por um espontâneo artifício interior, fruto de secretas tendências ou de inconscientes imitações, não nos cremos de boa fé diferentes do que substancialmente somos? E pensamos, atuamos, vivemos segundo essa interpretação fictícia e, no entanto, sincera, de nós mesmos.

Ora, a reflexão, sim, é capaz de descobrir essa construção ilusória tanto ao cômico e ao satírico quanto ao humorista. Mas o cômico somente há de rir dela, contentando-se em desinflar essa metáfora de nós mesmos, edificada pela ilusão espontânea; o satírico desdenhará dela; o humorista, não: através do ridículo dessa descoberta verá o lado sério e doloroso; desmontará essa construção, mas não para dela rir unicamente; e em vez de desdenhar dela, talvez rindo, compadecer-se-á.

O cômico e o satírico sabem, pela reflexão, quanta baba traz da vida social a aranha da experiência a fim de compor a teia da mentalidade neste ou naquele indivíduo, e como nessa teia permanece amiúde encoberto aquilo que se chama o senso moral. O que são, no fundo, as relações sociais da assim chamada conveniência? Considerações de cálculo nas quais a moralidade é quase sempre sacrificada. O humorismo vai mais adentro, e ri sem desdenhar ao descobrir como, também ingenuamente, com a máxima boa fé, por obra de uma ficção espontânea, nós somos induzidos a interpretar como verdadeiro cuidado, como verdadeiro sentimento moral, em si, aquilo que, na realidade, não é outra coisa senão cuidado ou sentimento de conveniência, isto é, de cálculo. E ele vai inclusive mais além, e descobre que pode tornar-se convencional até a necessidade de parecer pior do que se é realmente, se o estar agregado a um grupo social qualquer importa em que se manifestem idealidades e sentimentos que são próprios àquele grupo, e que todavia parecem, a quem dele participa, contrários e inferiores ao próprio sentimento íntimo[11].

A conciliação das tendências estridentes, dos sentimentos repugnantes, das opiniões contrárias, parece mais realizável na base de uma mentira comum, do que na da explícita e declarada tolerância da dis-

---

11. Valho-me aqui de algumas agudas considerações contidas no livro de Giovanni Marchesini, *Le finzioni dell'anima* (Bari, Gius. Laterza e Figli, 1905).

sensão e do contraste; parece, em suma, que se deva considerar a mentira mais vantajosa do que a verdade, na medida em que aquela pode unir lá onde esta divide; o que não impede que, na medida em que a mentira é tacitamente descoberta e reconhecida, se tome como garantia de sua eficácia associadora a veracidade mesma, fazendo-se aparecer como sinceridade a hipocrisia.

A contenção, a reserva, o fazer crer que há mais do que tudo quanto se diga ou se faça, o silêncio mesmo não desacompanhado da sapiência dos signos que o justificam – ó, inesquecível Conde Zio (Tio) do Conselho Secreto[12] – são artes que se utilizam com freqüência na prática da vida; e assim mesmo o não dar ocasião para que se observe o que se pensa, o fazer crer que se pensa menos do que se pensa efetivamente, o pretender que se é tido como diferente do que no fundo se é.

Notava Rousseau no *Emílio*:

> Pode-se fazer o que se fez e o que não se fez. Pois que um interesse maior pode fazer com que se viole uma promessa que se havia feito por um interesse menor, o que importa é que a violação se realize impunemente. O meio para tal fim é a mentira, que pode ser de duas espécies, podendo dizer respeito ao passado, onde nos declaramos autores daquilo que na realidade não fizemos, ou então sendo os autores declaramos não sê-lo; – e podendo dizer respeito ao futuro, como sucede quando fazemos promessas que se tem no espírito a intenção de não manter. É evidente que a mentira, em um e em outro caso, surge das relações de conveniência, como meio de conservar a benevolência de outrem e aliciar o socorro de outrem.

Quanto mais difícil é a luta pela vida e mais é sentida nesta luta a debilidade própria, tanto maior se faz a necessidade do engano recíproco. A simulação da força, da honestidade, da simpatia, da prudência, em suma, de qualquer virtude máxima da veracidade, é uma forma de adaptação, um hábil instrumento de luta. O humorista surpreende de súbito essas diversas simulações para a luta pela vida; diverte-se desmascarando-as; não se indigna: – é assim!

E enquanto o sociólogo descreve a vida social tal como ela resulta das observações externas, o humorista, armado de sua arguta intuição,

---

12. "Um falar ambíguo, um calar-se significativo, um remanescer no meio, um estreitar de olhos que expressava: não posso falar; um lisonjear sem prometer, um ameaçar com cerimônia; tudo estava dirigido para aquele fim; e tudo, mais ou menos, girava a favor. A ponto de que até um: eu nada posso fazer neste caso, dito talvez pela pura verdade, mas dito de modo a não se lhe dar crédito, servia para acrescer o conceito, e portanto a realidade, de seu poder: como aqueles recipientes que ainda se vêem em algumas boticas de drogas, com umas certas palavras árabes escritas em cima, e dentro das quais nada há; mas servem para manter o crédito da botica."

demonstra, revela como as aparências são profundamente diversas do ser íntimo da consciência dos associados. E, no entanto, mente-se psicologicamente como se mente socialmente. E o mentir a nós mesmos, vivendo conscientemente só a superfície de nosso ser psíquico, é efeito do mentir social. A alma que reflete a si mesma é uma alma solitária; mas a solidão interior não é jamais tanta que não penetrem na consciência as sugestões da vida comum, com os fingimentos e as artes transfigurativas que a caracterizam.

Vive na alma a nossa alma da raça ou da coletividade da qual somos parte; e a pressão do outro modo de julgar, do outro modo de sentir e de operar, é ressentida por nós inconscientemente: e como no mundo social dominam a simulação e a dissimulação, tanto menos advertidas quanto mais se tornaram habituais, assim também nós simulamos e dissimulamos conosco mesmos, desdobrando-nos e amiúde também multiplicando-nos. Sentimos em nós mesmos aquela vaidade de parecermos diferentes do que somos, que é uma forma consubstanciada na vida social; e furtamo-nos daquela análise que, desvelando a vaidade, iria excitar o remorso da consciência e nos humilharia perante nós mesmos. Mas esta análise a realiza por nós o humorista, que pode assumir outrossim o ofício de desmascarar todas as vaidades, e de representar a sociedade, como faz precisamente Thackeray, qual uma *Vanity Fair*[13].

E o humorista sabe muito bem que a pretensão da logicidade também supera muitas vezes de longe em nós a real coerência lógica, e que se nos fingimos lógicos teoricamente, a lógica da ação pode desmentir a do pensamento, demonstrando que é um embuste crer em sua sinceridade absoluta. O hábito, a imitação inconsciente, a preguiça mental concorrem para criar o equívoco. E mesmo quando, depois, à razão rigorosamente lógica se adira, digamos, com o respeito e o amor para com determinados ideais, será sempre sincera a referência que deles fazemos à razão? Estará sempre na razão pura, desinteressada, a nascente verdadeira e única da escolha dos ideais e da perseverança no cultivá-los? Ou, ao invés, não será mais conforme à realidade suspeitar que estes já são por vezes julgados não com um critério objetivo e racional, mas de preferência segundo especiais impulsos afetivos e obscuras tendências?

As barreiras os limites que pomos à nossa consciência, são também ilusões, são as condições do aparecer de nossa individualidade

---

13. A mesma tarefa assume Thackeray no *Livro dos Esnobes* e naquela "Novela sem herói, ou vaidades iluminadas com a vela do próprio autor".

relativa; porém, na realidade, estes limites não existem de modo algum. Não somente nós, tal como somos agora, vivemos em nós mesmos, mas também nós, tal como fomos em outros tempos, vivemos ainda agora, sentimos e raciocinamos com pensamentos e afetos já por um longo esquecimento obscurecidos, cancelados, apagados em nossa consciência presente, mas que a um choque, a um tumulto imprevisto do espírito, podem ainda dar prova de vida, mostrando vivo em nós um outro ser insuspeito. Os limites de nossa memória pessoal e consciente não são limites absolutos. Do outro lado dessa linha são memórias, são percepções e raciocínios. O que nós conhecemos de nós mesmos, não é senão uma parte, talvez uma pequeníssima parte daquilo que nós somos[14]. E tantas e tantas coisas, em certos momentos excepcionais, são por nós surpreendidas em nós mesmos, percepções, raciocínios, estados de consciência, que estão verdadeiramente além dos limites relativos de nossa existência normal e consciente. Certos ideais que cremos já transmontados em nós e não mais capazes de alguma ação no nosso pensamento, sobre nossos afetos, sobre nossos atos, quiçá persistem todavia, se não mais na forma intelectual, pura, ao menos em seu substrato, constituído pelas tendências afetivas e práticas. E certas tendências de que nós nos julgávamos liberados podem ser motivos reais de ações, e, ao contrário, podem não ter eficácia prática em nós, mas apenas ilusória, crenças novas que julgamos possuir verdadeiramente, intimamente.

E justamente as várias tendências que assinalam a personalidade fazem pensar a sério que a alma individual não seja *una*. Como afirmar ser ela *una*, de fato, se paixão e razão, instinto e vontade, tendências e idealidades, constituem de certo modo outros tantos sistemas distintos e móveis, que fazem sim com que o indivíduo, vivendo ora um ora outro desses sistemas, ora algum compromisso entre duas ou mais orientações psíquicas, apareça como se nele verdadeiramente houvesse mais almas diversas e até opostas, mais e opostas personalidades?

Não há homem, observou Pascal, que difira mais de um outro do que de si mesmo na sucessão do tempo.

A simplicidade d'alma contradiz o conceito histórico da alma humana. Sua vida é equilíbrio móvel; é um ressurgir e sopitar contí-

14. Ver no livro de Alfred Binet, *Les altérations de la personnalité*, aquela resenha de maravilhosos experimentos psicofisiológicos, dos quais estas e tantas outras considerações podem ser tiradas, como já notava G. Nigri no livro *Segni dei tempi*.

nuo de afetos, de tendências, de idéias; um flutuar incessante entre termos contraditórios e um oscilar entre pólos opostos, como a esperança e o medo, o verdadeiro e o falso, o belo e o feio, o justo e o injusto e assim por diante. Se de repente se delineia na imagem obscura do porvir um luminoso desenho de ação, ou vagamente brilha a flor do prazer, não tarda a aparecer, víndice do direito da experiência, o pensamento do passado, não raro sombrio e triste; ou intervém para frear a briosa fantasia o sentido caviloso do presente. Essa luta de recordações, de esperanças, de pressentimentos, de percepções, de idealidades, pode afigurar-se como uma luta de almas entre si, que disputam o domínio definitivo e pleno da personalidade.

Eis, por exemplo, um alto funcionário, que se julga, e porventura é na verdade, coitado, um homem de bem. Nele, domina a alma moral. Mas um belo dia, a alma instintiva, que é como a besta original acaçapada no fundo de cada um de nós, desfecha um pontapé na alma moral, e esse homem de bem rouba. Oh, ele mesmo, coitado, é o primeiro, pouco depois, a mostrar estupor com o fato, chora, pergunta a si próprio, desesperado: – *Como, como pude fazer uma coisa assim?* – Mas sim, senhores, roubou. E aquele outro lá? Um homem honesto, ou antes, honestíssimo: sim, senhores, matou. A idealidade moral constituía na sua personalidade uma alma que contrastava com a alma instintiva e também, em parte, com a afetiva ou passional; constituía uma alma adquirida que lutava com a alma hereditária, a qual, deixada por um pouco entregue a si mesma, conseguiu de improviso chegar ao furto, ao delito.

A vida é um fluxo contínuo que nós procuramos deter, fixar em formas estáveis e determinadas, dentro e fora de nós, porque nós já somos formas fixadas, formas que se movem em meio a outras imóveis, e que por isso podem seguir o fluxo da vida, até que, enrijecendo-se sucessivamente, o movimento, já pouco a pouco relentado, não cessa. As formas, em que procuramos deter, fixar em nós esse fluxo contínuo, são os conceitos, são os ideais em relação aos quais queremos nos conservar coerentes, todas as ficções que nós criamos, as condições, o estado em que tendemos a estabelecer-nos. Mas dentro de nós mesmos, naquilo que chamamos alma, e que é a vida em nós, o fluxo continua, indistinto, sob os diques, além dos limites que nós impomos, ao compor-nos uma consciência, ao construir-nos uma personalidade. Em certos momentos tempestuosos, acometidas pelo fluxo, todas aquelas nossas formas fictícias ruem miseravelmente; e também aquilo que não escorre sob os diques e além dos limites, mas que se nos revela distinto e que nós havíamos cuidadosamente canalizado em nossos afetos, nos deveres que nos impusemos, nos hábitos que nos traçamos, em certos momentos de cheia transborda e revolve tudo.

Há almas irrequietas, quase em estado de fusão constante, que se recusam a coagular-se, a endurecer-se nesta ou naquela forma de personalidade. Mas, mesmo para as mais quietas, que se acomodaram a uma ou a outra forma, a fusão é sempre possível: o fluxo da vida está em todas.

E para todas, porém, pode representar às vezes uma tortura, com respeito à alma que se move e se funde, o nosso próprio corpo fixado para sempre em feições imutáveis. Oh, por que realmente devemos nós ser assim? – perguntamo-nos por vezes ao espelho, – com esta cara, com este corpo? – Alçamos uma mão, em inconsciência; e o gesto nos queda suspenso. Parece-nos estranho que nós o tenhamos feito. *Vemo-nos viver*. Com aquele gesto suspenso podemos assemelhar-nos a uma estátua; àquela estátua de orador antigo, por exemplo, que se vê em um nicho, saindo pela escalinata do Quirinal. Com um rolo de papel em uma mão, e a outra levantada em sóbrio gesto, como parece aflito e maravilhado aquele orador antigo por ter permanecido ali, de pedra, por todos os séculos, em suspenso naquela postura, diante de tanta gente que subiu, que sobe e subirá por aquela escalinata!

Em certos momentos de silêncio interior, em que nossa alma se despoja de todas as ficções habituais, e nossos olhos se tornam mais agudos e mais penetrantes, nós vemos a nós mesmos na vida, e a vida em si mesma, quase em uma nudez árida, inquietante; nós nos sentimos assaltados por uma estranha impressão, como se, em um relâmpago, se nos aclarasse uma realidade diversa daquela que normalmente percebemos, uma realidade vivente para além da vista humana, fora das formas da humana razão. Lucidamente então a compaginação da existência cotidiana, quase suspensa no vazio desse nosso silêncio interior, se nos aparece privada de sentido, privada de escopo; e aquela realidade diversa nos parece horrenda em sua crueza impassível e misteriosa, pois todas as nossas costumeiras relações fictícias de sentimentos e de imagens se cindiram e se desagregaram nela. O vazio interno se alarga, transpõe os limites de nosso corpo, torna-se um vazio ao nosso redor, um vazio estranho, como um arresto do tempo e da vida, como se o nosso silêncio interior se aprofundasse nos abismos do mistério. Com um esforço supremo procuramos então readquirir a consciência normal das coisas, reatar com estas as relações costumeiras, reconectar as idéias, voltar a nos sentir vivos como antes, ao modo habitual. Mas a essa consciência normal, a essas idéias reconectadas, a esse sentimento habitual da vida não nos é mais possível dar fé, porque sabemos enfim que constituem um engano nosso para viver e que por debaixo há alguma outra coisa, com a qual o homem não pode defrontar-se, se não ao custo de morrer ou de enlouquecer. Foi um átimo; mas dura longamente em nós a impressão disso, como da vertigem, com a qual contrasta a estabilidade, ainda que vã, das coisas: ambiciosas ou míseras aparências. A vida, então, que gira miúda, usual, entre estas aparências, se nos afigura quase como se já não fosse de verdade, como se fosse uma fantasmagoria mecânica. E como conceder-lhe importância? Como prestar-lhe respeito?

Hoje somos; amanhã, não. Que cara nos deram para representar o papel de vivente? Um nariz feio? Que pena ter de carregar um feio nariz por toda a vida... Sorte que, com o correr do tempo, já não mais nos damos conta disso. Os outros se dão conta disso, é verdade, quando nós chegamos até a crer termos um belo nariz; e então não sabemos mais explicar-nos por que os outros riem, nos mirando. São tão estúpidos! Consolemo-nos olhando que orelhas tem aquele e que lábios, aqueloutro; e quais nem ao menos se dão conta disso e têm a coragem de rir de nós. Máscaras, máscaras... Um sopro e passam, para dar o lugar a outras. Aquele pobre coxo ali... Quem é? Corre para a morte com a muleta... A um, a vida, aqui, esmaga o pé; a outro, ali, arranca um olho... Perna de pau, olho de vidro, e avante! Cada um se ajusta a máscara como pode – a máscara exterior. Porque dentro, depois, está a outra, que muitas vezes não se harmoniza com a de fora. E nada é verdadeiro! Verdadeiro é o mar, sim, verdadeira é a montanha; verdadeira é a pedra; verdadeiro é um talo de grama; mas o homem? Sempre mascarado, sem que o queira, sem que o saiba, daquilo que de boa fé tal coisa se lhe afigura ser: *bonito, bom, gracioso, generoso, infeliz* etc. etc. E isso faz rir tanto, se se pensa. Sim, porque um cão, digamos, passada a primeira febre da vida, o que faz? Come e dorme; vive como pode viver, como deve viver, fecha os olhos, paciente, e deixa que o tempo passe, frio se é frio, quente se é quente; e se lhe dão um pontapé ele o toma, porque é sinal que também isto lhe toca. Mas o homem? Até quando velho, sempre com a *febre*: delira e não se dá conta; não pode deixar de posar, mesmo diante de si próprio, de algum modo, e imagina uma porção de coisas que ele tem necessidade de crer como verdadeiras e tomar a sério.

Ajuda-o nisso uma certa maquininha infernal que a natureza quis regalar-lhe, ajustando-a dentro dele, para dar-lhe uma prova marcante de sua benevolência. Os homens, por sua saúde, deveriam todos deixá-la enferrujar-se, não deviam movê-la, nem tocá-la jamais. Mas sim! Alguns se mostraram tão orgulhosos e sentiram-se tão felizes de possuí-la, que se puseram logo a aperfeiçoá-la, com zelo encarniçado. E Aristóteles inclusive escreveu sobre ela até um livro, um gracioso tratadozinho que ainda se adota nas escolas, para que as crianças aprendam depressa e bem a brincar com ela. É uma espécie de bomba com filtro que põe em comunicação o cérebro com o coração.

Os senhores filósofos a chamam de LÓGICA.

O cérebro bombeia com ela os sentimentos do coração e extrai daí idéias. Através do filtro, o sentimento deixa tudo quanto tem em si de quente, de turvo: se refrigera, se purifica, se i-dea-li-za. Assim, um pobre sentimento, desperto por um caso particular, por uma contingência qualquer, às vezes dolorosa, bombeado e filtrado pelo cérebro por meio daquela maquininha, converte-se em idéia abstrata geral; e o que se segue daí? Segue-se daí que não devemos afligir-nos somente por aquele caso particular, por aquela contingência passageira; mas devemos também intoxicar nossa vida com o extrato concentrado, com o sublimado corrosivo da dedução lógica. E muitos desgraçados crêem assim curar todos os males de que o mundo está cheio, e bombeiam e filtram, bombeiam e filtram, até que seu coração fique árido qual um pedaço de cortiça e seu cérebro esteja como uma prateleira de farmácia cheia daqueles potezinhos que levam sobre o rótulo negro uma caveira entre duas tíbias cruzadas e a legenda: VENENO.

O homem não tem da vida uma idéia, uma noção absoluta, mas, sim, um sentimento mutável e vário, segundo os tempos, os casos, a fortuna. Ora, a lógica, ao abstrair dos sentimentos as idéias, tende precisamente a fixar aquilo que é móvel, mutável, fluido; tende a dar um valor absoluto àquilo que é relativo. E agrava um mal já grave por si mesmo. Porque a primeira raiz de nosso mal reside exatamente nesse sentimento que temos da vida. A árvore vive e não sente a si mesma: para ela, a terra, o sol, o ar, a luz, o vento, a chuva, não são coisas que ela não seja. Ao homem, ao invés, ao nascer tocou-lhe esse triste privilégio de sentir-se viver, com a linda ilusão que daí resulta: isto é, a de tomar como uma realidade fora de si mesmo esse seu sentimento interno da vida, mutável e vário.

Os antigos fabularam que Prometeu roubou uma fagulha do sol para dá-la de presente aos homens. Pois bem, o sentimento que temos da vida é precisamente essa fagulha prometéica fabulada. Ela faz com que nos vejamos perdidos sobre a terra; ela projeta em todo o nosso redor um círculo mais ou menos amplo de luz, para além do qual está a sombra negra, a sombra pavorosa que não existiria, se a fagulha não estivesse acesa em nós; sombra que nós, porém, devemos desgraçadamente crer verdadeira, enquanto aquela chispa se mantiver viva em nosso peito. Extinta ao fim pelo sopro da morte, acolher-nos-á de verdade aquela sombra fictícia, acolher-nos-á a noite perpétua após o dia brumoso da nossa ilusão, ou então permaneceremos antes à mercê do Ser, que terá roto somente as vãs formas da razão humana? Toda aquela sombra, o enorme mistério, a cujo respeito tantos e tantos filósofos em vão especularam e que agora a ciência, muito embora renunciando a indagar sobre isso, não exclui, não será talvez, no fundo, um engano como outro qualquer, um engano de nossa mente, uma fantasia que não se colore? E se todo esse mistério, em suma, não existisse fora de nós, mas somente em nós, e necessariamente, pelo famoso privilégio do sentimento que nós temos da vida? E se a morte fosse tão-somente o sopro que extingue em nós esse sentimento penoso, pavoroso, porque limitado, definido por esse círculo de sombra fictícia para além do breve âmbito da escassa luz que projetamos em torno de nós, e no qual a nossa vida permanece como que aprisionada, como que exclusa por algum tempo da vida universal, eterna, na qual nos parece devermos um dia reentrar, ao passo que já estamos nela e sempre aí permaneceremos, mas sem esse sentimento de exílio que nos angustia? Não é também aqui ilusório o limite, e relativo à nossa pouca luz, da nossa individualidade? Talvez tenhamos sempre vivido e sempre viveremos com o universo; talvez ainda agora, nesta nossa forma, participemos de todas as manifestações do universo; talvez não o saibamos, não o vejamos, porque desgraçadamente aquela fagulha que Prometeu nos quis doar nos faz ver somente aquele pouco a que ela alcança.

E amanhã um humorista poderia representar Prometeu no Cáucaso no ato de considerar melancolicamente o seu facho aceso e divisar nele, ao fim, a causa fatal de seu suplício infinito. Ele se deu finalmente conta de que Júpiter não é mais do que seu vão fantasma, um miserável engano, a sombra de seu próprio corpo que se projeta gigantesca no céu, por causa precisamente do facho que ele mantém aceso na mão. Sob uma só condição Júpiter poderia desaparecer: sob a condição de que Prometeu apagasse sua vela, isto é, a sua tocha. Mas ele não sabe, não quer, não pode fazê-lo; e aquela sombra permanece, pavorosa e tirana, para todos os homens que não conseguem dar-se conta do fatal engano.

Assim o contraste se nos apresenta inobviável, incindível como a sombra do corpo. Nós o vimos, nesta rápida visão humorística, alargar-se sucessivamente, transpor os limites de nosso ser individual, onde tem raízes, e estender-se em todo o derredor. Descobriu-o a reflexão, que vê em tudo uma construção ou ilusória ou fingida ou fictícia do sentimento e que com arguta, sutil e minuciosa análise a desmonta e a decompõe.

Um dos maiores humoristas, sem sabê-lo, foi Copérnico, que desmontou não propriamente a máquina do universo, mas a orgulhosa imagem que nós havíamos feito dela. Leia-se aquele diálogo de Leopardi que traz precisamente como título o nome do cônego polonês.

Deu-nos o golpe de graça a descoberta do telescópio: outra maquininha infernal, que pode fazer par com a que nos regalou a natureza. Mas esta a inventamos nós, para não sermos inferiores. Enquanto o olho fita de baixo, pela lente menor, e vê grande aquilo que a natureza providencialmente quisera nos fazer enxergar pequeno, o que faz a nossa alma? Salta para fitar de cima, pela lente maior, e o telescópio então se torna um terrível instrumento, que abisma a terra e o homem e todas as nossas glórias e grandezas.

Sorte que é própria da reflexão humorística provocar o sentimento do contrário, o qual, neste caso, diz: – Mas será verdadeiramente tão pequeno o homem, como o telescópio virado do outro lado nos faz ver? Se ele pode entender e conceber infinita a sua pequenez, quer dizer que entende e concebe a infinita grandeza do universo. E como se pode chamar, pois, pequeno ao homem?

Mas também é verdade que se ele se sente grande e um humorista vem a sabê-lo, pode suceder-lhe como a Gulliver, gigante em Liliput e joguete nas mãos dos gigantes de Brobdingnag.

6

De tudo quanto foi dito até agora sobre a atividade especial da reflexão no humorista, aparece claramente qual seja necessariamente o processo íntimo da arte humorística.

Também esta arte, como todas construções ideais ou ilusórias, tende a fixar a vida: ela a fixa em um momento ou em vários momentos determinados – a estátua em um gesto, a paisagem em um aspecto temporâneo, imutável. Mas, e a perpétua mobilidade dos aspectos sucessivos? E a contínua fusão em que se encontram as almas?

A arte em geral abstrai e concentra, isto é, capta e representa, tanto dos indivíduos como das coisas, a idealidade essencial e característica. Pois bem, ao humorista parece que tudo isso simplifica demais a natureza e tende a tornar demasiado razoável ou ao menos demasiado coerente a vida. E lhe parece que a arte em geral não tem naquela conta em que, segundo ele, deveria ter, as causas, as *verdadeiras* causas que movem amiúde essa pobre alma humana aos atos mais imprudentes, absolutamente imprevisíveis. Para o humorista as causas, na vida, não são jamais tão lógicas, tão ordenadas, como em nossas obras de arte comuns, em que tudo está, no fundo, combinado, engrenado, ordenado para o fim que o escritor se propôs. A ordem? A coerência? Mas se nós temos dentro de nós quatro, cinco almas em luta entre si: a alma instintiva, a alma moral, a alma afetiva, a alma social? E conforme domine esta ou aquela posiciona-se a nossa consciência; e nós consideramos válida e sincera aquela interpretação fictícia de nós mesmos, de nosso ser interior que ignoramos, porque não se manifesta nunca por inteiro, porém ora de um modo, ora de outro, como querem os casos da vida.

Sim, um poeta épico ou dramático pode representar um herói seu, no qual se apresentam em luta elementos opostos e repugnantes; mas ele, com estes elementos, *comporá* um caráter e quererá torná-lo coerente em cada ato seu. Pois bem, o humorista faz realmente o inverso: ele *decompõe* o caráter em seus elementos, e enquanto aqueles procuram torná-lo coerente em cada ato, estes se divertem, então, em representá-lo nas suas incongruências.

O humorista não reconhece heróis; ou melhor, deixa que os outros os representem; ele, por seu turno, sabe o que é a lenda e como se forma, o que é a história e como se forma: composições todas elas, mais ou menos ideais, e talvez tanto mais ideais quanto mais pretensões de realidade mostram; composições que ele se diverte decompondo, ainda que não se possa dizer que seja uma diversão agradável.

O mundo, se não propriamente nu, ele o vê, por assim dizer, em mangas de camisa: em mangas de camisa o rei, que vos causa tão bela impressão quando a gente o vê composto na majestade de um trono com o cetro e a coroa e o manto de púrpura e de arminho; e não compondo com demasiada pompa os mortos nas câmaras ardentes sobre seus cadafalsos, porque o humorista é capaz de não respeitar nem essa composição, nem todo esse aparato; é capaz de surpreender, por exemplo, em meio à compunção dos presentes, naquele morto, frio e duro, porém condecorado e em casaca, algum borbulho lúgubre no ventre e de exclamar (porque certas coisas se dizem melhor em latim):

– *Digestio post mortem.*

Também aqueles soldados austríacos da poesia de Giusti, de que falamos antes, são vistos ao fim pelo poeta como outros tantos pobres homens em mangas de camisa: isto é, estão despojados de seus odiosos uniformes, nos quais o poeta vê um símbolo da escravidão de sua pátria. Aqueles uniformes *compõem* no espírito do poeta uma representação ideal, da pátria escravizada; a reflexão decompõe esta representação, despe aqueles soldados e vê neles uma turma de pobres homens tristes e burlados.

"O homem é um animal vestido – diz Carlyle em seu *Sartor Resartus* – a sociedade tem por base o vestuário." E o vestuário *compõe* também, compõe e *esconde*: duas coisas que o humorismo não pode suportar.

A vida desnuda, a natureza sem nenhuma ordem pelo menos aparente, hirta de contradições, parece ao humorista distar muitíssimo da combinação ideal das concepções artísticas comuns, em que todos os elementos, de modo visível, se mantêm reciprocamente e reciprocamente cooperam.

Na verdadeira realidade, as ações que põem em relevo um caráter se recortam sobre um fundo de vicissitudes ordinárias, de particularidades comuns. Pois bem, os escritores, em geral, não se valem disto, ou pouco se importam, como se estas vicissitudes, estas particularidades não tivessem valor nenhum e fossem inúteis e omissíveis. O humorista, ao invés, as entesoura. Não se encontra o ouro, *in natura*, misturado com a terra? Pois bem, os escritores comumente jogam fora a terra e apresentam o ouro em cequins novos, bem coados, bem fundidos, bem pesados e com suas marcas e seus brasões d'armas bem cunhados. Mas o humorista sabe que as vicissitudes ordinárias, as particularidades comuns, a materialidade da vida, em suma, tão variada e complexa, contradizem depois asperamente aquelas simplificações ideais, obrigam a ações, inspiram pensamentos e sentimentos contrários a toda aquela lógica harmoniosa dos fatos e dos caracteres concebidos pelos escritores comuns. E o imprevisto que há na vida? E o abismo que há na alma? Acaso nós não sentimos deslizar dentro de nós, por vezes, pensamentos estranhos, quase relâmpagos de loucura, pensamentos inconseqüentes, inconfessáveis inclusive a nós mesmos, como que surgidos deveras de uma alma diversa daquela que normalmente reconhecemos como nossa? Daí que, no humorismo, se apresente toda aquela busca das particularidades mais íntimas e minuciosas, que podem inclusive parecer vulgares e triviais se forem confrontadas com as sínteses idealizadoras da arte em geral, e aquela busca dos contrastes e das contradições, sobre a qual sua obra se baseia, em oposição à coerência buscada pelos outros; daí aquilo que tem de decomposto, de desligado, de caprichoso, todas aquelas digressões que se notam na obra humorística, em oposição à estrutura ordenada, à *composição* da obra de arte em geral.

É o fruto da reflexão que decompõe. "Se o nariz de Cleópatra tivesse sido mais longo, quem sabe que outras vicissitudes teria tido o mundo". E este *se*, esta minúscula partícula que se pode apontar, inserir como uma cunha em todas as vicissitudes, quantas e que desagregações pode produzir, de quantas decomposições ela pode ser causa, em mãos de um humorista, como, por exemplo, Sterne, que vê todo o mundo regulado pelo infinitamente pequeno!

Resumindo: o humorismo consiste no sentimento do contrário, provocado pela atividade especial da reflexão que não se oculta, que não se torna, como comumente na arte, uma forma do sentimento, mas o seu contrário, embora seguindo passo a passo o sentimento como a sombra ao corpo. O artista comum cuida somente do corpo: o humorista cuida do corpo e da sombra, e talvez mais da sombra que do corpo; nota todos os gracejos desta sombra, como ela ora se alonga ora se encolhe, quase a fazer o arremedo do corpo, que no entanto não a calcula e nem se preocupa com ela.

Nas representações cômicas medievais do diabo, encontramos um estudante que, para zombar dele, lhe pede que agarre a própria sombra na parede. Quem representou esse diabo não era certamente humorista. O humorista sabe muito bem quanto vale uma sombra: o *Peter Schlemihl* de Chamisso que o diga.

# Seis Personagens à procura de um Autor
## Peça a Ser Representada
Tradução de Roberta Barni e J. Guinsburg

*As Personagens da Peça a Ser Representada*

    O Pai
    A Mãe
    A Enteada
    O Filho
    O Rapazinho
    A Menina (estes dois últimos não falam)
    (Depois, ao ser evocada) Madame Pace

*Os Atores da Companhia*

    O Diretor da Companhia
    A Primeira Atriz
    O Primeiro Ator
    A Segunda Mulher
    A Atriz Jovem
    O Ator Jovem
    Outros atores e atrizes
    O Assistente

O Ponto
O Contra-regra
O Maquinista
O Secretário do Diretor
O Porteiro do teatro
Assistentes e outros ajudantes de palco

*De dia, no palco de um teatro de comédia*

Nota: *A peça não tem atos nem cenas. A representação será interrompida, uma primeira vez, sem que o pano de boca desça, quando o Diretor da Companhia e o chefe das personagens da peça se retirarem para combinar o roteiro e os Atores deixarem o palco; uma segunda vez, quando o Maquinista, por engano, baixar o pano.*

*Os espectadores, ao entrarem na platéia, encontrarão o pano-de-boca levantado e o palco como ele é durante o dia, sem bastidores nem cenário, quase no escuro e vazio, para que tenham, desde o início, a impressão de um espetáculo não preparado. Duas escadinhas, uma à direita e outra à esquerda, servirão para pôr em comunicação o palco e a sala. No palco, a caixa do ponto, disposta ao lado da abertura. Do outro lado, no proscênio, uma mesinha e uma poltrona, com o espaldar voltado na direção do público, para o Diretor. Mais duas mesinhas, uma maior, outra menor, com várias cadeiras ao redor, colocadas na boca de cena, para o ensaio. Outras cadeiras, aqui e ali, à direita e à esquerda, para os Atores, e um piano, no fundo, de lado, quase escondido.*

*Apagadas as luzes da platéia, ver-se-á o Maquinista entrar pela porta do palco, de blusão azul e a bolsa de ferramentas pendurada na cintura; pegar, no fundo do palco, alguns sarrafos de cenário; dispô-los no proscênio e ajoelhar-se para pregá-los.*

*Ao ruído das marteladas acorrerá,
pela porta dos camarins, o Assistente.*

O ASSISTENTE – Hei! O que está fazendo?
MAQUINISTA – O que estou fazendo? Martelando.
O ASSISTENTE – A esta hora? (*Olhará o relógio.*) Já são dez e meia. Daqui a pouco o Diretor vai chegar para o ensaio.

MAQUINISTA – Que é isso, eu também preciso de tempo para trabalhar!
O ASSISTENTE – Você o terá, mas não agora.
MAQUINISTA – E quando?
O ASSISTENTE – Quando não for mais hora de ensaio. Vá, vá, leve tudo embora, deixe-me arrumar o cenário para o segundo ato de *O Jogo dos Papéis*.

*O maquinista, bufando, resmungando, catará os sarrafos e irá embora. Enquanto isso pela porta do palco começarão a chegar os Atores da Companhia, homens e mulheres, primeiro um, depois outro, depois dois juntos, como se quiser – nove ou dez, tantos quantos se supõe que devam tomar parte nos ensaios da peça de Pirandello* O Jogo dos Papéis, *marcada na programação do dia. Entrarão, cumprimentarão o Assistente e cumprimentar-se-ão uns aos outros, dando-se bom dia. Alguns irão para os seus camarins; outros, entre os quais o Ponto, com o texto enrolado embaixo do braço, ficarão no palco à espera do Diretor para começar o ensaio, e enquanto isso, sentados em círculo ou em pé, trocarão entre si algumas palavras. Um acenderá um cigarro, outro se queixará do papel que lhe foi dado, um terceiro lerá em voz alta uma notícia publicada em um jornalzinho teatral. Será bom que tanto as atrizes quanto os atores estejam vestidos com roupas bem claras e alegres, e que esta primeira cena improvisada seja, em sua naturalidade, muito vivaz. A certa altura, um dos atores sentar-se-á ao piano e começará a tocar um trecho de dança; os atores e as atrizes mais jovens pôr-se-ão a dançar.*

O ASSISTENTE (*batendo palmas para chamá-los à ordem*) – Vamos, vamos, parem com isso! O senhor Diretor vem aí.

*O som e a dança cessarão de repente. Os Atores voltar-se-ão a fim de olhar para a sala do teatro, por cuja porta se verá entrar o Diretor da Companhia; de chapéu-coco na cabeça, bengala debaixo do braço e um enorme charuto na boca, atravessará o corredor entre as poltronas e, cumprimentado pelos atores, subirá por uma das duas escadinhas ao palco. O Secretário entregar-lhe-á a correspondência: alguns jornais, um texto teatral impresso.*

DIRETOR – Cartas?
SECRETÁRIO – Nenhuma. A correspondência está toda aí.
DIRETOR (*estendendo-lhe o texto teatral impresso*) – Leve-o ao camarim. (*Depois, olhando à sua volta e dirigindo-se ao Assistente*) Oh, aqui não se enxerga nada. Por favor, mande acender algumas luzes.
O ASSISTENTE – Imediatamente.

*Sairá para dar a ordem. Pouco depois, todo o lado direito do palco,
onde estão os atores, será iluminado por uma luz branca e viva.
Entrementes o Ponto terá assumido o seu posto na caixa, acendendo
a luzinha e abrindo o texto à sua frente.*

O Diretor (*batendo palmas*) – Vamos, vamos, comecemos. (*Para o Assistente*) – Falta alguém?
O Assistente – Falta a Primeira Atriz.
Diretor – Como sempre! (*Olhará o relógio.*) Já estamos dez minutos atrasados! Queira marcá-la, faça o favor. Assim aprenderá a chegar pontualmente ao ensaio.

*Mal acaba sua repreensão, e eis que do fundo da sala
se ouvirá a voz da Primeira Atriz.*

A Primeira Atriz – Não, não, por favor! Aqui estou! Aqui estou eu!

*Está toda vestida de branco, com um chapelão audacioso na cabeça
e um gracioso cachorrinho nos braços; atravessará correndo a
passagem entre as poltronas e subirá apressadíssima
uma das escadinhas do palco.*

O Diretor – A senhora deve ter jurado que sempre se faria esperar.
A Primeira Atriz – Desculpe-me. Procurei tanto um carro para chegar na hora! Mas vejo que ainda nem começaram, e eu não entro em cena no início. (*Depois, chamando pelo nome o Assistente e entregando-lhe o cachorrinho, dirá*) Por favor, tranque-o no camarim.
O Diretor (*resmungando*) – Um cachorrinho também! Como se fossem poucos os cachorros por aqui! (*Baterá palmas de novo e dirigir-se-á ao Ponto*) Vamos, vamos, o segundo ato de *O Jogo dos Papéis*. (*Sentando-se na poltrona*) Atenção, senhores. Quem está em cena?

*Os Atores e as Atrizes desocuparão a frente do palco e irão sentar-se numa lateral, exceto os três que iniciarão o ensaio e a Primeira
Atriz, que, sem dar atenção à pergunta do Diretor, irá sentar-se
diante de uma das duas mesinhas.*

O Diretor (*para a Primeira Atriz*) – Então a senhora está em cena?
A Primeira Atriz – Eu? Não, senhor.
O Diretor (*aborrecido*) – E então saia daí, santo Deus!

*A Primeira Atriz levantar-se-á e irá sentar-se ao lado dos outros Atores, que já terão se afastado.*

O Diretor (*para o Ponto*) – Comece, comece.

O Ponto (*lendo o texto*) – "Em casa de Leone Gala. Uma estranha sala de jantar e de estudo."

O Diretor (*voltando-se para o Assistente*) – Usaremos a sala vermelha.

O Assistente (*anotando numa folha de papel*) – A vermelha. Está certo.

O Ponto (*prosseguindo na leitura*) – "Mesa posta e escrivaninha com livros e papéis. Estantes de livros e vitrinas com ricos aparelhos de jantar. Porta ao fundo que dá para o quarto de dormir de Leone. Porta lateral à esquerda que dá para a cozinha. A entrada fica à direita."

O Diretor (*levantando-se e indicando*) – Então, prestem muita atenção – ali, a entrada; aqui, a cozinha. (*Dirigindo-se ao ator que fará o papel de Sócrates*) O senhor vai entrar e sair por este lado. (*Ao Assistente*) Ponha a porta de um só batente ao fundo, e coloque as cortinas. (*Tornará a sentar-se.*)

O Assistente (*anotando*) – Está certo.

O Ponto (*lendo, com solenidade*) – "Primeira cena. Leone Gala, Guido Venanzi, Filippo dito Sócrates." (*ao Diretor*) Devo também ler as rubricas?

O Diretor – Claro que sim! Sim! Já lhe disse mais de cem vezes!

O Ponto (*lendo, com solenidade*) – "Ao levantar-se o pano, Leone Gala, com chapéu de cozinheiro e avental, com uma colher de pau bate um ovo dentro de uma tigela. Filippo está batendo outro ovo, também paramentado de cozinheiro. Guido Venanzi ouve, sentado."

O Primeiro Ator (*para o Diretor*) – Desculpe, mas preciso mesmo pôr o chapéu de cozinheiro na cabeça?

O Diretor (*irritado com a observação*) – Parece-me que sim, não é?! Se está escrito aí! (*Apontará para o texto.*)

O Primeiro Ator – Mas é ridículo, desculpe-me!

O Diretor (*erguendo-se de um salto, furioso*) – "Ridículo! ridículo!" O que o senhor quer que eu faça, se da França não nos chega mais uma boa peça, e nós somos obrigados a encenar peças de Pirandello – que quem as entender, salve ele! – feitas de propósito para que nem atores nem críticos nem público jamais fiquem satisfeitos? (*Os Atores rirão. E então ele, levantando-se e vindo em direção ao Primeiro Ator, gritará*) O chapéu de cozinheiro, sim, senhor! E bata os ovos! O senhor acha que, por estar batendo estes ovos,

não terá depois outra coisa para fazer? Pois vá esperando! Terá de
representar a casca destes ovos que está batendo!

*Os Atores tornarão a rir e pôr-se-ão a fazer
comentários irônicos entre si.*

O DIRETOR – Silêncio! E prestem atenção quando explico! (*Voltando-se de novo para o Primeiro Ator*) Sim, senhor, a casca; vale dizer, a forma vazia da razão, sem o recheio do instinto, que é cego! O senhor é a razão, e sua mulher o instinto – num jogo de papéis prescritos, pelo qual o senhor, que representa o seu papel, é voluntariamente o fantoche de si próprio. Entendeu?

O PRIMEIRO ATOR (*abrindo os braços*) – Eu não!

O DIRETOR (*voltando ao seu lugar*) – Eu tampouco! Vamos adiante, que no fim tudo dará certo. (*Em tom confidencial*) E veja lá, fique sempre de três quartos, porque senão, entre o diálogo abstruso e o senhor, que não se fará ouvir pelo público, adeus a tudo! (*Batendo palmas novamente*) Atenção! Atenção! Vamos começar!

O PONTO – Desculpe, senhor Diretor, posso me proteger com a caixa? Tem vento por aqui!

O DIRETOR – Mas claro! Pode, pode sim!

*Enquanto isso, o Porteiro do teatro, com o boné agaloado na
cabeça, entrará na platéia e, atravessando o corredor
entre as poltronas, seguirá apressado até o palco para
anunciar ao Diretor da Companhia a chegada das
Seis Personagens que, tendo entrado também na sala,
acompanharão o porteiro a uma certa distância;
meio perdidas e perplexas, olharão em redor.
Quem quiser tentar uma transposição cênica desta peça, precisa
empenhar-se, com todos os meios, para conseguir o máximo
efeito a fim de que estas Seis Personagens não se confundam com
os Atores da Companhia. A disposição de uns e outros,
indicada nas rubricas, quando os primeiros subirem ao palco,
ajudará sem dúvida; assim como uma coloração diferente da luz,
mediante refletores apropriados. Porém, o meio mais eficaz e
idôneo, que aqui se sugere, será o uso de máscaras especiais para
as Personagens – máscaras feitas especialmente de um
material que não amoleça com o suor e que no entanto seja leve
para os Atores que deverão usá-las. Deverão ser trabalhadas
e recortadas de modo a deixar livres os olhos*

*as narinas e a boca. Interpretar-se-á assim, também, o sentido profundo da peça. As* Personagens *não deverão, com efeito, aparecer como* fantasmas, *mas como* realidades criadas, *elaborações imutáveis da fantasia e, portanto, mais reais e consistentes, do que a volúvel naturalidade dos Atores. As máscaras ajudarão a dar a impressão da figura construída por arte e imutavelmente fixada cada uma na expressão de seu próprio sentimento fundamental, que é o remorso para o* Pai, *a vingança para a* Enteada, *o desdém para o* Filho, *a dor para a* Mãe, *que terá lágrimas fixas de cera na lividez das olheiras e ao longo das faces, como as que se vêem nas imagens esculpidas e pintadas da* Mater Dolorosa *das igrejas Os vestuários também deverão ser de tecidos e modelos especiais, sem extravagância, com pregas rígidas e volume quase estatuário,e, em suma, de maneira a não dar a idéia de terem sido feitos com tecidos que se possa comprar numa loja qualquer da cidade, e cortados e costurados por uma costureira qualquer.*
*O* Pai *terá uns cinqüenta anos — com entradas, mas não calvo, cabelo ruivo, bigodinhos cheios, quase encaracolados em volta da boca ainda viçosa, não raro aberta num sorrisoincerto e vão. Pálido, marcadamente na fronte ampla; olhos azuis ovalados, lucidíssimos e argutos. Vestirá calças claras e paletó escuro — por vezes será melífluo, por vezes terá repentes ásperos e duros.*
*A* Mãe *parecerá apavorada e esmagada por um peso intolerável de vergonha e aviltamento. Velada por um espesso crepe de viúva, estará vestida humildemente de negro e, quando levantar o véu, mostrará um rosto não sofrido, mas como que de cera, e sempre de olhos baixos.*
*A* Enteada, *de dezoito anos, será atrevida, quase despudorada. Belíssima, também vestirá luto, mas com elegância vistosa. Mostrará desprezo pelo ar tímido, aflito e quase perdido do irmãozinho, o esquálido* Rapazinho *de quatorze anos, também trajado de negro; e uma viva ternura, ao contrário, pela irmãzinha, a* Menina, *de uns quatro anos, vestida de branco com uma faixa de seda negra à cintura.*
*O* Filho, *de vinte e dois anos, alto, quase enrijecido num contido desdém pelo* Pai *e numa indiferença carrancuda pela* Mãe, *envergará um sobretudo lilás e uma longa echarpe verde em volta do pescoço.*

O Porteiro (*de boné na mão*) – Desculpe-me, senhor comendador.
O Diretor (*num repente, grosseiro*) – O que há, agora?
O Porteiro (*timidamente*) – Estão aqui umas pessoas que perguntam pelo senhor.

*O Diretor e os Atores, do palco, voltar-se-ão surpresos e ficarão olhando para a sala.*

O Diretor (*de novo enfurecido*) – Mas eu estou ensaiando! E o senhor sabe muito bem que durante os ensaios ninguém deve entrar! (*Dirigindo-se ao fundo*) Quem são os senhores? O que querem?
O Pai (*vindo à frente, seguido pelos outros, até uma das duas escadinhas*) – Estamos aqui à procura de um autor.
O Diretor (*entre aturdido e irado*) – De um autor? Que autor?
O Pai – De qualquer um, senhor.
O Diretor – Mas aqui não há nenhum autor, pois não estamos ensaiando nenhuma peça nova.
A Enteada (*com alegre vivacidade, subindo a escadinha correndo*) – Tanto melhor, tanto melhor então, senhor! Poderemos ser nós a sua nova peça.
Qualquer dos Atores (*entre os comentários vivos e as risadas dos outros*) – Oh, vejam só!
O Pai (*seguindo A Enteada no palco*) – Sim, mas se não há nenhum autor aí! (*Ao Diretor*) A menos que o senhor queira sê-lo...

*A Mãe, trazendo a Menina pela mão, e o Rapazinho, subirão os primeiros degraus da escadinha e ficarão ali, à espera. O Filho permanecerá embaixo, esquivo.*

O Diretor – Os senhores querem brincar?
O Pai – Não, mas o que o senhor está dizendo! Ao contrário, lhe trazemos um drama doloroso!
A Enteada – E poderemos ser a sua sorte!
O Diretor – Façam-me o favor de ir embora, que não temos tempo a perder com gente louca!
O Pai (*ferido e melífluo*) – Oh, senhor, o senhor bem sabe que a vida está repleta de infinitos absurdos, os quais, descaradamente, nem sequer precisam parecer verossímeis, porque são verdadeiros.
O Diretor – Mas que diabo está dizendo?
O Pai – Digo que realmente que é possível julgar-se realmente uma loucura, sim, senhor, esforçar-se por fazer o contrário; isto é, criar

loucuras verossímeis, para que pareçam verdadeiras. Mas me permita fazê-lo observar que, se loucura for, ainda assim é a única razão do ofício dos senhores.

*Os atores agitar-se-ão, indignados.*

O Diretor (*levantando-se e esquadrinhando-o*) – Ah sim? Parece-lhe um ofício de loucos, o nosso?
O Pai – Bem, fazer com que pareça verdadeiro o que não é; sem necessidade, senhor, por brincadeira... Não é ofício dos senhores dar vida, no palco, a personagens imaginários?
O Diretor (*de pronto, fazendo-se porta-voz da crescente indignação de seus Atores*) – Mas eu lhe peço crer que a profissão de ator, caro senhor, é uma profissão nobilíssima! E se hoje em dia os novos dramaturgos nos dão para representar peças estúpidas e fantoches em vez de homens, saiba que nos orgulhamos de ter dado vida – aqui, nestes tablados – a obras imortais!

*Os Atores, satisfeitos, aprovarão e aplaudirão o seu Diretor.*

O Pai (*interrompendo e incitando com ímpeto*) – É isso! Muito bem! É dar vida a seres vivos, mais vivos do que aqueles que respiram e vestem roupas! Menos reais, talvez; porém mais verdadeiros! Somos da mesmíssima opinião!

*Os atores entreolhar-se-ão, assombrados.*

O Diretor – Mas como, se primeiro o senhor dizia...
O Pai – Não, desculpe, era ao senhor que eu falava porque o senhor gritou que não tinha tempo a perder com doidos, enquanto ninguém melhor do que o senhor pode saber que a natureza se serve do instrumento da fantasia humana para dar continuidade, mais elevada, à sua obra de criação.
O Diretor – Está bem, está bem. Mas aonde quer chegar com isso?
O Pai – A lugar nenhum, senhor. Só demonstrar-lhe que se nasce para a vida de muitos modos, de muitas formas – árvore ou seixo, água ou borboleta... ou mulher. E que também se nasce personagem!
O Diretor (*com fingido e irônico espanto*) – E o senhor, com esses outros à sua volta, nasceu personagem?
O Pai – Precisamente, senhor. E vivos, como nos vê.

*O Diretor e os Atores desatarão a rir, como se
fosse uma brincadeira.*

O PAI (*ferido*) – Desagrada-me que riam desse modo, porque carregamos dentro de nós, repito, um drama doloroso, como os senhores podem deduzir por esta mulher velada de negro.

*Assim dizendo, oferecerá a mão à Mãe para ajudá-la a subir os
últimos degraus e, continuando a segurar-lhe a mão, ele a
conduzirá com certa solenidade trágica ao outro lado do palco,
que subitamente se iluminará de uma luz fantástica.
A Menina e o Rapazinho seguirão a Mãe; depois o Filho, que se
manterá apartado, ao fundo depois a Enteada, que também
se apartará no proscênio, apoiada à boca de cena. Os Atores,
antes estupefatos, depois admirados com esta evolução,
prorromperão em aplausos como por um espetáculo que
lhe tenha sido oferecido.*

O DIRETOR (*antes atordoado, depois indignado*) – Acabemos com isso! Silêncio! (*Depois, voltando-se para as Personagens*) E os senhores, retirem-se! Saiam daqui! (*Ao Assistente*) Por Deus, mande-os sair!

O ASSISTENTE (*avançando, mas parando em seguida, como que retido por uma estranha apreensão*) – Fora! Fora!

O PAI (*ao Diretor*) – Não, não, mas veja, nós...

O DIRETOR (*gritando*) – Afinal de contas, nós temos de trabalhar!

O PRIMEIRO ATOR – Não é lícito zombar assim...

O PAI (*resoluto, avançando*) – Fico admirado com a incredulidade dos senhores! Não estão, por acaso, habituados a ver pulando vivos aqui em cima, uma diante da outra, as personagens criadas por um autor? Talvez por não haver ali (*indicará a caixa do Ponto*) um texto que nos contenha?

A ENTEADA (*caminhando na direção do Diretor, sorridente e lisonjeira*) – Acredite, senhor, somos realmente seis personagens interessantíssimas! Ainda que desperdiçadas!

O PAI (*desviando-se dela*) – Sim, desperdiçadas, é isso! (*Ao Diretor, de súbito*) No sentido, veja, de que o autor que nos criou vivos, não quis depois, ou não pôde materialmente, meter-nos no mundo da arte. E foi um verdadeiro crime, senhor, pois quem tem a ventura de nascer personagem viva, pode rir-se até mesmo da morte. Nunca mais morre! Morrerá o homem, o escritor, instrumento da criação; a criatura nunca mais morre! E para viver eternamente, nem sequer precisa ter dotes extraordinários ou realizar prodígios. Quem era Sancho Pança? Quem era Dom Abbondio? E, no entanto, vivem eternamente, porque – germes vivos – tiveram a ventura de encontrar uma matriz fecunda, uma fantasia que soube criá-los e nutri-los, fazendo-os viver para a eternidade!

O Diretor – Tudo isso está muitíssimo bem. Mas o que é que os senhores querem aqui?

O Pai – Queremos viver, senhor!

O Diretor (*irônico*) – Para a eternidade?

O Pai – Não, senhor – por um momento ao menos, nos senhores.

Um Ator – Oh, vejam só, vejam só!

A Primeira Atriz – Querem viver em nós!

O Ator Jovem (*indicando a Enteada*) – Eh, por mim de bom grado, se me coubesse aquela ali!

O Pai – Vejam, vejam – a peça está por fazer; (*ao Diretor*) mas se o senhor quiser, e se os seus atores quiserem, vamos armá-la imediatamente entre nós!

O Diretor (*aborrecido*) – Mas o que é que o senhor quer armar! Aqui não se faz esse tipo de armações! Aqui se representam dramas e comédias!

O Pai – É isso mesmo! Viemos ao senhor justamente por isso!

O Diretor – E onde está o texto?

O Pai – Está em nós, senhor. (*Os Atores rirão.*) O drama está em nós; o drama somos nós; e estamos impacientes para representá-lo, assim como dentro de nós a paixão clama!

A Enteada (*em tom escarnecedor, com pérfida graça de afetado descaramento*) – A minha paixão, se o senhor soubesse! A minha paixão... por ele!

*Indicará O Pai, e parece quase que irá abraçá-lo; mas em seguida desatará em estridente risada.*

O Pai (*num repente de raiva*) – Você fique em seu lugar, por enquanto! E peço-lhe que não ria deste modo!

A Enteada – Não? E então me permitam – embora órfã há somente dois meses, vejam só os senhores como canto e como danço!

*Irá cantarolar com malícia o "Prends garde à ton Tchou-Thin-Tchou", de Dave Stamper, reduzido a Fox-trot ou a One-Step lento de Francis Salabert – a primeira estrofe, que acompanha com passo de dança.*

Les chinois sont un peuple malin,
De Shangai à Pekin,
Ils ont mis des écriteaux partout –
Prenez garde a Tchou-Thin-Tchou!

*Os atores, especialmente os jovens, enquanto ela canta e dança, como que atraídos por um estranho fascínio, mover-se-ão em sua direção e levantarão ligeiramente as mãos como para agarrá-la. Ela se esquivará; e, quando os atores prorromperem em aplausos, ficará parada, diante da repreensão do diretor, com ar abstrato e distante.*

Os Atores e as Atrizes (*rindo e aplaudindo*) – Muito bem! Bravo! Ótimo!

O Diretor (*irado*) – Silêncio! Pensam, por acaso, que estão num café-concerto? (*Puxando o Pai à parte, com certa consternação*) Mas, diga-me – ela é louca?

O Pai – Não, que louca que nada! É pior!

A Enteada (*de repente, correndo para o Diretor*) – Pior! Pior! É outra coisa, senhor! Pior! Ouça, por favor – deixe-nos representar logo este drama, porque o senhor verá a certa altura que eu – quando este amorzinho aqui... (*pegará pela mão a Menina que está perto da Mãe e a levará diante do Diretor*) – Vê como é bonitinha? (*pegando-a nos braços e beijando-a*) Querida! Querida! (*Repondo a Menina no chão, acrescentará, quase sem querer, comovida*) Pois bem, quando este amorzinho aqui, quando Deus a tirar de repente daquela pobre mãe – e este imbecilzinho aqui (*empurrará para a frente o Rapazinho, agarrando-o rudemente por uma manga*) fizer a maior das asneiras, própria do estúpido que ele é (*enxotando-o, com um empurrão, para a Mãe*) – então verá que eu levantarei vôo! Sim, senhor! Levantarei vôo! Vôo. E não vejo a hora, creia, não vejo a hora! Porque, depois do que aconteceu de muito íntimo entre mim e ele (*indicará o Pai com uma piscada horrível*), não agüento mais ficar no meio desta gente, assistindo ao tormento daquela mãe por causa desse sujeito estrambótico ali (*indicará o Filho*) – olhe para ele! Olhe! – indiferente, gélido, ele, pois é o filho legítimo, ele! Cheio de desprezo por mim, por aquele ali (*indicará o Rapazinho*), por aquela criaturinha; porque somos bastardos – entendeu? bastardos. (*Aproximar-se-á da Mãe, abraçando-a.*) E esta pobre mãe – ele – que é a mãe comum de todos nós – não quer reconhecê-la como sua mãe também – e a encara de cima para baixo, ele, como mãe nossa somente, de nós três bastardos – o infame!

*Dirá tudo isso rapidamente, com extrema excitação e, chegando ao "infame" final, depois de ter insuflado a voz sobre os "bastardos", pronunciá-lo-á devagar, quase cuspindo.*

A Mãe (*com infinita angústia, ao Diretor*) – Senhor, em nome destas duas criaturinhas, suplico-lhe... (*sentir-se-á desfalecer e vacilará*) – Oh Deus meu...
O Pai (*acudindo para segurá-la junto com quase todos os atores atordoados e consternados*) – Pelo amor de Deus uma cadeira, uma cadeira para esta pobre viúva!
Os Atores (*acorrendo*) – Mas então é verdade? Está desmaiando mesmo?
O Diretor – Uma cadeira aqui, imediatamente!

*Um dos Atores oferecerá uma cadeira; os outros agrupar-se-ão pressurosos à sua volta. A Mãe, sentada, procurará impedir que o Pai lhe soerga o véu que lhe esconde o rosto.*

O Pai – Olhe para ela, senhor, olhe...
A Mãe – Não, por Deus, pare.
O Pai – Deixe que a vejam!

*Levantar-lhe-á o véu.*

A Mãe (*erguendo-se e levando as mãos ao rosto, desesperadamente*) – Oh, senhor, suplico-lhe, impeça este homem de realizar o seu propósito, que para mim é horrível!
O Diretor (*surpreso, atordoado*) – Mas eu não sei mais onde estamos, nem do que se trata! (*Ao Pai*) Esta é a sua senhora?
O Pai (*de pronto*) – Sim, senhor, minha mulher!
O Diretor – E como então ela é viúva, se o senhor está vivo?

*Os Atores descarregarão todo o seu espanto numa fragorosa risada.*

O Pai (*ferido, com áspero ressentimento*) – Não riam! Não riam assim, pelo amor de Deus! É justamente este o seu drama, senhor. Ela teve outro homem. Um outro homem, que deveria estar aqui!
A Mãe (*num grito*) – Não! Não!

A Enteada – Para sorte dela, ele morreu – há dois meses, já lhe disse. Ainda estamos de luto, como vê.

O Pai – Mas ele não está aqui, veja, não por estar morto. Não está aqui porque – olhe para ela senhor, por favor, e compreenderá imediatamente! O seu drama não poderia consistir no amor de dois homens, pelos quais ela, incapaz, nada podia sentir – a não ser, talvez, um pouco de gratidão (não por mim – pelo outro!) Não é uma mulher; é uma mãe! – E o seu drama – (poderoso, senhor, poderoso!) – consiste, todo ele, de fato, nestes quatro filhos, dos dois homens que ela teve.

A Mãe – Eu os tive? Tem a coragem de dizer que fui eu quem os teve, como se eu os tivesse tido por minha vontade? Foi ele, senhor! Foi ele quem me deu o outro, à força! Obrigou-me, obrigou-me a ir embora com o outro!

A Enteada (*num repente, indignada*) – Não é verdade!

A Mãe (*espantada*) – Como não é verdade?

A Enteada – Não é verdade! Não é verdade!

A Mãe – E o que pode saber você sobre isso?

A Enteada – Não é verdade! (*Ao Diretor*) Não acredite nela! Sabe por que ela diz isso? Por causa daquele ali (*indicará o Filho*) ela o diz! Porque ela se mortifica, se consome por causa da indiferença daquele filho ali, ao qual quer dar a entender que, se o abandonou aos dois anos, foi porque ele (*indicará o Pai*) a obrigou.

A Mãe (*com força*) – Obrigou-me, obrigou-me e chamo Deus por testemunha! (*Ao Diretor*) Pergunte a ele (*indicará o marido*) se não é verdade! Faça-o dizer isso! ... Ela (*indicará a Filha*) nada pode saber disso.

A Enteada – Sei que com o meu pai, enquanto viveu, você sempre esteve em paz e contente. Negue-o se puder!

A Mãe – Não nego, não...

A Enteada – Sempre cheio de amor e de cuidados por você! (*Ao Rapazinho, com raiva*) Não é verdade? Diga! Por que não fala, seu tolo?

A Mãe – Deixe o pobre garoto! Por que você quer que me julguem uma ingrata, filha? Eu não quero de modo algum ofender o seu pai! Respondi a ele, que não por minha culpa nem por prazer abandonei a sua casa e o meu filho!

O Pai – É verdade, senhor. Fui eu.

*Pausa.*

O Primeiro Ator (*aos seus companheiros*) – Mas olha só que espetáculo!

A Primeira Atriz – São eles que o dão, para nós!
O Ator Jovem – Uma vez, ao menos!
O Diretor (*que começará a interessar-se vivamente*) – Vamos ouvir! Vamos ouvir!

*E assim dizendo, descerá para a platéia por uma
das escadinhas e ficará em pé, diante do palco,
como para colher, na qualidade de espectador,
a impressão da cena.*

O Filho (*sem se mexer de seu lugar, frio, em voz baixa, irônico*) – Sim, ouçam agora que rasgo de filosofia! Vai falar-lhes do Demônio da Experiência!
O Pai – Você é um cínico imbecil, e já lhe isso disse mais de cem vezes! (*Ao Diretor, já na platéia*) Zomba de mim, senhor, por causa desta frase que encontrei para minha desculpa.
O Filho (*com desprezo*) – Frases!
O Pai – Frases! Frases! Como se não fosse um conforto para todos, diante de um fato que não se explica, diante de um mal que nos consome, encontrar uma palavra que não diz nada, e pela qual nos aquietamos!
A Enteada – O remorso também, pois sim! Acima de tudo.
O Pai – O remorso? Não é verdade; não o aquietei em mim somente com as palavras.
A Enteada – Com um pouco de dinheiro também, sim, sim, com um pouco de dinheiro também! Com as cem liras que estava para oferecer-me em pagamento, senhores!

*Movimento de horror entre os Atores.*

O Filho (*com desprezo pela meia-irmã*) – Isto é infame!
A Enteada – Infame? Estavam lá, num envelope azulado sobre a mesa de mogno, na saleta dos fundos da loja de Madame Pace. Sabe, senhor?, uma daquelas Madames que, com o pretexto de vender *Robes et Manteaux*, nos atraem a seus ateliês, a nós, moças pobres, de boa família.
O Filho – E ele comprou o direito de tiranizar a todos nós, com aquelas cem liras que estava para pagar, e que por sorte não teve depois motivo – repare bem – de pagar.
A Enteada – Eh, mas nós estivemos mesmo por um triz, viu?

*Desatará a rir.*

A Mãe (*insurgindo-se*) – Que vergonha, minha filha, uma vergonha!
A Enteada (*num repente*) – Vergonha? É a minha vingança! Estou vibrando, senhor, vibrando por vivê-la, aquela cena! A saleta... aqui, a vitrina das capas; ali, o sofá-cama; o espelho; um biombo; e diante da janela, aquela mesinha de mogno com o envelope azulado com as cem liras. Estou vendo! Poderia pegá-lo! Mas os senhores deveriam voltar-se – estou quase nua! Não enrubesço mais, porque agora é ele quem enrubesce! (*Indicará o Pai*) Mas asseguro-lhes que ele estava muito pálido, muito pálido naquele momento! (*Ao Diretor*) Acredite em mim, senhor!
O Diretor – Não estou entendendo mais patavina!
O Pai – Claro! Assaltado deste modo! Imponha um pouco de ordem, senhor, e deixe que eu fale, sem prestar ouvido à infâmia, que com tanta ferocidade esta moça quer lhe dar a entender a meu respeito, sem as devidas explicações.
A Enteada – Aqui não se conta nada! Não se conta nada!
O Pai – Mas eu não estou contando! Quero explicar-lhe.
A Enteada – Ah sim, meu belo! A seu modo!

*O Diretor, e esta altura, subirá de volta ao palco
para restabelecer a ordem.*

O Pai – Mas se aí está todo o mal! Nas palavras! Todos temos dentro de nós um mundo de coisas; cada qual tem um mundo seu de coisas! E como podemos nos entender, senhor, se nas palavras que eu digo ponho o sentido e o valor das coisas como elas são dentro de mim; enquanto quem as ouve, inevitavelmente as assume com o sentido e com o valor que têm para si, do mundo assim como ele o tem dentro de si? Acreditamos nos entender – jamais nos entendemos! Olhe – a minha piedade, toda a minha piedade por esta mulher (*indicará a Mãe*) ela a assumiu como a mais feroz das crueldades!
A Mãe – Mas se você me enxotou!
O Pai – Está vendo, está ouvindo? Enxotada! Pareceu-lhe que a enxotei!
A Mãe – Você sabe falar; eu não sei... Mas acredite, senhor, que depois de ter se casado comigo... quem sabe lá por quê! (eu era uma mulher pobre, humilde...)
O Pai – Mas justamente por isto, casei-me por sua humildade, foi o que amei em você, acreditando... (*Interromper-se-á diante das*

*negações dela; abrirá os braços, em ato desesperado, vendo a impossibilidade de fazer-se compreender por ela, e se dirigirá ao Diretor)* Não, está vendo? Diz que não! Assustadora, senhor, creia-me, assustadora, a sua *(batendo-se na testa)* surdez, surdez mental! Coração, sim, para os filhos! Mas surda, surda de cérebro, surda, senhor, surda até o desespero!

A Enteada – Sim, mas faça-o contar, agora, que sorte foi para nós a sua inteligência!

O Pai – Pudéssemos nós prever todo o mal que pode nascer do bem que acreditamos fazer!

*A esta altura a Primeira Atriz, atormentada por ver o Primeiro Ator cortejando a Enteada, dará um passo à frente e perguntará ao Diretor:*

A Primeira Atriz – Desculpe, senhor Diretor, o senhor vai continuar o ensaio?
O Diretor – Claro que sim! Claro que sim! Mas agora me deixe ouvir!
O Ator Jovem – É um caso tão novo!
A Atriz Jovem – Interessantíssimo!
A Primeira Atriz – Para quem se interessa!

*E lançará uma olhada ao Primeiro Ator.*

O Diretor *(ao Pai)* – Mas é preciso que o senhor se explique claramente.

*Irá sentar-se.*

O Pai – Está bem, sim. Veja, senhor, eu tinha comigo um pobre homem, meu subalterno, meu secretário, muito devotado, que se entendia, em tudo e por tudo, com ela, *(indicará a Mãe)* sem sombra de mal – reparem! – bom, humilde como ela, incapaz, tanto um quanto o outro, não só de fazer, mas nem sequer de pensar, o mal!
A Enteada – Mas ele o pensou, ao invés, por eles – e o fez!
O Pai – Não é verdade! Pretendi fazer o bem deles – e o meu também, sim, confesso-o! Senhor, havia chegado a ponto de não poder dizer uma só palavra a um ou ao outro, sem que imediatamente não trocassem entre si um olhar de entendimento; sem que um não procurasse imediatamente os olhos do outro para se aconselhar sobre como se deveria interpretar aquela minha palavra, para

que eu não me zangasse. Bastava isto, o senhor compreende, para me manter em um estado de raiva contínua, de intolerável exasperação!

O Diretor – E por que motivo, então, desculpe-me, não mandava embora aquele seu secretário?

O Pai – Muito bem! Eu o mandei, de fato, senhor! Mas vi então esta pobre mulher andar pela casa como que perdida, como um daqueles animais sem dono, que a gente recolhe por caridade.

A Mãe – Eh, não era para menos!

O Pai (*de pronto, voltando-se para ela, como que para se adiantar*) – O filho, não é verdade?

A Mãe – Primeiro me havia tirado o filho do peito, senhor.

O Pai – Mas não por crueldade! Para que ele crescesse sadio e robusto, ao contato da terra!

A Enteada (*apontando-o, irônica*) – Dá para ver!

O Pai (*logo*) – Ah, também é culpa minha, se depois cresceu deste jeito? Eu o entreguei a uma ama-de-leite, senhor, no campo, a uma camponesa, pois a mãe não me pareceu forte o bastante, apesar de ser de origem humilde. Foi por esta mesma razão que me casei com ela. Superstições, talvez; mas fazer o quê? Sempre tive destas malditas aspirações a uma certa sólida sanidade moral!

*A Enteada, neste ponto, de novo desatará*
*a rir estrondosamente.*

O Pai – Mande-a parar! É insuportável!

O Diretor – Pare! Deixe-me ouvir, Santo Deus!

*De pronto, mais uma vez, à repreensão do Diretor, ela ficará*
*como que absorta e distante, com a risada ao meio.*
*O Diretor descerá novamente do palco para*
*colhera impressão da cena.*

O Pai – Eu não podia mais ver esta mulher ao meu lado. (*Apontará a Mãe*) Mas não tanto, creia, por incômodo, pela sufocação, real sufocação – que ela me causava, quanto pela pena – uma pena angustiante – que sentia por ela.

A Mãe – E me mandou embora!

O Pai – Bem provida de tudo, para aquele homem, sim, senhor – para livrá-la de mim!

A Mãe – E livrar-se ele!

O Pai – Sim, senhor, eu também – admito. E a conseqüência disso foi um grande mal. Mas eu o fiz com boas intenções... e mais por ela do que por mim – juro! (*Cruzará os braços sobre o peito; depois, dirigindo-se de pronto à Mãe*) Perdi-a de vista alguma vez, diga, perdi-a de vista alguma vez, até aquele homem levá-la embora, de um dia para o outro, sem o meu conhecimento, para outro lugar, tolamente impressionado por aquele meu interesse puro, puro, senhor, creia, sem a menor segunda intenção. Interessei-me com uma ternura inacreditável pela nova família que crescia. Ela também é testemunha disso.

*Apontará a Enteada.*

A Enteada – Pois sim! Bem pequenininha, sabe?... de trancinhas nos ombros e as calcinhas mais compridas do que a saia – deste tamanhinho – ele aparecia diante do portão da escola, na hora da saída. Vinha ver como eu crescia...

O Pai – Isto é pérfido! Infame!

A Enteada – Não, por quê?

O Pai – Infame, infame! (*De repente, agitado, ao Diretor, em tom de explicação*) Minha casa, senhor, logo que ela se foi, (*apontará a Mãe*) me pareceu de repente vazia. Era o meu pesadelo; mas enchia a casa! Sozinho, ficava rodando pelos quartos como uma mosca sem cabeça. Aquele ali (*indicará o Filho*) criado fora – não sei – assim que retornou à casa, não me parecia mais meu filho. Com a falta da mãe entre mim e ele, cresceu por si, à parte, sem nenhuma relação afetiva nem intelectual comigo. E então (pode parecer estranho, senhor, mas é assim mesmo), fui tomado primeiro de curiosidade, e depois, aos poucos, atraído pela familiazinha dela, gerada por obra minha – este interesse começou a preencher o vazio que sentia à minha volta. Tinha necessidade, efetiva necessidade de saber que estava em paz, toda voltada para os cuidados mais simples da vida, afortunada por estar alheia e distante dos complicados tormentos de meu espírito. E para ter uma prova disso, ia ver aquela menina à saída da escola.

A Enteada – Pois é! Seguia-me pela rua – sorria para mim, e quando eu chegava à casa, cumprimentava-me assim, com a mão! Olhava espantada para ele, arisca. Não sabia quem era! Contei para mamãe. E ela deve ter logo compreendido que era ele (a Mãe fará um sinal de assentimento com a cabeça). De início não quis mais que eu fosse à escola, por vários dias. Quando voltei, tornei a vê-lo novamente à saída – engraçado! – com um grande embrulho nas mãos. Aproximou-se de mim, afagou-me; e tirou daquele embrulho um belo e enorme chapéu, de palha de Florença, com uma guirlandazinha de pequenas rosas de maio – para mim!

O Diretor – Mas tudo isso é história, meus senhores!

O Filho (*com desprezo*) – É sim, literatura! Literatura!

O Pai – Que literatura o quê! Isto é vida, senhor! Paixão!

O Diretor – Pode ser, mas irrepresentável!

O Pai – De acordo, senhor! Porque tudo isso é antecedente. E eu não digo que se deva representar isso. Como vê, de fato, ela (*apontará a Enteada*) não é mais aquela garotinha de trancinhas pelos ombros...

A Enteada – ... e as calcinhas fora da saia!

O Pai – O drama começa agora, senhor! Novo, complexo...

A Enteada (*sombria, altiva, vindo à frente*) – Tão logo meu pai morreu...

O Pai (*de pronto, para não lhe dar tempo de falar*) – A miséria, senhor! Voltam para cá, sem o meu conhecimento. Por causa da estupidez dela. (*Indicará a Mãe.*) Mal sabe escrever; mas podia mandar a filha escrever, ou aquele rapaz, dizendo que passavam necessidade!

A Mãe – Diga-me, senhor, diga-me se eu podia adivinhar nele todo esse sentimento.

O Pai – É esse exatamente o seu erro, o de não ter adivinhado jamais nenhum dos meus sentimentos!

A Mãe – Depois de tantos anos de afastamento, e tudo o que havia acontecido...

O Pai – E que culpa tenho eu se aquele bom homem os levou embora assim, sem mais? (*Dirigindo-se ao Diretor*) Como lhe digo, de um dia para o outro... porque ele encontrara fora da cidade não sei que emprego. Não foi possível localizá-los; e então por força começou a diminuir o meu interesse, depois de tantos anos. O drama explode, senhor, imprevisto e violento, quando eles voltam; na hora em que eu, infelizmente, impelido pela miséria de minha carne ainda viva... Ah, miséria, miséria realmente, para um homem só, que não quisera ligações aviltantes; ainda não tão velho a ponto de poder abrir mão de mulheres, e já não tão jovem para poder andar à sua procura facilmente e sem sentir vergonha! Miséria?, o que estou dizendo!, horror, horror – porque nenhuma mulher pode mais lhe dar amor. – E quando se compreende isto, se deveria abrir mão... Enfim! Senhor, cada um – por fora, diante dos outros – está vestido de dignidade – mas dentro de si sabe muito bem tudo o que de inconfessável se passa na intimidade consigo mesmo. Cede-se, cede-se à tentação; para nos reerguermos logo depois, talvez, com uma grande pressa de recompor inteira e sólida, como uma pedra sobre uma fossa, a nossa dignidade, que esconde e sepulta aos nossos próprios olhos qualquer sinal e a própria lembrança da vergonha. Assim acontece com todos! Só falta coragem para dizer... certas coisas!

A ENTEADA – Porque para fazê-las, afinal, todos a têm!

O PAI – Todos! Mas às escondidas! E por isso que é preciso mais coragem para dizê-las! Porque basta que alguém as diga – e pronto! – pregam-lhe a pecha de cínico. E no entanto não é verdade, senhor, é como todos os outros; melhor, aliás, melhor porque não tem medo de desvelar com a luz da inteligência o vermelho da vergonha, ali, na bestialidade humana, que sempre fecha os olhos para não vê-lo. A mulher – é isso – a mulher, de fato, como é? Olha-nos, provocadora, convidativa. Você a agarra! Mal você a aperta, e ela imediatamente fecha os olhos. É o sinal de sua rendição. O sinal com que diz ao homem – "Fica cego, eu estou cega!"

A ENTEADA – E quando não os fecha mais? Quando não sente mais a necessidade de esconder de si própria, fechando os olhos, o vermelho de sua vergonha, e ao invés, agora, vê, com olhos já áridos e impassíveis, o do homem, que mesmo sem amor, cegou-se? Ah, que nojo, então, que nojo de todas estas complicações intelectuais, de toda esta filosofia que revela o animal e depois quer salvá-lo, desculpá-lo... Não suporto ouvi-lo, senhor! Pois quando se é obrigado a "simplificar" a vida – assim, bestialmente – jogando fora todo o estorvo "humano" de qualquer aspiração casta, de qualquer sentimento puro, idealidade, deveres, o pudor, a vergonha, nada provoca mais indignação e náusea do que certos remorsos – lágrimas de crocodilo!

O DIRETOR – Vamos ao fato, vamos ao fato, meus senhores! Isto são discussões!

O PAI – Pois não, sim senhor! Mas um fato é como um saco – vazio não pára de pé. Para que fique de pé, é preciso antes fazer entrar nele a razão e os sentimentos que o determinaram. Eu não podia saber que, morto aquele homem, e retornando eles para cá na miséria, ela, para prover o sustento dos filhos, ela (*apontará a Mãe*) se dispusesse a trabalhar de costureira, e que fosse pegar trabalho justo com aquela... aquela Madame Pace!

A ENTEADA – Costureira fina, se os senhores querem saber! Serve na aparência às melhores senhoras, mas tem tudo preparado para que, depois, estas melhores senhoras, por sua vez, sirvam a ela – sem prejuízo das outras assim, assim!

A Mãe – Creia-me, senhor, se lhe digo que nem de longe me passou pela cabeça a suspeita de que aquela megera me dava trabalho por estar de olho em minha filha...

A Enteada – Pobre mamãe! Sabe, senhor, o que fazia aquela mulher, assim que lhe levava o trabalho feito por minha mãe? Mandava-me anotar a fazenda que ela havia desperdiçado, dando-a à minha mãe para cosê-la; e descontava, descontava. De modo que, o senhor entende, eu é que pagava, enquanto aquela pobrezinha acreditava estar se sacrificando por mim e por aqueles dois, costurando até de madrugada as roupas de Madame Pace!

*Gestos e exclamações indignados dos Atores.*

O Diretor *(de pronto)* – E lá um dia a senhora encontrou...

A Enteada *(indicando o Pai)* – Ele, ele, sim, senhor! Velho cliente! Verá que cena para representar! Soberba!

O Pai – Com o chegada imprevista dela, da mãe...

A Enteada *(em seguida, perfidamente)* – ... quase a tempo!...

O Pai *(gritando)* – Não, a tempo, a tempo! Porque, por sorte, eu a reconheço a tempo! E os levo todos de volta para casa, senhor! O senhor pode imaginar, agora, a minha situação, e a dela, um diante do outro – ela, assim, como a vê; e eu que não posso mais levantar os olhos para encará-la!

A Enteada – Engraçadíssimo! Mas será possível, senhor, pretender – "depois" – que eu me portasse como uma modesta senhorita, bem criada e virtuosa, de acordo com as suas malditas aspirações "a uma sólida sanidade moral"?

O Pai – O drama, para mim, está todo aí, senhor – na consciência que tenho, de que cada um de nós – veja – julga ser "um", mas não é verdade – é "muitos" senhor, "muitos", segundo todas as possibilidades de ser que estão em nós – "um" com este, "um" com aquele – diversíssimos! E com a ilusão, no entanto, de ser sempre "um para todos", e sempre este "um" que acreditamos ser, a cada ato nosso. Não é verdade! Não é verdade! Bem que o percebemos, quando em algum de nossos atos, por um caso infelicíssimo, ficamos de repente como que enganchados e suspensos; apercebemo-nos, quero dizer, do fato de não estarmos por inteiro naquele ato, e que portanto seria uma injustiça atroz sermos julgados só por aquilo, mantendo-nos enganchados e suspensos, no pelourinho, por uma existência inteira, como se esta fosse toda somada naquele ato! Agora o senhor entende a perfídia desta moça? Surpreendeu-me num lugar, num ato, onde e como não devia me conhecer, tal como eu não podia ser para ela; e me quer dar uma realidade que eu jamais poderia esperar que devesse assumir diante dela, em um momento fugaz, vergonhoso, de minha vida! É isto, isto, senhor, é o que eu sinto acima de tudo! E verá que disto o drama vai adquirir um valor enorme! Mas há ainda também a situação dos outros! A sua... (*apontará o Filho*).

O Filho (*sacudindo-se desdenhosamente*) – Mas me deixe de lado, que eu não entro nisso!

O Pai – Como não entra?

O Filho – Não entro e não quero entrar nisso, porque sabe muito bem que não fui feito para figurar aqui no meio de vocês!

A Enteada – Gente vulgar, nós! – Ele, fino! – Mas pode ver, senhor, que tantas vezes quantas eu o olho para imobilizá-lo com o meu desprezo, tantas são as vezes que ele baixa os olhos – porque sabe o mal que me fez.

O Filho (*mal olhando para ela*) – Eu?

A Enteada – Você! Você! Devo a você, meu caro, a sarjeta! A você! (*Gestos de horror dos Atores.*) Pois, impediu ou não, com a sua atitude – já não digo a intimidade da casa – mas aquela caridade que tira do constrangimento os hóspedes? Fomos os intrusos, que vínhamos invadir o reino de sua "legitimidade"! Senhor, gostaria de fazê-lo assistir a certas cenazinhas a quatro olhos, entre ele e mim! Diz que tiranizei a todos. Mas, vê? Foi justamente por esta sua atitude, que me vali daquela razão que ele chama de "vil"– a razão pela qual entrei na casa dele com minha mãe – que também é mãe dele – como patroa!

O Filho (*indo à frente, lentamente*) – Todos eles têm bom jogo, senhor, um papel fácil, todos contra mim. Mas imagine um filho, o qual, um belo dia, enquanto está tranqüilamente em casa, tenha de ver chegar, toda insolente, assim, "com os olhos para o alto", uma senhorita, que lhe pergunta pelo Pai, a quem precisa dizer não sei que coisa; e depois a vê voltar, sempre com o mesmo jeito, acompanhada por aquela pequenina ali; e enfim tratar o Pai – quem sabe por que – de um modo muito ambíguo e "despachado", pedindo dinheiro, com um tom que deixa supor que ele precisa, precisa dá-lo, porque tem toda a obrigação de dá-lo...

O Pai – ...mas de fato eu tenho esta obrigação! É para a sua mãe!

O Filho – E o que eu sei disso? Quando foi que eu a vi, eu, senhor? Quando foi que ouvi falar dela? Eu o vejo aparecer um dia, com ela, (*apontará a Enteada*) com aquele rapazinho, com aquela menina; e me dizem "Oh, sabe? Ela é também sua mãe"! Consigo entrever, por seus modos (*indicará de novo a Enteada*) por que motivo, assim, de um dia para o outro, entraram em casa... Senhor, o que eu estou passando, o que eu sinto, não posso e não quero expressá-lo. Poderia, no máximo confessá-lo, e não quero fazê-lo nem para mim mesmo. Isso não pode portanto dar lugar, como vê, a nenhuma ação de minha parte. Creia, creia, senhor, que eu sou uma personagem não "realizada" dramaticamente; e que me sinto mal, muito mal, na companhia deles! – Deixem-me de lado!

O Pai – Como assim? Desculpe! Se justamente por você ser assim...

O Filho (*com violenta exasperação*) – E o que você sabe como eu sou? Quando foi que você se importou comigo?

O Pai – Admito! Admito! E não é esta também uma situação? Este seu apartar-se, tão cruel para mim, para a sua mãe, que, de volta para casa, vê você praticamente pela primeira vez, assim, já grande, e não o conhece, mas sabe que você é filho dela... (*Apontando a Mãe para o Diretor*) Ei-la, olhe – está chorando!

A Enteada (*com raiva, batendo o pé*) – Como uma idiota!

O Pai (*em seguida, apontando-a também ao Diretor*) – E ela não pode suportar isso, é claro! (*Voltando a referir-se ao Filho*) Diz que não entra nisso, quando ele é quase o eixo da ação! Olhe aquele rapazinho, que está sempre perto da mãe, assustado, humilhado... É assim por causa dele! Talvez a situação mais penosa seja a dele – sente-se um estranho, mais do que todos; e sente, pobrezinho, uma mortificação angustiosa por ser acolhido em casa – assim, por caridade... (*Em confidência*) Assemelha-se ao Pai em tudo! Humilde, não fala...

O Diretor – Eh, mas isso não é bom! O senhor não sabe que transtorno trazem meninos em cena.

O Pai – Oh, mas ele aí, acaba logo com o transtorno, sabe? E aquela menina também, que aliás é a primeira a ir embora...

O Diretor – Ótimo, sim! E asseguro-lhe que tudo isso me interessa, me interessa vivamente. Intuo, intuo que há aí matéria para tirar um belo drama!

A Enteada (*tentando intrometer-se*) – Com uma personagem como eu!

O Pai (*enxotando-a, todo ansioso pela decisão do Diretor*) – Cale-se!

O Diretor (*prosseguindo, sem reparar na interrupção*) – Nova, sim...

O Pai – Eh, novíssima, senhor!

O Diretor – Mas é preciso um bocado de coragem – digo-o – para vir jogá-la diante de mim, assim...

O Pai – Entenderá, senhor – nascidos, como somos, para a cena...

O Diretor – São atores amadores?

O Pai – Não – digo nascidos para a cena porque...

O Diretor – Ora, deixe disso, o senhor já deve ter representado!

O Pai – Mas não, senhor – só aquele tanto que cada um de nós representa no papel que se atribuiu, ou que os outros lhe atribuíram na vida. E em mim, ademais, é a própria paixão, veja, que sempre se torna, por si, tão logo se exalta – como em todos – um pouco teatral...

O Diretor – Deixemos isso para lá, deixemos isso para lá! – Mas entenderá, caro senhor, que sem um autor... – Eu poderia indicar-lhe alguém...

O Pai – Não, olhe – que seja o senhor!

O Diretor – Eu? Mas o que está dizendo?

O Pai – Sim, o senhor! O senhor! Por que não?

O Diretor – Porque eu nunca fui autor!

O Pai – E não poderia sê-lo agora, desculpe? Não é preciso nada! Tantos o são. Sua tarefa é facilitada pelo fato de que estamos aqui, todos, vivos diante do senhor...

O Diretor – Mas isso não basta!

O Pai – Como não basta? Vendo-nos viver o nosso drama...

O Diretor – Pois é! Mas será preciso sempre alguém que o escreva!

O Pai – Não – que o transcreva, quando muito, tendo-o assim, diante de si – em ação – cena por cena. Bastará desenvolver primeiro, apenas, apenas, um esboço... – e experimentar!

O Diretor (*tentado, sobe de volta ao palco*) – É... pode ser, isto me tenta... Assim, por brincadeira... A gente poderia realmente experimentar...

O Pai – Mas sim, meu senhor! Verá que cenas hão de sair! Posso até assinalá-las imediatamente, eu mesmo...

O Diretor – Isto me tenta... me tenta. Experimentemos um pouco... Venha comigo para o meu camarim. (*Dirigindo-se aos Atores*) Vocês por enquanto vão ficar livres; mas não se afastem muito. Dentro de um quarto de hora, ou vinte minutos, estejam de novo aqui. (*Ao Pai*) Vejamos, tentemos... Talvez possa sair realmente algo de extraordinário...

O Pai – Mas sem dúvida! Será melhor, não acha? Fazê-las virem também. (*Apontará as outras Personagens*).

O Diretor – Sim, venham, venham! (*Encaminhar-se-á para sair, mas depois, tornando a dirigir-se aos Atores*) Vejam lá, eh! Sejam pontuais. Daqui a quinze minutos.

*O Diretor e as Seis Personagens atravessarão o palco e desaparecerão. Os Atores permanecerão em seus lugares, como que aturdidos, olhando uns para os outros.*

O Primeiro Ator – Mas ele está falando sério! O que pretende fazer?
O Ator Jovem – Isto é loucura, pura e simples!
Um Terceiro Ator – Querem nos fazer improvisar um drama, assim, sobre dois pés?
O Ator Jovem – É! Como os atores da *Commedia dell'Arte*!
A Primeira Atriz – Ah, se ele acha que eu deva me prestar a semelhantes brincadeiras...
A Atriz Jovem – Mas que não conte comigo, tampouco!
Um Quarto Ator – Gostaria de saber quem são aqueles lá (*aludirá às Personagens*).
O Terceiro Ator – E o que quer que eles sejam? Loucos ou trapaceiros!
O Ator Jovem – E ele se presta a lhes dar ouvidos?
A Atriz Jovem – A vaidade! A vaidade de figurar como autor...
O Primeiro Ator – Mas que coisa inaudita! Se o teatro, meus senhores, deve se reduzir a isto...
Um Quinto Ator – Eu, por mim, estou me divertindo!
O Terceiro Ator – Bem! Depois de tudo, vamos ver o que vai sair daí!

*E assim, conversando entre si, os Atores sairão do palco, parte deles pela portinhola dos fundos, parte voltando para os seus camarins.*
*O pano de boca permanecerá levantado.*
*A representação será interrompida por uns vinte minutos.*

*A campainha do teatro dará o sinal de que a representação vai recomeçar.*
*Dos camarins, da porta e também da sala, retornarão ao palco os Atores, o Assistente, o Maquinista, o Ponto, o Contra-regra e, concomitantemente, de seu camarim, o Diretor da Companhia com as Seis Personagens. Apagadas as luzes da sala, acender-se-á no palco a mesma luz que a iluminava antes.*

O Diretor – Vamos, vamos, Senhores! Estamos todos aqui? Atenção, atenção, vamos começar! – Maquinista!
O Maquinista – Estou aqui!
O Diretor – Arme imediatamente o cenário da saleta. Bastam duas laterais e um fundo com a porta. É para já, por favor!

*O Maquinista correrá para executar a tarefa e, enquanto
o Diretor se entende com o Assistente, o Contra-regra,
o Ponto e os Atores, a respeito da iminente representação,
ele disporá aquele simulacro da cena indicada – duas
laterais e um fundo com a porta, de listas rosa e ouro.*

O Diretor (*ao Contra-regra*) – Veja se no depósito há um divã.
O Contra-regra – Sim, senhor, temos aquele verde.
A Enteada – Não, não, qual verde, qual nada! Era amarelo, florido, de pelúcia, muito grande. Extremamente confortável!
O Contra-regra – Ah, assim não temos...
O Diretor – Mas não importa! Ponha aquele que temos!
A Enteada – Como não importa? O famoso canapé de Madame Pace!
O Diretor – É só para ensaiar agora! Por favor, não se meta! (*Ao Assistente*) Veja se temos uma vitrina, de preferência comprida e baixa.
A Enteada – A mesinha, a mesinha de mogno para o envelope azulado!
O Assistente (*para o Diretor*) – Temos aquela pequena, dourada.
O Diretor – Está bem, pegue essa mesmo.
O Pai – Um espelho grande.
A Enteada – E o biombo! Um biombo, por favor – senão como vou fazer?
O Assistente – Sim, senhora, biombos temos muitos, não se preocupe.
O Diretor (*para a Enteada*) – E depois alguns mancebos, não é mesmo?
A Enteada – Sim, muitos, muitos.
O Diretor (*ao Assistente*) – Veja quantos há, e mande trazê-los.
O Assistente – Sim, senhor, eu cuido disso!

*O Assistente também correrá para tomar as providências; e,
enquanto o Diretor continua falando com o Ponto e
depois com as Personagens e os Atores, mandará os ajudantes
transportar os móveis indicados e os disporá como
julgar mais oportuno.*

O Diretor (*ao Ponto*) – O senhor enquanto isso vá e tome o seu lugar. Olhe – este é o esboço das cenas, ato por ato. (*Entregar-lhe-á algumas folhas de papel*). Mas agora é preciso que o senhor realize uma proeza!
O Ponto – Estenografar?
O Diretor (*agradavelmente surpreso*) – Ah, ótimo! Sabe estenografia?
O Ponto – Talvez eu não saiba apontar, mas estenografia...
O Diretor – Mas então estamos indo de bem a melhor! (*Dirigindo-se a um ajudante de cena*) Vá buscar papel em meu camarim – muito, muito – tudo quanto encontrar!

*O ajudante sairá correndo e voltará pouco depois com um bom maço de papel, que entregará ao Ponto.*

O Diretor (*prossegue falando com o Ponto*) – Siga as cenas à medida que forem representadas, e procure registrar as falas, ao menos as mais importantes! (*Depois, dirigindo-se aos Atores*) Saiam daí, senhores! Isto, fiquem daquele lado. (*Apontará à sua esquerda*) e prestem muita atenção!
A Primeira Atriz – Mas, desculpe, nós...
O Diretor (*antecipando-se*) – Não terão de improvisar, esteja tranqüila!
O Primeiro Ator – E o que devemos fazer?
O Diretor – Nada! Por enquanto fiquem ouvindo e vendo. Cada um receberá depois o seu papel por escrito. Agora vamos fazer, assim, como der, um ensaio! Eles o farão!

*Indicará as Personagens.*

O Pai (*como que caindo das nuvens, em meio à confusão do palco*) – Nós? Como assim, desculpe, um ensaio?
O Diretor – Um ensaio – um ensaio para eles!

*Apontará os Atores.*

O Pai – Mas se as personagens somos nós...
O Diretor – Está bem – "as personagens"; mas aqui, caro senhor, não são as personagens que representam. Aqui os atores é que representam. As personagens ficam ali, no texto (*indicará a caixa do Ponto*) – quando há um texto!

O PAI – Justamente! Já que não há texto e os senhores tiveram a sorte de ter as personagens aqui, à sua frente, e vivas...
O DIRETOR – Ora essa! Gostariam de fazer tudo sozinhos, representar, apresentar-se para o público?
O PAI – É isto, tal como somos.
O DIRETOR – Ah, asseguro-lhes que ofereceriam um belíssimo espetáculo!
O PRIMEIRO ATOR – E o que nós estaremos fazendo aqui, então?
O DIRETOR – Decerto, não estão imaginando que sabem representá-las, não é? Fariam rir... (*Os Atores, de fato, rirão*). Está vendo? Estão rindo! (*Lembrando-se*) – Mas, a propósito! É preciso distribuir os papéis. Oh, é fácil – já estão por si distribuídos. (*Para a Segunda Atriz*) – A senhora será a Mãe. (*Ao Pai*) – É preciso encontrar-lhe um nome.
O PAI – Amália, senhor.
O DIRETOR – Mas este é o nome de sua senhora. Não vamos querer chamá-la por seu nome verdadeiro!
O PAI – E por que não? Desculpe, se é assim que se chama... Mas claro, se tem de ser a senhora... (*Indicará com um leve aceno de mão a Segunda Atriz*) – Eu vejo esta. (*Apontará a Mãe*) – como Amália, senhor. Mas o senhor é quem sabe...

*Desnortear-se-á cada vez mais.*

O PAI – Não sei mais o que lhe dizer... Já começo... nem sei, a ouvir como falsas, com outro som, minhas próprias palavras...
O DIRETOR – Oh, mas não se preocupe, não se preocupe quanto a isso! Nós cuidaremos de encontrar o tom justo! E quanto ao nome, se o senhor quer "Amália", será Amália; ou então encontraremos outro. Por enquanto designaremos as personagens assim (*ao Ator Jovem*) – o senhor, o Filho; (*à Primeira Atriz*) – a senhorita, obviamente, a Enteada.
A ENTEADA (*divertindo-se*) – Como? Como? Eu, aquela ali?

*Desatará numa gargalhada.*

O DIRETOR (*irado*) – O que há de engraçado nisso?
A PRIMEIRA ATRIZ (*indignada*) – Ninguém nunca ousou rir de mim! Exijo que me respeitem, ou então vou embora!
A ENTEADA – Oh não, desculpe, não estou rindo da senhora.
O DIRETOR (*para a Enteada*) – Deveria sentir-se honrada de ser representada por...

A Primeira Atriz (*de pronto, com desdém*) – "Aquela ali!"
A Enteada – Mas não era por sua causa, creia-me!, era por mim, que não me vejo em absoluto na senhora, é isso. Não sei, não... não se parece em nada comigo!
O Pai – Pois é, é isso mesmo – veja, senhor! A nossa expressão –
O Diretor – Que nossa expressão que nada! Acreditam tê-la em si próprios, a expressão? Nada disso!
O Pai – Como! Não temos a nossa expressão?
O Diretor – Que nada! A expressão de vocês aqui se torna matéria, a que dão corpo e aparência, voz e gesto, os atores, os quais – por via de regra – tem sabido dar expressão a matéria bem mais elevada – diante dela, a de vocês é tão pequena que, caso se sustente em cena, o mérito, pode crer, será inteiramente dos meus atores.
O Pai – Não ouso contradizê-lo, senhor. Mas, creia-me, que é um sofrimento horrível para nós, que somos assim como o senhor nos vê, com este corpo, com esta aparência...
O Diretor (*interrompe-o, perdendo a paciência*) – Mas isso se remedia com a maquiagem, com a caracterização, caro senhor, no que se refere à aparência!
O Pai – Está bem, mas e a voz, e o gesto...
O Diretor – Oh, de uma vez por todas! Aqui o senhor, tal qual, não pode ser! Aqui há o ator que o representa; e basta!
O Pai – Compreendi, senhor. Mas agora talvez adivinhe também porque o nosso autor, que nos viu vivos deste jeito, não quis nos compor para a cena. Não quero ofender os seus atores. Deus me guarde! Mas penso que ao me ver agora representado... – não sei por quem...
O Primeiro Ator (*levantando-se altivamente e indo ao seu encontro, seguido pelas alegres jovens Atrizes, que estão rindo*) – Por mim, se não lhe desagrada.
O Pai (*humilde e melífluo*) – Honradíssimo, senhor. (*Inclinar-se-á*) – Isto é, penso que, por mais que o senhor se empenhe, com toda a sua vontade e toda a sua arte, em acolher-me em si... (*Confundir-se-á*).
O Primeiro Ator – Conclua, conclua.

*Risada das Atrizes.*

O Pai – Eh, quero dizer, a representação que o senhor fará, mesmo forçando-se com a maquiagem a parecer-se comigo... – quero dizer, com esta estatura... (*todos os Atores rirão*) dificilmente poderá ser uma representação de mim, como realmente sou. Será antes – deixando de lado a aparência – será antes sua interpretação de como sou, de como me sente – se é que me sente – e não como eu me sinto dentro de mim. E parece-me que isto deverá ser levado em conta por quem for chamado para nos julgar.

O Diretor – O senhor está pensando nos juízos da crítica, agora? E eu que ainda o estava ouvindo! Ora, deixe ela falar, a crítica. E quanto a nós, cuidemos antes de montar a peça, se o conseguirmos! (*Afastando-se e olhando ao redor*) – Vamos, vamos! Já aprontaram a cena? (*Aos Atores e às Personagens*) – Saiam, saiam da frente! Deixem-me ver. (*Descerá do palco*) – Não percamos mais tempo! (*À Enteada*) – Acha que o cenário está bem assim?

A Enteada – Sei lá! Na verdade, nele eu não me encontro.

O Diretor – De novo? Não pretenderá que edifiquemos aqui, para a senhora, tal e qual, a saleta do fundo da loja da Madame Pace, que a senhora conhece! (*Ao Pai*) O senhor disse uma saleta forrada de papel floreado?

O Pai – Sim, senhor. Branca.

O Diretor – Não é branca; é listada; mas pouco importa! Quanto aos móveis, parece-me que estamos mais ou menos arranjados. Aquela mesinha, tragam-na um pouco mais para cá, à frente. (*Os assistentes de cena executarão a ordem. Ao Contra-regra*) O senhor, enquanto isso, providencie um envelope, se possível azulado, e entregue-o a este senhor. (*Apontará o Pai.*)

O Contra-regra – De carta?

O Diretor e O Pai – De carta, de carta.

O Contra-regra – E é já!

*Sairá.*

O Diretor – Vamos, vamos! A primeira cena é a da Senhorita. (*A Primeira Atriz adiantar-se-á.*) Não, não, a senhora espere! Eu disse a Senhorita. (*Indicará a Enteada.*) A senhora fique vendo...

A Enteada (*de pronto, acrescentando*) – Como eu a vivo!

A Primeira Atriz (*ressentida*) – Mas eu também saberei vivê-la, não duvide, assim que eu começar!

O Diretor (*com as mãos na testa*) – Meus senhores, chega de conversa! Portanto, a primeira cena é da Senhorita com Madame Pace. Oh, (*ficará desnorteado, olhando à sua volta e tornará a subir ao palco*) e esta Madame Pace?

O Pai – Não está conosco, senhor.

O Diretor – E como vamos fazer?
O Pai – Mas está viva, viva, ela também!
O Diretor – Pois é, mas onde?
O Pai – Então, deixe-me dizer-lhe. (*Voltando-se para as Atrizes*) Se as senhoras quisessem fazer a gentileza de me dar por um instante os seus chapéus.
As Atrizes (*meio surpresas, meio rindo, em coro*)
– O quê?
– Os chapéus?
– O que está dizendo?
– Por quê?
– Ora, vejam só!
O Diretor – O que quer fazer com os chapéus das senhoras?

*Os Atores rirão.*

O Pai – Oh, nada, pendurá-los por um momento nestes cabides. E uma de vocês deveria ter a gentileza de tirar a capa também.
Os Atores (*com solenidade*) – A capa também?
– E depois?
– Deve ser louco!
Algumas Atrizes (*com solenidade*) – Mas para quê?
– Somente a capa?
O Pai – Para pendurá-la, um minutinho... Façam-me este favor. Querem?
As Atrizes (*tirando os chapéus e uma delas a capa também, continuando a rir, e indo pendurá-los aqui e acolá nos cabides*) – E por que não?
– Aqui está!
– Mas perceba que é realmente engraçado!
– Devemos colocá-los bem à mostra?
O Pai – Pois é, justamente, sim, senhora – assim, à mostra!
O Diretor – Mas se pode saber para quê?
O Pai – Veja, senhor – talvez, preparando-lhe melhor o cenário, atraída pelos próprios objetos de seu comércio, quem sabe ela não apareça aqui entre nós... (*Convidando a olhar para a entrada no fundo do palco*) Vejam! Vejam!

*A porta do fundo abrir-se-á e por ela avançará uns poucos passos Madame Pace, megera muito gorda, com uma pomposa peruca de lã cor de cenoura e uma rosa flamejante de*

*um lado, à espanhola. Toda pintada, vestida com elegância
empetecada, de seda vermelho-viva, um leque de plumas
numa das mãos; a outra levantada, segurará um cigarro aceso
entre dois dedos. Logo em seguida, diante da aparição,
os Atores e o Diretor sairão correndo do palco com um grito de
espanto, precipitando-se pela escadinha, com intuito de fugir
pelo corredor. A Enteada, ao contrário, correrá ao encontro
de Madame Pace, humilde, como diante de uma patroa.*

A Enteada (*acorrendo*) – Aqui está ela, aqui está ela!
O Pai (*radiante*) – É ela. Eu não disse! Aqui está ela!
O Diretor (*vencendo o espanto inicial, indignado*) – Mas que truques são estes?
O Primeiro Ator (*quase ao mesmo tempo*) – Mas onde é que estamos, afinal?
O Ator Jovem (*com solenidade*) – De onde foi que apareceu, aquela ali?
A Atriz Jovem (*com solenidade*) – Eles a tinham de reserva!
A Primeira Atriz (*com solenidade*) – Este é um jogo de mágica!
O Pai (*dominando os protestos*) – Mas, desculpem! Por que querem estragar, em nome de uma verdade vulgar, de fato, este prodígio de uma realidade que nasce, evocada, atraída, formada pela própria cena, e que tem mais direito de viver aqui do que os senhores – pois é muito mais verdadeira do que os senhores? Qual atriz entre as senhoras fará depois a Madame Pace? Pois bem – Madame Pace é aquela! Vão concordar em que a atriz que for representá-la, será menos verdadeira do que aquela – que é ela em pessoa! Olhem – minha filha a reconheceu e foi logo para perto dela! Vejam, vejam a cena!

*Titubeantes, o Diretor e os Atores tornarão a subir
ao palco. Mas a cena entre a Enteada e Madame Pace, durante
os protestos dos Atores e a resposta do Pai, já terá começado,
em voz baixa, vagarosamente, enfim, naturalmente,
como não seria possível fazê-lo acontecer num palco.
De modo que, quando os Atores, chamados à atenção pelo Pai,
se voltarem para olhar, verão Madame Pace já com
uma mão debaixo do queixo da Enteada para levantar-lhe a
cabeça, ouvindo-a falar de um modo nada inteligível, e
permanecerão por um instante atentos;
logo depois, desapontados.*

O Diretor – Então?
O Primeiro Ator – Mas o que ela está dizendo?
A Primeira Atriz – Assim não se ouve nada!
O Ator Jovem – Mais alto, mais alto!
A Enteada (*deixando Madame Pace, que sorri com um sorriso impagável e vindo em direção ao grupo de Atores*) – "Alto", pois sim! Alto o quê? Não são coisas que possam ser ditas em voz alta! Eu pude dizê-las em voz alta, para a sua vergonha, (*apontará para O Pai*) que é a minha vingança! Mas para Madame é outra coisa, senhores– é a cadeia!
O Diretor – Essa agora! Ah, é assim? Mas aqui é preciso que se façam ouvir, cara senhora! Nem nós, no palco, ouvimos! Imagine quando o público estiver no teatro! É preciso fazer a cena. E de resto bem que podem falar alto entre si, porque nós não estaremos aqui, não, como agora, a ouvir – as senhoras finjam estar a sós, numa saleta, nos fundos da loja, que ninguém está ouvindo.

*A Enteada, graciosamente, sorrindo maliciosa, fará várias vezes o sinal de não com o dedo.*

O Diretor – Como não?
A Enteada (*em voz baixa, misteriosamente*) – Há alguém mais que vai nos ouvir, senhor, se ela (*indicará Madame Pace*) falar alto!
O Diretor (*muito consternado*) – Será que vai aparecer mais alguém?

*Os Atores farão menção de fugir do palco mais uma vez.*

O Pai – Não, não, senhor. Refere-se a mim. Eu devo estar lá, atrás daquela porta, à espera; e Madame sabe disso. Aliás, permitam-me! Vou-me para estar logo pronto. (*Fará menção de ir-se.*)
O Diretor (*detendo-o*) – Não, não, espere! Aqui é preciso respeitar as exigências do teatro! Antes que o senhor esteja pronto...
A Enteada (*interrompendo-o*) – Sim, logo, logo! Digo-lhe, estou morrendo de vontade de vivê-la, viver esta cena! Se ele quer estar pronto logo, eu estou prontíssima!
O Diretor (*gritando*) – Mas é preciso que antes tenhamos, bem clara, a cena entre a senhora e aquela ali! (*Apontará Madame Pace.*) Quer entender isso?
A Enteada – Oh, meu Deus, senhor – ela me disse aquilo que o senhor já sabe – que o trabalho da mamãe, mais uma vez, está mal feito;

que o vestido está estragado; e que é preciso que eu tenha paciência, se quiser que ela continue nos ajudando em nossa miséria.
MADAME PACE (*vindo à frente, com um ar de grande importância*) – Eh señor; porqué yô nó quero aproveciarme... avantaciarme...
O DIRETOR (*quase apavorado*) – Como é que é? Como? Fala assim?

*Todos os Atores desatarão a rir fragorosamente.*

A ENTEADA (*rindo também*) – Sim, senhor, fala assim, meio em espanhol, meio em nossa língua, de um modo engraçadíssimo!
MADAME PACE – Ah, no me parece buena educación que rian de mim, si yô me esfuerço de hablar su idioma, como pudo, señor!
O DIRETOR – Oh não! Ao contrário! Fale assim, fale assim, senhora! Efeito certo! Não poderia ser melhor, aliás, para romper meio comicamente a crueza da situação. Fale, fale assim! Está ótimo!
A ENTEADA – Ótimo! Como não? Ouvir certas propostas nesta linguagem – efeito certo, pois parece quase uma burla, senhor! Dá vontade de rir quando se ouve dizer que há um "viejo señor" que quer "dibirtir-se con migo" – não é mesmo, Madame?
MADAME PACE – Viejito, é! Viejito, linda; ma mejor para ti; que se no te dá gusto, te traz prudência!
A MÃE (*insurgindo-se, entre a estupefação e a consternação de todos os Atores, que não estavam reparando nela, e que agora saltarão ao seu grito para segurá-la às gargalhadas, já que ela, enquanto isso, terá arrancado e jogado ao chão a peruca de Madame Pace*) – Bruxa! Bruxa! Assassina! A minha filha!
A ENTEADA (*acorrendo para segurar a Mãe*) – Não, não, mamãe, pelo amor de Deus!
O PAI (*também acorrendo, ao mesmo tempo*) – Fique quieta, fique quieta! Sente-se!
A MÃE – Mas então tirem-na da minha frente!
A ENTEADA (*ao Diretor, que também acorreu*) – Não é possível, não é possível que a mamãe esteja aqui!
O PAI (*também ao Diretor*) – Não podem estar juntas! E por isso, veja, aquela ali, quando viemos, não estava conosco! Estando juntas, entende, forçosamente tudo se antecipa.
O DIRETOR – Não importa! Não importa! Por enquanto é como um primeiro esboço! Tudo serve, para que eu colha, mesmo assim, confusamente, os vários elementos. (*Dirigindo-se à Mãe e conduzindo-a para fazê-la sentar-se novamente em seu lugar.*) Vamos, vamos, senhora, seja boazinha, seja boazinha – fique sentada!

*Entrementes, a Enteada, encaminhando-se de novo para
o centro da cena, dirigir-se-á à Madame Pace.*

A ENTEADA – Então, vamos lá, Madame.
MADAME PACE (*ofendida*) – Oh não, gracias tanta! Yô aqui no faço mas nada com tu madre presente.
A ENTEADA – Mas ande, mande entrar este "viejo señor, para que se dibirta con migo!" (*Virando-se e dirigindo-se a todos, imperiosa*) Enfim, é preciso fazer esta cena! – Vamos, adiante! (*Para Madame Pace*) A senhora vá embora!
MADAME PACE – Ah, me voj, me voj – me voj seguramente...

*Sairá furiosa, apanhando a peruca e olhando altivamente os
Atores, que a aplaudirão, zombando.*

A ENTEADA (*ao Pai*) – E o senhor faça a sua entrada! Não é preciso dar a volta! Venha aqui! Finja ter entrado! É isso – eu estou aqui de cabeça baixa – modesta! – Então, vamos lá! Solte a voz! Me diga, com nova entonação, como alguém que venha de fora– "Bom dia, senhorita...".
O DIRETOR (*que já desceu do palco*) – Vejam só! Mas afinal, quem dirige – a senhora ou eu? (*Para o Pai, que olhará hesitante e perplexo.*) Faça, sim, vá lá para o fundo, sem sair, e volte aqui para a frente.

*O Pai o fará, quase conturbado. Palidíssimo; mas já imbuído da
realidade de sua vida criada, sorrirá apressando-se a ir para o
fundo, como que ainda alheio ao drama que irá se abater sobre ele.
Os Atores ficarão de repente atentos à cena que estará começando.*

O DIRETOR (*em voz baixa, apressado, ao Ponto que está em sua caixa*) – E o senhor, atenção, cuide de escrever, agora!

*A CENA*

O PAI (*vindo à frente, com nova entonação*) – Bom dia, senhorita.
A ENTEADA (*de cabeça baixa, com repulsa contida*) – Bom dia.
O PAI (*espiando-a um pouco, por baixo do chapéu, que quase lhe esconde o rosto, e percebendo que ela é muito jovem, exclamará para si mesmo, em parte comprazendo-se, em parte também por temor de comprometer-se numa aventura arriscada*) – Ah... Mas...

quero dizer, não é a primeira vez, é verdade?, que a senhora vem aqui.

A ENTEADA (*com solenidade*) – Não, senhor.

O PAI – Veio alguma outra vez? (*E visto ter a Enteada acenado que sim com a cabeça*) – Mais de uma? (*Esperará um pouco a resposta; tornará a espiá-la por baixo do chapéu; sorrirá; depois dirá*) E então, vamos lá... não devia ser assim... Permite que lhe tire este chapeuzinho?

A ENTEADA (*de pronto, para antecipar-se, não contendo a repulsa*) – Não, senhor, vou tirá-lo eu mesma! (*Tirá-lo-á depressa, convulsa*).

*A Mãe, assistindo à cena, com o Filho e com os outros dois, menores e que são seus, os quais permanecerão sempre junto dela, apartados do lado oposto ao dos Atores, estarão como que sobre espinhos, acompanhando com várias expressões, de dor, de indignação, de ansiedade e de horror as palavras e os atos dos dois; e, ora esconderá o rosto, ora emitirá alguns gemidos.*

A MÃE – Oh Deus! Meu Deus!

O PAI (*ficará, ao ouvir o gemido, como que petrificado por um longo momento; depois retomará a fala com a entonação anterior*) – Pronto, me dê, eu vou colocá-lo ali. (*Tirar-lhe-á o chapéu das mãos.*) Mas numa linda, adorável cabecinha como a sua, gostaria que houvesse um chapéu mais digno. Vai querer me ajudar a escolher algum, depois, entre estes aqui, da Madame? Não?

A JOVEM ATRIZ (*interrompendo*) – Oh, devagar com isso! Aqueles são os nossos chapéus!

O DIRETOR (*de pronto, irritadíssimo*) – Silêncio, diabos! Não banque a engraçadinha! – Esta é a cena! (*Dirigindo-se à Enteada*) Retome, por favor, senhorita!

A ENTEADA (*retomando*) – Não, obrigada, senhor.

O PAI – Vamos lá, não me diga não! Vai me dar o prazer de aceitar. Ficarei sentido... Há alguns bem bonitos, veja! E depois deixaremos Madame contente. Ela os põe à mostra de propósito!

A ENTEADA – Ah não, senhor, veja, nem poderia usá-lo.

O PAI – Talvez diga isso pelo que pensariam em sua casa, vendo-a voltar com um chapeuzinho novo? Não por isso! Sabe como se faz? O que se diz em casa?

A ENTEADA (*impaciente, não agüentando mais*) – Mas não é por isso, senhor! Não poderia usá-lo, porque estou... como está me vendo – bem que já poderia ter percebido! (*Mostrará o vestido preto*).

O Pai – De luto, é! Desculpe-me. É verdade – estou vendo. Peço-lhe perdão. Acredite, estou realmente sentido.

A Enteada (*fazendo-se de forte e tomando coragem também para vencer a indignação e a náusea*) – Chega, chega, senhor! Cabe a mim agradecer-lhe; e não ao senhor mortificar-se ou afligir-se. Não ligue mais, por favor, para o que eu disse. Também por mim, o senhor entenderá... (*Esforçar-se-á para sorrir e acrescentará*) – É preciso mesmo que eu não pense que estou assim vestida.

O Diretor (*interrompendo, dirigir-se-á de novo ao Ponto na caixa e subindo de volta ao palco*) – Espere, espere! Não escreva, releve, releve esta última fala! (*Dirigindo-se ao Pai e à Enteada*) – Está muito bom. Está ótimo! (*A seguir somente ao Pai*) – Aqui então depois o senhor continuará como combinamos! (*Aos Atores*) – Muito boa esta ceninha do chapéu, não acham?

A Enteada – Eh, mas o melhor vem agora! Por que não prosseguimos?

O Diretor – Tenha um minuto de paciência! (*Dirigindo-se de novo aos Atores*) – É preciso tratá-la, naturalmente, com um pouco de leveza...

O Primeiro Ator – De desembaraço, é...

A Primeira Atriz – É claro, não é preciso de mais nada! (*Ao Primeiro Ator*) – Podemos ensaiá-la imediatamente, não é?

O Primeiro Ator – Oh, por mim... Pronto, vou dar a volta para fazer a entrada!

*Sairá a fim de preparar-se para entrar novamente pela porta do fundo.*

O Diretor (*à Primeira Atriz*) – E então, veja, terminou a cena entre a senhora e aquela Madame Pace, que depois pretendo escrever. A senhora fica... Não, para onde vai?

A Primeira Atriz – Espere, vou pôr o chapéu...

*E irá buscar o seu chapéu no cabide.*

O Diretor – Ah claro, muito bem! – Então, a senhora fica aqui de cabeça baixa.

A Enteada (*divertida*) – Mas se nem está vestida de preto!

A Primeira Atriz – Estarei vestida de preto, e de modo muito mais apropriado do que a senhora!

O Diretor (*à Enteada*) – Mantenha-se calada, por favor! E fique vendo! Terá muito o que aprender! (*Batendo palmas*) – Adiante! Adiante! A entrada!

*Tornará a descer do palco para colher a impressão da cena. A porta do fundo abrir-se-á, e o Primeiro Ator virá à frente, com o ar desembaraçado, gaiato, de um velhote galante. A representação da cena executada pelos Atores deverá parecer, desde as primeiras falas, outra coisa, sem que tenha, todavia, minimamente o ar de paródia; parecerá antes como se a tivessem "passado a limpo". Naturalmente a Enteada e o Pai, não conseguindo de modo algum reconhecer-se naquela Primeira Atriz e naquele Primeiro Ator, ouvindo-os proferir suas próprias palavras expressarão, de diversas maneiras, ora com gestos, ora com sorrisos, ora com francos protestos, a impressão que têm, de surpresa, de admiração, de sofrimento etc., como veremos em seguida. Ouvir-se-á, da caixa, claramente, a voz do Ponto.*

O Primeiro Ator – "Bom dia, senhorita..."
O Pai (*de imediato, não conseguindo conter-se*) – Ah não!

*Enquanto isso a Enteada, ao ver o Primeiro Ator entrar daquele modo, cairá numa gargalhada.*

O Diretor (*enfurecido*) – Façam silêncio! E a senhora pare de uma vez por todas de rir! Assim não se pode ir adiante!
A Enteada (*vindo do proscênio*) – Mas, desculpe-me, é muito natural, senhor! A senhorita (*apontará para a Primeira Atriz*) fica ali parada, no lugar; mas se ela deve ser eu, posso assegurar-lhe que, ao ouvir aquele "bom dia" daquele modo e naquele tom, teria caído numa gargalhada, exatamente assim como eu ri!
O Pai (*avançando um pouco, também ele*) – É isso mesmo... o ar, o tom...
O Diretor – Mas que ar! Que tom! Fiquem de lado, agora, e deixem-me assistir ao ensaio!
O Primeiro Ator (*vindo à frente*) – Se devo representar um velho, que entra numa casa equívoca...
O Diretor – Mas claro, não faça caso, pelo amor de Deus! Retome, retome, que está indo muito bem! (*À espera de que o ator recomece*) – Então...
O Primeiro Ator – "Bom dia, senhorita..."
A Primeira Atriz – "Bom dia..."
O Primeiro Ator (*refazendo o gesto do Pai, isto é, o de espiar por baixo do chapéu, mas depois exprimindo bem distintamente primeiro a satisfação e em seguida o receio*) – "Ah... – Mas... quero dizer, não é a primeira vez, espero..."

O Pai (*corrigindo, sem se conter*) – Não "espero" – "é verdade?", "é verdade?"
O Diretor – Diga "é verdade" – interrogação.
O Primeiro Ator (*indicando o Ponto*) – Eu ouvi "espero!"
O Diretor – Está bem, dá na mesma!, "é verdade" ou "espero". Prossiga, prossiga. – E... talvez um pouco menos carregado... Pronto, vou fazê-lo, para que veja...

*Voltará a subir ao palco, depois, refazendo o papel desde a entrada.*

O Diretor – "Bom dia, senhorita..."
A Primeira Atriz – "Bom dia."
O Diretor – "Ah... mas... quero dizer..." (*Dirigindo-se ao Primeiro Ator para fazê-lo notar o modo como deverá olhar a Primeira Atriz por baixo do chapéu*) – Surpresa... receio e comprazimento... (*Depois, continuando, tornará a dirigir-se à Primeira Atriz*) – "Não é a primeira vez, não é verdade?, que a senhora vem aqui..." (*De novo, voltando-se com olhar de cumplicidade ao Primeiro Ator*) – Está claro? (*Para a Primeira Atriz*) – E a senhora então – "Não, senhor". (*Novamente para o Primeiro Ator*) – Enfim, como devo dizer? *Souplesse!**

*E tornará a descer do palco.*

A Primeira Atriz – "Não, senhor..."
O Primeiro Ator – "Veio alguma outra vez? Mais de uma?"
O Diretor – Não, não, espere! Deixe primeiro ela (*apontará a Primeira Atriz*) fazer o sinal de que sim. "Já veio alguma outra vez?"

*A Primeira Atriz levantará ligeiramente a cabeça, entreabrindo penosamente os olhos, como que por desgosto, e depois, diante de um "abaixe" do Diretor meneará duas vezes a cabeça.*

A Enteada (*sem poder se conter*) – Oh, meu Deus! (*E de pronto colocará uma mão sobre a boca para impedir a risada*).
O Diretor (*virando-se*) – O que há?
A Enteada (*de pronto*) – Nada, nada!
O Diretor (*ao Primeiro Ator*) – É a sua vez, é a sua vez, prossiga!

* Em francês no texto, com o sentido de flexibilidade, destreza.

O Primeiro Ator – "Mais de uma? E então, vamos lá... não deveria ser mais assim... Permite que lhe tire este chapéu?"

*O Primeiro Ator dirá esta última fala com uma tal entonação, acompanhada de um tal movimento, que a Enteada, cujas mãos ainda estavam sobre a boca, por mais que quisesse segurar-se, não conseguirá mais conter a risada, que explodirá por entre os dedos, irresistível e fragorosamente.*

A Primeira Atriz (*indignada, voltando ao seu lugar*) – Ah, eu não estou aqui para bancar a palhaça para aquela ali!
O Primeiro Ator – E eu muito menos! Vamos acabar com isso!
O Diretor (*à Enteada, gritando*) – Pare com isso! Pare com isso!
A Enteada – Sim, me perdoe... me perdoe...
O Diretor – A senhora é uma malcriada! É isso que é! Uma presunçosa!
O Pai (*procurando interpor-se*) – Sim, senhor, é verdade, é verdade, mas queira perdoá-la!
O Diretor (*subindo de volta ao palco*) – Mas o que quer que eu perdoe! É uma indecência!
O Pai – Sim, senhor, mas creia, creia, tem um efeito tão estranho...
O Diretor – Estranho? Estranho o quê? Por que estranho?
O Pai – Eu admiro, senhor, admiro os seus atores – o Senhor ali, (*indicará o Primeiro Ator*) e a Senhorita (*indicará a Primeira Atriz*) mas certamente... é isso, eles não são nós...
O Diretor – Eh, sem dúvida! Como quer que eles sejam "vocês", se são os atores?
O Pai – Justamente, os atores! E fazem bem, todos os dois, os nossos papéis. Mas creia que para nós parece outra coisa, que pretende ser a mesma, e no entanto não é!
O Diretor – Mas como não é? E o que é então?
O Pai – Uma coisa que... se tornou deles; e não é mais nossa.
O Diretor – Mas isso forçosamente! Já lhe disse!
O Pai – Sim, compreendo, compreendo...
O Diretor – E então basta! (*Dirigindo-se aos Atores*) – Quer dizer que faremos os ensaios depois, entre nós, como devem ser feitos. Para mim sempre foi uma maldição ensaiar diante dos autores! Nunca estão satisfeitos! (*Dirigindo-se ao Pai e à Enteada*) – Vamos, vamos recomeçar com os senhores; e vejamos se é possível que a senhora não ria mais.
A Enteada – Ah, não vou rir mais, não vou rir mais! Agora é que vem o melhor para mim; pode estar certo!

O Diretor – Então, quando a senhora diz: "Não faça mais caso, por favor, daquilo que lhe disse... Também por mim – entenderá!" – (*dirigindo-se ao Pai*) – É preciso que o senhor recomece logo – "Compreendo, ah, compreendo..." e que imediatamente pergunte...

A Enteada (*interrompendo*) – Como? O quê?

O Diretor – A razão de seu luto!

A Enteada – Mas não, senhor! Veja – quando lhe disse que era preciso que eu não pensasse estar vestida assim, sabe como me respondeu, ele? "Ah, está bem! Então vamos tirar, vamos tirar já este vestidinho!"

O Diretor – Bonito! Ótimo! Para fazer o teatro todo ir para o ar!

A Enteada – Mas é a verdade.

O Diretor – Mas que verdade, faça-me o favor! Aqui estamos no teatro! A verdade, até certo ponto!

A Enteada – Desculpe, mas então o que é que o senhor quer fazer?

O Diretor – Vai ver, vai ver! Agora deixe por minha conta!

A Enteada – Não, senhor! De minha náusea, de todas as razões, uma mais cruel e mais vil do que a outra, motivo pelo qual eu sou "esta", "assim", o senhor talvez gostaria de extrair um docinho romântico-sentimental, com ele me perguntando os motivos de meu luto, e eu lhe respondendo lacrimosa que há dois meses perdi papai? Não, não, caro senhor! É preciso que ele me diga, como disse – "Então vamos tirar, vamos tirar já esse vestidinho!". E eu, com todo o meu luto no coração, de apenas dois meses, fui até ali, está vendo?, ali, atrás daquele biombo, e com estes dedos que tremem de vergonha, de asco, desenganchei o corpete, o vestido...

O Diretor (*enfiando as mãos nos cabelos*) – Pelo amor de Deus! O que está dizendo?

A Enteada (*gritando, frenética*) – A verdade! A verdade, senhor!

O Diretor – Sim, não nego, deve ser a verdade... e compreendo, compreendo todo o seu horror, senhorita; mas compreenda também que tudo isso em cena não é possível!

A Enteada – Não é possível? E então, muito obrigada, não estou nesta.

O Diretor – Mas, não, veja...

A Enteada – Não estou nesta! Não estou nesta! O que é possível em cena vocês dois combinaram juntos, lá dentro, obrigada! Entendo muito bem! Ele quer chegar logo à representação (*carregando*) de seus tormentos espirituais; mas eu quero representar o meu drama! O meu!

O Diretor (*aborrecido, sacudindo-se ferozmente*) – Oh, enfim, o seu! Não há somente o seu, desculpe! Há também o dos outros! O dele – (*apontará o Pai*) – o de sua mãe! Não é possível que uma personagem se coloque, assim, tão à frente, e se sobreponha às outras, tomando conta da cena. É preciso conter todas num quadro harmônico, e representar aquilo que é representável! Eu também sei muito bem que cada um tem toda uma vida própria, por dentro de si, e que gostaria de pô-la para fora. Mas o difícil é justamente isto – fazer vir para fora só aquele tanto que é necessário, em relação com os outros; e mesmo naquele pouco dar a entender toda a outra vida que permanece dentro! Ah, muito cômodo seria, se cada personagem pudesse, num belo monólogo, ou... sem mais... numa conferência vir despejar diante do público tudo o que lhe ferve por dentro! (*Em tom bonachão, conciliatório*) – Precisa conter-se, senhorita. E creia-me, em seu próprio interesse; porque pode mesmo causar uma má impressão, estou lhe avisando, toda essa fúria dilacerante, esse desgosto exasperado, quando a senhora mesma, me desculpe, confessou ter estado com outros, antes de ter estado com ele, na Madame Pace, mais de uma vez!

A Enteada (*baixando a cabeça, com voz profunda, depois de uma pausa de recolhimento*) – É verdade! Mas pense que aqueles outros são igualmente ele, para mim.

O Diretor (*não entendendo*) – Como, os outros? O que quer dizer?

A Enteada – Para quem cai em culpa, senhor, o responsável de todas as culpas que se seguem, não é sempre aquele que, primeiramente, determinou a queda? E para mim é ele, mesmo antes que eu nascesse. Olhe-o, e veja se não é verdade!

O Diretor – Muito bem! E lhe parece pouco o peso de tanto remorso sobre ele? Dê-lhe oportunidade de representá-lo!

A Enteada – Como, desculpe? Estou dizendo, como poderia representar todos os seus "nobres" remorsos, todos os seus tormentos "morais", se o senhor quer poupar-lhe o horror de haver, um belo dia, encontrado entre os braços, depois de tê-la convidado a tirar a roupa de seu luto recente, mulher e já caída, aquela menina, senhor, aquela menina que ele ia ver na saída da escola? (*Dirá estas últimas palavras com voz embargada de comoção*).

*A mãe, ao ouvi-la falar assim, tomada por um ímpeto de irrefreável angústia, que antes se expressará primeiro por alguns gemidos sufocados, prorromperá ao fim num pranto perdido. A comoção apoderar-se-á de todos. Longa pausa.*

A Enteada (*tão logo a Mãe dá sinal de se aquietar, acrescentará, sombria e resoluta*) – Nós estamos aqui, entre nós, agora, ainda ignorados pelo público. Amanhã, o senhor amanhã dará, a nosso respeito, o espetáculo que melhor julgar, combinando-o a seu modo. Mas quer ver, de verdade, o drama? Explodir de verdade, tal como é?

O Diretor – Mas claro, não peço nada de melhor, para tirar dele, desde já, tudo o que for possível!

A Enteada – Está bem, mande aquela mãe sair.

A Mãe (*saindo de seu pranto com um grito*) – Não, não! Não permita isso, senhor! Não permita!

O Diretor – Mas é só para ver, senhora!

A Mãe – Eu não posso! Não posso!

O Diretor – Mas se tudo já aconteceu, desculpe! Não entendo!

A Mãe – Não, acontece agora, acontece sempre! O meu tormento não é fingido, senhor! Eu estou viva e presente, sempre, em todo momento de meu suplício, que se renova, vivo e presente, sempre. Mas aqueles dois pequeninos ali, o senhor os ouviu falar? Não podem mais falar, senhor! Ficam agarrados em mim, ainda, para manter vivo e presente o meu tormento – mas eles, de per si, não são, não existem mais! E esta, (*indicará a Enteada*) senhor, fugiu, escapou de mim e perdeu-se, perdeu-se... Se agora eu a vejo aqui, ainda é por isso, somente por isso, sempre, sempre, para renovar-me sempre, vivo e presente, o tormento que sofri por ela também!

O Pai (*solene*) – O momento eterno, como eu lhe disse, senhor. Ela (*apontará a Enteada*) está aqui para me pegar, prender e me manter atrelado e suspenso, eternamente, no pelourinho, naquele único momento fugidio e vexaminoso de minha vida. Não pode renunciar a isso, e nem o senhor pode, realmente, poupar-me disso.

O Diretor – Mas claro, eu não estou dizendo para não representá-lo; de fato isto constituirá precisamente o núcleo de todo o primeiro ato, até chegar à surpresa que ela terá... (*apontará a Mãe*)

O Pai – É isto, sim. Porque é a minha condenação, senhor, toda a nossa paixão, que deve culminar no grito final dela! (*Também ele indicará a Mãe.*)

A Enteada – Ainda o tenho em meus ouvidos! Deixou-me louca aquele grito! – O senhor pode representar-me como quiser, não importa! Até vestida; desde que eu tenha ao menos os braços – somente os braços – nus, porque olhe, estando assim, (*encostar-se-á no Pai e apoiará a cabeça em seu peito*) com a cabeça apoiada as-

sim, e os braços assim em seu pescoço, via uma veia pulsando
aqui, no braço, aqui, uma veia; e então, como se apenas aquela
veia viva me causasse repulsa, apertei os olhos, assim, assim, e
afundei a cabeça no seu peito! (*Virando-se para a Mãe*) – Grita,
grita, mamãe! (*Afundará a cabeça no peito do Pai, e com os ombros levantados como para não ouvir o grito, acrescentará com voz de tormento sufocado*) – Grita, como gritou então!

A MÃE (*lançando-se para separá-los*) – Não! Filha, minha filha! (*E depois de tê-la apartado dele*) – Animal, animal, é minha filha! Não vê que é minha filha?

O DIRETOR (*retrocedendo, diante do grito, até a ribalta, em meio à perturbação dos Atores*) – Muito bem; sim, ótimo! E então pano, pano!

O PAI (*correndo para ele, convulso*) – É isto, sim... porque foi realmente assim, senhor!

O DIRETOR (*admirado e convencido*) – É sim, aqui, sem mais! Pano! Pano!

*Aos gritos reiterados do Diretor, o Maquinista descerá o pano de boca, deixando de fora, diante da ribalta, o Diretor e o Pai.*

O DIRETOR (*olhando para cima, com os braços levantados*) – Mas que besta! Estou dizendo pano para significar que o Ato deve terminar assim, e ele me baixa o pano de verdade! (*Ao Pai, soerguendo um canto da cortina para reentrar no palco*) – Sim, sim, muito bem! Muito bem! Efeito certo! É preciso terminar assim. Garanto, garanto por este Primeiro Ato! (*Entrará de volta com o Pai.*)

*Ao reabrir-se o pano de boca, ver-se-á que os Maquinistas e o Contra-regra desfizeram aquele primeiro simulacro de cenário e colocaram, em seu lugar, um pequeno tanque de jardim.*
*De um lado do palco estarão sentados, em fila, os Atores e, do outro, as Personagens. O Diretor estará de pé, no meio do palco, com o punho de uma das mãos sobre a boca, entregue à meditação.*

O DIRETOR (*sacudindo-se após uma breve pausa*) – Oh, então – vamos ao Segundo Ato! Deixem, deixem eu fazer, como havíamos estabelecido antes, que tudo correrá muito bem!

A ENTEADA – A nossa entrada na casa dele (*apontará o Pai*) a despeito daquele ali (*indicará o Filho*).

O Diretor (*perdendo a paciência*) – Está bem, mas deixe eu fazer, estou lhe dizendo!

A Enteada – Desde que o despeito fique claro!

A Mãe (*de seu canto, meneando a cabeça*) – Pelo bem que isso nos trouxe...

A Enteada (*voltando-se para ela, de supetão*) – Não importa! Quanto mais dano para nós, tanto mais remorso para ele!

O Diretor (*impaciente*) – Entendi, entendi! E ter-se-á isto em conta, em princípio sobretudo! Não duvide!

A Mãe (*suplicante*) – Mas faça com que se compreenda bem, suplico-lhe, senhor, por minha consciência, que eu procurei de todos os modos...

A Enteada (*interrompendo indignada, e prosseguindo*) – Aplacar-me, aconselhar-me que esta afronta não lhe fosse feita! (*Ao Diretor*) – Faça-lhe a vontade, faça-lhe a vontade, porque é verdade. Isso diverte muitíssimo, porque, entrementes, se pode ver – quanto mais ela é assim súplice, quanto mais tenta entrar em seu coração, tanto mais aquele ali se mantém distante; "au-sen-te"! Que prazer!

O Diretor – Enfim, queremos ou não começar este Segundo Ato?

A Enteada – Não falo mais! Mas veja que desenvolvê-lo todo no jardim, como o senhor quer, não será possível!

O Diretor – Por que não será possível?

A Enteada – Porque ele (*indicará de novo o Filho*) sempre fica trancado no quarto, apartado! E ademais, na casa, há que desenvolver a parte toda daquele pobre rapazinho ali, desnorteado, como lhe disse.

O Diretor – É, sim! Mas, de outro lado, vão entender, não podemos pendurar letreiros ou mudar o cenário à vista do público, três ou quatro vezes a cada ato!

O Primeiro Ator – Antigamente se fazia...

O Diretor – Sim, quando o público talvez fosse como aquela menina ali!

A Primeira Atriz – E a ilusão, mais fácil!

O Pai (*de um salto, levantando-se*) – A ilusão? Pelo amor de Deus, não digam ilusão. Não usem esta palavra, que para nós é particularmente cruel.

O Diretor (*atordoado*) – Mas, por quê? Desculpe-me.

O Pai – Mas claro, cruel, cruel! Deveria entender!

O Diretor – E como deveríamos falar, então? A ilusão a ser criada, aqui, para os espectadores...

O Primeiro Ator – Com a nossa representação...

O Diretor – ...a ilusão de uma realidade!
O Pai – Compreendo, senhor. Talvez, o senhor, ao invés, não possa nos compreender. Desculpe-me! Porque – veja – aqui para o senhor e para os seus atores trata-se somente – e é justo – de seu jogo.
A Primeira Atriz (*interrompendo indignada*) – Mas que jogo! Não somos crianças, não! Aqui se representa seriamente.
O Pai – Não digo que não. E compreendo, de fato, o jogo de sua arte, que tem de criar justamente – como diz o senhor – uma perfeita ilusão de realidade.
O Diretor – É isto, justamente.
O Pai – Agora, se o senhor pensar que nós, como tais, (*apontará para si mesmo e sumariamente para as outras cinco Personagens*) não temos outra realidade fora desta ilusão!
O Diretor (*atordoado, mirando os seus Atores, que também estarão perplexos e desnorteados*) – Como assim?
O Pai (*depois de tê-los observado um pouco, com um pálido sorriso*) – Mas claro, senhores! Que outra? Aquela que é para os senhores uma ilusão a ser criada, para nós, ao contrário, é a nossa única realidade. (*Breve pausa. Dará alguns passos à frente, em direção ao Diretor, e acrescentará*) – E não somente para nós, repare! Pense bem. (*Fita-lo-á diretamente nos olhos.*) Sabe me dizer quem é o senhor?

*E permanecerá com o dedo indicador apontado para ele.*

O Diretor (*perturbado, com um meio sorriso*) – Como, quem sou? – Sou eu!
O Pai – E se eu lhe dissesse que não é verdade, porque o senhor é eu?
O Diretor – Eu lhe responderia que o senhor é um louco!

*Os Atores rirão.*

O Pai – Têm razão de rir – porque aqui se joga; (*ao Diretor*) – e o senhor pode, portanto, objetar-me, dizendo que somente devido a um jogo aquele senhor ali, (*apontará o Primeiro Ator*) que é "ele", deve ser "eu", que vice-versa "este" sou eu. Está vendo que o peguei no pulo?

*Os Atores voltarão a rir.*

O Diretor (*aborrecido*) – Mas isto já se disse há pouco! Tudo de novo?
O Pai – Não, não. Não queria dizer isso, de fato. Ao contrário, eu o convido a sair deste jogo (*olhando a Primeira Atriz, como que se*

*antecipando*) – de arte! de arte! – que o senhor costuma fazer aqui com os seus atores; e torno a lhe perguntar seriamente – quem é o senhor?

O Diretor (*virando-se, quase assombrado e ao mesmo tempo irritado, para os Atores*) – Mas vejam só, é preciso ser mesmo muito cara de pau! Alguém que se faz passar por personagem vir aqui perguntar, a mim, quem sou eu!

O Pai (*com dignidade, mas sem arrogância*) – Uma personagem, senhor, sempre pode perguntar a um homem quem ele é. Porque uma personagem tem verdadeiramente uma vida própria, marcada por suas características, pelas quais é sempre "alguém". Enquanto um homem – não estou falando do senhor, agora – um homem assim, genericamente, pode ser "ninguém".

O Diretor – Pois é! Mas o senhor pergunta isso a mim, que sou o Diretor! O Diretor da Companhia! Entendeu?

O Pai (*quase em surdina, com melíflua humildade*) – Somente para saber se realmente o senhor, tal como é agora, se vê... como vê, por exemplo, na distância do tempo, aquele que o senhor era antigamente, com todas as ilusões que o senhor alimentava então; com todas as coisas, dentro do senhor e ao seu redor, como lhe pareciam então – e eram, realmente eram para o senhor! – Pois bem – pensando novamente naquelas ilusões, que agora o senhor já não alimenta mais; em todas aquelas coisas que agora já não lhe "parecem" mais como "eram" em outro tempo; não sente que lhe falta, já não digo estas tábuas do palco, mas o chão, o chão sob seus pés, argumentando que, da mesma forma, "este" como o senhor se sente agora, toda a sua realidade de hoje, tal como é, está destinada a parecer-lhe ilusão amanhã?

O Diretor (*sem ter entendido muito bem, no aturdimento da argumentação capciosa*) – E daí? A que conclusão pretende chegar com isso?

O Pai – Oh, nada, senhor. Fazê-lo ver que se nós, (*apontará novamente para si e para as outras Personagens*) além da ilusão, não temos outra realidade, seria bom que o senhor também desconfiasse de sua realidade, desta que o senhor hoje respira e toca em si, porque – como a de ontem – está destinada a se lhe revelar ilusão amanhã.

O Diretor (*decidindo-se a levá-lo na piada*) – Ah, muito bem! E acrescente, ainda por cima, que o senhor, com esta peça que vem aqui representar para mim, é mais verdadeiro e real do que eu!

O Pai (*com a máxima seriedade*) – Mas isso sem dúvida, senhor!

O Diretor – Ah é?

O Pai – Acreditava que já tivesse compreendido isso desde o início.
O Diretor – Mais real do que eu?
O Pai – Se a sua realidade pode mudar de hoje para amanhã...
O Diretor – Mas se sabe que pode mudar, é claro! Muda continuamente; como a de todos!
O Pai (*com um grito*) – Mas a nossa não, senhor! Percebe? A diferença é esta! Não muda, não pode mudar, nem ser outra, jamais, por já estar fixada – assim – "esta" – para sempre – (é terrível, senhor!) realidade imutável, que deveria lhes dar um arrepio ao se aproximarem de nós!
O Diretor (*num ímpeto, parando diante do Pai, com uma idéia que lhe surgirá de improviso*) – Eu gostaria de saber, porém, desde quando se viu uma personagem que, saindo de seu papel, se tenha metido a perorá-lo como o senhor faz, e a propô-lo, a explicá-lo. Sabe me dizer? Eu nunca vi isso.
O Pai – Nunca viu, senhor, porque os autores escondem, de hábito, o tormento de sua criação. Quando as personagens estão vivas, realmente vivas diante de seu autor, este nada mais faz do que segui-las nas palavras, nos gestos que elas, justamente, lhe propõem; e é preciso que ele os queira assim como elas se querem; e ai dele se não o fizer, assim. Quando uma personagem nasce, adquire de pronto tal independência, até em face de seu próprio autor, que pode ser imaginada por todos em muitas outras situações nas quais o autor não pensou colocá-la, e adquirir também, por vezes, um significado que o autor jamais sonhou lhe dar!
O Diretor – Claro, mas isso eu já sei!
O Pai – E então, por que se espanta conosco? Imagine, para uma personagem, a desgraça que lhe disse, de ter nascido viva da fantasia de um autor que, em seguida, lhe quis negar a vida, e diga-me se essa personagem deixada assim, viva e sem vida, não tem razão de se pôr a fazer o que nós estamos fazendo, agora, aqui, diante dos senhores, depois de tê-lo feito por muito, muito tempo, creia-me, diante dele para persuadi-lo, para impeli-lo, aparecendo diante dele ora eu, ora ela, (*apontará a Enteada*) ora aquela pobre mãe...
A Enteada (*vindo à frente como que desvairada*) – É verdade, eu também senhor, eu também, para tentá-lo, tantas vezes, na melancolia daquele seu escritório, na hora do crepúsculo, quando ele, largado numa poltrona, não conseguia decidir-se a girar a chave da luz e deixava que a sombra lhe invadisse a sala e que aquela sombra fervilhasse conosco, que íamos tentá-lo... (*Como se ainda se*

*visse ali naquele escritório e sentisse enfado com a presença de todos aqueles Atores)* – E se todos os senhores fossem embora!, e se nos deixassem a sós! A mamãe ali, com aquele filho – eu com aquela menina – aquele rapazinho ali sempre sozinho – e depois eu com ele *(mal indicará o Pai)* – e depois eu sozinha, eu sozinha... – naquela sombra *(saltará de repente, como se quisesse agarrar-se à visão que tem de si própria, reluzente e viva naquela sombra)* ah, a minha vida! Que cenas, que cenas íamos lhe propor! – Eu, eu o tentava mais que todos!

O PAI – É! Mas talvez tenha sido por sua causa; justamente por essas suas excessivas insistências, por suas excessivas incontinências!

A ENTEADA – Que nada! Se ele mesmo me quis assim! *(Aproximar-se-á depressa do Diretor, para lhe dizer, como em confidência)* – Eu creio, senhor, que foi, antes, senhor, por aviltamento, ou por desdém ao teatro, tal como o público costumeiramente o vê e o quer...

O DIRETOR – Vamos adiante, vamos adiante, santo Deus, e cheguemos aos fatos, meus senhores!

A ENTEADA – É, mas a mim parece, desculpe-me, que fatos o senhor já tem até demais, com a nossa entrada na casa dele! *(Apontará o Pai.)* O senhor dizia que não podia pendurar letreiros ou trocar de cenário a cada cinco minutos!

O DIRETOR – Pois é. Justamente! Combiná-los, agrupá-los numa ação simultânea e cerrada; e não como a senhora pretende, querendo ver primeiro o seu irmãozinho que volta da escola e vagueia feito sombra pelos cômodos, escondendo-se atrás das portas meditando um intento, no qual – como disse?

A ENTEADA – Ele se dessora, senhor, ele se dessora por inteiro!

O DIRETOR – Nunca ouvi semelhante palavra! Está bem – "crescendo apenas nos olhos", é verdade?

A ENTEADA – Sim, senhor – ei-lo! *(Indicá-lo-á, perto da Mãe.)*

O DIRETOR – Muito bem! E depois, ao mesmo tempo, também gostaria de ver aquela menina que brinca, alheia a tudo, no jardim. Um em casa, e a outra no jardim, é possível?

A ENTEADA – Ah, no sol, senhor, feliz! É o meu único prêmio, a sua alegria, a sua festa, naquele jardim; arrancada da miséria, da esqualidez de um quarto horroroso, onde dormíamos, os quatro – e eu com ela – eu, imagine!, com o horror do meu corpo contaminado, ao lado dela, que me apertava bem forte com os seus bracinhos amorosos e inocentes. No jardim, assim que me via, corria para pegar-me pela mão. As flores grandes, ela não as via; ao contrário, sempre descobria todas as "pequeninhas, pequenininhas" e queria mostrá-las para mim, fazendo uma festa, uma festa!

*Assim dizendo, torturada pela lembrança, romperá num pranto longo, desesperado, deixando cair a cabeça sobre os braços largados na mesinha. A comoção apoderar-se-á de todos. O Diretor virá para perto dela, quase paternalmente, e dirá para confortá-la...*

O Diretor – Vamos fazer o jardim, vamos fazer o jardim, não tenha dúvida – e verá que ela ficará contente! Agruparemos as cenas ali. (*Chamando pelo nome um ajudante de cena*) – Hei, baixe alguns rompimentos de árvore! Dois ciprestezinhos aqui, na frente deste tanque!

*Ver-se-á descer do alto do palco dois pequenos ciprestes. O Maquinista, acorrendo, fixará com pregos as duas bases.*

O Diretor (*para a Enteada*) – Assim, da melhor maneira possível, por enquanto, para dar uma idéia. (*Tornará a chamar pelo nome o Ajudante de cena*) – Hei, agora dê-me um pouco de céu!
O Ajudante (*de cima*) – O quê?
O Diretor – Um pouco de céu! Um fundo pequeno, que caia aqui, atrás deste tanque!

*Ver-se-á, descendo do teto do palco, um pano branco.*

O Diretor – Não, branco, não! Eu disse céu! Não faça nada, deixe – eu mesmo dou um jeito. (*Chamando*) – Hei, aí, eletricista, apague tudo e dê-me um pouco de atmosfera... atmosfera lunar... azul, azul nas gambiarras, e azul no pano, com o refletor... Assim! Basta!

*Compor-se-á, a seu mando, um misterioso cenário lunar, que induzirá os Atores a falar e a mover-se como se fosse noite, num jardim, sob a lua.*

O Diretor (*à Enteada*) – Pronto, olhe! E agora o garotinho, em vez de se esconder atrás das portas dos cômodos, poderá vagar aqui pelo jardim, escondendo-se atrás das árvores. Mas entende que será difícil encontrar uma menina que faça bem a cena com a senhora, quando lhe mostra as florzinhas. (*Dirigindo-se ao Rapazinho*) –

Venha, venha aqui, vamos concretizar isso um pouco! (*E visto que o garoto não se mexe*) – Adiante! Adiante! (*Depois, puxando-o à frente, procurando fazer que mantenha erguida a cabeça, que sempre volta a cair*) – Ah, bela encrenca esta, este garoto também... Mas por quê?... Meu Deus, seria bom que ele também dissesse alguma coisa... (*Irá rapidamente para perto dele, colocará uma mão em seu ombro, conduzi-lo-á para trás de um rompimento de árvore.*) Venha, venha um pouco para cá, deixe-me ver! Esconda-se... aqui... Assim... Tente pôr a cabeça um pouco para fora, para espiar... (*Afasta-se-á para ver o efeito – e mal o Rapazinho executará a ação, em meio à perturbação dos Atores, que ficarão muito impressionados*) – Ah, muito bom... muito bom... (*Voltando-se para a Enteada*) – E... o que acha... se a menina, surpreendendo-o assim, a espiar, corresse para ele e lhe arrancasse ao menos umas poucas palavras da boca?

A ENTEADA (*ficando em pé*) – Não espere que eu fale, enquanto aquele ali estiver aqui! (*Apontará o Filho.*) Seria preciso que o senhor primeiro mandasse embora aquele lá.

O FILHO (*encaminhando-se decidido para uma das duas escadinhas*) – Agora mesmo! E muito feliz! Não peço nada melhor!

O DIRETOR (*de pronto, detendo-o*) – Não! Aonde vai? Espere!

*A Mãe se levantará, assustada, angustiada pela idéia de que ele realmente se vá, e instintivamente erguerá os braços quase para retê-lo, sem se mexer, porém, do lugar.*

O FILHO (*que chegou à ribalta, ao Diretor, que o deterá*) – Eu não tenho mesmo nada a fazer aqui! Deixe-me ir, por favor! Deixe-me ir!

O DIRETOR – Como assim, não tem nada a fazer?

A ENTEADA (*placidamente, com ironia*) – Não o detenha! Ele não vai embora!

O PAI – Tem de representar a cena terrível do jardim com sua mãe!

O FILHO (*de pronto, resoluto, altivamente*) – Eu não represento nada! Eu o declarei desde o início! (*Ao Diretor*) Deixe-me ir!

A ENTEADA (*correndo, para o Diretor*) – Permite, senhor? (*Forçá-lo-á a baixar os braços com os quais retém o Filho.*) Deixe-o! (*Depois, dirigindo-se a ele, assim que o Diretor o larga*) – Pois bem, vá embora!

*O Filho estacará com o corpo inclinado para a escadinha, mas, como que atado por um poder oculto, não conseguirá descer os*

*degraus; depois, em meio ao estupor e ao espanto ansioso dos
Atores, mover-se-á lentamente ao longo da ribalta, dirigindo-se
para a outra escadinha do palco; mas, ainda ali, também
remanescerá com o corpo inclinado para a frente, sem poder descer.*

A ENTEADA (*que o seguiu com os olhos, desafiadora, desatará a rir*) –
Não pode, está vendo? Não pode! Deve permanecer aqui, a todo
custo, atado à corrente, indissoluvelmente. Mas se eu que levanto
vôo, senhor, quando acontece o que dever acontecer – justamente
pelo ódio que sinto por ele, justamente para não vê-lo mais na
minha frente – pois bem, se eu ainda estou aqui, e suporto vê-lo e
a companhia dele – imagine o senhor se ele pode ir embora, ele
deve, deve permanecer aqui de verdade com este seu belo Pai, e
aquela mãe ali, sem outros filhos a não ser ele... (*Voltando-se para
a Mãe*) – Vamos lá, vamos lá, mamãe! Venha... (*Dirigindo-se ao
Diretor, a fim de designá-la*) – Olhe, havia se levantado, havia se
levantado para detê-lo... (*À Mãe, quase atraindo-a por virtude
mágica*) – Venha, venha... (*Depois, ao Diretor*) – Imagine que
ânimo pode ter ela de mostrar aqui aos seus atores aquilo que
sente; mas tão grande é o seu desejo de aproximar-se dele que –
está aí – vê? – disposta a viver a sua cena!

*De fato a Mãe se aproximará, e tão logo a Enteada termina de
proferir as últimas palavras, abrirá os braços
para significar que consente.*

O FILHO (*de pronto*) – Ah, mas eu não! Eu não! Eu não posso ir embora, ficarei; mas lhe repito que eu não vou representar – nada!
O PAI (*ao Diretor, tremendo*) – Mas pode obrigá-lo, senhor!
O FILHO – Ninguém pode me obrigar!
O PAI – Então, eu irei obrigá-lo!
A ENTEADA – Esperem! Esperem! Primeiro, a menina, no tanque! (*Correrá para buscar a Menina, ajoelhar-se-á diante dela, pegará o
seu rostinho entre as mãos.*) Pobre amorzinho meu, você me olha
perdida, com esses olhos arregalados, tão lindos – quem sabe onde
você imagina estar! Estamos num palco, querida! O que é um
palco? Bem, está vendo? Um lugar onde se brinca a sério. Onde
se fazem peças. E agora nós vamos fazer a peça. A sério, sabe?
Você também... (*Abraça-la-á, apertando-a contra o seio e embalando-a um pouco.*) Oh, amorzinho meu, amorzinho meu, que
peça mais feia você vai fazer! Que coisa horrível foi pensada para

você! O jardim, o tanque... Claro, de faz-de-conta, sabe-se! A desgraça é esta, queridinha – que tudo aqui é de faz-de-conta! Ah, mas claro, talvez você, menina, goste mais de um tanque de faz-de-conta do que de um de verdade; para poder brincar, não é? Que nada, será um jogo para os outros; não para você, infelizmente, que é de verdade, amorzinho, e que brinca de verdade num tanque de verdade, belo, grande, verde, com tanto bambu a fazer sombra aí, espelhando-se na água, e tantos, tantos patinhos nadando, quebrando esta sombra. Você quer apanhar um destes patinhos... (*Com um grito que enche todos de espanto*) – Não, Rosetta querida, não! A mamãe não cuida de você, por causa daquele canalha de filho ali! Eu estou com todos os meus diabos na cabeça... E aquele ali... (*Deixará a Menina e dirigir-se-á com o semblante de sempre ao Rapazinho.*) O que você está fazendo aqui, sempre com este ar de mendigo? Será também por sua causa, se aquela menina se afogar – por culpa desse seu jeito de ficar assim, como se eu, fazendo-os entrar em casa, já não tivesse pago por todos! (*Agarrando-lhe o braço para forçá-lo a tirar mão do bolso*) – O que tem aí? O que está escondendo? Põe pra fora, põe pra fora esta mão! (*Arrancando-lhe a mão do bolso e, em meio ao horror de todos, descobrirá que ela empunha um revólver. Observa-lo-á um pouco como que satisfeita; depois dirá, sombria*) – Ah! Onde foi, como foi que arranjou isso? (*E visto que o Rapazinho, apavorado, sempre de olhos arregalados e vazios, não responde*) – Bobo, se eu fosse você, em vez de matar a mim mesma, eu teria matado um daqueles dois; ou os dois – o Pai e o Filho!

*Empurra-lo-á para trás do ciprestezinho de onde estava espiando; depois pegará a Menina e a mergulhará dentro do tanque, fazendo-a deitar de modo a permanecer escondida; por fim, agachar-se-á ali, com o rosto entre os braços apoiados à borda do tanque.*

O Diretor – Ótimo! (*Dirigindo-se ao Filho*) – E ao mesmo tempo...
O Filho (*com desdém*) – Que ao mesmo tempo o quê! Não é verdade, senhor! Não houve cena alguma entre mim e ela! (*Indicará a mãe.*) Faça que ela mesma lhe conte como foi.

*Entrementes, a Segunda Atriz e o Ator Jovem apartar-se-ão do grupo dos Atores e, enquanto uma observa com muita atenção a Mãe, que está à sua frente, o outro observará o Filho, para poderem depois representar seus papéis.*

A Mãe – Sim, é verdade, senhor! Eu tinha entrado no quarto dele.

O Filho – No meu quarto, ouviu? Não no jardim!

O Diretor (*para o Ator Jovem e a Segunda Atriz*) – Mas isso não tem importância! É preciso agrupar a ação, já o disse!

O Filho (*fitando o Ator Jovem, que o observa*) – O que é que o senhor quer?

O Ator Jovem – Nada; observo.

O Filho (*virando-se para o outro lado, para a Segunda Atriz*) – Ah – e aqui está a senhora? Para representar o papel dela? (*Apontará a Mãe.*)

O Diretor – Justamente! Justamente! E deveria estar agradecido, me parece, pela atenção deles.

O Filho – Ah, sim! Obrigado! Mas ainda não compreendeu que o senhor não pode fazer esta comédia? Nós não estamos dentro do senhor, não, e os seus atores ficam nos olhando de fora. Parece-lhe possível viver diante de um espelho que, além do mais, não satisfeito de nos congelar com a imagem de nossa própria expressão, a devolve a nós como uma careta irreconhecível para nós mesmos?

O Pai – Isto é verdade! Isto é verdade! Convença-se disso!

O Diretor (*ao Ator Jovem e à Segunda Atriz*) – Está bem, saiam da frente!

O Filho – É inútil! Eu não me presto a isso.

O Diretor – Cale-se, agora, e deixe-me ouvir a sua mãe! (*Para a Mãe*) – Então? Tinha entrado?

A Mãe – Sim, senhor, no quarto dele, pois não agüentava mais. Para esvaziar o meu coração de toda a angústia que me oprime. Mas assim que ele me viu entrando...

O Filho – Nada de cenas! Fui-me embora; fui-me embora para não fazer uma cena. Porque eu nunca fiz cenas, compreendeu?

A Mãe – É verdade! É assim! É assim!

O Diretor – Mas agora precisamos fazer de algum modo esta cena entre a senhora e ele! É indispensável!

A Mãe – Por mim, senhor, eu estou aqui! Oxalá o senhor me desse o modo de poder falar-lhe um instante, de poder lhe dizer tudo o que está em meu coração.

O Pai (*aproximando-se do Filho, muito violento*) – Você vai fazê-la! Por sua mãe, por sua mãe!

O Filho (*decidido como nunca*) – Não faço nada!

O Pai (*agarrando-o pelo peito e sacudindo-o*) – Por Deus, obedeça! Obedeça! Não ouve como ela lhe fala? Não tem entranhas de filho?

O Filho (*agarrando-o também*) – Não! Não! E não! E acabemos com isso de uma vez por todas!

*Comoção geral... A Mãe, assustada, procurará se
interpor para separá-los.*

A Mãe (*com solenidade*) – Pelo amor de Deus! Pelo amor de Deus!
O Pai (*sem largá-lo*) – Tem de obedecer! Tem de obedecer!
O Filho (*lutando com ele e por fim derrubando-o ao chão, perto da escadinha, em meio ao horror geral*) – Mas o que foi, que frenesi é este que lhe deu? Não tem discrição de trazer diante de todos a sua vergonha e a nossa! Eu não me presto a isso!, não me presto! E interpreto assim a vontade de quem não quis nos trazer para a cena!
O Diretor – Mas se vieram aqui!
O Filho (*apontando o Pai*) – Ele, não eu!
O Diretor – Mas o senhor não está aqui também?
O Filho – Ele é que quis vir, arrastando-nos a todos e prestando-se também a combinar lá, com o senhor, não só o que realmente aconteceu; mas, como se isso não bastasse, aquilo que nunca se passou!
O Diretor – Mas diga, diga ao menos o que se passou! Diga-o para mim! Saiu de seu quarto sem dizer nada?
O Filho (*após um instante de hesitação*) – Nada. Precisamente para não fazer uma cena.
O Diretor (*incitando-o*) – Está bem, e depois? O que fez?
O Filho (*entre a angustiante atenção de todos, dando alguns passos pelo proscênio*) – Nada... Atravessando o jardim... (*Interromper-se-á, sombrio, absorto.*)
O Diretor (*estimulando-o, cada vez mais, a falar, impressionado com sua reserva*) – E então? Atravessando o jardim?
O Filho (*exasperado, escondendo o rosto com o braço*) – Mas por que quer me fazer falar, senhor? É horrível!

*A Mãe tremerá toda, com gemidos sufocados,
olhando para o tanque.*

O Diretor (*em voz baixa, notando aquele olhar, dirigir-se-á ao Filho num crescente de apreensão*) – A menina?
O Filho (*olhando à sua frente, para a sala*) – Lá, no tanque...
O Pai (*arrasado, indicando piedosamente a Mãe*) – E ela o seguia, senhor!
O Diretor (*ao Filho, com ansiedade*) – E então, o senhor...

O Filho (*lentamente, sempre olhando à sua frente*) – Corri; precipitei-me para tirá-la de lá... Mas de repente parei, porque atrás daquelas árvores vi algo que me gelou – o rapazinho, o rapazinho que estava ali parado, com olhos de louco, olhando no tanque a irmãzinha afogada. (*A Enteada, que permaneceu curvada junto ao tanque escondendo a Menina, responderá como um eco do fundo, soluçando perdidamente. Pausa.*) Ia me aproximar; e então...

*Ressoará, por trás das árvores, onde o Rapazinho ficou escondido, um estampido de revólver.*

A Mãe (*com um grito lancinante, correndo com o Filho e todos os outros Atores, em meio à balbúrdia geral*) – Filho! Meu filho! (*E depois, entre a confusão e os gritos desconexos dos outros*) – Socorro! Socorro!
O Diretor (*entre os gritos, procurando abrir caminho, enquanto o Rapazinho é erguido, pela cabeça e pelos pés, e levado embora, atrás da cortina branca*) – Feriu-se? Feriu-se de verdade?

*Todos, exceto o Diretor e o Pai, que permanece arrasado, perto da escadinha, desaparecerão atrás do pequeno pano de fundo, descido, que serve de céu, e ficarão ali um pouco, conversando angustiados. Depois, de um lado e do outro do fundo, voltarão à cena os Atores.*

A Primeira Atriz (*reentrando pela direita, aflita*) – Está morto! Pobre garoto! Morreu! Oh, que coisa!
O Primeiro Ator (*reentrando pela esquerda, rindo*) – Qual morto qual nada! Ficção! Ficção! Não acredite!
Outros Atores pela Direita – Ficção? Realidade! Realidade! Está morto!
Outros Atores pela Esquerda – Não! Ficção! Ficção!
O Pai (*levantando-se e gritando entre eles*) – Que ficção qual nada! Realidade! Realidade, senhores! Realidade! (*E desaparecerá também, desesperado, atrás do fundo.*)
O Diretor (*não agüentando mais*) – Ficção! Realidade! Vão para o diabo todos vocês! Luzes! Luzes! Luzes! (*De repente, o palco todo e toda a sala do teatro fulgurarão com vivíssima luz. O Diretor retomará o fôlego como que liberto de um pesadelo, e todos se olharão nos olhos, suspensos e desnorteados.*) Ah, nunca tinha me acontecido uma coisa semelhante! Fizeram-me perder um

dia inteiro! (*Olhará para o relógio.*) Vão, vão embora! O que mais querem fazer agora? Tarde demais para retomar o ensaio. Até a noite! (*E assim que os Atores tiverem ido embora, cumprimentando-o*) – Hei, eletricista, apague tudo! (*Mal termina de dizer isso, o teatro mergulhará por um instante na mais densa escuridão.*) Eh, diacho! Deixe-me ao menos uma lâmpada acesa, para ver onde ponho os pés!

*De pronto, por trás do pano de fundo branco, como por erro de ligação, acender-se-á um refletor verde, que projetará, grandes e destacadas, as sombras das Personagens, menos a do Rapazinho e a da Menina. O Diretor, ao vê-las, saltará fora do palco, aterrorizado. Ao mesmo tempo, apagar-se-á o refletor atrás do fundo, e no palco voltará o azul noturno de antes. Lentamente, do lado direito do pano adiantar-se-ão o Filho, seguido pela Mãe com os braços estendidos em sua direção; depois, pelo lado esquerdo, o Pai. Deter-se-ão no meio do palco, permanecendo ali como formas desvairadas. Sairá, por último, da esquerda, a Enteada, que correrá em direção a uma das escadinhas; no primeiro degrau estacará por um instante para olhar os outros três e explodirá numa risada estrídula, precipitando-se depois pela escadinha abaixo; correrá através do corredor, entre as poltronas, parará mais uma vez e rirá novamente, olhando para os três que ficaram lá em cima; desaparecerá pela sala, e ainda, do* foyer, *ouvir-se-á sua risada. Pouco depois descerá o pano.*

# Esta Noite se Representa de Improviso
Tradução de Sérgio Coelho e J. Guinsburg

## ADVERTÊNCIA

*O anúncio desta comédia, tanto nos jornais quanto nos cartazes, deve ser feito, sem o nome do autor, da seguinte forma:*

---

TEATRO (nome).

ESTA NOITE SE REPRESENTA DE IMPROVISO

sob a direção do

Doutor Hinkfuss

(..........)

com o concurso do público que gentilmente comparecerá
e das senhoras..... e dos senhores.....

---

*Onde estão os pontinhos, os nomes das atrizes e
dos atores principais.
Não é pouco, mas isto bastará.
A sala do teatro está lotada esta noite daqueles espectadores
especiais que costumam assistir à estréia de cada nova peça.
O anúncio, nos jornais e nos cartazes, de um insólito espetáculo de
representação de improviso gerou em todos uma grande
curiosidade. Somente os senhores críticos de teatro dos jornais da
cidade não a deixam transparecer, porque crêem poder dizer
facilmente amanhã de que porcaria se trata. (Meu Deus, com
certeza qualquer coisa mais ou menos como a antiga* Commedia
dell'Arte: *mas onde se encontram hoje os atores capazes de
representar de improviso, como faziam no seu tempo aqueles
endiabrados comediantes da* Commedia dell'Arte, *cuja tarefa era
facilitada de resto, e não pouco, pelos antigos* canovacci, *pela
máscara tradicional e pelo repertório?). Há neles, antes, uma certa
irritação porque não se lê nos cartazes, nem se sabe, aliás, o nome
do escritor que terá dado aos atores desta noite e ao seu diretor um
roteiro qualquer: privados de toda indicação que os possa
comodamente reportar a um juízo já dado,
temem cair em alguma contradição.
Pontualmente, à hora indicada para a representação, as luzes da
sala se apagam e se acende, em luz baixa, a ribalta sobre o palco.*

*O público, na repentina penumbra, a princípio fica atento; depois, não ouvindo o gongo que usualmente anuncia a abertura da cortina, começa a agitar-se um pouco; e tanto mais, quando do palco, através da cortina fechada, chegam a ele vozes confusas e exaltadas, como se fossem protestos de atores e repreensões de parte de alguém que quisesse impor-se para cortar aqueles protestos.*

UM SENHOR DA PLATÉIA (*olha ao redor e pergunta alto*) – O que está acontecendo?
UM OUTRO DA GALERIA – Dir-se-ia uma discussão no palco.
UM TERCEIRO DAS POLTRONAS – Talvez faça parte do espetáculo.

*Alguém ri.*

UM SENHOR IDOSO, DE UM CAMAROTE (*como se aqueles ruídos fossem uma ofensa à sua seriedade de espectador*) – Mas que escândalo é esse? Onde já se viu uma coisa semelhante?
UMA VELHA SENHORA (*levantando-se do lugar na platéia, nas últimas filas, com uma cara de galinha assustada*) – Não será por acaso um incêndio, Deus me livre?
O MARIDO (*de pronto, contendo-a*) – Está louca? Que incêndio? Sente-se e fique tranqüila.
UM JOVEM ESPECTADOR VIZINHO (*com um melancólico sorriso de compadecimento*) – Não diga isso nem de brincadeira! Teriam descido a cortina de segurança, minha senhora.

*Finalmente soa o gongo no palco.*

ALGUNS NA SALA – Ah, aí está, aí está!
OUTROS – Silêncio! Silêncio!

*Mas a cortina não se abre. Ouve-se, ao invés, o gongo novamente; ao que responde do fundo da sala a voz birrenta do Diretor Doutor Hinkfuss, que abriu violentamente a porta de entrada e avança irado pelo corredor que divide ao meio em duas alas as filas da platéia e das poltronas.*

DOUTOR HINKFUSS – Mas que gongo! Mas que gongo! Quem deu ordem para soar o gongo? Quem manda tocá-lo sou eu, quando for hora!

*Estas palavras serão gritadas pelo Doutor Hinkfuss enquanto atravessa o corredor e sobe os três degraus pelos quais se pode chegar da sala ao palco. Volta-se então para o público, contendo com admirável presteza o ataque de nervos. De fraque, com um rolo de papel sob o braço, o Doutor Hinkfuss carrega a terribilíssima e injustíssima maldição de ser um homenzinho que mede pouco mais que uma braça. Mas vinga-se disso ostentando uma cabeçorra cheia de cabelos. Olha primeiro para as mãozinhas que talvez inspirem aversão também a ele próprio, por serem gráceis e com alguns dedinhos pálidos e peludos como lagartas. Depois diz sem dar muito peso às palavras*

Doutor Hinkfuss – Estou desolado com a momentânea desordem que o público pôde ter percebido atrás da cortina antes da representação, e por isso peço desculpas; se bem que talvez, se queira tomá-la e considerá-la como prólogo involuntário...

O Senhor das Poltronas (*interrompendo, contentíssimo*) – Ah, aí está! Como eu disse!

O Doutor Hinkfuss (*com fria dureza*) – O que tem a observar, senhor?

O Senhor das Poltronas – Nada. Fiquei contente por ter adivinhado.

O Doutor Hinkfuss – Adivinhado o quê?

O Senhor das Poltronas – Que aqueles ruídos faziam parte do espetáculo.

O Doutor Hinkfuss – Ah sim? De verdade? Pareceu-lhe que foi um truque? Justo esta noite que me propus jogar com cartas abertas! Não se iluda, caro senhor. Eu disse *prólogo* involuntário, e acrescento – não de todo impróprio, talvez, ao insólito espetáculo ao qual assistirão agora. Peço por favor que não me interrompam. Eis aqui, senhoras e senhores. (*Tira o rolo de baixo do braço.*) Tenho neste rolinho de poucas páginas tudo de que preciso. Quase nada. Uma novelinha, ou um pouco mais, dialogada apenas, aqui e ali, por um escritor não ignorado pelos senhores.

Alguns, na Sala – O nome! O nome!

Um, da Galeria – Quem é?

O Doutor Hinkfuss – Por favor, senhores, por favor. Não tenho a menor intenção de chamar o público para um comício. Quero sim responder pelo que fiz; mas não posso admitir que me peçam contas durante a representação.

O Senhor das Poltronas – Ainda não começou.

O Doutor Hinkfuss – Sim, senhor, começou. E quem tem menos direito de não acreditar nisso é justamente o senhor, que tomou aqueles ruídos do princípio como início do espetáculo. A representação já começou, se aqui estou diante dos senhores.

O Senhor Idoso, do Camarote (*congestionado*) – Pensei que fosse para pedir desculpas pelo escândalo inaudito daqueles ruídos. De resto, quero fazê-lo saber que não vim aqui para ouvir do senhor uma conferência.
O Doutor Hinkfuss – Mas que conferência? Como ousa crer, e gritar desse jeito, que eu estou aqui para fazê-lo ouvir uma conferência?

*O senhor idoso, muito indignado com esta apóstrofe, levanta-se e sai bufando do camarote.*

O Doutor Hinkfuss – Ah, pode ir embora, sabe? Ninguém o segura. Eu estou aqui, senhores, somente a fim de prepará-los para tudo quanto de insólito a que assistirão esta noite. Acredito merecer a atenção de vocês. Querem saber quem é o autor da novelazinha? Poderei também dizê-lo.
Alguns, na Sala – Mas sim, diga-o! Diga-o!
O Doutor Hinkfuss – Está bem, digo – Pirandello.
Exclamações na Sala – Uhhh...
Aquele da Galeria (*alto, dominando as exclamações*) – E quem é esse?

*Muitos, nas poltronas, nos camarotes e na platéia, riem.*

O Doutor Hinkfuss (*rindo também um pouco*) – Sempre aquele mesmo, sim; incorrigivelmente! Apesar de já ter feito isso duas vezes com dois colegas meus, mandando a um, numa primeira vez, seis personagens perdidas, em busca de um autor, que aprontaram uma revolução em cena e fizeram todos perder a cabeça; e, em uma outra, apresentando enganosamente uma comédia *à clef**, pela qual meu outro colega teve seu espetáculo demolido por todo o público sublevado; desta vez não há perigo de que o faça também comigo. Fiquem tranqüilos. Eliminei-o. Seu nome não figura nem sequer nos cartazes, mesmo porque teria sido injusto de minha parte torná-lo responsável, por pouco que seja, pelo espetáculo desta noite.
O único responsável sou eu.
Escolhi uma novela sua, como poderia ter escolhido de qualquer outro. Preferi uma dele, porque dentre todos os escritores de tea-

---

* Diz-se de obra de ficção, romance ou peça, inspirada por pessoas reais, nas quais residiria "a chave" do enredo (N. do T.).

tro é talvez o único que mostrou ter compreendido que a obra do escritor termina no ponto exato em que ele acaba de escrever a última palavra. Responderá por esta sua obra diante do público de leitores e diante da crítica literária. Não pode nem deve responder perante o público dos espectadores e dos senhores críticos teatrais, que julgam sentados no teatro.
Vozes na Sala – Ah, não? Essa é boa!
O Doutor Hinkfuss – Não, senhores. Porque no teatro a obra do escritor não existe mais.
Aquele da Galeria – E o que existe, então?
O Doutor Hinkfuss – A criação cênica que eu terei feito, e que é só minha.
Volto a pedir ao público que não me interrompa. E aviso (uma vez que vi alguns dos senhores críticos sorrirem) que esta é a minha convicção. Têm todo o direito de não respeitá-la e de continuar a considerá-la injusta com o escritor, o qual porém, hão de convir, terá todo o direito de sorrir da sua crítica, como eles sorriem agora da minha convicção – no caso, entende-se, que as críticas serão desfavoráveis; porque, no caso oposto, será injusto, ao invés, que o escritor receba os louvores que cabem a mim.
A minha convicção está baseada em sólidas razões.
A obra do escritor, ei-la aqui. (*Mostra o rolo de papel.*) O que faço com ela? Tomo-a como a matéria da minha criação cênica e dela me sirvo, como me sirvo da competência dos atores escolhidos para representar os papéis de acordo com a interpretação que terei feito deles; e dos cenógrafos aos quais ordeno que pintem ou arquitetem as cenas; e dos cenotécnicos que as montam; e dos iluminadores que as iluminam; todos de acordo com os ensinamentos, as sugestões, as indicações que eu tiver dado.
Em outro teatro, com outros atores e outros cenários, com outras disposições e outra iluminação, vocês devem admitir que a criação seria certamente outra. E no entanto não lhes parece demonstrado com isto que aquilo que se julga como teatro não é nunca a obra do escritor (única em seu texto), mas esta ou aquela criação cênica que foi feita a partir dela, uma diferente da outra, muitas, enquanto a obra é uma só? Para julgar o texto, seria necessário conhecê-lo; e no teatro isto não é possível, mediante uma interpretação que, feita por certos atores, será uma, e feita por outros, será obrigatoriamente outra. A única forma seria se a obra pudesse representar-se por si, não mais com os atores, mas com suas próprias personagens, que, por prodígio, tomassem corpo e voz.

Nesse caso sim, poderia ser julgada diretamente no teatro. Mas seria possível tal prodígio? Ninguém até agora o viu. E então, meus senhores, é aquilo que com maior ou menor empenho O Diretor de cena procura cumprir a cada noite, com seus atores. É a única coisa possível.

Para tirar disso que lhes digo qualquer ar de paradoxo, convido-os a considerar que uma obra de arte está fixada para sempre em uma forma imutável que representa a libertação do poeta de seu trabalho criativo – a perfeita quietude atingida após todas as agitações deste trabalho.

Bem.

Parece aos senhores que possa haver vida onde mais nada se move? Onde tudo repousa em perfeita quietude?

A vida deve obedecer a duas necessidades que, por serem opostas entre si, não lhe permitem nem se fixar duradouramente nem se mover sempre. Se a vida se movesse sempre, não se fixaria nunca – se se fixasse para sempre, não se moveria mais. E é preciso que a vida se fixe e se mova.

O poeta se ilude quando crê ter encontrado a libertação e atingido a quietude, fixando para sempre numa forma imutável a sua obra de arte. Esta sua obra apenas acabou de viver. Não se têm a libertação e a quietude senão à custa do término do viver.

E todos os que as encontraram e atingiram ficam a tal ponto nessa miserável ilusão, que crêem estar ainda vivos, quando estão, ao invés, tão mortos que nem sequer percebem o fedor de seus próprios cadáveres.

Se uma obra de arte sobrevive, é só porque ainda podemos removê-la da fixidez de sua forma; fundir essa sua forma dentro de nós em movimento vital; e a vida, então, somos nós quem lha damos; a cada tempo diversa, e variando de um para o outro de nós; muitas vidas, e não uma só; como se pode deduzir das contínuas discussões que se fazem a respeito e que nascem do não querer acreditar justamente nisso – que somos nós que damos essa vida, e que de fato não é possível que a vida que eu dou seja igual àquela dada por um outro. Peço-lhes que me desculpem, senhores, pelo longo rodeio que precisei efetuar para chegar a isto, que é o ponto ao qual queria chegar.

Alguém poderia perguntar-me...

"Mas quem lhe disse que a arte deve ser vida? A vida deve, sim, obedecer às duas necessidades opostas que o senhor mencionou, e justamente por isso não é arte; assim como a arte não é vida propriamente porque consegue libertar-se dessas duas necessidades opostas e consiste para sempre na imutabilidade de sua forma. E bem por isso a arte é o reino da criação acabada, enquanto lá onde a vida está, como deve estar, em uma infinitamente diversa e continuamente mutável formação. Cada um de nós procura criar a si próprio e à própria vida com aquelas mesmas faculdades do espírito com as quais o poeta cria a sua obra de arte. E de fato, quem for mais dotado delas e melhor souber utilizá-las, conseguirá atingir um estado mais alto e fazê-lo perdurar por mais tempo. Mas não será jamais uma verdadeira criação por estar antes de mais nada destinada a perecer e conosco findar no tempo; depois porque, tendendo a um fim a ser alcançado, nunca será livre; e enfim porque, exposta a todos os casos imprevistos, imprevisíveis, a todos os obstáculos que os outros lhe opõem, corre continuamente o risco de ser contrariada, desviada, deformada. A arte vinga em certo sentido a vida, porque a sua própria vida é verdadeira criação na medida em que está liberta do tempo, do acaso e dos obstáculos, sem nenhum outro fim senão ela em si mesma." "Sim, senhores", eu respondo, "é exatamente assim".

E, mais do que isso, lhes digo que muitas vezes aconteceu-me pensar com angustiado espanto na eternidade de uma obra de arte como uma inatingível e divina solidão, da qual também o próprio poeta, logo após tê-la criado, permanece excluído – ele, mortal, daquela imortalidade.

Tremenda, na imobilidade da sua atitude, uma estátua.

Tremenda, essa eterna solidão das formas imutáveis, fora do tempo.

Cada escultor (não sei, mas suponho) após ter criado uma estátua, acredita realmente ter-lhe dado vida para sempre, precisa desejar que esta, como uma coisa viva, possa desprender-se de sua postura, e mover-se, e falar. Deixaria de ser estátua, tornar-se-ia pessoa viva.

Mas somente sob esta condição, senhores, pode traduzir-se em vida e voltar a mover-se aquilo que a arte fixou na imutabilidade de uma forma; sob a condição de que esta forma recupere o movimento através de nós, uma vida variada e diversa e momentânea – aquela que cada um de nós será capaz de lhe dar.

Hoje são deixadas de bom grado naquela sua divina solidão fora do tempo as obras de arte. Os espectadores, após uma jornada de responsabilidades graves e atividades agitadas, angústias e tarefas de todos os gêneros, à noite, no teatro, querem divertir-se.

O Senhor das Poltronas – Está brincando! Com Pirandello? (*ri*).

O Doutor Hinkfuss – Não há perigo. Estejam certos. (*Mostra outra vez o rolo.*) Coisa à-toa. Eu o farei, o farei, tudo feito por mim. E confesso ter criado um espetáculo agradável, se os quadros e cenas acontecerem com o atento cuidado com o qual os preparei, tanto em seu conjunto como no particular; e se meus atores corresponderem em tudo à confiança que neles depositei. No mais, estarei aqui entre os senhores, pronto a intervir se necessário, seja para, ao mínimo obstáculo, reencaminhar a representação, seja para suprir qualquer lacuna do trabalho com esclarecimentos e explicações; o que (me vanglorio) tornará mais prazenteira aos olhos dos senhores a novidade desta tentativa de récita improvisada. Dividi o espetáculo em muitos quadros. Breves pausas entre um e outro. Freqüentemente, um momento de escuridão apenas, do qual um novo quadro nascerá de improviso, aqui no palco ou entre os senhores – sim, na sala (deixei de propósito, ali, vazio, um camarote que será a seu tempo ocupado pelos atores; e então também todos os senhores participarão da ação). Uma pausa mais longa lhes será concedida, para que possam sair da sala, mas não para descansar, aviso desde agora, porque lhes preparei uma nova surpresa também lá, no *foyer*.

Uma última brevíssima explicação prévia, para que possam de pronto orientar-se.

A ação desenvolve-se em uma cidade do interior da Sicília, onde (como sabem) as paixões são fortes e vão se encubando no fundo e depois ardem violentas – dentre todas, ferocíssima, o ciúme. A novela representa justamente um desses casos de ciúme, e dos mais tremendos, porque irremediável – o do passado. E ocorre precisamente em uma família da qual deveria ter permanecido mais do que afastado, porque, em meio à clausura quase hermética de todas as outras, é a única da cidade aberta aos forasteiros, com uma hospitalidade excessiva, praticada como se deve, desafiando a maledicência e enfrentando o escândalo armado pelas outras.

A Família La Croce.

É composta, como verão, pelo Pai, Senhor Palmiro, engenheiro de minas – *Zampognetta*\* como o chamam todos porque, distraído, assobia sempre; pela mãe, a Senhora Inácia, oriunda de Nápoles, conhecida na cidade como "A Generala"; e por quatro belas filhas, rechonchudas e sentimentais, vivazes e apaixonadas –

---

\* De *zampogna*, gaita de foles ou gaita galega (N. do T.).

Mommina,
Totina,
Dorina,
Nenê.
E agora, com licença. (*Bate palmas em sinal de chamamento; e, afastando um pouco um pano da cortina, grita para o interior do palco*) – Gongo! (*ouve-se um golpe de gongo.*) Convoco os atores para a apresentação das personagens.

*Abre-se a cortina.*

I

*Vê-se, quase na boca de cena, um telão verde, leve, que se pode abrir no meio.*

O DOUTOR HINKFUSS – (*afastando ligeiramente um lado do telão e chamando*) – Por favor, o senhor...

*Pronunciará o nome do Primeiro Ator que fará o papel de Rico Verri. Mas o Primeiro Ator, mesmo estando atrás do telão, não quer sair. O Doutor Hinkfuss, então, repetirá...*

Por favor, por favor, venha para a frente, senhor... Espero que não ouse insistir no seu protesto também diante do público.
O PRIMEIRO ATOR (*vestido e caracterizado como Rico Verri, com uniforme de oficial aviador, saindo de trás do telão, excitadíssimo*) – Insisto, sim, senhor! E tanto mais agora, que o senhor ousou chamar-me pelo nome diante do público.
O DOUTOR HINKFUSS – Eu lhe fiz alguma ofensa?
O PRIMEIRO ATOR – Sim, e continua a fazê-lo, sem se dar conta, segurando-me aqui para discutir com o senhor, depois de me ter forçado a vir para fora.
O DOUTOR HINKFUSS – Quem o mandou discutir? É o senhor que está discutindo! Eu o chamei para que cumpra o seu dever.
O PRIMEIRO ATOR – Estou pronto. Quando estiver em cena.

*Retira-se, afastando o telão com um gesto de irritação.*

O DOUTOR HINKFUSS (*constrangido*) – Queria apresentá-lo...
O PRIMEIRO ATOR (*saindo novamente*) – Não, senhor! Não me apresentará ao público, que já me conhece. Não sou nenhuma marionete,

eu, nas suas mãos, a ser mostrada ao público como aquele camarote ali deixado vazio ou uma cadeira colocada em um lugar ao invés de outro, para obter algum de seus mágicos efeitos!

O Doutor Hinkfuss (*entre dentes, furioso*) – O senhor está se aproveitando nesse momento da condescendência que devo ter...

O Primeiro Ator (*rápido, interrompendo*) – Não, caro senhor – nenhuma condescendência; o senhor deve acreditar somente que aqui, nestes trajes, o senhor... (*dirá seu próprio nome*) não existe mais; porque, uma vez que se comprometeu com o senhor a representar de improviso esta noite, para ter prontas as palavras que devem nascer, nascer da personagem que representa, e espontânea a ação, e natural cada gesto; o senhor... (*dirá seu próprio nome*) deve viver a personagem de Rico Verri, ser Rico Verri – e o é, o é já; tanto que, como lhe dizia no princípio, não sei se poderá adaptar-se a todas as combinações e surpresas e joguinhos de luz e sombra preparados pelo senhor para divertir o público. Entendeu?

*Ouve-se neste momento o barulho seco de um sonoríssimo bofetão desfechado atrás do telão e, logo depois, o protesto do Velho Primeiro Cômico, que fará o papel de "Zampognetta".*

O Velho Primeiro Cômico – Ai! Será possível? Não se atreva, por Deus, a me dar bofetadas assim, a sério!

*O protesto é acolhido com risadas atrás do telão.*

O Doutor Hinkfuss (*olhando por trás do telão do palco*) – Mas que diabo está acontecendo? O que há agora?

O Velho Primeiro Cômico (*emergindo do telão com uma mão sobre a face, vestido e maquilado de Zampognetta*) – É que não tolero que a senhora... (*dirá o nome da Atriz Característica*), com a desculpa de estar improvisando, me pespegue bofetões de verdade (está ouvindo?) que além do mais (*mostra a face esbofeteada*) estragaram a minha maquilagem, não é?

A Atriz Característica (*saindo, vestida e maquilada de Senhora Inácia*) – Mas se desvie deles, Santo Céu! É fácil desviar-se! É um movimento instintivo e natural.

O Velho Primeiro Cômico – E como faço para me desviar, se a senhora me ataca, assim, de surpresa?

A Atriz Característica – Dou quando os merece, caro senhor!

O Velho Primeiro Cômico – Certo! Mas eu não sei quando os mereço, cara senhora!

A Atriz Característica – Então se desvie sempre, porque por mim o senhor os merece sempre. E eu, se se representa de improviso, não posso desfechá-los num momento predeterminado.

O Velho Primeiro Cômico – Não há porém necessidade de me esbofetear de verdade!

A Atriz Característica – E como então, de mentira? Eu não tenho, em absoluto, um papel decorado – deve vir daqui (*faz um gesto, do estômago para cima*) e correr tudo encadeado, sabe? O senhor me provoca, e eu lhe dou.

O Doutor Hinkfuss – Meus senhores, meus senhores, diante do público!

A Atriz Característica – Já estamos em nossos papéis, senhor Diretor.

O Velho Primeiro Cômico (*recolocando a mão sobre a face*) – E como!

O Doutor Hinkfuss – Ah, é assim que o senhor entende?

A Atriz Característica – Desculpe, o senhor queria fazer a apresentação? Pronto, estamos nos apresentando por conta própria. Um tabefe, e este imbecil do meu marido já está bem apresentado. (*O Velho Primeiro Cômico, no papel de Zampognetta, começa a assobiar*) Aí está, viu? Assobia. Está perfeita em seu papel.

O Doutor Hinkfuss – Mas isso lhes parece possível diante desse telão, fora de todo quadro de cena e sem qualquer ordem?

A Atriz Característica – Não importa! Não importa!

O Doutor Hinkfuss – Como não importa? Como quer que o público entenda?

O Primeiro Ator – Mas é claro que entenderá! Entenderá muito melhor assim! Deixe o trabalho para nós. Estamos todos investidos de nossos papéis.

A Atriz Característica – Conseguiremos, acredite, muito mais fácil e naturalmente, sem o impedimento e o freio de um campo circunscrito, de uma ação preestabelecida. Faremos, faremos também tudo o que o senhor preparou! Mas enquanto isso olhe, permita-me, apresento também as minhas filhas. (*Afasta o telão para chamar*) Aqui, meninas! Aqui, meninas! Venham para cá! (*Pega pelo braço a primeira, puxando-a para fora*) Mommina. (*Depois, a Segunda*) Totina. (*Depois, a terceira*) Dorina. (*Depois, a Quarta*) Nenê. (*Todas, exceto a primeira, esboçam ao entrar uma bela reverência*) Pedaço de meninas, graças a Deus, que mereceriam todas as quatro tornar-se rainhas! Quem diria nascidas de um homem como aquele ali?

*O Senhor Palmiro, vendo-se, de repente, mencionado, vira a cara e se põe a assobiar.*

A Atriz Característica – Assobia, sim, assobia! Ah, meu caro, um pouco de grisu, veja, assim como eu pego um pouquinho de rapé, um pouco de grisu no nariz, deveria te meter a tua solfatara* – sim, querido, que te deixasse ali estirado e te tirasse de uma vez por todas da frente de meus olhos!
Totina (*acorrendo com Dorina para contê-la*) – Por caridade, mamãe, não comece!
Dorina (*ao mesmo tempo*) – Deixa para lá, esquece, mamãe!
A Atriz Característica – Ele assobia, assobia. (*Em seguida, retirando-se do papel, para o Doutor Hinkfuss*) Parece que tudo escorre liso como óleo, não é?
O Doutor Hinkfuss (*com um lampejo de malícia, encontrando agora uma via de escape para salvar seu prestígio*) – Como o público terá percebido, esta rebelião dos atores contra minhas ordens é fingida, combinada de antemão entre mim e eles, para tornar mais espontânea e vivaz a apresentação.

*Diante dessa saída traiçoeira, os atores quedam-se de chofre como outros tantos fantoches tomados de espanto. O Doutor Hinkfuss o percebe logo: vira-se para olhá-los e os aponta para o público –*

O Doutor Hinkfuss – É fingido também esse seu espanto.
O Primeiro Ator (*mexendo-se, indignado*) – Palhaçada! Eu peço ao público que acredite que o meu protesto não foi de modo algum uma ficção. (*Afasta com solenidade o telão e sai, furioso.*)
O Doutor Hinkfuss (*rápido, como em confidência, para o público*) – Ficção, ficção também este golpe. Ao amor-próprio de um ator como o senhor... (*pronuncia seu nome*), dentre os melhores de nossos palcos, eu deveria conceder alguma satisfação. Mas os senhores compreendem que tudo o que acontece aqui em cima não pode ser nada senão fingido. (*Dirigindo-se à Atriz Característica*) Continue, continue, senhora ... (*diz seu nome*). Está indo muito bem. Não poderia esperar menos da senhora.
A Atriz Característica (*desconcertada, quase pasmada de tão surpresa, não sabendo mais o que fazer*) – Ah, quer... quer agora mesmo que eu continue? E... e... desculpe-me, para fazer o quê?
O Doutor Hinkfuss – A apresentação, Santo Deus, que começou tão bem, conforme o combinado.

* Jazida superficial de enxofre, em boca de vulcão; enxofreira, sulfureira. (N. do T.)

A Atriz Característica – Não, escute, lhe peço, não diga "combinado", senhor Diretor, se não quiser que eu fique aqui sem saber mais como tirar uma só palavra de minha boca.
O Doutor Hinkfuss (*de novo ao público, como que em confidência*) É magnífica!
A Atriz Característica – Mas quer mesmo a sério dar a entender, desculpe-me, que houve um acordo entre nós para esta nossa aparição?
O Doutor Hinkfuss – Pergunte ao público se ele não tem a impressão de que nós, neste momento, realmente estamos representando de improviso.

*O senhor das poltronas, os quatro da platéia, aquele da galeria começam a bater palmas; pararão logo se o público verdadeiro não seguir por contágio o exemplo.*

A Atriz Característica – Ah, bem, sim! Isso sim! Realmente de improviso! Viemos para fora e agora estamos improvisando, tanto eu quanto o senhor.
O Doutor Hinkfuss – Então continue, continue, chame para fora os outros atores para apresentá-los!
A Atriz Característica – Agora mesmo! (*Chamando pelo telão*) Hei, rapazes, aqui, todos aqui!
O Doutor Hinkfuss – Entende-se, está reentrando no seu papel.
A Atriz Característica – Não duvide, já estou nele. Aqui, aqui, caros amigos!

*Entram ruidosamente cinco jovens oficiais aviadores em uniforme. Primeiro cumprimentam enfaticamente a Senhora Inácia:*

– Cara, cara senhora!
– Viva a nossa Grande *Generala*!
– E a nossa Santa Protetora!

*E outras exclamações similares. Depois cumprimentam as quatro jovens, que lhes respondem festivamente. Um deles vai cumprimentar também o Senhor Palmiro. A Senhora Inácia tenta interromper aquele estrépito de saudações realmente improvisadas.*

A Atriz Característica – Devagar, devagar, queridos, não façamos confusão! Esperem, esperem! Aqui você, Pomàrici, meu sonho para Totina! Isto, pegue-a pelo braço – assim! E você, Sarelli, aqui com Dorina!

O TERCEIRO OFICIAL – Não! Dorina fica comigo, (*segurando-a por um braço*), não vamos brincar!

SARELLI (*puxando-a pelo outro braço*) – Agora ela é minha, é a mãe que está dizendo.

O TERCEIRO OFICIAL – Nada feito! Estamos de acordo, a senhorita e eu.

SARELLI (*a Dorina*) – Ah, a senhorita está de acordo? Meus cumprimentos! (*Denunciando-os*) Senhora Inácia, está ouvindo?

A ATRIZ CARACTERÍSTICA – Como, de acordo?

DORINA (*nervosa*) – Mas sim, desculpe-me, senhora... (*o nome da Atriz Característica*) de acordo, para representar as nossas partes.

O TERCEIRO OFICIAL – Peço-lhe que não confunda, senhora, aquilo que já foi combinado.

A ATRIZ CARACTERÍSTICA – Ah, sim, desculpem-me, agora me lembro! O senhor Sarelli fica com Nenê.

NENÊ (*para Sarelli, abrindo os braços*) – Comigo! Não se lembra que ficou estabelecido assim?

SARELLI – Que diferença faz? Nós estamos aqui só para fazer um pouco de barulho.

O DOUTOR HINKFUSS (*para a Atriz Carcterísica*) – Atenção, atenção, senhora, por favor!

A ATRIZ CARACTERÍSTICA – Sim, sim, me desculpe; tenha paciência; são tantos que fiz um pouco de confusão. (*Virando-se para procurar*) E Verri? Onde está Verri? Deveria estar aqui com seus amigos.

O PRIMEIRO ATOR (*de pronto, afastando a ponta do telão*) – Sim, grandes amigos, que ensinam a modéstia a suas queridas filhas!

A ATRIZ CARACTERÍSTICA – Queria que eu as levasse ao convento para aprender o catecismo e aprender a bordar? Passou-se aquele tempo, Enéias... (*Vai ao seu encontro e puxa-o para fora pela mão*) Vamos, venha aqui, seja bonzinho! Olhe para elas; elas não fazem exibição disso, mas mesmo assim elas as têm, sabe, como poucas nos dias de hoje, as suas grandes virtudes de donas-de-casa, e o senhor que fala de modéstia! Mommina sabe como trabalhar numa cozinha...

MOMMINA (*com tom de reprovação, como se a mãe revelasse um segredo de causar vergonha*) – Mamãe!

A SENHORA INÁCIA – E Totina costura...

TOTINA (*também em tom de reprovação*) – Mas o que está dizendo?

A SENHORA INÁCIA – ...e Nenê...

Nenê (*de pronto, agressiva, ameaçando tapar-lhe a boca*) – Quer ficar quieta, mamãe?
A Senhora Inácia – ...não se pode encontrar outra igual para reformar os vestidos, deixá-los como novos...
Nenê – Está bem! Basta!
A Senhora Inácia – ...tirar-lhes as manchas...
Nenê (*como antes, querendo tapar-lhe a boca*) – Agora chega, mamãe...
A Senhora Inácia (*libertando-se da mão de Nenê*) – ...virá-los do avesso – e Dorina, para cuidar das contas!
Dorina – Já acabou de pôr tudo para fora?
A Senhora Inácia – A que ponto chegamos! Envergonham-se disso...
Zampognetta – Como de vícios secretos!
A Senhora Inácia – E depois não são pretensiosas, contentam-se com pouco; basta que tenham o teatro, podem ficar até de jejum! O nosso velho melodrama – ah! Também gosto muito dele!
Nenê (*que terá entrado com uma rosa na mão*) – Mas não, até a *Carmen*, mamãe! (*Coloca a rosa na boca e canta, contorcendo os quadris de forma provocante*)
"L'amour est un oiseau rebelle
que nul ne peut apprivoiser..."
("O amor é um pássaro rebelde
que ninguém pode domesticar...")
A Atriz Característica – Sim, está bem, até a Carmen; mas o coração não ferve como no fogo do nosso velho melodrama, quando se vê a inocência que grita e ninguém acredita nela, e o desespero do amante – "Ah aquela infame vendeu sua honra..." – pergunte para Mommina! Chega. (*Dirigindo-se a Verri*). O senhor veio pela primeira vez a nossa casa apresentado, se bem me recordo, por esses jovenzinhos...
O Terceiro Oficial – Antes não o tivéssemos feito!
A Atriz Característica – ...oficial de guarnição em nosso campo de aviação...
O Primeiro Ator – Por favor, oficial da reserva – por apenas seis meses – e depois, graças a Deus, acabou-se o que era doce para aqueles que levavam a vida às minhas custas!
Pomàrici – Nós? Às suas custas?
Sarelli – Olhe só para ele!
A Atriz Característica – Isso não vem ao caso. Queria dizer que nem eu nem minhas filhas nem aquele ali – (*De novo o Senhor Palmiro, tão logo mencionado, vira a cara e começa a assobiar*) Pare, ou atiro esta bolsinha na tua cara! (*É uma bolsona. O Senhor Palmiro*

*pára imediatamente)* Nenhum de nós se deu conta de início que o senhor tivesse nas veias este sangue negro dos sicilianos...

O Primeiro Ator – Me orgulho dele!

A Atriz Característica – Ah, agora já sei! – (E como sei!)

O Doutor Hinkfuss – Não vamos antecipar, senhora, não antecipemos nada, por favor!

A Atriz Característica – Não, não se preocupe, não estou antecipando nada.

O Doutor Hinkfuss – Somente a apresentação, claríssima – e basta.

A Atriz Característica – Claríssima, sim, sem dúvida. Digo, e é verdade, que antes não se gabava dele – pelo contrário, enfrentava com todos nós estes selvagens da ilha que consideram quase uma vergonha o nosso inocente modo de vida *à continental*, o acolher em casa alguns jovenzinhos, e permitir que se brinque como, meu Deus, é próprio da juventude, sem malícia. Também ele brincava com a minha Mommina... *(Procura-a ao redor)* Onde está? – Ah, aqui está! Venha, venha à frente, minha desgraçada filhinha; ainda não é tempo de você estar assim. (*A Primeira Atriz, que fará o papel de Mommina, ao ser puxada pela mão reluta*) Venha, venha.

A Primeira Atriz – Não, me deixe, me deixe, senhora... (*dirá o nome da Atriz Característica; depois, decidida, dirigindo-se ao Doutor Hinkfuss*) Assim não é possível, senhor diretor! Já vou avisando. Para mim não é possível! O senhor traçou um roteiro, estabeleceu uma ordem dos quadros. Bem – que seja seguida! Eu devo cantar. Preciso sentir-me segura, no meu lugar, na ação que me foi designada. Assim, ao acaso, não vou.

O Primeiro Ator – Certo! Porque talvez a senhorita tenha escrito e decorado as palavras a serem ditas segundo este roteiro.

A Primeira Atriz – Claro, eu me preparei. O senhor, por acaso, não?

O Primeiro Ator – Eu também, eu também; mas não as palavras a serem ditas. Oh, senhorita, sejamos claros para que possamos nos entender – não espere que eu fale como a senhora quer me induzir a falar, conforme as falas que preparou, sabe? Eu direi aquilo que devo dizer.

*A este bate-boca segue-se um burburinho de comentários simultâneos entre os atores.*

– Só faltava essa!
– Que um forçasse o outro a dizer aquilo que lhe convém!

– Então adeus representação de improviso!
– Então a senhora poderia escrever também as partes dos outros!
O DOUTOR HINKFUSS (*interrompendo os comentários*) – Meus senhores, meus senhores, falar o menos possível, falar o menos possível, já lhes disse! – Basta. Agora a apresentação acabou. – Mais atitudes, mais atitudes e menos palavras; ouçam o que estou dizendo. Asseguro-lhes que as palavras virão por si, espontâneas, das atitudes que assumirão segundo o roteiro que lhes tracei. Sigam a ação e não errarão. Deixem-se guiar por mim, como foi estabelecido... vamos, vamos! Agora retirem-se. Façamos descer a cortina.

*A cortina é abaixada. O Doutor Hinkfuss, permanecendo na ribalta, acrescenta, voltado para o público:*

O DOUTOR HINKFUSS – Peço desculpas, senhoras e senhores. O espetáculo agora começa de verdade. Cinco minutos, apenas cinco minutos, com licença, para que eu possa ver se está tudo em ordem.

*Retira-se, afastando a cortina. Cinco minutos de pausa.*

## II

*Reabre-se a cortina.*
*O Doutor Hinkfuss começa a dourar a pílula .*
*"Ficará bem em princípio", terá pensado, "dar uma representação sintética da Sicília com uma procissãozinha religiosa. Dará cor".*
*E dispôs tudo para que esta procissãozinha se mova da porta de entrada da sala para o palco, atravessando o corredor que divide ao meio, em duas alas, as filas da platéia e das poltronas, na seguinte ordem:*
*1. Quatro coroinhas, em túnicas negras e camisas brancas com guarnições de renda; dois na frente e dois atrás; levarão quatro círios acesos;*
*2. Quatro jovenzinhas, ditas "Filhas de Maria", vestidas de branco, envoltas em véus brancos, com luvas brancas de crochê, demasiado grandes para que suas mãos pareçam propositadamente um pouco desajeitadas; também duas na frente e duas atrás, segurarão as quatro varas de um pequeno pálio de seda azul celeste;*
*3. Sob o pálio, a "Sagrada Família"; vale dizer: um velho maquilado e vestido de São José, como se vê nos quadros sacros que representam a Natividade, com uma auréola de*

*purpurina ao redor da cabeça e nas mãos um longo báculo
florido em cima; ao seu lado, uma belíssima jovenzinha loira,
com os olhos baixos e um sorriso doce e modestíssimo nos lábios,
ataviada e paramentada de Virgem Maria, também ela com a
auréola ao redor da cabeça e nos braços um belo bonecão de cera
que representa o Menino Jesus, como ainda hoje se pode ver na
Sicília, no Natal, em certas representações musicais rústicas com
acompanhamento de músicos e coros;*
4. *Um pastor, com um barrete de pelo e capote de estopa, as pernas
envoltas em peles de cabra, e um outro pastor mais jovem; tocarão
respectivamente, uma charamela e o outro a ocarina;*
5. *Um cortejo de pessoas do povo, de todas as idades; as mulheres
com saias longas, com enchimento nas ancas, pregueadas, e a
"mantilha" na cabeça; os homens com jaquetas curtas acinturadas
e calças boca-de-sino, amarradas com largas faixas de seda
coloridas; nas mãos os barretes de meia, de fio preto, com o
pompom na ponta; entrarão na sala cantando, ao som da
charamela' e da ocarina, a cantilena:*

> Hoje e sempre seja louvado
> nosso Deus sacramentado...
> e louvada sempre seja
> nossa Virgem Maria.

*No palco, entrementes, ver-se-á uma rua da cidade com um muro
branco, rústico, de uma casa, que corre da esquerda para a direita
por mais de três quartos do palco, onde fará ângulo em
profundidade. Na esquina, uma luminária com seu braço. Depois da
esquina, no outro muro da casa no ângulo obtuso, ver-se-á a porta
de um Cabaré, iluminada por pequenas lâmpadas coloridas; e,
quase em frente, um pouco mais ao fundo e de lado,
o portal de uma antiga igreja, sobre três degraus.
Um pouco antes que a cortina se levante e que a procissão
entre na sala, ouvir-se-á no palco o som dos sinos da igreja e,
apenas perceptível, o estrondo de um órgão tocado no interior
desta. Ao levantar-se a cortina e à entrada da procissão, serão
vistos ajoelhando-se no palco, ao longo do muro e à direita, homens
e mulheres (não mais de oito ou nove) que estão passando na rua;
as mulheres fazendo o sinal-da-cruz; os homens, tirando o chapéu.
Quando a procissão, tendo subido ao palco, entrar na Igreja, estes
homens e mulheres juntar-se-ão ao cortejo e entrarão também. À
entrada do último, cessará o som dos sinos; perdurará ainda, no*

*silêncio, mais distinto, o do órgão, para depois ir baixando lenta,
lentamente, com o gradual escurecimento do palco.*
*De repente, apenas extinto este som sacro, irromperá com um
violento contraste o som de jazz no cabaré, e, ao mesmo tempo, o
muro branco que percorre mais de três quartos do palco se fará
transparente. Ver-se-á no interior do cabaré um fulgor de várias
luzes coloridas. À direita, quase até a porta de entrada, estará o
balcão do bar, atrás do qual serão vistas três moças decotadas,
exageradamente pintadas. Na parede do fundo, perto do bar, estará
pendurada uma longa cortina de veludo vermelho flamante e,
contra ela, composta como um baixo-relevo, uma estranha
Chanteuse vestida com véus negros, pálida, a cabeça inclinada para
trás e os olhos fechados, cantará lugubremente a letra do jazz. Três
coristas loiras moverão em cadência os braços e as pernas, de
costas para o balcão, no estreito espaço entre este e a primeira fila
de mesinhas redondas onde estão sentados os fregueses
(não muitos) com as bebidas diante de si.*
*Dentre estes fregueses está Zampognetta, com o chapeuzinho
na cabeça e um longo charuto na boca.*
*O freguês atrás dele, na segunda fila de mesinhas, vendo-o tão
atento às evoluções daquelas três coristas, prepara-lhe uma peça
feroz: dois longos cornos recortados na cartolina onde está
estampada, com o programa, a carta de vinhos e das
outras bebidas do Cabaré.*
*Os outros clientes, percebendo o fato, entram no jogo com muito
gosto e dão piscadelas e fazem sinais para que o outro aja depressa.*
*Quando os dois cornos estiverem recortados, longos e tesos
no cone de cartolina que lhe serve de base, o cliente se levanta
e com muita cautela os coloca no chapeuzinho de Zampognetta.*
*Todos desatam a rir e a bater palmas.*
*Zampognetta, crendo que a risada e as palmas são para as três
coristas que nesse meio tempo terminam de dançar, começa a rir e a
bater palmas, também, fazendo assim prorromper mais soltas do
que nunca as risadas e mais fragorosos os aplausos dos outros.*
*Mas não entende porque todos olham para ele, inclusive as
mulheres do balcão, bem como as três coristas, que finalmente
explodem em gargalhada. Perturba-se; o riso desaparece de seus
lábios; o aplauso apaga-se das mãos.*
*Então a estranha Chanteuse tem um ímpeto de indignação;
desprende-se da cortina de veludo e vai tirar da cabeça de
Zampognetta aquele escarnido troféu, gritando:*

A Chanteuse – Não! Pobre velho, vão embora! Envergonhem-se!

*Os fregueses a interrompem, gritando por sua vez simultaneamente, em grande confusão:*

Os Fregueses – Fique lá, estúpida!
– Calada e volte para o seu lugar!
– Pobre velho coisa nenhuma!
– O que você tem a ver com isso?
– Deixa estar!
– Ele merece!
– Ele merece!

*E em meio a estes gritos confusos a Chanteuse continuará a protestar, debatendo-se, enquanto a seguram:*

A Chanteuse – Velhacos, soltem-me! Por que ele merece isto? Que mal lhes fez?
Zampognetta (*levantando-se mais do que nunca incomodado*) – Mereço o quê? Mereço o quê?
O Freguês que lhe Pregou a Peça – Nada, Senhor Palmiro, deixe ela falar!
Segundo Freguês – Está bêbado, como de costume!
O Freguês que lhe Pregou a Peça – Vá embora, vá embora, este não é lugar para o senhor!

*E o empurra juntamente com os outros em direção à porta.*

Terceiro Freguês – Nós sabemos bem, aquilo que o senhor merece, Senhor Palmiro!

*Zampognetta é conduzido para fora com seus lindos cornos na testa. A transparência do muro se apaga. Ouvem-se ainda os gritos daqueles que seguram a Chanteuse; depois, uma grande risada, e o jazz ataca de novo.*

Zampognetta (*a dois ou três fregueses que o obrigaram a sair e que agora se divertem observando-o coroado sob a luz do lampião*) – Mas eu queria saber o que aconteceu.
Segundo Freguês – Nada, é pela história da outra noite.
Terceiro Freguês – Todo mundo sabe que ele gosta desta *Chanteuse*...

Segundo Freguês – Queriam, assim por brincadeira, que ela lhe desse um tapa, como na outra noite.
Terceiro Freguês – Isso! – dizendo que o senhor o merece!
Zampognetta – Ah, entendi, entendi!
Primeiro Freguês – Oh! Olhem! Olhem! Lá no alto, no céu! As estrelas!
Segundo Freguês – As estrelas!
Primeiro Freguês – Elas se movem! Elas se movem!
Segundo Freguês – Mas imagina!
Zampognetta – Será possível?
Primeiro Freguês – Sim, sim, olhem! Como se alguém as tocasse com dois chifres!

*E levanta os braços imitando os cornos.*

Segundo Freguês – Mas fique quieto! Você está mal da vista!
Terceiro Freguês – Está pensando que as estrelas são lampiõezinhos?
Segundo Freguês – O que estava dizendo, Senhor Palmiro?
Zampognetta – Ah, ah sim, que eu, esta noite, não sei se perceberam, fiquei olhando de propósito só para as bailarinas, sem nem mesmo virar a cabeça na direção dela. Me impressiona tanto, tanto! Aquela pobrezinha, quando canta com os olhos fechados e com aquelas lágrimas que escorrem pelas bochechas!
Segundo Freguês – Mas é a profissão dela, Senhor Palmiro! Não acredite naquelas lágrimas!
Zampognetta (*negando seriamente, também com o dedo*) – Não, não, ah, não, não! Que profissão o quê! Que profissão! Dou a minha palavra de honra que aquela mulher sofre – sofre de verdade. E depois tem a mesma voz da minha filha mais velha – Tal qual! Tal qual! E me confidenciou que também é filha de boa família...
Terceiro Freguês – Ah, sim? Vejam só! Também ela é filha de algum engenheiro?
Zampognetta – Isto eu não sei. Mas sei que certas desventuras podem acontecer a todos nós. E, a cada vez, ouvindo-a cantar, sou... sou tomado de uma angústia, uma consternação...

*Aparecem pela esquerda, em passo de marcha, Totina de braços dados com Pomàrici, Nenê, com Sarelli, Dorina, com o terceiro oficial, Mommina ao lado de Rico Verri e a Senhora Inácia de braços dados com dois outros jovens oficiais. Pomàrici marca o passo para todos, ainda antes que a companhia entre em cena. Os três fregueses, que a essa altura já se tornaram quatro ou mais, ao ouvirem a voz, recuarão para a porta do cabaré, deixando sozinho o Senhor Palmiro sob a luminária, sempre com os seus dois cornos na testa.*

POMÀRICI – Um, dois – um, dois...

*Dirigem-se para o teatro; as quatro jovens e a Senhora Inácia, em vistosos trajes de noite.*

TOTINA (*vendo O Pai com aqueles cornos na cabeça*) – Oh, meu Deus, papai! O que fizeram com você?
POMÀRICI – Velhacos nojentos!
ZAMPOGNETTA – Comigo? O quê?
NENÊ – Tira isso que te puseram no chapéu!
A SENHORA INÁCIA (*enquanto o marido tateia com as mãos o chapéu*) – Os cornos?
DORINA – Patifes! Quem foi?
TOTINA – Mas olhem isto!
ZAMPOGNETTA (*tirando-os*) – Em mim, os cornos? Ah, então foi por isto? Miseráveis!
A SENHORA INÁCIA – E você ainda fica com eles na mão! Jogue-os fora, imbecil! São bons só para servir de caçoada a todos os tratantes!
MOMMINA (*para a mãe*) – Para completar só falta você, agora, se pegar com ele!
TOTINA – Enquanto a culpa foi desses nojentos!
VERRI (*andando em direção à porta do cabaré de encontro aos clientes que olham e riem*) – Quem se atreveu? Quem se atreveu? (*Pega um pelo colarinho*) Foi o senhor?
NENÊ – Estão rindo...
O FREGUÊS (*tentando se desvencilhar*) – Me largue! Não fui eu! E não se atreva a colocar as mãos em mim!
VERRI – Então me diga quem foi!
POMÀRICI – Não, vamos embora, Verri! Deixa...
SARELLI – É inútil continuar aqui criando caso!
A SENHORA INÁCIA – Não, não. Eu quero satisfações do patrão deste covil de bandidos!
TOTINA – Deixa pra lá, mamãe!
SEGUNDO FREGUÊS (*aproximando-se*) Cuidado como fala, senhora! Aqui também há cavalheiros!
MOMMINA – Cavalheiros que agem assim?
DORINA – Patifes sem-vergonhas!

Terceiro Oficial – Esqueça, esqueça, senhorita!
Quarto Freguês – Foram uns gaiatos que fizeram a brincadeira...
Pomàrici – Ah, o senhor chama isso de brincadeira?
Segundo Freguês – Todos nós gostamos do Senhor Palmiro.
Terceiro Freguês (*para a Senhora Inácia*) – Em compensação não gostamos da senhora, por nada neste mundo!
Segundo Freguês – A senhora é a piada da cidade!
Verri (*intervindo, com os braços levantados*) – Contenham a língua, senão ai de vocês!
Quarto Freguês – Daremos queixa ao senhor coronel!
Terceiro Freguês – Vergonha em uniforme de oficial!
Verri – Quem dará queixa?
Os Fregueses (*ainda de dentro do cabaré*) – Todos! Todos!
Pomàrici – Vocês estão insultando as senhoras que passeiam na rua em nossa companhia, e nós temos o dever de defendê-las!
Quarto Freguês – Ninguém as insultou!
Terceiro Freguês – Foi a senhora que nos insultou, isso sim! A senhora!
A Senhora Inácia – Eu? Não! Eu não os insultei! Eu disse na cara de vocês aquilo que são – Patifes! Velhacos! Sem-vergonhas! Dignos de estarem enjaulados como animais ferozes! É isso que são! (*E vendo que todos os fregueses estão rindo desbragadamente*) Riam, sim, riam, biltres, selvagens!
Pomàrici (*com os outros oficiais e as jovens, tentando acalmá-la*) – Vamos, vamos, senhora...
Sarelli – Agora chega!
Terceiro Oficial – Vamos ao teatro!
Nenê – Não emporcalhe a boca respondendo para esses aí!
Quarto Oficial – Vamos, vamos! Está ficando tarde...
Totina – Com certeza já acabou o primeiro ato!
Mommina – Sim, vamos, mamãe! Não dê atenção a eles!
Pomàrici – Venha, venha ao teatro conosco, Senhor Palmiro!
A Senhora Inácia – Não! Não! Que teatro, ele! Pra casa! Vá imediatamente pra casa! Amanhã ele precisa acordar cedo para ir à solfatara! Pra casa! Pra casa!

*Os clientes voltam a rir desta ordem peremptória da mulher ao marido.*

Sarelli – E nós pro teatro, não percamos tempo!
A Senhora Inácia – Imbecis! Cretinos! Riam da sua própria ignorância!

Pomàrici – Basta! Basta!
Os Outros Oficiais – Pro teatro! Pro teatro!

*Neste ponto o Doutor Hinkfuss, que desde o princípio retornara à sala logo atrás do cortejo e ali ficou para cuidar da representação, estando sentado em uma poltrona da primeira fila reservada para ele, levantar-se-á para gritar:*

O Doutor Hinkfuss – Sim, sim, basta! Basta assim! Pro teatro! Pro teatro! Fora, todos! Os fregueses, pra dentro do cabaré! Os outros, fora, pela direita! E puxem um pouco a cortina de um lado e do outro!

*Os atores obedecem. A cortina é puxada um pouco de cada lado de forma a deixar no meio o muro branco que deve servir como tela para a projeção cinematográfica do espetáculo de ópera. Somente o Velho Primeiro Cômico permaneceu ali na frente, quando todos os outros desapareceram.*

O Velho Primeiro Cômico (*para o Doutor Hinkfuss*) – Se não vou com eles ao teatro, devo sair pela esquerda, não é?
O Doutor Hinkfuss – Lógico, o senhor, pela esquerda! Vá, vá! Que pergunta!
O Velho Primeiro Cômico – Bem, queria fazê-lo notar que não me deixaram pronunciar nem mesmo uma palavra. Confusão demais, senhor diretor!
O Doutor Hinkfuss – Mas de forma nenhuma! Correu muito bem! Fora, fora, vá embora!
O Velho Primeiro Cômico – Gostaria de observar que sempre sou eu que pago o pato, sempre!
O Doutor Hinkfuss – Está bem, já fez sua observação; saia! Agora é a cena do teatro! (*O Velho Primeiro Cômico sai pela esquerda*) O gramofone! E aprontem rápido a projeção! Tonfilm!

*O Doutor Hinkfuss volta a sentar-se na sua poltrona. Enquanto isso, à direita, atrás da cortina que foi puxada até esconder a luminária do muro, os ajudantes de cena terão colocado um gramofone com um disco contendo o final do primeiro ato de um velho melodrama italiano,* A Força do Destino *ou* O Baile de Máscaras *ou qualquer outro, desde que seja sincronicamente projetado sobre o muro branco que serve de tela. Assim que o som do gramofone é ouvido e a projeção começa, ilumina-se o camarote deixado vazio na sala*

*com uma cálida luz especial, que não se percebe de onde provém.
Vêem-se entrar a Senhora Inácia com as quatro filhas, Rico
Verri e os outros jovens oficiais. A entrada será
rumorosa e logo provocará os protestos do público.*

A Senhora Inácia – Olhem se não é verdade! Já estamos no final do primeiro ato!
Totina – Que corrida! Ufa! (*Senta-se na primeira fila do camarote, ao lado da mãe*) Deus meu, que calor! Estamos todas cansadas!
Pomàrici (*abanando-a sobre a cabeça com um leque*) – Aqui estou, pronto para servi-la!
Dorina – Credo! A marcha cerrada – Um dois, um dois...
Vozes na Sala – Chega!
  – Silêncio!
  – Isso lá é jeito de entrar em um teatro?
Mommina (*a Totina*) – Você pegou meu lugar, levante-se!
Totina – Ah, mas Dorina e Nenê sentaram-se aqui no meio...
Dorina – Pensávamos que Mommina quisesse ficar atrás com Verri como da última vez.
Vozes na Sala – Silêncio, silêncio!
  – São sempre eles!
  – É uma verdadeira indecência!
  – Muito me admira os senhores oficiais!
  – Não há ninguém que os chame à ordem?

*Entrementes, no camarote haverá uma grande confusão causada
pela troca de lugares: Totina terá cedido o seu lugar para Mommina
e tomado o de Dorina, que passará para a cadeira ao lado,
deixada por Nenê, a qual irá sentar-se no divã ao lado da mãe.
Rico Verri sentar-se-á junto a Mommina no divã em frente;
atrás de Totina, Pomàrici; atrás de Dorina, o Terceiro Oficial;
e no fundo, Sarelli e os outros dois oficiais.*

Mommina – Devagar, devagar, por favor!
Nenê – Sim, devagar! Primeiro traz a confusão.
Mommina – Eu?
Nenê – É o que parece! Com todas essas mudanças!
Dorina – Deixe que falem!
Totina – Como se nunca tivessem visto (*dirá o nome do melodrama*).
Pomàrici – Deveriam pelo menos ter algum respeito pelas senhoras!
Vozes na Sala – Culpa sua!

– É uma vergonha!
– Fora com os perturbadores!
– Ponham eles na rua!
– Justamente a frisa dos oficiais deve dar este escândalo?
– Fora! Fora!

A Senhora Inácia – Canibais! Não é nossa culpa se chegamos tão tarde! Vejam só se este deve ser considerado um país civilizado! Primeiro uma agressão na rua, e agora nos agridem também no teatro! Canibais!

Totina – É assim que se faz no continente!

Dorina – As pessoas vêm ao teatro quando querem!

Nenê – E aqui tem gente que sabe disto, como se faz e como se vive no continente!

Vozes – Basta! Basta!

O Doutor Hinkfuss (*levantando-se, voltado para o camarote dos Atores*) – Sim, sim, chega! Chega! Não exagerem, peço-lhes, não exagerem!

A Senhora Inácia – Mas por favor, que exagero, que nada! A provocação vem lá de baixo! É uma perseguição insuportável, não vê? Por um pouco de barulho que se fez na entrada!

O Doutor Hinkfuss – Está bem, está bem! Mas agora chega! Além do mais, o ato acabou!

Verri – Acabou? Ah, Deus seja louvado! Vamos sair, vamos sair!

O Doutor Hinkfuss – Ótimo, sim, sair, sair!

Totina – Estou com uma sede!

*Sai do camarote.*

Nenê – Esperemos que se possa encontrar um sorvete!

*Sai também.*

A Senhora Inácia – Fora, fora, vamos sair rápido, rápido ou eu vou estourar!

*Acabada a projeção, o gramofone silencia. A cortina se fecha de todo. O Doutor Hinkfuss sobe no palco e dirige-se ao público, enquanto a sala se ilumina:*

O Doutor Hinkfuss – Aquela parte do público que costuma sair da sala entre um ato e outro poderá ir, se quiser, assistir ao escândalo

que esta bendita gente continuará a dar também no *foyer* do teatro, não porque queiram, mas porque agora qualquer coisa que façam chama a atenção, uma vez que são sempre alvo e condenados a suportar a maledicência geral. Podem ir, podem ir, mas não todos, peço-lhes; também, para não se verem lá muito apertados, com tanta gente ao redor que quer ver aquilo que, mais ou menos, já foi visto aqui.
Posso assegurar que nada perderá de substancial quem ficar aqui sentado. Continuarão a ser vistos lá, misturados entre os espectadores, aqueles que também os senhores viram sair do camarote, para o costumeiro intervalo entre um ato e outro.
Eu aproveitarei este intervalo para a mudança de cenário. E o farei diante dos senhores, ostensivamente, para oferecer também a vocês que ficaram na sala um espetáculo ao qual não estão habituados. (*Bate palmas como sinal e ordena*) Levantem a cortina!

*A cortina é reaberta.*


## *INTERMEZZO*

*Representação simultânea, no foyer do teatro e no palco. No foyer do teatro as atrizes e os atores representarão com a máxima liberdade e naturalidade (cada qual, entende-se, no seu papel) como espectadores em meio aos espectadores, durante o intervalo entre um ato e outro.*
*Agrupar-se-ão em quatro pontos diversos do foyer, onde cada grupo fará sua cena independentemente do outro e simultaneamente; Rico Verri com Mommina; a Senhora Inácia com os dois oficiais, que se chamam um Pometti e o outro Mangini, sentar-se-á em algum banco; Dorina passeará conversando com o Terceiro Oficial, que se chama Nardi; Nenê e Totina irão com Pomàrici e Sarelli até o fundo do foyer, onde haverá um balcão para a venda de bebidas, café, cerveja, licores, caramelos e outras guloseimas.*
*Estas ceninhas esparsas e simultâneas estão aqui transcritas, por necessidade de espaço, uma após a outra.*

### I

*Nenê, Totina, Sarelli e Pomàrici, no balcão ao fundo do foyer.*

NENÊ – Não tem sorvete? Pena! Então me dê uma bebida. Fresca, por favor. Uma menta, sim.

Totina – Para mim uma limonada.

Pomàrici – Um saquinho de chocolatinhos, e caramelos também.

Nenê – Não, não leve isso, Pomàrici. Obrigada.

Totina – Não devem estar bons. Estão bons? Então sim, compra, compra! É uma das maiores satisfações...

Pomàrici – Os chocolatinhos?

Totina – Não – para nós mulheres – fazer os homens pagarem!

Pomàrici – Por tão pouco! Pena, não tivemos tempo de passar pelo café, no caminho para o teatro.

Sarelli – Por causa daquele maldito incidente...

Totina – Mas também do papai, Santo Deus! Parece que ele próprio procura dar pretexto a esse tipo de indigna perseguição, freqüentando certos lugares!

Pomàrici (*colocando-lhe entre os lábios um chocolatinho*) – Não se amargure! Não se amargure!

Nenê (*abrindo a boca como um passarinho*) – E para mim?

Pomàrici (*pondo-lhe uma bala na boca*) – Já vai – mas para ela, um caramelo.

Nenê – Tem certeza de que é assim que se faz no continente?

Pomàrici – Como não? Pôr um caramelo, diz você, na boca das belas senhoritas? – Certeza absoluta!

Sarelli – Isto e muito mais!

Nenê – O que mais? O que mais?

Pomàrici – Eh, se quiséssemos fazer realmente tudo como no continente!

Totina (*provocante*) – Por exemplo?

Sarelli – Não podemos apresentar aqui o exemplo.

Nenê – Então amanhã nós tomaremos de assalto o campo de aviação!

Totina – E ai de vocês se não nos levarem para voar!

Pomàrici – A visita será gratíssima; mas quanto a voar, infelizmente...

Sarelli – Proibido pelo regulamento!

Pomàrici – Com o comandante que temos agora...

Totina – Não disseram que esse monstro sairia logo de licença?

Nenê – Não aceito argumentos – quero voar sobre a cidade só pelo gostinho de cuspir lá do alto. Será possível!

Sarelli – Voar, impossível.

Nenê – Não, quero dizer, dar ... puh! – assim, uma cuspida. Encarrego-o disto.

*II*

*Dorina e Nardi, passeando.*

NARDI – Sabia que o seu pai está loucamente apaixonado pela *Chanteuse* do cabaré?
DORINA – Papai? O que me diz?
NARDI – Papai, papai; tenho certeza; e de resto toda a cidade sabe.
DORINA – Está falando sério? Papai apaixonado?

*Uma risadona, que faz todos os espectadores próximos voltarem-se.*

NARDI – Não viu que estava lá no cabaré?
DORINA – Por favor, não conte nada à mamãe; ela o esfolaria! Mas quem é essa *Chanteuse*? O senhor a conhece?
NARDI – Sim, eu a vi uma vez. Uma louca amargurada.
DORINA – Amargurada? Como sabe?
NARDI – Dizem que sempre chora cantando, com os olhos fechados – lágrimas verdadeiras; e que às vezes cai por terra, também, exausta pelo desespero que a fez chorar, bêbada.
DORINA – Ah, sim? Mas então deve ser o vinho!
NARDI – Talvez. Mas parece que bebe porque por desespero.
DORINA – Oh, Deus, e papai?... Oh, pobrezinho! Mas sabe que é realmente desgraçado, meu pobre papai? Não, não, eu não acredito.
NARDI – Não acredita? E se lhe dissesse que uma noite, talvez ele também um pouco bêbado, deu um espetáculo para todo o cabaré indo com lágrimas nos olhos e um lencinho nas mãos enxugar as lágrimas daquela que cantava de olhos fechados?
DORINA – Mas não! Sério?
NARDI – E sabe como ela lhe respondeu? Metendo-lhe um soleníssimo bofetão!
DORINA – No papai? Ela também? Já leva tantos da mamãe, pobre papai!
NARDI – E foi exatamente isso que ele lhe disse, lá diante de todos os fregueses que riam – "Até tu, ingrata? Minha mulher já me dá tantos!"

*Neste ponto, estarão perto do balcão. Dorina vê as irmãs Totina e Nenê e corre com Nardi de encontro a elas.*

### III

*Diante do balcão, Nenê, Totina, Dorina, Pomàrici, Sarelli e Nardi.*

DORINA – Sabem o que Nardi me disse? Que papai está apaixonado pela *Chanteuse* do cabaré!

Totina – Não é possível!
Nenê – Você acredita? É uma brincadeira!
Dorina – Não, não, é verdade, é verdade!
Nardi – Posso lhe garantir que é verdade.
Sarelli – Mas sim, também eu fiquei sabendo.
Dorina – E se soubessem o que fez!
Nenê – O que ele fez?
Dorina – Levou um bofetão dela também, na frente de todos no café!
Nenê – Bofetão?
Totina – E por quê?
Dorina – Porque queria enxugar-lhe as lágrimas!
Totina – As lágrimas?
Dorina – Isso, porque é uma mulher, dizem, que chora sempre...
Totina – Compreenderam? Eu tinha ou não razão de dizê-lo há pouco? É ele, é ele! Depois como vocês querem que as pessoas não riam e gozem da cara dele?
Sarelli – Se quiserem uma prova, procurem em seu peito, no bolso de dentro do paletó – lá deve ter o retrato daquela *Chanteuse*. Mostrou-o para mim uma vez com certas exclamações que nem lhes digo, pobre Senhor Palmiro!

*IV*

*Rico Verri e Mommina, à parte.*

Mommina (*um pouco intimidada pelo aspecto sombrio com o qual Verri saiu da sala do teatro*) – O que foi?
Verri (*de mau humor*) – Eu? Nada. O que é que tem?
Mommina – Então por que está assim?
Verri – Não sei. Só sei que se ficasse um pouco mais naquele camarote, acabava cometendo uma loucura.
Mommina – Não posso mais suportar esta vida.
Verri (*alto, áspero*) – Percebeu agora?
Mommina – Fique quieto, por caridade! Todos os olhares estão voltados para nós.
Verri – É bem por isto! É bem por isto!
Mommina – Cheguei a um ponto em que quase não sei mais me mover nem falar.
Verri – Gostaria de saber o que tanto têm para olhar, e por que ficam escutando o que dizemos entre nós.
Mommina – Fique bonzinho, faça-me o favor, não os provoque!

VERRI – Não estamos aqui como todos os outros? O que estão vendo em nós de estranho neste momento, para ficarem olhando assim? Eu me pergunto como é possível.
MOMMINA – Já sei, viver – lhe disse... fazer mais um gesto, alçar os olhos, assim sob a mira de todos. Olhe lá, também ao redor de minhas irmãs, e lá em volta de mamãe.
VERRI – Como se a gente estivesse aqui dando um espetáculo!
MOMMINA – É mesmo!
VERRI – Infelizmente, porém, me desculpe, as suas irmãs lá...
MOMMINA – O que fazem?
VERRI – Nada; não quero nem tomar conhecimento, mas parece que sentem prazer...
MOMMINA – Em quê?
VERRI – Em fazer-se notar!
MOMMINA – Mas não fazem nada de mau – riem, conversam...
VERRI – Provocam, com o seu comportamento afoito!
MOMMINA – Mas também são os seus colegas, desculpe...
VERRI – Eu sei, que as atiçam; e acredite que começam a irritar-me seriamente, sobretudo aquele Sarelli, e também Pomàrici e Nardi.
MOMMINA – Fazem um pouco de festa...
VERRI – Poderiam pensar que fazem isto às custas da boa reputação de três moças de família e pelo menos se absterem de certos atos, de certas confidências...
MOMMINA – Isto sim, é verdade.
VERRI – Eu, por exemplo, não toleraria mais que um deles se permitisse a um tal comportamento com a senhorita...
MOMMINA – Eu seria a primeira a não permiti-lo, sabe disso!
VERRI – Deixa para lá, deixa para lá, por favor! Também a senhorita, também a senhorita primeiro o permitiu!
MOMMINA – Mas agora não, já faz algum tempo, me parece! Deveria sabê-lo.
VERRI – Mas não basta que eu o saiba – eles também deveriam saber!
MOMMINA – Eles sabem! Eles sabem!
VERRI – Não sabem! Pelo contrário, mais de uma vez fizeram questão de me demonstrar que não querem saber; justamente como que para me provocar!
MOMMINA – Não! Quando? Por favor, não meta tais idéias na cabeça!
VERRI – Deveriam entender que comigo não se brinca!
MOMMINA – Eles o entendem, esteja certo! Mas quanto mais o senhor dá mostras de se alterar com uma brincadeira inocente, mais eles provocam, também para demonstrar que não o fazem por malícia.

Verri – Portanto a senhorita os desculpa?

Mommina – Não! Digo isso pelo senhor, para que fique tranqüilo; e também por mim, que vivo, sabendo que está assim, em um estado de trepidação contínua. Vamos, vamos. A mamãe se levantou, parece que quer voltar para dentro.

V

*A Senhora Inácia, sentada em um banco, com Pometti e Mangini, um de cada lado.*

A Senhora Inácia – Ah, os senhores deveriam prestar uma grande benemerência, uma grande benemerência, meus caros, à cividade!

Mangini – Nós? E como, Senhora Inácia?

A Senhora Inácia – Como? Começando a dar lições ao círculo de vocês!

Pometti – Lições? A quem?

A Senhora Inácia – A estes vis idiotas da cidade! Pelo menos uma hora por dia.

Mangini – Lições de quê?

Pometti – De boas maneiras?

A Senhora Inácia – Não, não, demonstrativas, demonstrativas. Uma aulinha por dia, de uma hora, que os informe de como se vive nas grandes cidades do continente. O senhor de onde é, caro Mangini?

Mangini – Eu? De Veneza, senhora.

A Senhora Inácia – Veneza? Ah Deus, Veneza, o meu sonho! E o senhor, o senhor, Pometti?

Pometti – De Milão, eu.

A Senhora Inácia – Ah, Milão! Milano! Imagine... 'El nost Milan'... E eu sou de Napoli; de Nápoles que – sem querer ofender Milão – digo, – e resguardando os méritos de Veneza – como natureza, digo... um paraíso. Chiaja! Posillipo! Me dá vontade... me dá vontade de chorar, se penso... Coisas! Coisas!... Aquele Vesúvio, Capri ... E os senhores têm o Duomo, a Galleria, o Scala... E os senhores, claro, Piazza San Marco, o Grande Canal... Coisas! Coisas!... Enquanto aqui, todas essas porcarias... E se fosse somente do lado de fora, nas ruas!

Mangini – Não lhes diga isso na cara e assim alto, por favor!

A Senhora Inácia – Não, não, eu falo alto. Santa Chiara de Napoli, meus caros. A porcaria eles têm também dentro. No coração, no sangue, a têm. Sempre todos raivosos! Não lhes causam esta impressão? De que estão sempre todos raivosos?

Mangini – Realmente, para mim...
A Senhora Inácia – Não lhes parece? – mas sim, todos sempre queimados por uma ... como devo dizer? Mas sim, raiva de instinto, que os deixa ferozes um contra o outro; basta que alguém, não sei, olhe para cá ao invés de para lá, ou assoe o nariz um pouco forte, ou que lhe passe alguma coisa pela cabeça e sorria; Deus os livre e guarde! Sorriu para mim; assoou o nariz tão forte de propósito para me irritar; olhou para lá ao invés de para cá a fim de causar despeito a mim! Não se pode fazer nada sem que suspeitem que devemos estar dominados por não se sabe qual malícia; porque a malícia eles têm, todos, emboscada dentro. Olhem seus olhos. Dão medo. Olhos de lobo... Vamos, vamos. Deve estar na hora de entrar, de novo. Vamos atrás daquelas pobres meninas.

*Calculado o tempo necessário para que os quatro grupos representem simultaneamente as suas cenas, cada um no local indicado, deve-se fazer que (mesmo que cortando ou acrescentando, se necessário, alguma palavra) todos no final se movam simultaneamente para se reagruparem e saírem do* foyer. *A simultaneidade deverá ser também regulada segundo o tempo que o Doutor Hinkfuss necessitará para executar seus prodígios no palco. Tais prodígios poderiam ser deixados por conta das extravagâncias do Doutor Hinkfuss. Mas visto que ele mesmo, e não o autor da novela, quis que Rico Verri e os outros jovens oficiais fossem aviadores, é provável que o tenha feito para ter o prazer de preparar, diante do público que permaneceu na sala, um belo cenário que representasse um campo de aviação, disposto com admirável efeito em perspectiva. À noite, sob um magnífico céu estrelado, poucos elementos sintéticos; tudo no chão é pequeno, para dar a sensação do espaço desmedido com aquele céu semeado de estrelas: pequena, ao fundo, a casinha branca dos oficiais, com as janelinhas iluminadas, pequenos os aparelhos, dois ou três, espalhados no campo aqui e acolá; e uma grande sugestão de luzes escuras; e o ronco de um avião invisível, que voa na noite serena. Pode-se deixar esse prazer para o Doutor Hinkfuss, mesmo se na sala não ficar nem ao menos um espectador. Neste caso (que deve ser previsto) não se teria mais a representação simultânea deste intermezzo, lá no* foyer *do teatro e aqui no palco. Mas o mal seria facilmente remediável. O Doutor Hinkfuss, também fazendo reabrir a cortina, vendo que a sua jaculatória não surte o efeito de manter na sala nem mesmo uma pequena parte do público, retirar-se-á para*

*trás dos bastidores, um pouco contrariado; e irá à forra ao
demonstrar seu talento quando a representação no foyer
tiver terminado e os espectadores, chamados de volta pelo
soar das campainhas, tiverem voltado pare
a sala a fim de retomarem seus lugares.
O que importa sobretudo é que o público tenha paciência para o
fato de que essas coisas, se não são realmente supérfluas, com
certeza servem de guarnição. Mas, visto que por muitos sinais se
pode ver que tomam gosto nisso, e que essa guarnição lhes vai
provocando mais gula voraz que os pratos saudáveis, que lhes faça
bom proveito; tem razão o Doutor Hinkfuss, e portanto ele lhes
serve, depois do cenário do campo de aviação, um outro, dizendo
claramente e com a displicência de um grão-senhor que podem se
permitir certos luxos, que na verdade se pode também abrir mão da
primeira cena, porque não é estritamente necessária. Ter-se-á
perdido um pouco de tempo para obter um belo efeito; dar-se-á a
entender o contrário, que não se quer perdê-lo, tanto é verdade que
se pulou uma cena que podia ser omitida sem prejuízo. Omitiremos
também nós as ordens que o Doutor Hinkfuss poderá acertar
sozinho com os maquinistas, os iluminadores e os ajudantes de cena
para a montagem do campo de aviação. Tão logo esteja montado,
descerá do palco para a sala, colocar-se-á em meio ao corredor
para regular bem com outras ordens oportunas os efeitos de luz, e
quando estiverem perfeitos subirá outra vez ao palco.*

O Doutor Hinkfuss – Não, não! Fora com tudo! Fora com tudo! Parem com aquele ronco! Apaguem, apaguem. Estou pensando que se pode abrir mão também desta cena. Sim, o efeito é belo, mas com os meios que temos à disposição podemos obter outros não menos belos, que levem a ação adiante mais rapidamente. Por sorte esta noite estou livre diante dos senhores, e espero que não lhes desagrade ver como se coloca em pé um espetáculo, não somente sob seus próprios olhos, senhores, mas também (por que não?) com a vossa colaboração. O teatro, os senhores vêem, é a boca escancarada de uma grande maquinaria que tem fome – uma fome que os senhores poetas...

Um Poeta, das Poltronas – Por favor, não diga "senhores" para os poetas, os poetas não são senhores!

O Doutor Hinkfuss (*de pronto*) – Nem os críticos neste sentido são senhores, e eu no entanto os chamo assim, por uma certa afetação polêmica que, sem ofensa, creio eu, neste caso me possa ser consentida. Uma fome, dizia eu, que os senhores poetas têm o defeito de não saber saciar. Para esta máquina do teatro, como para outras máquinas enormemente e admiravelmente crescidas e desenvolvidas, é deplorável que a fantasia dos... poetas, retraída, não consiga mais encontrar um nutrimento adequado e suficiente. Não se quer entender que o teatro é sobretudo espetáculo. Arte sim, mas também vida. Criação sim, mas não durável – momentânea. Um prodígio – a forma que se move! E o prodígio, senhores, não pode ser senão momentâneo. Em um momento, diante de seus olhos, senhores, criar uma cena; e dentro desta uma outra, e uma outra ainda. Um átimo de escuridão, uma rápida manobra, um sugestivo jogo de luzes. Aí está! Vou lhes mostrar. (*Bate palmas e ordena*) Escuro!

*Faz-se escuro, a cortina é silenciosamente puxada às costas do*
*Doutor Hinkfuss. Reacende-se a luz na sala,*
*enquanto as campainhas tocam para chamar os*
*espectadores de volta a seus lugares.*
*No caso de todo o público ter saído da sala e de o Doutor Hinkfuss*
*(uma vez que faltou a simultaneidade da dupla representação, no*
*foyer e no palco) ter sido forçado a esperar o retorno do público à*
*sala para dar início à manobra da primeira cena do campo de*
*aviação e do burburinho subseqüente, entende-se que a cortina não*
*tenha sido abaixada, e que, depois de ordenada a escuridão, ele,*
*diante de todo o público presente na sala, continuaria a dar as*
*outras ordens para o prosseguimento do espetáculo. Aqui se*
*prevê o caso de que a simultaneidade, como seria desejável,*
*aconteça; e se deveria encontrar o modo de fazê-la acontecer.*
*Descida agora a cortina e reacesa a luz na sala,*
*o Doutor Hinkfuss prosseguirá dizendo:*

O Doutor Hinkfuss – Esperemos até que o público tenha voltado. Devemos também dar tempo à Senhora Inácia e às Senhoritas La Croce, que retornam a casa após o teatro, acompanhadas por seus jovens amigos oficiais. (*Dirigindo-se ao Senhor das Poltronas, que acaba de retornar à sala*) E se enquanto isso o senhor, meu impertérrito interruptor, quisesse informar o público que ficou aqui sentado se nada de novo aconteceu lá no *foyer*...
O Senhor das Poltronas – Está falando comigo?
O Doutor Hinkfuss – Com o senhor, sim. Se quisesse fazer esta gentileza...

O Senhor das Poltronas – Não, nada de novo. Uma graciosa diversão. Tagarelaram. Soube-se apenas que aquele ridículo Senhor Palmiro, "Zampognetta", está apaixonado pela *Chanteuse* do cabaré.

O Doutor Hinkfuss – Ah sim, mas isto já se podia saber. Além do mais, tem pouca importância.

O Jovem Espectador da Platéia – Não, desculpe, também ficou claro que o oficial Rico Verri...

O Primeiro Ator (*afastando a ponta da cortina, às costas do Doutor Hinkfuss*) – Basta, basta com este "oficial"! Daqui a pouco me livro deste uniforme!

O Doutor Hinkfuss (*voltando-se para o Primeiro Ator, que já havia posto a cabeça para dentro*) – Mas, desculpe-me, por que o senhor se intromete?

O Primeiro Ator (*pondo outra vez a cabeça para fora*) – Porque esta qualificação me irrita, e para colocar as coisas no devido lugar: não sou oficial de carreira.

*Retira outra vez a cabeça.*

O Doutor Hinkfuss – O senhor já lhes havia feito notar isso no começo. Basta. (*Dirigindo-se ao Jovem Espectador*) Mil desculpas! Dizia o senhor...?

O Jovem Espectador (*intimidado e embaraçado*) – Mas... nada... dizia que... que também lá, no *foyer*, este senhor Verri demonstrou seu mau humor e que... e que parece estar ficando um pouco cansado demais do escândalo que fazem aquelas senhoritas e a... senhora mãe...

O Doutor Hinkfuss – Sim, sim, está bem; mas também isto se podia ver desde o princípio. De qualquer modo obrigado.

*Ouve-se atrás da cortina o piano que toca a ária de Siebel no Fausto de Gounod:*
"Le parlate d'amor – o cari fior..."

O Doutor Hinkfuss – Eis aqui o piano – tudo pronto. (*Afasta um pouco a cortina e ordena para o interior do palco.*) Gongo!

*Ao soar do gongo volta para sua poltrona, e reabre-se a cortina.*

### III.

*À direita, no fundo, a estrutura de uma parede envidraçada, com uma saída no meio, de modo que através dela se entreveja também a*

*ante-sala, mas de relance, com alguns sábios toques de cor e
algumas lâmpadas acesas. Na metade do palco, outra estrutura de
parede, também esta com uma porta aberta no meio, a qual leva da
sala de visitas, que fica à direita, para a de jantar, sumariamente
indicada, com um aparador pretensioso e uma mesa coberta por
uma toalha vermelha, sobre a qual pende do teto uma lâmpada, por
ora apagada, com um enorme lustre em forma de sino de uma linda
cor laranja e verde. Sobre o aparador haverá, entre outras coisas,
um candelabro de metal com uma vela, uma caixa de fósforos
e uma rolha de garrafa. Na sala de visitas, além do piano,
um divã, algumas mesinhas, cadeiras.
Aberta a cortina, ver-se-á Pomàrici, que continua a tocar sentado
ao piano, e Nenê que dança com Sarelli, bem como Dorina com
Nardi, em passo de valsa. Acabam de voltar do teatro. A Senhora
Inácia amarrou em torno do rosto um lenço de seda negra dobrado
em forma de faixa, devido a uma dor-de-dentes que a acometeu.
Rico Verri correu a uma farmácia noturna em busca de um remédio
para a dor. Mommina está sentada ao lado da mãe, no sofá,
junto à qual se encontra também Pometti. Totina está do
outro lado (fora de cena) com Mangini.*

MOMMINA (*para a mãe, enquanto Pomàrici toca e os dois pares dançam*) – Está doendo muito? (*E aproxima uma mão da sua bochecha.*)

A SENHORA INÁCIA – De enlouquecer! Não me toque!

POMETTI – Verri já correu à farmácia, estará aqui a qualquer momento.

A SENHORA INÁCIA – Não vão abri-la! Não vão abri-la!

MOMMINA – Mas têm obrigação de abri-la. É uma farmácia noturna!

A SENHORA INÁCIA – Claro! Como se não soubesse em que cidade vivemos! Ai! Ai! Não me façam falar, enlouqueço! São capazes de não abri-la, se souberem que é para mim!

POMETTI – Ah, verá que Verri dará um jeito! Ele é capaz de pôr a porta abaixo!

NENÊ (*plácida, continuando a dançar*) – Mas sim, pode ter certeza, mamãe!

DORINA (*idem*) Imagina se não o atenderem! Se quiser, pode ser mais estúpido do que eles!

A SENHORA INÁCIA – Não, não, pobrezinho, não falem assim. É tão bonzinho! Saiu correndo.

MOMMINA – Até parece! Ele sozinho. Enquanto vocês ficam aqui dançando.

A Senhora Inácia – Deixe-as, deixe-as dançarem! Além do mais, minha dor não passa, se ficarem em volta de mim perguntando como estou. (*Para Pometti*) É a fúria, a fúria que esta gente me põe no sangue, a causa de todos os meus males.
Nenê (*parando de dançar e correndo para a mãe, toda animada com a proposta que pretende fazer*) – Mamãe, e se você dissesse a Ave-Maria como da outra vez?
Pometti – Isso! Ótimo!
Nenê (*continuando*) – Você sabe que, dizendo-a, a sua dor passou!
Pometti – Sim, tente, senhora, tente!
Dorina (*enquanto continua a dançar*) – Sim, sim, diga, diga, mamãe! Verá que ela passa.
Nenê – Sim! Mas parem de dançar!
Pometti – Claro! E você também, de tocar, oh! Pomàrici!
Nenê – A mamãe rezará a Ave-Maria como da outra vez!
Pomàrici (*levantando-se do piano e indo ter com os outros*) – Ah, muito bem, sim! Vejamos, vejamos se o milagre se repete.
Sarelli – Diga-a em latim, em latim!
Nardi – Certo. Fará mais efeito.
A Senhora Inácia – Mas não, deixem-me em paz! O que querem que eu diga?
Nenê – Tem a prova da outra vez, desculpe. A dor passou!
Dorina – No escuro! No escuro!
Nenê – Recolhimento! Recolhimento! Pomàrici, apague a luz!
Pomàrici – Mas e Totina, onde está?
Dorina – Está do outro lado, com Mangini. Não pense em Totina e apague a luz!
A Senhora Inácia – Nada feito! Precisaremos pelo menos de uma vela. E as mãos postas! E Totina, venha cá.
Mommina (*chamando*) – Totina! Totina!
Dorina – A vela está do outro lado!
Nenê – Vá pegá-la, eu vou apanhar a estatueta da Virgem Maria!

*Sai correndo pelo fundo, enquanto Dorina vai à sala de jantar com Nardi pegar a vela sobre o aparador. Antes de acendê-la, no escuro, Nardi abraça Dorina com muita força e lhe dá um beijo na boca.*

A Senhora Inácia (*gritando para Nenê, que saiu*) – Não, deixe! Não é preciso! Que estatueta! Pode-se fazer por menos!
Pomàrici (*gritando*) – É melhor fazer Totina vir aqui!

A Senhora Inácia – Sim, sim, Totina, aqui! Imediatamente aqui!
Pometti – Uma mesinha que sirva de altar!

*E vai pegá-la.*

Dorina (*voltando com a vela acesa, enquanto Pomàrici apaga a luz*) –
   Eis aqui a vela!
Pometti – Aqui sobre a mesinha!
Nenê (*do fundo, com a estatueta da Virgem*) – E aqui está a Virgem!
Pomàrici – E Totina?
Nenê – Já está vindo, já está vindo! Não amole com Totina!
A Senhora Inácia – Mas pode-se saber o que ela está fazendo lá, do outro lado?
Nenê – Nada, está preparando uma surpresa, logo verão! (*Depois, convidando todos com um gesto*) Aqui atrás, aqui atrás todos, e em círculo! Recolha-se, mamãe!

*Quadro. No escuro apenas atenuado por aquela luz trêmula de vela,
o Doutor Hinkfuss preparou um delicadíssimo efeito; a profusão de
uma suavíssima "luz de milagre" (luz psicológica), verde, quase
emanação da esperança de que o milagre se cumpra. Isto, assim que
a Senhora Inácia, diante da Virgenzinha pousada com a vela na
mesa, começar a recitar com as mãos juntas, a voz lenta e
profunda, as palavras da prece, quase esperando que,
depois de cada uma, a sua dor deva passar.*

A Senhora Inácia – *Ave Maria, gratia plena, Dominus tecum...*

*De repente, um trovão e o clarão diabólico de um violentíssimo
relâmpago rubro quebra tudo. Totina, vestida de homem, com o
uniforme de oficial de Mangini, entra cantando, seguida por
Mangini, que vestiu um longuíssimo roupão do Senhor Palmiro.
O trovão torna-se logo a voz de Totina, que canta; assim
como o relâmpago rubro, a luz que Mangini
reacende na sala de visitas, entrando.*

Totina – "Le parlate d'amor – o cari fior..."

*Grito unânime, altíssimo, de protesto.*

Nenê – Cale-se, estúpida!

Mommina – Estragou tudo!
Totina (*aturdida*) – O que foi?
Dorina – A mamãe estava recitando a Ave-Maria!
Totina (*para Nenê*) – Podia ter me falado!
Nenê – Claro! Deveria ter imaginado que você fosse desabar justamente nesse momento!
Totina – Estava já toda vestida, quando você entrou para pegar a Virgem!
Nenê – E portanto você poderia ter imaginado!
Dorina – Basta! Basta! O que fazer agora?
Pomàrici – Recomecemos! Recomecemos!
A Senhora Inácia (*perplexa, na expectativa, como se já tivesse o milagre na boca*) – Não... esperem... Não sei...
Mommina (*feliz*) – Passou?
A Senhora Inácia (*como acima*) – Não sei... deve ter sido o Diabo... ou a Virgem... (*Contorce o rosto todo devido a um novo acesso de dor*) Não, não... ai... de novo... que passou o quê! Aiiii... Deus, que espasmo... (*De repente, contendo-se, batendo um pé, impõe a si mesma*) Não! Não me darei por vencida! Cantem, cantem, filhinhas! Cantem, filhinhas! Façam-me este favor, cantem, cantem! Ai de mim, se me rebaixo diante desta maldita dor! Vai, vai, Mommina – "stride la vampa"!
Mommina (*enquanto todos gritam aplaudindo: "Sim, sim, muito bem! O coro do* Trovatore!) – Não, não! Mamãe, não quero! Não!
A Senhora Inácia (*pedindo com raiva*) – Faça-me este favor, Mommina! É pela minha dor!
Mommina – Mas se te digo que não quero!
Nenê – Chega! Contente-a pelo menos uma vez!
Totina – Está dizendo que não quer se rebaixar diante da dor!
Sarelli e Nardi – Sim, sim, vai!
– Faça-a feliz, senhorita!
Dorina – Meu Deus, como se faz de rogada!
Nenê – Pensa que não sabemos por que não quer mais cantar?
Pomàrici – Mas não, a senhorita cantará!
Sarelli – Se é por causa de Verri, pode deixar que nos encarregamos dele!
Pomàrici – Cantando, juro-lhe que a dor se encanta!
A Senhora Inácia – Sim, sim, faça-o, faça-o pela sua mamãe!
Pometti – Que coragem tem esta nossa generala!
A Senhora Inácia – Você, Totina, Manrico, eh?
Totina – É claro! Já estou vestida!

A Senhora Inácia – Façam-lhe o bigode! Façam o bigode nesta minha filhinha!
Mangini – Isso, sim, faço eu!
Pomàrici – Não! Se me permite, faço eu!
Nenê – Aqui está a rolha, Pomàrici. Vou correndo pegar um grande chapéu emplumado! E um lenço amarelo e um xale vermelho para Açucena!

*Sai pelo fundo e volta pouco depois com tudo quanto disse.*

Pomàrici (*a Totina, enquanto lhe faz o bigode*) – E fique um pouco quieta, por favor!
A Senhora Inácia – Muito bem! Mommina, Açucena...
Mommina (*agora quase para si mesma, sem mais força para opor-se*) – Não, eu não...
A Senhora Inácia (*continuando*) – ...Totina, Manrico...
Sarelli – E nós todos, o coro dos ciganos!
A Senhora Inácia (*fazendo sinais*) –
  All'opra, all'opra! Dàgli Martella.
  Chi del gitano la vita abbella?

*Pergunta, cantando, para alguns que ficam olhando para ela, sem saber se está perguntando a sério ou de brincadeira; e então, dirigindo-se para os demais, torna a perguntar:*
  Chi del gitano la vita abbella?

*Mas também estes outros miram-na como os primeiros; não se agüentando mais de dor e com muita raiva, volta a perguntar a todos para ter a resposta:*
  Chi del gitano la vita abbella?

Todos (*compreendendo por fim, entoam a resposta*) –
  La zingarèèèè... eeeèlla!
A Senhora Inácia (*primeiro recobrando o fôlego, por ter sido finalmente compreendida*) – Ahh! (*depois, enquanto os outros sustentam a nota, ela para si mesma, contorcendo-se de dor –* ) *Mannagia! Mannagia*\*! Não agüento mais; – Força! Força, filhinhas, rápido, cantem!
Pomàrici – Mas não, esperem, Santo Deus, que eu tenha acabado!

\* Idiotismo italiano que significa: "Raios o partam!" (N. do T.)

DORINA – Ainda? Já está bom assim.
SARELLI – Está ótimo!
NENÊ – Um amor! Agora o chapéu! O chapéu! (*Dá-lhe o chapéu e dirige-se a Mommina*) E você, sem história! O lenço na cabeça! (*Para Sarelli*) Amarre-o atrás! (*Sarelli obedece*) O xale por cima, assim!
DORINA (*empurrando Mommina, que permanece inerte*) – Mas mexa-se!
POMÀRICI – Oh, mas precisamos de algo para bater!
NENÊ – Encontrei! As vasilhas de latão!

*Vai buscá-las no aparador da sala de jantar; volta e as distribui.*

POMÀRICI (*indo para o piano*) – Pronto, atenção! Ataquemos do começo!
*Vedi le fosche notturne spoglie...*

*Põe-se a tocar o coro dos ciganos, que dá início ao segundo ato do "Trovatore".*

CORO (*atacando*) –
*Vedi le fosche notturne spoglie
dé cieli sveste l'immensa volta...
sembra una vedova che alfin si toglie
i bruni panni ond'era involta.*

*Logo, batendo as vasilhas:*

*All'opra, all'opra! Dágli, Martella.
Chi del gitano la vita abbella?*

*Três vezes:*

*La zingarella!*
POMÀRICI (*para Mommina*) – Hei, atenção, senhorita! Sua vez! E vocês todos em volta!
MOMMINA (*indo para a frente*) –
*Stridi la vampa! La folla indomita
corre a quel foco, lieta in sembianza!
Urli di gioia intorno eccheggiano –
cinta di sgherri donna s'avanza.*

*Enquanto os outros cantam, primeiro o coro e logo Mommina em solo, a Senhora Inácia, sentada em uma cadeira, agitando-se como uma ursa, batendo ora com um pé ora com o outro, murmurará em cadência, como se dissesse uma litania em seu próprio socorro.*

A Senhora Inácia – Ah Deus, estou morrendo! Ah Deus, estou morrendo! Penitência por meus pecados! Deus, Deus, que espasmo! Força, Deus, golpeie-me! E faça-me sofrer sozinha! Desconte somente em mim, meu Deus, o divertimento de minhas filhinhas! Cantem, cantem, sim, aproveitem, filhinhas! Deixem eu me danar sozinha por esta dor, que é penitência por todos os meus pecados! Eu quero vê-las contentes, festivas, festivas, assim! – Sim, dá-lhe, desça a lenha, nas minhas costas! Somente sobre mim, Deus, e deixe minhas filhinhas aproveitarem! – Ah Deus, a alegria que não pude ter – nunca, nunca, Deus, nunca, nunca – quero que minhas filhinhas a tenham! – Devem tê-la! Devem tê-la! Pago eu, pago eu por elas, mesmo se também elas faltam, Deus, a teus santos mandamentos. (*E entoa com os outros, enquanto as lágrimas lhe escorrem dos olhos.*) – *La zingarèèè... eeeèllaaa!...* – Silêncio! Agora canta Mommina, voz de estrela! ...La *vampa*, sim! – Ah... está em minha boca, a chama... *Lieta*, sim, *lieta in sembianza*...

*Neste instante aparece pelo fundo Rico Verri. Primeiro permanece imóvel, como se a perplexidade tivesse aberto diante de sua ira um precipício; depois dá um salto e atira-se sobre Pomàrici, arranca-o do banquinho do piano e joga-o por terra, gritando.*

Rico Verri – Ah, por Deus! É assim que vocês fazem pouco de mim!

*Ocorre primeiro um espanto que toma conta de todos e se exprime com algumas tolas exclamações incongruentes.*

Nenê – Olhem só que modos!
Dorina – Está louco?

*Depois, um tumulto, quando Pomàrici, reerguendo-se, se lança sobre Verri, enquanto os outros se colocam no meio, para separá-los e segurá-los, falando todos simultaneamente, em grande confusão:*

Pomàrici – Vai me pagar pelo que fez!

Verri (*empurrando-o violentamente*) – Não acabei ainda!
Sarelli e Nardi – Também nós estamos aqui!
– Vai pagar a todos!
Verri – A todos, a todos! Estou em condições de arrebentar a cara de quantos forem!
Totina – Quem deixou você dar uma de patrão em nossa casa?
Verri – A mim, mandam buscar o remédio...
A Senhora Inácia – O remédio... e depois?
Verri (*indicando Mommina*) – ...quando volto a encontro fantasiada assim!
A Senhora Inácia – Saia imediatamente da minha casa!
Mommina – Eu não queria, não queria! Disse a todos que não queria!
Dorina – Mas vejam só! Essa estúpida ainda se desculpa!
Nenê – Está aproveitando porque não temos um homem em casa, que o ponha para fora a pontapés como merece!
A Senhora Inácia (*para Nenê*) – Vá chamar seu pai, rápido! Que saia da cama e venha até aqui, logo!
Sarelli – Mas se é por isso podemos expulsá-lo nós mesmos!
Nenê (*correndo para chamar o Pai*) – Papai! Papai!

*Sai.*

Verri (*para Sarelli*) – Vocês? Quero ver. Ponham-me para fora. (*Para Nenê, que corre*) Chame, sim, chame o papai – respondo diante do chefe da casa por aquilo que faço! Se o que pretendo dessa gente é respeito por vocês todas!
A Senhora Inácia – Quem lhe deu o encargo? Como ousa ter esta pretensão?
Verri – Como? A senhorita o sabe muito bem!

*Indica Mommina.*

Mommina – Mas não assim, com violência!
Verri – Ah, é minha, a violência? Não dos outros em relação à senhorita?
A Senhora Inácia – Repito que não quero saber de nada! Aquela é a porta – rua!
Verri – Não. Isto não é a senhora quem deve me dizer.
A Senhora Inácia – Minha filha também o dirá! Além do mais, a dona, em minha casa, sou eu!
Dorina – Todas nós o dizemos!

VERRI – Não basta! Se a senhorita está comigo! Sou o único aqui que tinha intenções honestas!
SARELLI – Vejam só, honestas!
NARDI – Aqui não se faz nada de mau!
VERRI – A senhorita o sabe!
POMÀRICI – Palhaço!
VERRI – Palhaços são vocês! (*Brandindo uma cadeira*) E pensem bem antes de se intrometerem outra vez, ou tudo acabará mal agora mesmo!
POMETTI (*aos companheiros*) – Fora, fora, vamos, retiremo-nos!
DORINA – Mas não, por quê?
TOTINA – Não nos deixem sozinhas! Ele não é o dono da nossa casa!
VERRI – E você, Nardi, não vá ficar doente amanhã! Vamos nos rever!
NENÊ (*reentrando, muito aflita*) – Papai não está em casa!
A SENHORA INÁCIA – Não está em casa?
NENÊ – Procurei por toda parte! Não está!
DORINA – Mas como? Não voltou?
NENÊ – Não voltou!
MOMMINA – E onde estará?
A SENHORA INÁCIA – Ainda fora, a esta hora?
SARELLI – Deve ter voltado para o cabaré!
POMÀRICI – Senhora, nós vamos indo.
A SENHORA INÁCIA – Mas não, esperem...
MANGINI – Claro! Esperem! Não posso ir embora assim!
TOTINA – Sim! Desculpe. Não me lembrava mais que estava com o seu uniforme. Vou tirá-lo agora mesmo.

*Sai às pressas.*

POMÀRICI (*para Mangini*) – Fique você esperando que a senhorita lhe devolva o uniforme – enquanto isso nós vamos indo.
A SENHORA INÁCIA – Mas me desculpem, não vejo...
VERRI – Eles vêem; a senhora é que não quer ver!
A SENHORA INÁCIA – Eu volto a dizer-lhe que é o senhor quem deve ir embora! Não eles, entendeu?
VERRI – Não, senhora – eles! Porque diante da seriedade de meu propósito, sabem que agora não há mais lugar aqui para a sua indigna brincadeira.
POMÀRICI – Sim, sim, amanhã verá como nós estamos brincando!
VERRI – Não vejo a hora!
MOMMINA – Por favor, por favor, Verri!

VERRI (*tremendo*) – E não fique aí a implorar para ninguém!
MOMMINA – Não, não imploro! Queria apenas dizer que a culpa é minha, que me rendi! Não devia, sabendo que o senhor...
NARDI – ...como siciliano sério, não poderia fazer parte da brincadeira!
SARELLI – Mas nem mesmo nós fazemos parte, agora!
VERRI (*para Mommina, como Primeira Atriz, saindo espontaneamente de seu papel, com a raiva do Primeiro Ator levado a dizer aquilo que não quer*) – Muito bem! Está satisfeita?
MOMMINA (*como Primeira Atriz, desconcertada*) – Com o quê?
VERRI (*com solenidade*) – Por ter dito aquilo que não devia! O que isto tinha a ver com essa coisa de culpar-se deste modo, agora no fim?
MOMMINA (*com solenidade*) – Foi espontâneo...
VERRI – E no entanto fez com que eles dissessem a última palavra! Devo ser eu o último a gritar que hão de se ver comigo, todos eles!
MANGINI – Eu também, assim de roupão? (*E move-se desajeitadamente, escarranchando-se, para pôr-se em guarda*) Pronto! Em guarda!
NENÊ e DORINA (*rindo e aplaudindo*) – Muito bem! Bravíssimo!
VERRI (*com solenidade, indignado*) – Qual bravíssimo, qual nada! Asneiras! Assim arruína-se toda a cena! E não a terminaremos nunca.
O DOUTOR HINKFUSS (*levantando-se da sua poltrona*) – Mas não, por quê? Estava correndo tudo tão bem! Adiante, adiante!

*Começam a soar batidas cada vez mais fortes no interior, no fundo, assim como na saída para a rua.*

MANGINI (*desculpando-se*) – Estou de roupão, posso ainda ter ganas de brincar!
NENÊ – Naturalmente!
VERRI (*desdenhoso, para Mangini*) – Então vá jogar a morra! Não venha aqui representar!
MOMMINA – Se o senhor... (*dirá o nome do Primeiro Ator*) quer interpretar sozinho seu papel e para nós nada, diga logo e vamos embora todos!
VERRI – Não, sou eu que vou, se os outros querem fazê-lo do jeito deles e como lhes convém, ainda que seja fora de propósito.
A SENHORA INÁCIA – Mas veio tão a calhar e foi tão oportuna, santo céu, aquela súplica da senhorita: "A culpa é minha, que me rendi"!
POMÀRICI (*para Verri*) – Ah, sabe, nós também existimos!

SARELLI – Também nós devemos viver os nossos papéis!
NARDI – Quer fazer sozinho uma bela figura! Cada um deve dizer a sua parte!
O DOUTOR HINKFUSS (*gritando*) – Basta! Basta! Continuem a cena! Parece que agora é justamente o senhor (*o nome do Primeiro Ator*) que está estragando tudo!
VERRI – Não, eu não, por favor! Gostaria pelo contrário que falasse quem deve, e me respondesse no devido tom! (*Aludindo à Primeira Atriz*) Luto há três horas repetindo "A senhorita o sabe! A senhorita o sabe! A senhorita o sabe!", e a senhorita não encontra uma palavra para sustentar minha fala! Sempre com essa atitude de vítima!
MOMMINA (*exasperada, a ponto de chorar*) – Mas eu sou... eu sou a vítima! Vítima das minhas irmãs, da casa, do senhor; vítima de todos!

*Neste ponto, em meio aos Atores que falam na ribalta voltados para o Doutor Hinkfuss, irrompe o Velho Primeiro Cômico, ou seja, "Zampognetta" com uma cara de morto, as mãos ensangüentadas sobre o ventre ferido a faca, e ensangüentados também o colete e as calças.*

ZAMPOGNETTA – Mas em suma, senhor Diretor, eu bato, bato, bato, assim todo ensangüentado; com as tripas na mão; tenho que vir morrer em cena, o que não é fácil para um "Primeiro Cômico"; ninguém me faz entrar; encontro aqui essa balbúrdia; os atores descaracterizados; arruinado o efeito que tencionava provocar com minha entrada, porque, além de pingando sangue e moribundo, estou também bêbado; pergunto ao senhor como se conserta isso agora!
O DOUTOR HINKFUSS – Mas é para já. Apóie-se em sua *Chanteuse* – onde está?
A *CHANTEUSE* – Estou aqui.
UM DOS FREGUESES DO CABARÉ – E também eu estou aqui para sustentá-lo.
O DOUTOR HINKFUSS – Está bem, sustente-o!
ZAMPOGNETTA – Eu devia subir os degraus, carregado no colo pelos dois...
O DOUTOR HINKFUSS – Suponha que já o fez, Santo Deus! – E vocês todos, a postos! E exagerem no desespero! – Será possível, afogar-se assim num copo d'água? (*Retorna à sua poltrona, resmungando*) Por um tolo capricho sem motivo!

*A cena é retomada.*
*O Senhor Palmiro aparece, vindo do fundo, amparado pela*
*Chanteuse, de um lado, e pelo Freguês do Cabaré, do outro.*
*De pronto, tão logo a mulher e as filhas o vêem, começam a gritar.*
*Mas o Velho Primeiro Cômico sai do papel e as deixa desabafar*
*por algum tempo, com um sorriso de complacência nos lábios*
*e com ar de quem diz: "Quando vocês tiverem acabado, eu falo".*
*Às perguntas angustiadas com as quais é bombardeado, deixa*
*que respondam um pouco a Chanteuse, um pouco o Freguês do*
*Cabaré, embora quisesse que ficassem quietos, à espera da*
*resposta verdadeira que ele se reserva para dar no final.*
*Os outros, ao vê-lo ali na frente com aquele ar despreocupado,*
*não sabem aonde ele quer chegar, e continuam da melhor*
*forma que podem com suas partes.*

A Senhora Inácia – Ah, Deus, quem foi?

Mommina – Papai! Meu papai!

Nenê – Ferido?

Verri – Quem o feriu?

Dorina – Onde está ferido? Onde?

O Freguês – No ventre!

Sarelli – De faca?

A Chanteuse – Esquartejado! Perdeu no caminho todo o sangue!

Nardi – Mas quem foi? Quem foi?

Pometti – No cabaré?

Mangini – Acomodem-no, pelo amor de Deus!

Pomàrici – Aqui, aqui no sofá!

A Senhora Inácia (*enquanto a Chanteuse e o Freguês acomodam o Senhor Palmiro no sofá*) – Então ele havia voltado ao cabaré?

Nenê – Mas não pense no cabaré agora, mamãe! Não vê como ele está?

A Senhora Inácia – Eh, vejo entrar em casa... e olha, olha lá, como a segura apertado! – Quem é?

A Chanteuse – Uma mulher que tem mais coração que a senhora!

O Freguês do Cabaré – Pense, senhora, que seu marido, aqui, está morrendo!

Mommina – Mas como foi? Como foi?

O Freguês do Cabaré – Quis defendê-la... (*indica a Chanteuse.*)

A Senhora Inácia (*com um grunhido*) – Aí está, deu nisso! O cavalheiro!

O Freguês do Cabaré (*continuando*) – Começou uma discussão...

A Chanteuse – E aquele assassino...

O Freguês do Cabaré – Largou ela e voltou-se contra ele!

VERRI – Me diga, prenderam-no?
O FREGUÊS DO CABARÉ – Não, fugiu, ameaçando todo mundo, com a faca em punho.
NARDI – Mas se sabe ao menos quem é?
O FREGUÊS DO CABARÉ (*indicando a* Chanteuse) – Ela o sabe muito bem...
SARELLI – É seu amante?
A CHANTEUSE – O meu carrasco! O meu carrasco!
O FREGUÊS DO CABARÉ – Queria fazer uma carnificina!
NENÊ – Mas é preciso chamar logo um médico!

*Aparece Totina ainda meio desarrumada.*

TOTINA – O que houve? O que houve? Oh meu Deus, papai? Quem o feriu?
MOMMINA – Fale, fale, diga pelo menos alguma coisa, papai!
DORINA – Por que está nos olhando assim?
NENÊ – Olha e sorri.
TOTINA – Mas onde foi? Como foi?
A SENHORA INÁCIA (*a Totina*) – No cabaré! Não estão vendo? (*Indica a* Chanteuse) Claro!
NENÊ – Um médico! Um médico! Não o deixaremos morrer assim!
MOMMINA – Quem vai correndo chamá-lo?
MANGINI – Eu iria, se não estivesse assim... (*mostra o roupão*).
TOTINA – Ah, claro, vai, vai pegar a sua farda; está lá.
NENÊ – O senhor, Sarelli, por favor!
SARELLI – Sim, sim, vou correndo, vou correndo (*sai, pelo fundo, com Mangini*).
VERRI – Mas por que não diz nada? (*Indicando o Senhor Palmiro*) Deveria dizer alguma coisa...
TOTINA – Papai! Papai!
NENÊ – Continua a olhar e a sorrir.
MOMMINA – Estamos todas aqui à sua volta, papai!
VERRI – Será possível que queira morrer sem dizer nada?
POMÀRICI – Cômodo! Fica ali, nem morto nem vivo. O que espera?
NARDI – Não sei mais o que dizer! Sarelli correu para buscar o médico, um santo! E Mangini foi buscar o uniforme...
A SENHORA INÁCIA (*para o marido*) – Fala! Fala! Não sabe dizer nada? Se tivesse obedecido... pensado que tinha aqui quatro filhinhas, às quais agora também poderá vir a faltar o pão!
NENÊ (*depois de ter esperado um pouco, falando com todos*) – Nada. Olhem só. Sorri.
MOMMINA – Não é natural.

DORINA – Você não pode sorrir assim, papai, olhando para nós! Também estamos aqui!

O FREGUÊS DO CABARÉ – Talvez porque bebeu um pouco...

MOMMINA – Não é natural! Quando alguém bebe, se o vinho provoca tristeza, fica quieto. Mas se chega a pôr-se a rir, fala! Não deveria rir, então!

A SENHORA INÁCIA – Pode-se saber pelo menos porque está sorrindo assim?

*Ainda uma vez permanecem todos suspensos em uma breve pausa de expectativa.*

ZAMPOGNETTA – Porque é um prazer ver como são todos mais talentosos do que eu.

VERRI (*enquanto os outros se miram nos olhos, de súbito esfriados em seu jogo*) – Mas o que está dizendo?

ZAMPOGNETTA (*erguendo-se para sentar-se no sofá*) – Digo que eu, assim, sem saber como entrei em casa, se ninguém veio abrir, depois de haver batido tanto na porta...

O DOUTOR HINKFUSS (*levantando-se da poltrona, irritadíssimo*) – De novo? Recomeçou?

ZAMPOGNETTA – ...não consigo morrer, senhor diretor; me dá vontade de rir, vendo como todos são talentosos, e não consigo morrer. A criada (*olha ao redor*) – onde está? Não a vejo – deveria correr e anunciar – "Oh Deus, o patrão! Oh Deus, o patrão! Estão trazendo-o, ferido!"

O DOUTOR HINKFUSS – Mas que importância tem isso agora? Não se havia dado por já acontecida a sua entrada em casa?

ZAMPOGNETTA – E então, me desculpe, tanto faz se me der já por morto, e não se fala mais nisso.

O DOUTOR HINKFUSS – Nada feito! O senhor deve falar, fazer a cena, morrer!

ZAMPOGNETTA – Está bem! Eis a cena feita. (*Largando-se no sofá*) Estou morto!

O DOUTOR HINKFUSS – Mas não assim!

ZAMPOGNETTA (*pondo-se em pé e vindo para a frente*) – Caro senhor diretor, suba aqui e acabe de me matar, o que quer que eu lhe diga? Repito que assim, sozinho, não consigo morrer. Não sou uma sanfona, desculpe, que se abre e se fecha e, apertando as teclas, sai fora a sonatina.

O DOUTOR HINKFUSS – Mas os seus companheiros...

ZAMPOGNETTA (*de pronto*) – São mais talentosos que eu; já disse e me dá muito gosto. Eu não posso. Para mim a entrada era tudo. O senhor quis saltá-la... Eu tinha necessidade, para me aquecer, daquele grito da criada. E a Morte deveria entrar comigo, apresentar-se aqui em meio àquela balbúrdia desavergonhada dessa minha casa – a Morte embriagada, como tínhamos estabelecido; embriagada com um vinho que havia se tornado sangue. E devia falar, sim, eu sei; começar eu a falar em meio ao horror de todos – eu – tomando coragem do vinho e do sangue, amparado nesta mulher (*atira-se na direção da* Chanteuse *e pendura-se com um braço em seu pescoço*) – assim – e dizer palavras insensatas, desconexas e terríveis, para aquela mulher, para as minhas filhinhas, e também para estes jovens, aos quais deveria demonstrar que se fiz papel de bobo é porque foram malvados – malvada mulher, malvadas filhinhas, malvados amigos; e não eu bobo, não; somente eu, bom; e eles, malvados; somente eu, inteligente; e eles, estúpidos; eu, na minha ingenuidade; e eles, na sua bestialidade perversa; sim, sim; (*enfurecendo-se, como se alguém o contradissesse*) inteligente, inteligente, como são inteligentes as crianças (não todas, aquelas que crescem tristes em meio à animalidade dos grandes). Mas deveria dizer estas coisas por estar bêbado, em delírio; e passar as mãos ensangüentadas no rosto – assim – sujando-o de sangue. (*Pergunta aos companheiros*) Sujou? (*e uma vez que eles fazem sinal afirmativo*) – bem – (*e retoma*) – e aterrorizá-los e fazê-los chorar – mas chorar de verdade – com o fôlego que não tenho mais, juntando os lábios assim – (*tenta dar um assobio que não vem: fhhh, fhhh*) – para dar minha última assobiadinha; e depois, aí está (*chama para perto de si o Freguês do Cabaré*) – vem aqui você também – (*pendura-se em seu pescoço com o outro braço*) assim – entre vocês dois – porém mais junto de você, minha bela – inclinar a cabeça – como fazem rápido os passarinhos – e morrer (*inclina a cabeça sobre o seio da* Chanteuse; *relaxa pouco depois os braços; cai por terra, morto*).

A CHANTEUSE – Oh Deus, (*tenta segurá-lo, mas logo desiste*) Está morto! Está morto!

MOMMINA (*atirando-se sobre ele*) – Papai, meu papai, meu papai...

*E começa a chorar de verdade.*
*Este ímpeto de verdadeira comoção na Primeira Atriz provoca a comoção também nas outras atrizes, que se põem a chorar sinceramente elas também. E então o Doutor Hinkfuss levanta-se gritando.*

O Doutor Hinkfuss – Muito bem! Desliguem o quadro de luz! Desliguem o quadro de luz! – Escuro!

*Faz-se escuro.*

Fora todos! – as quatro irmãs e a mãe, ao redor da mesa da sala de jantar – seis dias depois – apagar na sala de visitas, luz na sala de jantar!

Mommina (*no escuro*) – Mas, senhor diretor, devíamos nos vestir de negro.

O Doutor Hinkfuss – Ah sim. De negro. Deviam abaixar a cortina após a morte. Não importa. Vão vestir-se de negro. E abaixem a cortina. Luz na sala! (*A cortina é abaixada. Reacende-se a luz na sala. O Doutor Hinkfuss sorri, dolente*) O efeito em parte falhou, mas prometo que, amanhã à tarde, vamos obtê-lo, será poderosíssimo. Acontece, também na vida, senhores, que um efeito preparado com cuidado e com o qual contávamos, venha a falhar e seguem-se naturalmente as reprovações à mulher, às filhinhas; "Você deveria fazer isto" e "Você deveria dizer assim". É verdade que aqui se tratava de um caso de morte. Pena, que o meu bravo (*dirá o nome do Primeiro Cômico*) tenha teimado tanto com a sua entrada! Mas o ator é valoroso; certamente amanhã à noite saberá desempenhar-se desta cena às maravilhas. Cena capital, senhores, pelas conseqüências que traz. Foi um achado meu; na novela não existe; e estou certo até mesmo de que o autor jamais a teria incluído, também por um escrúpulo que eu não tinha por que respeitar – isto é, de não reforçar a crença muito difundida de que na Sicília se faz tanto uso da faca. Se ele tivesse tido a idéia de fazer morrer a personagem, talvez a tivesse feito morrer de uma síncope ou de outro acidente. Mas os senhores vêem que outro efeito teatral consegue uma morte como eu a imaginei, com o vinho e o sangue e um braço no colo daquela *Chanteuse*. A personagem deve morrer, e a família, por esta morte, cair na miséria; sem estas condições não me parece natural que a filha Mommina possa consentir em desposar Rico Verri, aquele energúmeno, e resistir aos argumentos contrários da mãe e das irmãs, as quais já pediram informações na cidade vizinha da costa meridional da ilha e souberam que ele é, sim, de família abastada, mas que O Pai tem na cidade fama de usurário e de homem tão ciumento que em poucos anos fez a mulher morrer de desgosto. Como não imagina esta bendita jovem a sorte que a espera? Os pactos, os pactos aos quais Rico

Verri, desposando-a pela birra de consegui-la contra seus companheiros oficiais, ter-se-á entregue com aquele pai ciumento e usurário, e quais outros pactos não terá consigo mesmo estabelecido, não somente para compensar-se do sacrifício que lhe custa aquele capricho, mas também para reerguer-se diante de seus conterrâneos, a quem é bem conhecida a fama que goza a família da mulher? Quem sabe como lhe fará pagar os prazeres que lhe foram proporcionados pela vida tal como ele a viveu em casa, com sua mãe e suas irmãs! Argumentos, como verão, muito válidos. A minha excelentíssima Primeira Atriz, senhorita (*dirá o nome da Primeira Atriz*) não é realmente do meu agrado. Mommina é por ela a mais sábia das quatro irmãs, a sacrificada, aquela que sempre preparou para os outros os divertimentos e nunca usufruiu deles senão à custa de fadigas, de vigílias, de tormentosos pensamentos; o peso da família está todo sobre seus ombros; e entende tantas coisas! acima de tudo que os anos passam e que o Pai, com toda aquela desordem em casa, não pôde pôr de lado nada; que nenhum jovem da cidade jamais tomará como mulher nenhuma delas; enquanto Verri, eh, o Verri travará por ela, não um, mas três duelos com aqueles oficiais que, de repente, ao primeiro golpe de desventura, debandaram todos – a paixão dos melodramas, no fundo, também ela a tem em comum com as irmãs – Raul, Ernâni, Dom Álvaro...

*ne toglier mi potró*
*l'immagin sua dal cuor...*

agüenta firme, e casa-se com ele.

*O Doutor Hinkfuss falou e falou para dar tempo às*
*Atrizes de se vestirem de negro; agora não agüenta mais,*
*tem um repente; afasta um pouco uma aba da cortina*
*e grita para dentro:*

Mas afinal, e esse gongo? Será possível que as senhoras atrizes ainda não estejam prontas? (*E acrescenta, fingindo falar com alguém atrás da cortina*) Não? O que foi agora? – O quê? Não querem mais atuar? – Como assim? – Com o público que está esperando? – Venha, venha, aqui para a frente!

*Apresenta-se o Secretário do Doutor Hinkfuss, todo*
*embaraçado e perdido.*

O Secretário – É que... dizem...
O Doutor Hinkfuss – Dizem o quê?
O Primeiro Ator (*de trás da cortina, para o Secretário*) – Fale, fale alto, grite as nossas razões!
O Doutor Hinkfuss – Ah, ainda o senhor... (*dirá o nome do Primeiro Ator, mas sairão pela cortina também os outros atores e atrizes, a começar pela Atriz Característica, que tirará a peruca diante do público, bem como o Primeiro Cômico. O Primeiro Ator terá despido o uniforme militar*).
A Atriz Característica – Não, não, estamos todos, estamos todos, senhor Diretor!
A Primeira Atriz – Assim é impossível ir adiante!
Os Outros – Impossível! Impossível!
O Primeiro Cômico – Eu terminei minha parte, mas eis-me aqui.
O Doutor Hinkfuss – Pode-se saber, em nome de Deus, o que mais aconteceu?

*Soa, tranqüilo, fazendo efeito de uma ducha fria,
o fim da frase do Primeiro Cômico:*

O Primeiro Cômico – Solidário com meus colegas.
O Doutor Hinkfuss – Solidário? O que significa isso?
O Primeiro Cômico – Que vamos embora todos, senhor diretor!
O Doutor Hinkfuss – Vão embora? Para onde?
Alguns – Vamos embora! Vamos embora!
O Primeiro Ator – Ou o senhor vai embora!
Outros – Vai o senhor, ou vamos nós!
O Doutor Hinkfuss – Embora, eu? Como ousam? Fazer a mim tal intimação?
Os Atores – Então, vamos nós!
– Sim, vamos! Vamos!
– Chega de bancar as marionetes!
– Vamos, vamos embora!

*E movem-se excitadamente.*

O Doutor Hinkfuss (*detendo-os*) – Para onde? Estão loucos? Aqui está o público que pagou! O que querem fazer com ele, com o público?
O Primeiro Cômico – Decida o senhor! Nós lhe dissemos – ou vai o senhor, ou vamos nós!

O Doutor Hinkfuss – Eu torno a lhes perguntar – o que mais aconteceu?
O Primeiro Ator – O que mais? Parece-lhe pouco o que aconteceu?
O Doutor Hinkfuss – Mas não estava tudo já remediado?
O Primeiro Cômico – Como, remediado?
A Atriz Característica – O senhor pretende que se represente de improviso?
O Doutor Hinkfuss – Mas vocês estavam tão empenhados!
O Primeiro Cômico – Ah, mas não assim, desculpe, pulando as cenas, ordenando autoritariamente que eu morra.
A Atriz Característica – Com a cena retomada no meio e a frio!
A Primeira Atriz – Não encontramos mais as palavras...
O Primeiro Ator – Isso! Como eu lhe disse no início! As palavras, é preciso que nasçam!
A Primeira Atriz – Mas foi justamente o senhor o primeiro, desculpe-me, a não respeitar aquelas que me nasceram de um modo espontâneo!
O Primeiro Ator – Tem razão, sim, mas a culpa não é minha!
Pomàrici – É mesmo, foi justamente ele quem começou!
O Primeiro Ator – Me deixe falar! Não é minha a culpa – é dele!

*Indica o Doutor Hinkfuss.*

O Doutor Hinkfuss – Minha? Como, minha? Por quê?
O Primeiro Ator – Porque está aqui entre nós, com seu maldito teatro, que Deus o arruíne!
O Doutor Hinkfuss – Meu teatro? Mas vocês enlouqueceram? Onde estamos? Não estamos no teatro?
O Primeiro Ator – Estamos no teatro? Pois muito bem! Dê-nos então os papéis para declamar.
A Primeira Atriz – Ato por ato, cena por cena.
Nenê – As falas escritas, palavra por palavra.
O Primeiro Cômico – E corte, então, o que quiser; e nos faça saltar como quiser; mas em um ponto determinado e estabelecido de antemão!
O Primeiro Ator – O senhor primeiro desencadeia em nós a vida...
A Primeira Atriz – Com tanta fúria de paixões...
A Atriz Característica – Quanto mais se fala, mais se exagera, sabe?
Nenê – Estamos todas em rebuliço!
A Primeira Atriz – Todas num frêmito!
Totina (*indicando o Primeiro Ator*) – Eu poderia matá-lo!
Dorina – Prepotente, que vem ditar leis em nossa casa!
O Doutor Hinkfuss – Tanto melhor, tanto melhor assim!

O Primeiro Ator – Que tanto melhor? Se depois pretende também que a gente esteja atento à cena?

O Primeiro Cômico – E que não venha a faltar aquele tal efeito.

O Primeiro Ator – Porque estamos no teatro! – Como quer que pensemos mais em seu teatro, se devemos viver? Vê o que conseguiu? Que também eu pensei por um momento em terminar a cena como o senhor queria, com a última fala para mim, e entendi mal a senhorita (*indica a Primeira Atriz*), que tinha razão, sim, razão de implorar naquela hora.

A Primeira Atriz – Implorei para o senhor!

O Primeiro Ator – Mas sim, perfeitamente! (*Ao ator que faz o papel de Mangini*) como ele pensou em brincar com este roupão, e peço-lhe desculpas – o imbecil fui eu, que dei atenção a ele (*indica o Doutor Hinkfuss*).

O Doutor Hinkfuss – Atenção como fala, ouviu?

O Primeiro Ator (*ignora-o e dirige-se de novo, com veemência, à Primeira Atriz*) – Não me distraia agora! – A senhora é realmente a vítima; vejo, sinto que está tomada pelo seu papel como eu pelo meu; sofro, ao vê-la diante de mim (*segura-lhe o rosto entre as mãos*) com estes olhos, com esta boca, todas as penas do inferno; a senhora treme, morre de medo sob as minhas mãos – aqui está o público que não se pode mandar embora; teatro, não, não podemos mais, nem eu nem a senhora, nos meter a fazer agora o costumeiro teatro; mas como a senhora grita o seu desespero e o seu martírio, também eu devo gritar a minha paixão, aquela que me faz cometer o delito. Bem, seja aqui, como um tribunal que nos ouça e nos julgue! (*De repente, dirigindo-se ao Doutor Hinkfuss*) Mas é preciso que o senhor vá embora!

O Doutor Hinkfuss (*perturbado*) – Eu?

O Primeiro Ator – Sim! E que nos deixe a sós! Nós dois a sós!

Nenê – Muito bem!

A Atriz Característica – A fazer o que sentem!

O Primeiro Cômico – Aquilo que nasce neles. Muito bem!

Todos os Outros (*já empurrando o Doutor Hinkfuss para fora do palco*) – Sim, sim, vá embora! Vá embora!

O Doutor Hinkfuss – Estão me expulsando do meu teatro?

O Primeiro Cômico – Não precisamos mais do senhor!

Todos os Outros (*agora empurrando-o pelo corredor*) – Vá embora! Vá embora!

O Doutor Hinkfuss – Esta é uma violência inaudita! Vocês querem fazer aqui o tribunal?

O Primeiro Ator – O verdadeiro teatro!

O Primeiro Cômico – Aquilo que o senhor joga fora todas as noites, fazendo com que cada cena seja somente um espetáculo para os olhos!

A Atriz Característica – Quando se vive uma paixão, aí está o verdadeiro teatro; e basta então um cartazinho!

A Primeira Atriz – Não se pode brincar com as paixões!

O Primeiro Ator – Pôr tudo a perder para obter um efeito! Isto só se pode fazer com as farsas!

Todos os Outros – Fora! Fora!

O Doutor Hinkfuss – Eu sou o seu Diretor!

O Primeiro Ator – A vida que nasce ninguém a comanda!

A Atriz Característica – Até mesmo o escritor deve obedecer-lhe!

A Primeira Atriz – Isso, obedecer, obedecer!

O Primeiro Cômico – E fora quem quiser comandar!

Todos os Outros – Fora! Fora!

O Doutor Hinkfuss (*com as costas já na porta de entrada da sala*) – Protestarei! É um escândalo! Sou seu diret...

*É empurrado para fora da sala. Entrementes, a cortina foi reaberta, no palco desordenado e escuro; o Secretário do Doutor Hinkfuss, os cenotécnicos, os eletricistas, todo o pessoal de cena veio assistir ao extraordinário espetáculo do Diretor do teatro posto na rua por seus atores.*

O Primeiro Ator (*para a Primeira Atriz, convidando-a a retornar ao palco*) – Vamos, vamos, voltemos para cima, rápido!

A Atriz Característica – Faremos tudo sozinhos!

O Primeiro Ator – Não haverá necessidade de nada!

Pomàrici – Nós mesmos ergueremos os cenários!

O Primeiro Cômico – Muito bem! E eu controlarei as luzes!

A Atriz Característica – Não, melhor assim, tudo desordenado e escuro! Melhor assim!

O Primeiro Ator – Apenas o tanto de luz para isolar as figuras nesta escuridão!

A Primeira Atriz – E sem o cenário?

A Atriz Característica – Não importa o cenário!

A Primeira Atriz – Nem ao menos as paredes de meu cárcere?

O Primeiro Ator – Sim; mas que se entrevejam apenas – ali – por um momento, se a senhorita as toca, e depois basta – escuro; para dar a entender, em suma, que não é mais ele que comanda o cenário!

A Atriz Característica – Basta que você se sinta, filha, dentro do seu cárcere; aparecerá, todos a verão, como se estivessem ao redor!
A Primeira Atriz – Mas é preciso pelo menos que eu pinte um pouco o rosto...
A Atriz Característica – Espera! Tenho uma idéia! Uma idéia! (*A um ajudante de cena*) Uma cadeira aqui, rápido!
A Primeira Atriz – Que idéia?
A Atriz Característica – Verá! (*Para os outros atores*) Vocês, enquanto isso, preparem-se, preparem-se, mas somente aquele pouco do qual não se pode prescindir. As cadeirinhas das duas meninas. E vejam se já estão ali, prontas.

*O ajudante de cena traz a cadeira.*

A Primeira Atriz – Eu dizia, maquilar o rosto...
A Atriz Característica (*dando-lhe a cadeira*) – Sim, sente-se aqui, minha filha.
A Primeira Atriz (*perplexa, como que perdida*) – Aqui?
A Atriz Característica – Sim, aqui, aqui! E verá que mudança! Corre, Nenê, vá pegar a caixa de maquilagem, uma toalhinha... Oh, esperem! Com as camisolas longas, as meninas!
A Primeira Atriz – Mas o que querem fazer? Como?
A Atriz Característica – Deixe que nisso nós pensamos, eu, tua mãe, e tuas irmãs, nós lhe faremos a maquilagem! Vai, Nenê.
Totina – Pega também um espelho!
A Primeira Atriz – O figurino também, então!
Dorina (*para Nenê, que já corre em direção aos camarins*) – O figurino também, o figurino também!
A Primeira Atriz – A saia e o casaco; no meu camarim!

*Nenê faz sinal afirmativo com a cabeça, e sai pela esquerda.*

A Atriz Característica – Deve ser o nosso tormento, entende? Meu, de tua mãe, que sabe o que é a velhice – antes do tempo, filha, envelhecer...
Totina – E de nós que te ajudamos a ficar bonita – agora, a ficar feia...
Dorina – Emagrecer...
A Primeira Atriz – A me condenar por ter querido aquele homem?
A Atriz Característica – Sim, mas com tormento, com tormento, a condenação...
Totina – Por ter se separado de nós...

A Primeira Atriz – Mas não creiam que por medo da miséria que nos esperava, uma vez morto nosso Pai. Não!
Dorina – E por que, então? Por amor? Mas você pôde de verdade se apaixonar por um monstro como aquele?
A Primeira Atriz – Não, por gratidão.
Totina – Por quê?
A Primeira Atriz – Por ter acreditado – somente ele – com todo o escândalo que se havia semeado.
Totina – Que uma de nós pudesse ainda se casar?
Dorina – Sim, grande vantagem, casar-se com ele!
A Atriz Característica – O que te deu? Daqui a pouco... daqui a pouco você vai vê-lo!
Nenê (*voltando com a caixa de maquilagem, um espelho, uma toalhinha, a saia e o casaco*). – Está tudo aqui! Não encontrava...
A Atriz Característica – Pra mim! Pra mim! (*Abre a caixa e começa a maquilar Mommina*) Levante o rosto. Oh filha, filha minha, sabe quantos ainda dizem na cidade, como se diz de uma morta: "Que bela jovem era! E que coração tinha!" Tão apagada, agora... assim, isso... assim... assim... o rosto de quem não toma mais ar e não vê mais o sol...
Totina – E as olheiras, as olheiras, agora...
A Atriz Característica – Sim, isso, assim...
Dorina – Não muito!
Nenê – Não, pelo contrário, muito, muito!
Totina – Os olhos de quem vai morrer de desgosto!
Nenê – E agora, aqui sobre as têmporas, os cabelos!
A Atriz Característica – Sim, sim!
Dorina – Brancos não! Brancos não!
Nenê – Não, não brancos!
A Primeira Atriz – Minha cara Dorina...
Totina – Isso, bem, assim... Com pouco mais que trinta anos.
A Atriz Característica – Empoeirada de velhice!
A Primeira Atriz – Não há de querer tampouco que eu penteie os cabelos!
A Atriz Característica (*desgrenhando-os*) – E então espere... assim... assim...
Nenê (*estendendo-lhe o espelho*) – E agora olhe!
A Primeira Atriz (*de repente, afastando com ambas as mãos o espelho*) – Não! Ele jogou fora, jogou fora todos os espelhos da casa. Sabe onde ainda tenho podido me ver? Como uma sombra nos vidros, ou deformada no tremular da água numa bacia... e eu fiquei sem cor!

A Atriz Característica – Espere, a boca! A boca!
A Primeira Atriz – Sim, foi-se todo o vermelho; não tenho mais sangue nas veias...
Totina – E as rugas, as rugas nos cantos...
A Primeira Atriz – Também alguns dentes, com trinta anos, podem ter caído...
Dorina (*em um ímpeto de comoção, abraçando-a*) – Não, não, minha Mommina, não, não!
Nenê (*quase irada, também tomada pela comoção, afastando Dorina*) – Fora com o corpete! Fora com o corpete! Vamos despi-la!
A Atriz Característica – Não; por cima, por cima a saia e o casaco!
Totina – Sim, muito bem; para parecer mais desajeitada!
A Atriz Característica – Vão lhe cair os ombros, atrás, como a mim, que estou velha!
Dorina – Ofegante, você andará pela casa...
A Primeira Atriz – Aturdida pela dor...
A Atriz Característica – Arrastando os pés...
Nenê – Carne inerte...

*Cada uma, dizendo a sua última fala, retirar-se-á para o escuro, à direita. A Primeira Atriz, que ficou só, entre as três paredes nuas de seu cárcere, as quais, durante a maquilagem e a troca de roupa, terão sido erguidas no escuro do palco, virá bater com a cabeça primeiro na parede da direita, depois na do fundo e em seguida na da esquerda. Ao toque da fronte, a parede se fará visível por um instante devido a um cortante golpe de luz vindo do alto, como uma fria cintilação de relâmpago, e tornará a desaparecer no escuro.*

A Primeira Atriz (*com lúgubre cadência, crescente e de profunda intensidade, batendo a fronte nas três paredes, como um animal enlouquecido numa gaiola*) – Isto é parede! – Isto é parede! – Isto é parede!

*E irá sentar-se na cadeira com ar e atitude de uma insensata. Permanecerá um pouco assim. Da direita, onde desapareceram no escuro a mãe e as irmãs, surgirá daquele escuro uma voz: a voz da mãe, que dirá, como se lesse uma história em um livro.*

A Atriz Característica – "Foi aprisionada na mais alta casa da cidade. Trancada a porta, trancadas todas as janelas, vidraças e persianas – apenas uma, pequena, aberta para a vista do distante campo e do mar longínquo. Daquela cidadezinha, alta na colina, não podia ver outra coisa senão os telhados das casas, os campanários das igrejas – telhados, telhados que pendiam, este mais e aquele menos, estendendo-se em numerosos patamares, telhas, telhas, nada além de telhas. Mas somente à noite podia debruçar-se para tomar um pouco de ar naquela janela."

*Na parede do fundo faz-se transparente uma pequena janela, como que velada e distante, da qual transparece um brando clarão de luar.*

NENÊ (*do escuro, em voz baixa, contente, com tom de maravilhamento infantil, enquanto de longe, longe ouvir-se-á um som débil, como de uma serenata remota*) – Oh, a janela, olha, é mesmo a janela...
O PRIMEIRO CÔMICO (*em voz baixa, também ele do escuro*) – Já estava lá, mas quem a iluminou?
DORINA – Silêncio!

*A prisioneira permaneceu imóvel. A mãe volta a dizer, sempre como se lesse:*

A ATRIZ CARACTERÍSTICA – "Todos aqueles tetos, como outros tantos dados negros, estendiam-se sobre ela, na claridade que se esfumava dos lampiões das ruas estreitas da cidade em declive; ouvia no silêncio profundo das ruelas mais próximas alguns rumores de passos que produziam eco; a voz de alguma mulher que talvez esperava como ela; o ganido de um cão e, com mais angústia, o som da hora do sino da igreja mais próxima.
Mas por que continua a medir o tempo aquele relógio?
A quem assinala as horas?
Tudo é morto e vão."

*Após uma pausa, ouvem-se cinco badaladas do sino, veladas, longínquas. As horas. Aparece, sombrio, Rico Verri. Volta agora para casa. Está de chapéu na cabeça; a gola do sobretudo levantada, um cachecol no pescoço. Olha a mulher, ali sempre imóvel na cadeira; depois olha, desconfiado, a janela.*

VERRI – O que está fazendo aí?
MOMMINA – Nada. Esperava por você.
VERRI – Estava na janela?

MOMMINA – Não.

VERRI – Fica lá todas as noites.

MOMMINA – Esta noite não.

VERRI (*depois de ter jogado sobre uma cadeira o sobretudo, o chapéu, o cachecol*) – Não se cansa nunca de pensar?

MOMMINA – Não estou pensando em nada.

VERRI – As crianças estão na cama?

MOMMINA – Onde você quer que estejam, a esta hora?

VERRI – Estou perguntando para trazê-las de volta ao único pensamento que você deveria ter: elas.

MOMMINA – Pensei nelas o dia inteiro.

VERRI – E agora pensa no quê?

MOMMINA (*compreendendo o motivo pelo qual volta com tanta insistência àquela pergunta, primeiro o olha com desdém, logo, voltando para a atitude de apática imobilidade, responde-lhe*) – Em arrastar até a cama esta minha carne gasta.

VERRI – Não é verdade! Quero saber no que pensa! No que pensou todo este tempo, esperando por mim? (*Pausa de expectativa, visto que ela não lhe responde*) Não responde? Claro! Não pode me dizer! (*Outra pausa*) Então confessa?

MOMMINA – Confesso o quê?

VERRI – Que está pensando em coisas que não pode me dizer!

MOMMINA – Já lhe disse no que penso – em ir dormir.

VERRI – Com esses olhos, ir dormir? Com essa voz...? Quer dizer, ir sonhar!

MOMMINA – Não sonho.

VERRI – Não é verdade! Todos nós sonhamos. Não é possível, dormindo, não sonhar.

MOMMINA – Eu não sonho.

VERRI – Você mente! Digo-lhe que não é possível.

MOMMINA – Então sonho; como você quer...

VERRI – Sonha, hein?... Sonha... Sonha, e se vinga! – Pensa, e se vinga! – Que sonhos? Diga-me que sonhos!

MOMMINA – Não sei.

VERRI – Como não sabe?

MOMMINA – Não sei. É você quem diz que eu sonho. Tão pesado é meu corpo e tão cansada me sinto, que caio, assim que estou na cama, em um sono de chumbo. Não sei mais o que quer dizer sonhar. Se sonho e, acordando, não me lembro mais do que sonhei, me parece que é o mesmo que não ter sonhado. E talvez seja Deus que me ajuda assim.

Verri – Deus? Deus te ajuda?

Mommina – Sim, a fazer-me suportar esta vida, que quando abro os olhos me parece mais atroz – se pelo menos no sonho me desse a ilusão de ter uma outra! Mas você entende? Você entende? O que quer de mim? Você me quer morta, morta, que não pense mais, que não sonhe mais... E ainda... ainda... pensar pode depender da vontade; mas sonhar (se eu sonhasse) seria sem querer, dormindo; como poderia você impedi-lo?

Verri (*impacientando-se, é ele que se agita agora, como uma fera enjaulada*) – É isso! É isso! É isso! Tranco portas e janelas, coloco barras e trancas, e de que me serve, se está aqui, aqui dentro do próprio cárcere a traição? Aqui em você, dentro de você, nesta sua carne morta – viva – viva – a traição – se pensa, se sonha, se recorda? Está diante de mim; me olha – posso arrebentar a sua cabeça para ver dentro, o que está pensando? Eu lhe pergunto; você me responde: "nada"; e no entanto pensa, no entanto sonha, recorda, sob os meus próprios olhos, olhando-me, e talvez tendo um outro, dentro, em suas recordações; como posso sabê-lo? Como posso vê-lo?

Mommina – O que mais você quer que eu tenha dentro de mim, se não sou mais nada, não está me vendo? Nem outra, mais nada! Com a alma apagada, o que mais você quer que eu recorde?

Verri – Não fale assim! Não fale assim! Sabe que é pior quando fala assim!

Mommina – Está bem, não, não falo, não falo, fique tranqüilo!

Verri – Mesmo se eu a cegasse, aquilo que seus olhos viram, as recordações, as recordações que tem nos olhos continuariam na sua mente; e se lhe arrancasse os lábios, estes lábios que beijaram, o prazer, o prazer, o sabor que provaram beijando, continuaria sempre a senti-lo, dentro de si, recordando, até morrer, até morrer, esse prazer! Não pode negar; se negar, mente; você não pode fazer nada além de chorar e assustar-se com o quanto sofro com você, com o mal que fez, que sua mãe e suas irmãs a induziram a fazer; não pode negá-lo; fez, fez esse mal; e você o sabe, vê que eu sofro, sofro até ficar louco; sem culpa, pela única loucura que cometi, de ter me casado com você.

Mommina – Loucura, sim, loucura; e sabendo como você era, não deveria cometê-la...

Verri – Como eu era? Ah sim? Como era eu, diz? Sabendo como era você, deveria dizer – a vida que você havia levado com sua mãe e suas irmãs!

Mommina – Sim, sim, isso também, isso também! Mas lembre que você também percebeu que eu não aprovava a vida que se levava na minha casa.

Verri – Você também a viveu!

Mommina – Forçosamente! Estava lá!

Verri – E só quando me conheceu deixou de aprová-la!

Mommina – Não, antes também, antes também! – tanto é verdade que você mesmo me julgou melhor – não digo isto por mim, para acusar os outros e me desculpar, não; digo isto por você, para que você tenha piedade, não de mim, não de mim, se para você é uma satisfação não tê-la, ou talvez demonstrar aos outros que não a tem; seja cruel, seja cruel comigo; mas tenha piedade pelo menos de si mesmo pensando que achou que eu era melhor; que mesmo em meio àquela vida acreditou que poderia amar-me!

Verri – Tanto que me casei com você! Claro que achei que você era melhor! E daí? Que piedade de mim? Quando penso que a amei, que pude amá-la mesmo lá, com a vida que você havia levado... que piedade?

Mommina – Mas claro – reconhecendo que ao menos em mim havia muito por que desculpá-lo, em parte pela loucura cometida, de ter se casado comigo, isto – digo isto por você!

Verri – E não é pior? Com isso por acaso apago a vida que levava antes que eu me apaixonasse por você? O fato de tê-la desposado porque você era melhor não pode desculpar a minha loucura, pelo contrário, vai agravá-la, porque mais grave, tanto mais grave se torna o mal daquela sua vida, quanto melhor você era. Eu te retirei daquele mal, mas pegando-o todo para mim, junto com você, e carregando-o comigo para casa, aqui na prisão, para expiá-lo junto com você, como se também eu o tivesse cometido; e sentindo que era devorado por ele, sempre vivo, mantido sempre vivo por aquilo que sei de sua mãe e das suas irmãs!

Mommina – Eu não sei mais nada delas!

Nenê (*do escuro, rebelando-se*) – Oh, infame! Agora fala de nós!

Verri (*gritando, terrível*) – Silêncio! Vocês não estão aqui!

A Senhora Inácia (*vindo em direção à parede, do escuro*) – Fera, fera, mantém a presa entre os dentes, aí dentro da jaula, despedaçando-a.

Verri (*tocando a parede duas vezes com a mão, e duas vezes, ao toque, tornando-a visível*) – Isto é parede! Isto é parede! – Vocês não estão aqui!

Totina (*vindo ela também, com as outras em direção à parede, agressiva*) – E você se aproveita disso, infame, para dizer-lhe vitupérios sobre nós?

Dorina – Estávamos passando fome, Mommina!

Nenê – Havíamos chegado ao fundo do poço!

Verri – E como se reergueram?

A Senhora Inácia – Canalha! Ousa jogar isso na nossa cara, você que a está fazendo morrer de desespero!

Nenê – Nós gozamos a vida!

Verri – Vocês se venderam! Desonradas!

Totina – E a honra que você lhe conservou, como a está fazendo pagar?

Dorina – A mamãe agora está bem, Mommina! Se você visse como está bem! Como se veste! Que bela peliça de castor!

A Senhora Inácia – Graças a Totina, sabe? Tornou-se uma grande cantora!

Dorina – Totina la Croce!

Nenê – Todos os teatros a querem!

A Senhora Inácia – Festas! Triunfos!

Verri – E a desonra!

Nenê – Viva a desonra! Se a honra for isso que você dá à sua mulher!

Mommina (*de repente, com ímpeto de afeto e de piedade, para o marido, que fica prostrado, com as mãos sobre a testa*) – Não, não, não sou eu quem está dizendo isto, não sou eu; não estou reclamando de nada, eu...

Verri – Querem ver-me condenado...

Mommina – Não, não, eu sinto que você deve gritar, deve gritar para desafogar todo o seu tormento!

Verri – Elas o mantém aceso! Se você soubesse os escândalos que continuam a dar! Todos na cidade falam disto, e imagine a minha cara... A vitória que obtiveram as deixou desenfreadas, tornou-as mais despudoradas...

Mommina – Dorina também?

Verri – Todas! Também Dorina, mas especialmente aquela Nenê. Dá uma de cocote, (*Mommina cobre o rosto*) sim, sim, publicamente!

Mommina – E Totina começou a cantar?

Verri – Sim, nos teatros – de província, entende-se –, onde o escândalo torna-se maior, com aquela mãe e as irmãs...

Mommina – Carrega todas atrás de si?

Verri – Atrás de si, todas, em pândega! O que foi? Está corando?

Mommina – Não... Fiquei sabendo agora... Não sabia de nada...
Verri – E está se sentindo abalada? O teatro, hein? Quando também você cantava... Com bela voz! A sua era a voz mais bela! Imagine que outra vida! Cantar, em um grande teatro... A sua paixão, cantar... Luzes, esplendores, delírios...
Mommina – Não...
Verri – Não diga que não! É o que você está pensando!
Mommina – Lhe digo que não!
Verri – Como não? Se tivesse ficado com elas... fora daqui... Que outra vida seria a sua... ao invés desta...
Mommina – Mas é você que me faz pensar nisso! O que mais quer que eu pense, reduzida que estou a isto?
Verri – Está com falta de ar?
Mommina – Estou com o coração que me salta pela boca...
Verri – Claro! Eis aqui a sua falta de ar...
Mommina – Você quer me fazer morrer!
Verri – Eu? As suas irmãs, aquela que você foi, o seu passado que revolve tudo dentro de você e faz seu coração saltar pela boca!
Mommina (*sufocando, com as mãos no peito*) – Por favor... suplico-lhe... não posso mais respirar...
Verri – Mas percebe que é verdade, percebe que é verdade aquilo que digo?
Mommina – Tenha compaixão...
Verri – Aquela que você foi... os mesmos pensamentos, os mesmos sentimentos... acreditava que estivessem liquidados em você, extintos, não é verdade? Ao menor chamado, e ei-los de volta, vivos, aqueles mesmos!
Mommina – Você é quem os chama...
Verri – Não, um nada os chama, porque vivem sempre – você não sabe, mas vivem sempre – ocultos na consciência! Você a tem sempre viva, dentro de você, toda a vida que você viveu! Basta um nada, uma palavra, um som, a menor das sensações, olha, em mim, o perfume da sálvia, e estou no campo, em agosto, rapaz de oito anos, atrás da casa do feitor, à sombra de uma grande oliveira, com medo de uma enorme vespa azul, fosca, que zumbe dentro do cálice branco de uma flor; vejo-a tremer no caule, aquela flor violentada, sob o ataque da voracidade feroz daquele animal que me dá medo; e sinto ainda agora, aqui nos rins, este medo, sinto-o aqui! O que dizer então de você, toda aquela sua bela vida, as coisas que aconteciam entre vocês, meninas, e todos aqueles jovenzinhos pela casa, fechados nela, naquele quarto... não ne-

gue! Eu vi coisas... aquela Nenê, uma vez com Sarelli... pensavam estar sozinhos, e haviam deixado a porta encostada... pude vê-los... Nenê fingia que escapava dele para a outra porta no fundo... havia uma cortina verde... tendo saído, reapareceu de repente entre as abas daquela cortina... tinha descoberto o seio, puxando para baixo a camisola de seda rosa... e com a mão fazia sinais de oferecê-lo e logo com a mesma mão o escondia... Eu a vi; uma maravilha de seio, sabe? Pequeno, cabia todo em uma mão! Licença para fazer tudo... Antes que eu chegasse, você com aquele Pomàrici... – eu soube! – mas também antes de Pomàrici, quem sabe com quantos outros! Durante anos, aquela vida, com a casa aberta a todos... (*Vai para cima dela, tremendo, contrafeito*) Você, certas coisas... certas coisas... as primeiras, comigo... se realmente, como me dizia, até então você não as ignorasse... não teria podido fazê-las.

MOMMINA – Não, não, juro-lhe, nunca, nunca antes de você, nunca!

VERRI – Mas abraços, apertões, aquele Pomàrici, sim – os braços, os braços, como a abraçava? Assim? Assim?

MOMMINA – Ai, está me machucando!

VERRI – E aquilo lhe dava prazer, hein? E a cintura, a cintura, como a apertava? Assim?

MOMMINA – Por favor, me solte! Estou morrendo!

VERRI (*agarrando-a, com uma das mãos na nuca, furioso*) – E a boca, a boca? Como lhe beijava a boca? Assim?... Assim?... Assim?...

*E beija-a, e morde-a, e ri com escárnio, e puxa-lhe os cabelos como louco; enquanto Mommina, tentando desvencilhar-se, grita desesperadamente.*

MOMMINA – Socorro! Socorro!

*Acorrem, com as camisolinhas compridas, as duas meninas, assustadas, e agarram-se à mãe, enquanto Verri foge, apanhando da cadeira apenas o chapéu, e gritando:*

VERRI – Estou ficando louco! Louco! Louco!

MOMMINA (*recompondo-se, protegendo-se com as duas meninas*) – Saia! Saia! Vá embora, bruto, vá embora! Deixe-me com as minhas meninas! (*Deixa-se cair, exausta, na cadeira; as duas meninas estão ao seu lado, e ela as mantém estreitamente abraçadas, uma de cada lado*) Filhas minhas, filhas minhas, a que coisas vocês têm que assistir! Trancadas aqui comigo, com estas carinhas de cera e estes olhos grandes, arregalados de medo! Foi embora, foi embora; não tremam mais assim, fiquem um pouco comigo, aqui... Não estão com frio, não?... A janela está fechada. Já é tarde da noite. Estão sempre lá, grudadas naquelas janelas, como duas pobrezinhas a mendigar a vista do mundo... Contam no mar as velas brancas dos barcos, e as casinhas brancas no campo, onde nunca estiveram; e querem saber de mim como são o mar e o campo. Oh filhas, filhas minhas, que destino é o de vocês! Pior que o meu! Mas vocês pelo menos não o sabem! E a sua mamãe tem tanta dor, tanta dor aqui no coração; ele *bate*, é um galope aqui no peito, como um galope de cavalo disparado. Aqui, aqui, dêem-me as mãozinhas, sintam, sintam... – Que Deus não o faça pagar: para o bem de vocês, filhas! Mas o martírio ele infligirá também a vocês, porque não pode fazer por menos, é a sua natureza; também a si mesmo ele o inflige, também a si mesmo, o martírio! Mas vocês são inocentes... vocês são inocentes...

*Encosta em suas faces as duas cabecinhas
das meninas e permanece assim. Aparecem,
pela direita, como que evocadas,
na parede, saindo do escuro, a mãe e as irmãs,
faustosamente vestidas, de modo a compor
um quadro de vivíssima cor, iluminado
do alto, oportunamente.*

A SENHORA INÁCIA (*chamando, baixinho*) – Mommina... Mommina...
MOMMINA – Quem é?
DORINA – Somos nós, Mommina!
NENÊ – Estamos aqui! Todas.
MOMMINA – Aqui onde?
TOTINA – Aqui, na cidade, vim cantar aqui!
MOMMINA – Totina , você cantar aqui?
NENÊ – Aqui, sim, no teatro daqui!
MOMMINA – Ah, Deus, aqui? E quando? Quando?
NENÊ – Esta noite, esta noite mesmo.
A SENHORA INÁCIA – Me deixem também dizer alguma coisa, benditas meninas! Escute, Mommina... olhe... o que ia mesmo dizer? Ah, sim... olhe, quer ter a prova? Seu marido deixou o sobretudo aí, sobre a cadeira...

Mommina (*virando-se para olhar*) – Sim, é verdade.
A Senhora Inácia – Procure, procure em um dos bolsos do sobretudo, e olhe aquilo que aí se encontra! (*Baixo, para as jovens\**) (Precisamos ajudá-la a fazer a cena agora, estamos no fim!)
Mommina (*levantando-se e indo revirar febrilmente os bolsos daquele sobretudo*) – O quê? O que é?
Nenê (*baixo, para a Atriz Característica*) – (A senhora responde?)
A Atriz Característica\*\* – (Não, fale você... que drama!)
Nenê (*alto, para Mommina*) – O anúncio do teatro... um daqueles folhetos amarelos, sabe? Que aqui na província são distribuídos nos cafés...
A Senhora Inácia – Encontrará o nome de Totina, impresso em letras grandes... O nome da prima-dona!

*Desaparecem.*

Mommina (*encontrando*) – Ei-lo! Ei-lo...

*Abre-o, lê:*

*Il Trovatore... Il Trovatore... Leonora (soprano), Totina la Croce... esta noite...* – A titia, minhas filhas, a titia, é a titia que vai cantar... e a vovó e as outras tias... estão aqui! Estão aqui! Vocês não as conhecem, nunca as viram... e eu, há tantos anos... Estão aqui! (*Pensando na fúria do marido*) – (Ah, por isso... aqui na cidade... Totina canta no teatro daqui...) Então aqui também há um teatro?... eu não sabia disso... A tia Totina... então é verdade! Talvez com o estudo, a voz... Sim, se pode cantar no teatro... – Mas vocês não sabem nem mesmo o que é um teatro, minhas pobres filhinhas... O teatro, o teatro, agora lhes digo como é... Aí, canta a tia Totina esta noite... Imaginem como deve ficar linda, de *Leonora*... (*Experimenta cantar:*)
> *Tacea la notte placida*
> *e bella in ciel sereno*
> *la luna il viso argenteo*
> *mostrava lieto e pieno...*

Estão vendo que também eu sei cantar? Sim, sim, também eu, também eu sei cantar; eu cantava sempre, antes; sei todo o

---

\* É teatro dentro do teatro.
\*\* Trata-se de uma atriz não protagonista que interpreta personagens de vários tipos.

*Trovatore* de cor, e posso cantar para vocês! Eu o faço para vocês, eu faço para vocês o teatro; vocês que nunca o viram, minhas pobres pequeninas, aprisionadas aqui comigo. Sentem-se, sentem-se aqui diante de mim, as duas, uma ao lado da outra nas suas cadeirinhas. Faço o teatro para vocês! Antes, vou explicar para vocês como é (*senta-se diante das duas meninas atordoadas; toda trêmula e pouco a pouco irá vai-se excitando cada vez mais, até que o coração, falhando-lhe, a fará cair de chofre, morta*). Uma sala, uma sala grande, com muitas fileiras de camarotes ao redor, cinco, seis fileiras cheias de belas senhoras galantes, plumas, pedras preciosas, leques, flores; e os senhores de fraque, o punho da camisa com pérolas como botões e a gravata branca; e muita, muita gente também embaixo, nas poltronas todas vermelhas e na platéia – um mar de cabeças; e luzes, luzes por toda parte; um lampadário no meio, que cai como que do céu e parece todo de brilhantes; uma luz que ofusca, que inebria, como vocês não podem imaginar; e um burburinho, um movimento; as senhoras falam com seus cavalheiros, cumprimentam-se de um camarote a outro, há quem tome lugar abaixo, nas poltronas, há quem olhe pelo binóculo... – aquele de madrepérola com o qual ele fez vocês olharem o campo – aquele! – eu o levava, a mamãe de vocês o levava quando ia ao teatro, e também olhava, então... As luzes de repente se apagam; permanecem acesas apenas as lampadazinhas verdes nas estantes da orquestra que está diante das poltronas, sob a cortina; os músicos já estão lá, muitos! E afinam seus instrumentos; e a cortina é como um pano, mas grande, pesada, toda de veludo vermelho e franjas de ouro, um esplendor; quando se abre (porque chegou o maestro com a sua batuta para comandar os músicos) começa a ópera; vê-se o palco onde há um bosque ou uma praça ou um palácio real; e a tia Totina vem cantar com os outros, enquanto a orquestra toca. – Isto é o teatro. – Mas eu, antes, tinha a voz mais bonita, não a tia Totina; eu, eu, muito mais bonita, tinha uma voz que todos comentavam que eu deveria ter ido cantar nos teatros; eu, a mãe de vocês; e ao invés disso foi a tia Totina... Sim, ela teve a coragem... – abre-se a cortina, portanto, ouçam – puxam-na de um lado e de outro – ela se abre, vê-se no palco um átrio, o átrio de um grande palácio, com homens d'arma que passeiam ao fundo, e muitos cavaleiros, com um certo Ferrando, que esperam o seu chefe, o Conde di Luna. Estão todos vestidos à antiga, com manteletes de veludo, chapéus emplumados, espadas, botas... É noite; estão cansados de esperar pelo Conde, que,

apaixonado por uma grande dama da corte de Espanha que se
chama Leonora, tem ciúmes dela, e está de atalaia, a espiar debaixo de seus balcões, nos jardins do palácio real; porque sabe
que para Leonora, todas as noites, o Trovador (que quer dizer
alguém que canta e é também guerreiro) vem cantar a canção –
(*Canta*)
    *Deserto sulla terra...*

*Interrompe-se por um momento para dizer, quase para si mesma:*

Ah Deus, o coração...

*e de pronto volta a cantar, mas com muito custo, lutando contra a
falta de ar que a acomete também pela comoção de ouvir-se cantar:*

    *Col rio destino in guerra,*
    *É sola speme un cor (três vezes)*
    *– un cor – al Trovator...*
Não consigo mais cantar... me... me falta o fôlego... o coração...
o coração me sufoca... há tantos anos não canto mais... Mas talvez aos poucos o fôlego e a voz voltem... Precisam saber que
este trovador é irmão do Conde di Luna... sim... mas o Conde
não sabe disso, e nem mesmo o próprio Trovador o sabe, porque
foi raptado por uma cigana quando era menino. É uma história
terrível, escutem! A própria cigana, que se chama Açucena, a
conta no segundo ato. Sim, era meu, era meu o papel de Açucena.
Raptou o menino, essa Açucena, para vingar a mãe, que foi quei-
mada viva, inocente, pelo Pai do Conde di Luna. São criaturas
errantes que lêem a sorte, as ciganas, e existem ainda, e têm realmente fama de roubar crianças, tanto que todas as mães tomam
cuidado com elas. Mas essa Açucena rouba o filho do Conde,
como lhes disse, para vingar a mãe, e quer dar-lhe a mesma morte que teve a mãe inocente; acende a fogueira, mas no furor da
vingança, quase louca, troca seu próprio filho pelo filho do Conde e queima-o, entendem? Seu próprio filho!... "Il figlio mio... il
figlio mio..." Não consigo, não consigo cantar para vocês... não
sabem o que é para mim esta noite, minhas filhinhas... Justamente o *Trovatore*... esta canção da cigana... enquanto eu, uma noite,
a cantava com todos em volta... (*Canta entre lágrimas*)
    *Chi del gitano la vita abbella?*
    *La zingarella!*

meu pai, aquela noite, meu pai... o avô de vocês... foi trazido para casa todo ensangüentado... e tinha ao seu lado uma espécie de cigana... e naquela noite, naquela noite, minhas filhinhas, cumpriu-se, cumpriu-se o meu destino... o meu destino.

*Levanta-se, desesperada, e canta a plenos pulmões*

> *Ah! che la morte ognora*
> *é tarda nel venir*
> *a chi desia*
> *a chi desia morir!*
> *Addio,*
> *addio, Leonora, addio...*

*Cai de súbito, morta. As duas meninas, mais do que nunca assombradas, não têm a menor suspeita; pensam que se trata do teatro que a mãe está representando para elas; e permanecem lá imóveis em suas cadeirinhas, a esperar. O silêncio, naquela imobilidade, se faz mortal. Até que, no escuro do fundo, à esquerda, sobrevenham ansiosas as vozes de Rico Verri, da Senhora Inácia, de Totina, Dorina e Nenê.*

VERRI – Cantava. Escutaram? Era a sua voz...
A SENHORA INÁCIA – Sim, como um pássaro na gaiola!
TOTINA – Mommina! Mommina!
DORINA – Eis-nos aqui, estamos aqui... com ele... rendeu-se...
NENÊ – Com o triunfo de Totina... se eu tivesse entendido!... A cidade em de... (*quer dizer "em delírio", mas permanece calada, estarrecida com os outros à vista do corpo que jaz inerte lá, por terra, e das duas meninas, que ainda esperam, imóveis*).
VERRI – O que houve?
A SENHORA INÁCIA – Morta?
DORINA – Fazia teatro para as meninas!
TOTINA – Mommina!
NENÊ – Mommina!

*Quadro. Da porta de entrada da sala, aparece entusiasmado, correndo pelo corredor, o Doutor Hinkfuss, que vai direto para o palco.*

O DOUTOR HINKFUSS – Magnífico! Magnífico quadro! Fizeram como eu disse! Isto, na novela, não existe!

A Atriz Característica – Ei-lo de novo!
O Primeiro Cômico (*vindo da esquerda*) – Mas esteve sempre aqui, com os iluminadores, comandando às escondidas todos os efeitos de luz!
Nenê – Ah, por isso ficaram tão bonitos...
Totina – Suspeitei, quando aparecemos lá em grupo... (*aponta, para o outro lado, à direita, atrás da parede*) ...quem sabe que belo efeito de baixo!
Dorina (*indicando o Primeiro Cômico*) – Estava achando estranho que ele os tivesse obtido!
A Atriz Característica (*mostrando a Primeira Atriz ainda no chão*) – Mas por que não se levanta, a senhorita? Ainda está ali...
O Primeiro Cômico – Ué, não terá morrido de verdade?

*Todos inclinam-se preocupados sobre a Primeira Atriz.*

O Primeiro Ator (*chamando-a e sacudindo-a*) – Senhorita... senhorita...
A Atriz Característica – Está se sentindo mal de verdade?
Nenê – Oh meu Deus, desmaiou! Vamos levantá-la!
A Primeira Atriz (*erguendo-se sozinha*) – Não... obrigada... É o coração, verdade... Deixem-me, deixem-me respirar...
O Primeiro Cômico – Claro! Querem que se viva... eis as conseqüências! Mas nós não estamos aqui para isso, sabe? Nós estamos aqui para representar papéis escritos, decorados. Ninguém há de pretender, absolutamente, que a cada noite um de nós deixe aqui a pele!
O Primeiro Ator – É preciso o autor!
O Doutor Hinkfuss – Não, o autor, não! Os papéis escritos, sim, se necessário forem, para que readquiram vida por nós, por um momento, e... (*voltando-se para o público*) e não mais com as impertinências desta noite, que o público há de nos perdoar.

*Inclina-se.*

PANO

Berlim, 24 de março de 1929.

# Cada um a seu Modo
Tradução de Pérola de Carvalho e J. Guinsburg

*A representação desta peça deveria começar na rua ou, mais propriamente, no espaço em frente ao teatro, com o anúncio (apregoado por dois jornaleiros) e a venda de um* Giornale della Sera *("Jornal da Noite"), propositadamente impresso na frente e no verso de uma folha, de modo a poder parecer uma edição extraordinária, sobre a qual, em grossos caracteres e bem visíveis, no centro, estivesse inserida esta* indiscrição *em estilo jornalístico exemplar*

O Suicídio do Escultor La Vela
E o Espetáculo desta Noite
No Teatro . . . . (o Nome do Teatro)

*No mundo teatral difundiu-se inesperadamente uma notícia fadada a provocar enorme escândalo. Parece que Pirandello extraiu o argumento de sua nova peça* Cada um a seu Modo, *que será representada esta noite no Teatro . . ., do dramaticíssimo suicídio ocorrido meses atrás em Turim, do jovem e pranteado escultor Giacomo La Vela. Lembramos que La Vela, tendo surpreendido em seu estúdio, da rua Montevidéu, a conhecida atriz, sua noiva, A. M., em íntimas relações com o Barão N., em vez de lançar-se contra os dois culpados, voltou a arma contra si mesmo e matou-se.*

*Parece que o Barão N. devia também desposar uma irmã de La
Vela. A impressão produzida pelo trágico acontecimento ainda
perdura vivíssima, não só pela fama a que havia ascendido ainda
tão jovem o escultor La Vela, mas também pela posição social e a
notoriedade das duas outras personagens da tragédia.
É muito provável que haja por isso algumas
repercussões desagradáveis no teatro esta noite.
Mas isto não basta. Os espectadores que entrarem no teatro para
adquirir os ingressos, verão nas proximidades da bilheteria a atriz
de cujo nome o jornal deu as iniciais A. M., isto é, Amélia Moreno,
ali, em pessoa, entre cavalheiros de smoking que tentam em vão
persuadi-la a renunciar ao propósito de entrar no teatro para
assistir ao espetáculo; pretenderiam levá-la embora; pedem-lhe que
seja cordata e pelo menos se furte à vista de tantos que poderiam
reconhecê-la: seu lugar não é ali; que, por misericórdia, se deixe
levar embora; ou quer fazer escândalo? Mas ela, pálida, convulsa,
faz sinal que não, que não; quer ficar, ver a peça, ver até onde
chegou a insolência do escritor; leva o lencinho aos dentes e o
dilacera; chama a atenção e, tão logo se vê notada, deseja
esconder-se ou invectivar; repete continuamente a seus amigos
que quer um camarote de terceira fila; manter-se-á atrás
para não ser vista; vão, vão comprar o ingresso; promete
que não fará escândalo, que irá embora se não puder
mais dominar-se; um camarote de terceira fila; ou querem,
afinal, que ela mesma vá comprá-lo?
Esta cena de improviso, tão própria como verdadeira, deveria
começar alguns minutos antes da hora fixada para o início
do espetáculo e durar, em meio à surpresa, à curiosidade
e até mesmo a uma certa apreensão, por parte dos
espectadores de verdade que se dispõem a entrar, até o
soar das campainhas no interior do teatro.
Entrementes, e concomitantemente, os espectadores que já entraram
ou que, pouco a pouco vão entrando, encontrarão no* foyer *do
teatro, ou no corredor que dá para a sala, uma* Outra *surpresa, um
outro motivo de curiosidade e talvez também de apreensão, em uma*
Outra *cena que o Barão Nuti ali fará com seus amigos.*
"Fiquem tranqüilos, fiquem tranqüilos: estou calmo, vocês não
vêem?, calmíssimo. E lhes asseguro que ficarei mais calmo, se forem
embora. Vocês é que acabarão atraindo, se permanecerem assim à
minha volta, o olhar de todos! Deixem-me só, e ninguém mais irá
reparar em mim. Afinal, sou um espectador como os outros. O que

*querem que eu faça num teatro? Sei que ela virá, se já não estiver
aqui; quero revê-la, somente revê-la; sim, sim, de longe; nada mais
que isso, prometo-lhes! Vocês vão ou não vão embora? Não me
façam dar espetáculo aqui a essa gente que veio me gozar
pelas costas! Quer ficar só, como devo dizer isso a vocês?
Calmo, sim; estou calmo: mais calmo que isto?"
E fica andando para a frente e para trás, com o rosto
transtornado e o corpo fremente, até que todos
os espectadores tenham adentrado a sala.
Isso tudo servirá para explicar ao público porque, nos programas
desta noite, a Direção do teatro julgou prudente anexar o
seguinte:* Atenção! *Não é possível precisar o número de atos
desta peça, se dois ou três, devido aos prováveis incidentes
que talvez impeçam sua representação na íntegra.*

*Personagens ligadas à peça que se desenrola no palco:*

Délia Morello
Michele Rocca
A Velha Senhora Dona Lívia Palegári e
Seus Convidados, Suas Amigas e os Velhos Amigos da Casa
Doro Palegári, seu Filho, e Diego Cinci, seu Jovem Amigo
O Velho Criado da Casa dos Palegári, Filippo
Francesco Savio, o Contestador e Seu Amigo Prestino
Outros Amigos
o Professor de Esgrima e um Criado

*Personagens momentâneas, no saguão do teatro:*

Amélia Moreno (que todos sabem quem é)
O Barão Nuti
O Diretor Ensaiador
O Administrador da Companhia
Porteiros e Contínuos do Teatro
Policiais dos *Carabinieri*
Cinco Críticos Teatrais
Um Velho Autor Fracassado
Um Jovem Autor

Um Literato que não Desdenha Escrever
O Espectador Pacífico
O Espectador Irritado
Alguém a Favor
Muito Contrários
O Espectador Mundano
Outros Espectadores
Senhoras e Senhores

## Primeiro Ato

*Estamos no antigo palácio da nobre senhora Dona Lívia Palegári, na hora da recepção, que está para terminar. Ver-se-á, ao fundo, através de três arcadas e duas colunas, um riquíssimo salão profusamente iluminado e com muitos convidados, damas e cavalheiros. Na frente, menos iluminada, veremos uma sala de visitas, um tanto escura. toda adamascada, adornada com telas valiosíssimas, a maioria de tema sacro; de modo que se terá a impressão de estar na capela de uma igreja, da qual aquele salão ao fundo, para além das colunas, seja a nave: sacra capela de uma igreja profana. Esta sala de visitas terá apenas um banco e algumas cadeiras para a comodidade de quem queira admirar as telas pendentes das paredes. Nenhuma porta. Ver-se-ão, vindos do salão, alguns dos convidados, em rodinhas de dois ou três, afastadas para trocar confidências; e, ao erguer-se o pano, encontraremos um Velho Amigo da casa e um Jovem Espirituoso conversando.*

O Jovem Espirituoso (*com uma cabecinha maltratada, de pássaro depenado*) – Mas o que pensa disso o senhor?

O Velho (*bonitão, respeitável, mas também um pouco malicioso, suspirando*) – O que posso pensar?! (*Pausa*) Lá sei eu! (*Pausa*) E os outros, o que dizem?

O Jovem Espirituoso – Ora! Um diz uma coisa e outro diz outra.
O Velho – Entende-se! Cada qual tem as suas opiniões.
O Jovem Espirituoso – Mas nenhum deles, para dizer a verdade, parece estar seguro a esse respeito, já que todos, como o senhor, querem, antes de manifestá-las, saber primeiro o que dizem os outros.
O Velho – Quanto às minhas, estou seguríssimo; mas por certo a prudência, pois não quero falar ao acaso, me aconselha a saber se os outros sabem alguma coisa que eu não sei e que poderia, em parte, modificar a minha opinião.
O Jovem Espirituoso – Mas sobre o fato o que sabe o senhor?
O Velho – Meu caro amigo, nunca se sabe tudo!
O Jovem Espirituoso – E as opiniões, afinal?
O Velho – Ah, Deus meu! Fico com a minha – e pronto! – até prova contrária.
O Jovem Espirituoso – Não. Perdoe-me, ao admitir que nunca se sabe de tudo, o senhor já pressupõe que essas provas contrárias existam.
O Velho (*olhará para ele, refletindo, depois sorrirá e perguntará*) – E com isso o senhor gostaria de concluir que não tenho nenhuma opinião?
O Jovem Espirituoso – Porque se concordarmos com o que diz, nunca ninguém poderia tê-las!
O Velho – E isso já não lhe parece uma opinião?
O Jovem Espirituoso – Sim, mas negativa!
O Velho – Melhor que nada, ora essa!, melhor que nada, meu amigo!

*Passando o braço sobre o ombro do jovem, retirar-se-á
com ele para o salão no fundo.
Pausa. No salão, ver-se-ão algumas senhoritas oferecendo chá e
doces aos convidados. Entrarão, cautelosas, duas jovens senhoras.*

A Primeira (*com ansioso arrebatamento*) – Está me devolvendo a vida! Diga-me, diga-me!
A Outra – Mas veja, não é nada mais do que uma impressão minha!
A Primeira – Mas se você a teve, é sinal de que algo de verdade deve haver! – Estava pálido? Sorria triste?
A Outra – Foi o que me pareceu.
A Primeira – Eu não devia tê-lo deixado partir. Ah!, bem me dizia o coração! Segurei-lhe a mão até a porta. Já estava um passo além da soleira e eu ainda lhe segurava a mão. Nós nos tínhamos beijado, nos despedido, e elas não, as nossas mãos se recusavam a

separar-se. Ao voltar para dentro, caí, como que despedaçada pelo pranto. – Mas, diga-me, por favor, diga-me, nenhuma alusão?
A Outra – Alusão a quê?
A Primeira – Não, digo se... assim, falando em geral... como tantas vezes se faz...
A Outra – Não, não falava: estava escutando o que diziam os outros.
A Primeira – Ai! Porque ele bem que sabe! Sabe quanto mal nos infligimos por causa desta maldita necessidade de falar. Enquanto dentre de nós houver uma incerteza, dever-se-ia ficar de lábios costurados. Fala-se; e nem mesmo nós sabemos o que dissemos. Mas estava triste? Sorria triste? Não se lembra do que diziam os outros?
A Outra – Ah, não me lembro. Não gostaria que você alimentasse alguma ilusão. Sabe como é? A gente se engana. Talvez estivesse indiferente e me tenha parecido que sorria triste. Espere, sim: quando alguém disse...
A Primeira – Disse o quê?
A Outra – ...uma frase: espere... "As mulheres, como os sonhos, nunca são como a gente gostaria que fossem".
A Primeira – E essa frase, não foi ele quem a disse?
A Outra – Não, não.
A Primeira – Ah, meu Deus! Enquanto isso, não sei se me engano ou não me engano. Eu que sempre me vangloriei de ter feito as coisas em todas as ocasiões ao meu modo! Sou boa, mas também posso me tornar má; e então ele que se cuide!
A Outra – Gostaria, minha cara, que você não deixasse de ser como é.
A Primeira – E como sou? Já não sei mais! Juro que não sei. Tudo móvel, lábil, sem peso. Viro de um lado, do outro, rio; me isolo num canto para chorar. Que aflição! Que angústia! E não paro de esconder a cara de mim mesmo, de tanta vergonha que sinto de me ver mudar assim.

*Nesse momento chegarão outros convidados: dois rapazinhos de ar enfastiado, muito elegantes, e Diego Cinci.*

O Primeiro – Atrapalhamos?
A Outra – Não, não, pelo contrário. Venham. Aproximem-se.
O Segundo – Esta é a capela das confissões.
Diego – Ah, sim. Dona Lívia deveria ter aqui à disposição de seus convidados um padre e um confessionário.
O Primeiro – Confessionário, coisa nenhuma! A consciência, isso sim! A consciência!

Diego – Sim, bravo! E o que faz você com ela?
O Primeiro – Como? Com a consciência?
O Segundo (*com solenidade*) – "Mea mihi conscientia pluris est quam hominum sermo".
A Outra – Como, como? O senhor está falando latim?
O Segundo – Cícero, minha senhora. Ainda me lembro disso do liceu.
A Primeira – E o que significa?
O Segundo (*como acima*) – Levo mais em conta o testemunho de minha consciência do que os discursos de todos os homens do mundo.
O Primeiro – Modestamente, cada um de nós diz: "Tenho a minha consciência, e isto me basta".
Diego – Se fôssemos sós.
O Segundo (*atordoado*) – Que quer dizer com "se fôssemos sós"?
Diego – Que nos bastaríamos. Mas nesse caso não existiria nem mesmo a consciência. Infelizmente, meus caros, existo eu e existem vocês. Infelizmente!
A Primeira – Por que infelizmente?
A Outra – Não é nada gentil.
Diego – Mas porque devemos sempre prestar contas aos outros, minhas senhoras!
O Segundo – Mas de maneira nenhuma! Pois tenho minha consciência!
Diego – E você não percebe que a sua consciência significa exatamente "os outros dentro de você"?
O Primeiro – Os paradoxos de sempre.
Diego – Paradoxos coisa nenhuma! (*para o Segundo*) O que quer dizer, desculpe-me, que "você tem sua consciência, e ela lhe basta"? Que os outros podem pensar de você e julgá-lo como lhes aprouver, ainda que injustamente; e que você, no entanto, está tranqüilo e seguro de não haver feito nada de mau. Não é assim?
O Segundo – É o que me parece!
Diego – Mas quem lhe dá, senão os outros, essa segurança? Essa tranqüilidade, quem lhe dá?
O Segundo – Eu mesmo! A minha consciência, precisamente! Ora essa!
Diego – Porque você acredita que os outros, em seu lugar, se lhes houvesse acontecido um caso como o seu, teriam agido como você! Está aí o porquê, meu caro! E também porque, fora dos casos concretos e particulares da vida... sim, existem certos princípios abstratos e gerais, sobre os quais todos nós podemos estar de acordo (custa pouco!). Mas veja bem: se você se fecha desdenhosamente

dentro de si mesmo e sustenta que "tem a sua consciência, e isto basta", é porque sabe que todos o condenam, não o aprovam ou até riem de você; do contrário, você não o diria. O fato é que os princípios permanecem abstratos; ninguém consegue vê-los como os vê você no seu caso, nem ver-se a si mesmo no ato que você cometeu. E então para que lhe basta a sua consciência? Me diga. Para sentir-se só? Por Deus, não! A solidão assusta. O que faz então? Imagina muitas cabeças, todas como a sua: muitas cabeças que são, nada mais nada menos que a sua própria; as quais, num dado caso, puxadas por um fio, lhe dizem sim e não, e não e sim, como queira. E isso o conforta, e o deixa seguro. Vá lá, vá lá que é um jogo magnífico, esse de sua consciência lhe bastar!

A Primeira – Ai, já é tarde. Precisamos ir embora.

A Outra – Sim, sim. Todos estão saindo. (*Para Diego, fingindo-se escandalizada*) Mas que conversa essa!

O Primeiro – Vamos, vamos embora nós também.

*Voltarão ao salão para cumprimentar a dona da casa e ir embora. No salão, agora, terão restado poucos convidados que já se despedem de Dona Lívia, que, afinal, muito perturbada, caminhará à frente, arrastando consigo Diego Cinci. Segui-los-ão o Velho Amigo da casa, que vimos no começo, e um Segundo Velho Amigo.*

Dona Lívia (*para Diego*) – Não, não, querido, não se vá. O senhor é o amigo mais íntimo de meu filho. E eu estou totalmente desnorteada. Diga-me, diga-me, se é verdade o que me contaram estes meus velhos amigos.

Primeiro Velho Amigo – Mas vejamos, Dona Lívia, são apenas suposições!

Diego – Sobre Doro? O que aconteceu a ele?

Dona Lívia (*surpresa*) – Como? Então não sabe de nada?

Diego – Não. Nada de grave, suponho. Se não, eu o saberia.

Segundo Velho Amigo (*semicerrando os olhos para atenuar a gravidade do que diz*) – O escândalo de ontem à noite?

Dona Lívia – Em casa dos Avanzi! A defesa da... daquela... como se chama? daquela mulherzinha?

Diego – Escândalo? Que mulherzinha?

Primeiro Velho Amigo (*como acima*) – Ora! A Morello.

Diego – Ah! É por causa de Délia Morello?

Dona Lívia – O senhor então a conhece?

Diego – E quem não a conhece, senhora minha?
Dona Lívia – Doro também? Portanto é verdade! Ele a conhece!
Diego – Oh, Deus, provavelmente. Mas que escândalo?
Dona Lívia (*ao Primeiro Velho Amigo*) – E o senhor que dizia que não!
Diego – Como a conhecem todos, senhora. Mas o que aconteceu?
Primeiro Velho Amigo – Veja bem. Eu disse: "sem que talvez nunca tivesse falado com ela!"
Segundo Velho Amigo – Está claro! Pela fama.
Dona Lívia – E tomava sua defesa? Até quase se atracar com...
Diego – Com quem?
Segundo Velho Amigo – Com Francesco Savio.
Dona Lívia – É incrível chegar até esse ponto! Numa casa de respeito! Por uma mulher como aquela!
Diego – Mas talvez, discutindo...
Primeiro Velho Amigo – Pois é, no calor da discussão...
Segundo Velho Amigo – Como tantas vezes acontece.
Dona Lívia – Pelo amor de Deus, não procurem enganar-me! (*A Diego*) Diga, diga-me o senhor, meu caro! O senhor sabe tudo a respeito de Doro!
Diego – Mas fique tranqüila, minha senhora!
Dona Lívia – Não! Sua obrigação, se o senhor é amigo de verdade de meu filho, é contar-me francamente tudo o que sabe!
Diego – Mas eu não sei de nada! E a senhora verá que não há de ser nada! Vai dar ouvidos a falatórios?
Primeiro Velho Amigo – Não, isso não.
Segundo Velho Amigo – Que tenha calado fundo em todos, isso não se pode negar.
Diego – Mas o que, em nome de Deus?
Dona Lívia – Essa defesa escandalosa! Parece-lhe pouco?
Diego – Então não sabe minha senhora que há uns vinte dias não se faz outra coisa senão discutir sobre Délia Morello? Dizem dela cobras e lagartos em todos os círculos, salões, cafés, redações de jornais. Também a senhora deve ter lido alguma coisa nos jornais.
Dona Lívia – Sim. Que um homem se matou por causa dela!
Primeiro Velho Amigo – Um jovem pintor: Salvi.
Diego – Giorgio Salvi, sim.
Segundo Velho Amigo – Que, ao que parece, prometia muito.
Diego – e parece não ter sido nem mesmo o primeiro.
Dona Lívia – Como? Também houve outro?
Primeiro Velho Amigo – Sim, saiu publicado num jornal.

Segundo Velho Amigo – Que já um outro se havia suicidado por causa dela?
Diego – Um russo, faz alguns anos, em Capri.
Dona Lívia (*muito aflita, escondendo o rosto entre as mãos*) – Meu Deus! Meu Deus!
Diego – Não tema, pelo amor de Deus, que Doro deva ser o terceiro! Creia, senhora, que todos devemos lastimar o fim desventurado de um artista como Giorgio Salvi; depois – conhecendo-se bem os fatos como se passaram – pode-se, até, tentar a defesa daquela mulher.
Dona Lívia – O senhor também?
Diego – Eu também, sim... por que não?
Segundo Velho Amigo – Desafiando a indignação de todos?
Diego – Sim, senhores. Estou lhes dizendo que se pode defendê-la!
Dona Lívia – O meu Doro! Meu Deus do céu, sempre tão sério!
Primeiro Velho Amigo – Reservado.
Segundo Velho Amigo – Altivo.
Diego – É bem possível que ao ver-se contestado se tenha excedido um pouco... se tenha descontrolado.
Dona Lívia – Não, não, não me venham com desculpas!, não me venham com desculpas! É uma atriz, essa Délia Morello?
Diego – Uma doida, senhora.
Primeiro Velho Amigo – Mas já trabalhou como atriz dramática.
Diego – Por causa de suas extravagâncias foi expulsa de todas as companhias; tanto que não consegue novos contratos. "Délia Morello" é talvez um nome de guerra. Quem sabe como se chama, quem é, de onde vem?
Dona Lívia – É bonita?
Diego – Belíssima.
Dona Lívia – São todas assim, essas malditas! Será que Doro a conheceu no teatro?
Diego – Creio que sim. Mas talvez tenha falado com ela algumas vezes no camarim. E no fundo não é tão terrível como todos imaginam, senhora; fique tranqüila.
Dona Lívia – Com dois homens que se mataram por causa dela?
Diego – Eu não me teria matado.
Dona Lívia – Fez, não há dúvida, com que os dois perdessem a cabeça.
Diego – Eu não teria perdido a minha.
Dona Lívia – Mas não é pelo senhor que receio! Receio por Doro!
Diego – Não receie, senhora. E creia que se algum mal fez aos outros aquela desgraçada, não foi ele maior do que o mal que sempre fez

a si própria. É dessas mulheres que se criam ao acaso, sempre fora de si, sempre fugindo, que nunca sabem aonde irão parar. E no entanto, muitas vezes parece uma pobre menina apavorada em busca de socorro.

Dona Lívia (*impressionadíssima, agarrando-o pelos braços*) – Diego, essas coisas, foi Doro quem as disse ao senhor!

Diego – Não, senhora!

Dona Lívia (*pressionando*) – Seja sincero, Diego! Doro está apaixonado por essa mulher!

Diego – Mas se estou lhe dizendo que não!

Dona Lívia (*como acima*) – Sim, sim; está apaixonado por ela! As palavras que disse são de um homem apaixonado!

Diego – Mas quem as disse fui eu, e não Doro!

Dona Lívia – Não é verdade! Quem as disse foi Doro! Ninguém me tira isso da cabeça!

Diego (*encurralado assim por ela*) – Ah, meu Deus!... (*num arroubo inspirado: voz clara, ágil, convidativa*) E a senhora não pensa... que sei eu, numa charretezinha rodando por uma estrada do campo – no campo aberto – num belo dia de sol?

Dona Lívia (*permanecendo onde está*) – Charretezinha? E o que tem isso a ver?

Diego (*com raiva, seriamente transtornado*) – Sabe a senhora o que me aconteceu quando eu velava à noite minha mãe agonizante? Debaixo de meus olhos estava um inseto, asas coladas ao corpo, seis patas, caído dentro de um copo d'água sobre uma mesinha. E não dei pela morte de minha mãe, tão absorto fiquei, admirando a confiança que aquele inseto depositava na agilidade de suas duas patas traseiras, mais longas, próprias para saltar. Nadava desesperadamente, teimando em acreditar que aquelas duas patinhas fossem capazes de saltar também sobre o líquido e que, no entanto, algum cisco preso à extremidade delas impedia-lhes o salto. Diante da inutilidade de todo esforço, limpava-as vigorosamente com as da frente, e tentava de novo o salto. Fiquei mais de meia hora observando-o. Eu o vi morrer e não vi morrer minha mãe. Entendeu o que eu disse? Solte-me!

Dona Lívia (*confusa, aturdida, depois de haver olhado os outros dois, também confusos e aturdidos*) – Eu lhe peço desculpas – mas não vejo que relação...

Diego – Parece-lhe absurdo? Amanhã a senhora irá rir-se – asseguro-lhe eu – de toda essa vã aflição pelo seu filho, ao lembrar-se desta charretezinha que eu agora fiz passar à sua frente para desviar os seus pensamentos. Considere que eu não posso rir igualmente pensando naquele inseto que me caiu sob os olhos enquanto eu velava minha mãe agonizante.

*Pausa. Dona Lívia e os dois velhos amigos, após essa brusca digressão, voltarão a entreolhar-se mais que nunca aturdidos, sem conseguir, por maior boa vontade que tenham, fazer que aquela charretezinha e aquele inseto entrassem no assunto de sua conversa. De outra parte, Diego Cinci está deveras comovido com a lembrança da morte da mãe; razão por que, Doro Palegári, que entrará neste momento, irá encontrá-lo de humor inteiramente mudado.*

DORO (*surpreso, depois de ter corrido os olhos por todos os quatro*) – O que há?

DONA LÍVIA (*refazendo-se*) – Ah, ei-lo aqui! Doro, Doro, meu filho, o que foi que você fez? Estes amigos me contaram...

DORO (*explodindo, irritadíssimo*) – ...sobre o escândalo, não é verdade?... que estou apaixonado, louco, morrendo de amor por Délia Morello, não é? Todos os amigos que encontro na rua lançam-me olhares maliciosos: – "Então, Délia Morello, hein?" – Mas por Deus, onde estamos? E em que mundo vivemos?

DONA LÍVIA – Mas se você...

DORO – Eu o quê? É incrível, palavra de honra! Está aí: de repente, virou um escândalo!

DONA LÍVIA – Você defendeu...

DORO – Não defendo ninguém!

DONA LÍVIA – Em casa dos Avanzi, ontem à noite...

DORO – Em casa dos Avanzi, ontem à noite, ouvi Francesco Savio exprimir uma opinião que não me pareceu justa sobre o trágico fim de Salvi, do qual todos falam; e eu a contestei. Isso é tudo!

DONA LÍVIA – Mas você disse coisas...

DORO – É possível que tenha dito um amontoado de tolices! O que disse, já nem sei mais! Uma palavra puxa outra! Mas cada um pode pensar a seu modo, sim ou não?, sobre fatos que ocorrem. Pode-se, me parece, interpretar um fato de uma maneira ou de outra, como melhor pareça; hoje assim e amanhã – quem sabe? – de modo diferente... – Por mim, estou mais que pronto, se amanhã encontrar Francesco Savio, a reconhecer que quem tinha razão era ele, e eu é que estava errado.

PRIMEIRO VELHO AMIGO – Ah, agora, sim!

Dona Lívia – Pois então, meu Doro, faça, faça isso!
Segundo Velho Amigo – Para cortar pela raiz esses mexericos todos!
Doro – Mas, por isso! Estou pouco ligando para os mexericos. – Só quero é vencer em mim mesmo a irritação que sinto.
Primeiro Velho Amigo – É justo! Sim, sim, é justo!
Segundo Velho Amigo – Por ver-se tão mal interpretado!
Doro – Mas de modo algum! Pelos exageros a que me deixei levar ao ver Francesco Salvi estupidamente empacado em certas argumentações falsas, quando – depois, sim – quem estava substancialmente coberto de razão era ele. Agora, de cabeça fria, estou pronto – repito – a reconhecê-lo. E é o que farei, farei diante de todos, para que essa famosa discussão deixe de inflar-se! Não agüento mais!
Dona Lívia – Muito bem, meu Doro, muito bem! Estou contente de ver que você reconhece desde agora, aqui, diante de seu amigo, que não se pode defender uma mulher como aquela!
Doro – Porque ele também dizia que se pode defender?
Primeiro Velho Amigo – Veja bem – eu dizia; mas... assim; eu dizia isso...
Segundo Velho Amigo – Academicamente – para tranqüilizar sua mãe...
Dona Lívia – Pois sim! Bela maneira essa de me tranqüilizar! Sorte que me tenha tranqüilizado você, agora. Obrigada, meu Doro!
Doro (*explodindo diante do agradecimento*) – O senhor está falando a sério? Não vê que assim me irrita mais que nunca?
Dona Lívia – Porque lhe agradeci?
Doro – Tudo bem, desculpe-me! Mas por que me agradece? Então até a senhora acreditou?
Dona Lívia – Não, não!
Doro – Então por que me agradece e diz que está tranqüila "agora"? Eu lá faria loucuras!
Dona Lívia – Pelo amor de Deus, não vamos pensar mais nisso!
Doro (*voltando-se para Diego*) – Como crê você que seja possível defender Délia Morello?
Diego – Esqueça! Agora que sua mãe está tranqüila!
Doro – Não, eu gostaria de sabê-lo, gostaria de sabê-lo.
Diego – Para continuar a discutir comigo?
Dona Lívia – Chega, Doro!
Doro (*para a mãe*) – Não, por curiosidade! (*Para Diego*) Para ver se as suas razões são as mesmas que eu sustentava contra Francesco Savio.
Diego – E nesse caso? Você mudaria de novo?

Doro – Você acha que isso é como uma bandeirola que se muda? "Não se pode dizer" – sustentava eu – "que Délia Morello tenha querido a ruína de Salvi só pelo fato de, quase às vésperas do casamento, ter-se metido com aquele outro, porque a verdadeira ruína de Salvi teria sido, de todo modo, casar-se com ela".

Diego – Está aí! Muito bem! Mas sabe você como é uma tocha acesa, ao sol, num funeral? Ninguém vê a chama; e o que se vê então? A fumaça que faz!

Doro – Que pretende dizer com isso?

Diego – Que estou de acordo com você: que Délia Morello sabia disso; e justamente porque sabia, não quis o casamento! Mas nada disso está claro, talvez nem mesmo para ela; e o que aparece a todos, ao invés, é a fumaça de sua suposta perfídia.

Doro (*de pronto, com ardor*) – Não, não, meu caro! Ah, perfídia houve, é inegável; e refinadíssima! Voltei a pensar bem no caso inteiro, hoje. Ela se meteu com aquele outro – com Michele Rocca – para levar até o extremo fim a sua vingança contra Salvi; como Francesco Savio sustentava ontem à noite.

Diego – Oh! E portanto agora você está em boa paz com essa opinião de paz, e não falemos mais nisso.

Primeiro Velho Amigo – Isso mesmo! É o que de melhor se pode fazer com semelhante argumento! E nós já vamos indo, Dona Lívia (*beijar-lhe-á a mão*).

Segundo Velho Amigo (*seguindo-o*) – Estou felicíssimo que tudo se tenha aclarado! (*Beijar-lhe-á a mão; depois, voltando-se para os dois jovens*) Boa noite, meus caros.

Primeiro Velho Amigo – Adeus, Doro! Boa noite, Cinci!

Diego – Boa noite. (*Puxando-o um pouco à parte, dir-lhe-á pausada e maliciosamente*) Congratulações.

Primeiro Velho Amigo (*espantado*) – Por quê?

Diego – Noto com prazer que sempre há no senhor, bem lá no fundo, no fundo, um algo mais que, felizmente, nunca vem para fora.

Primeiro Velho Amigo – Em mim? Mas de maneira alguma. Que algo mais é esse?

Diego – Vamos, vamos! Aquilo que o senhor pensa, guarda para si mesmo e não deixa que ninguém perceba. Mas, estamos de acordo, sabe?

Primeiro Velho Amigo – Hum! Não consigo entender. O que pretende que eu lhe diga?

Diego (*puxando-o um pouco mais para o lado*) – Por mim, eu até me casaria com ela. Mas o que eu tenho dá só para mim, e mais nada.

Seria como acolher um outro debaixo do guarda-chuva quando chove. Os dois acabam molhados.

DONA LÍVIA (*que nesse ínterim continuará conversando, já tranqüila com Doro e o outro velho amigo: voltando-se para o primeiro que estará rindo*) – Então, meu amigo... – do que está rindo tanto assim?

PRIMEIRO VELHO AMIGO – De nada: molecagens!

DONA LÍVIA (*prosseguindo e saindo de braço dado com ele, acompanhada pelo outro em direção ao salão, de onde, sempre conversando, retirar-se-ão os três pela direita*) – Se for amanhã à casa de Cristina, diga-lhe que fique pronta na hora marcada...

*Dona Lívia sairá com os dois velhos amigos. Doro e Diego permanecerão por um bom tempo em silêncio. O salão vazio e iluminado, às suas costas, causará uma estranha impressão.*

DIEGO (*abrindo em leque os dedos de ambas as mãos e trançando-os entre si de modo a formar uma grade ou rede, aproxima-se de Doro para mostrá-los*) – É assim – veja – bem assim.

DORO – O quê?

DIEGO – A consciência de que há pouco se falava. Uma rede elástica que, se se afrouxa um pouco, adeus! Salta fora a loucura que se incuba dentro de cada um de nós.

DORO (*depois de um breve silêncio, consternado e desconfiado*) – Você está dizendo isto por minha causa?

DIEGO (*quase para si mesmo*) – Vagam à sua frente desconexas as imagens acumuladas durante anos, fragmentos de vida talvez vivida e que lhe ficaram ocultos porque não quis ou não pôde refleti-los em você à luz da razão; atos ambíguos, mentiras vergonhosas, cavernosas invejas, delitos meditados à sombra de você mesmo até os mínimos pormenores, desejos inconfessos: tudo, tudo isso lhe volta e vem para fora, lhe sai pela goela, e você fica desconcertado, aterrorizado.

DORO (*como acima*) – Por que diz isto?

DIEGO (*olhos fixos no vazio*) – Estava há nove noites sem dormir... (*Interromper-se-á, voltando-se de repente para Doro*) Experimente, experimente ficar sem dormir nove noites a fio! Aquela xicarazinha de maiólica, em cima do criado-mudo, com o seu filete azul. E *ten-ten*, que desespero, aquele badalo! Oito, nove... eu contava todas: dez, onze – a badalada do relógio – doze – e depois, esperar a dos quartos de hora! Não há afeto que agüente quando se põe de lado as necessidades básicas que devemos forçosamente satisfazer. Revoltado contra o destino feroz que ainda retinha ali, estertorante e insensível, o corpo, só o corpo quase irreconhecível de minha mãe. Sabe você no que pensava eu? Pensava... ah, meu Deus! por que não terminava de uma vez essa agonia?

Doro – Mas, me parece, perdão, que sua mãe já está morta há mais de dois anos.

Diego – Sim. Sabe como me surpreendi, numa momentânea suspensão daquele estertor, no terrível silêncio que sobreveio no quarto, quando voltei, não sei por que, a cabeça na direção do espelho do armário? Curvado sobre o leito, procurava ver de perto se ela já não teria morrido. E como se quisesse de propósito ser visto por mim, meu rosto conservava no espelho a expressão com que, suspenso, espreitava, num quase alegre pavor, a libertação. A retomada do estertor incutiu-me, naquele instante, um tamanho horror de mim mesmo, que escondi o rosto, como se tivesse cometido um crime; e me pus a chorar – como a criança que eu havia sido para minha mãe, de quem – sim, sim – ainda queria a compaixão pelo cansaço que eu sentia, que me fazia cair em pedaços; mesmo tendo eu há pouco desejado sua morte; pobre mamãe, que tantas noites perdera por mim, quando eu era pequeno e ficava doente...

Doro – Mas me diga agora por que, de repente, esta lembrança de sua mãe?

Diego – Porque não sei. E por acaso você sabe por que se irritou tanto com a sua quando ela lhe agradeceu por tê-la tranqüilizado?

Doro – Por até ela ter podido supor, um momento que fosse...

Diego – Ah!, essa não! Que nos entendemos de sobra!

Doro (*dando de ombros*) – Mas o que você quer entender?

Diego – Se não fosse verdade, você deveria ter rido daquilo, não ficaria irritado.

Doro – Mas como, você também está levando isso a sério?

Diego – Eu? Você é que está!

Doro – Pois se agora até estou dando razão a Savio!

Diego – Vê? Voltou à estaca zero. E se irritou até contra si mesmo, de seus "exageros"!

Doro – Porque reconheço...

Diego – Não! Não! Leia claro em você mesmo!

Doro – Mas faça-me o favor! O que quer você que eu leia?

Diego – Agora está dando razão a Francesco Savio... sabe por quê? Para reagir contra um sentimento que está incubado dentro de você, sem que se dê conta.

Doro – Mas de maneira nenhuma! Não me faça rir!
Diego – Sim! Sim!
Doro – Não me faça rir, lhe digo!
Diego – No calor da discussão de ontem à noite, ele veio à tona, deixou você aturdido e me fez dizer coisas "que não sabe". Pois sim! Acredita nunca ter pensado nelas! Mas, ao invés, pensou, pensou...
Doro – Como? Quando?
Diego – Às escondidas de você mesmo! – Meu caro! Como existem filhos ilegítimos, também existem pensamentos bastardos!
Doro – Os seus... sim!
Diego – Os meus também! Tendemos todos nós a nos casar para toda a vida com uma única alma, a mais cômoda, aquela que nos traz por dote a faculdade mais apta de atingir o estado a que aspiramos; mas depois, fora do honesto teto conjugal da nossa consciência, temos ligações, ligações e deslizes sem fim com todas as nossas outras almas rejeitadas, que estão lá embaixo, nos subterrâneos de nosso ser, e das quais nascem atos, pensamentos, que não queremos reconhecer, ou que, forçados, adotamos ou legitimamos com acomodamentos, reservas e cautelas. Isto você repele agora, pobre pensamento enjeitado! Mas olhe-o bem nos olhos: ele é seu! Você se apaixonou de verdade por Délia Morello! Como um imbecil!
Doro – Ah! ah! ah! ah! Você me faz rir, como você me faz rir!

*Neste ponto entrará, vindo do salão, o criado Filippo.*

Filippo – Com licença? Está aí o Sr. Francesco Savio.
Doro – Ah, ei-lo que chega! (*Para Filippo*) Faça-o entrar.
Diego – Eu vou indo.
Doro – Não, espere para ver como estou apaixonado por Délia Morello!

*Entrará Francesco Savio.*

Doro – Entre, entre, Francesco.
Francesco – Meu caro Doro! – Boa noite, Cinci!
Diego – Boa noite.
Francesco (*para Doro*) – Vim dizer-lhe o quanto lamento nossa discussão da noite passada.
Doro – Ora, vejam só! Eu também tencionava ir ao seu encontro esta noite para exprimir-lhe, do mesmo modo, o meu pesar.

Francesco (*abraçando-o*) – Ah!, você me tira um grande peso do coração, meu amigo!
Diego – Vocês dois merecem um quadro, palavra de honra!
Francesco (*para Diego*) – Mas sabe que por pouco não acabávamos para sempre com a nossa velha amizade?
Doro – Isso não! Isso não!
Francesco – Como não! Passei mal a noite inteira, acredite! Só de pensar em como pude não me dar conta do sentimento generoso...
Diego (*num ímpeto*) – É bem isso! – que o impeliu a defender Délia Morello, não é mesmo?
Francesco – Diante de todos – corajosamente – enquanto lhe gritavam que a crucificassem.
Diego – A começar por você!
Francesco (*com ardor*) – Mas, sim! Por não ter considerado a fundo as razões, cada qual mais justa e mais válida que a outra, adotadas por Doro!
Doro (*com pesar, permanecendo onde está*) – Ah, sim? Você, agora?
Diego (*como acima*) – Muito bem! A favor daquela mulher, não é verdade?
Francesco – Desafiando o escândalo! Enfrentando sem temor os riscos vulgares com que todos aqueles idiotas acolhiam suas respostas, que feriam como chicotadas!
Doro (*como acima, prorrompendo*) – Ouça! Você é um palhaço!
Francesco – Como? Vim para dar-lhe razão!
Doro – Justamente por isso! Um palhaço!
Diego (*para Francesco*) – Mas ele queria dar razão a você!
Francesco – A mim?
Diego – A você! A você! Por tudo o que você disse contra Délia Morello!
Doro – E agora ele tem a coragem de vir me dizer na cara que quem tinha razão era eu!
Francesco – Mas porque refleti sobre o que você disse ontem à noite!
Diego – É isso! Entendeu? Como ele, sobre o que disse a você!
Francesco – E agora ele me dá razão?
Diego – Como você a ele!
Doro – Ora essa! Depois de ter feito de mim, ontem à noite, objeto da zombaria de todos, alvo de toda maldade, e ter vindo aqui perturbar minha mãe!
Francesco – Eu?
Doro – Sim! Você, você! Me provocando, me comprometendo, fazendo-me dizer coisas que jamais me haviam passado pela cabeça! (*Parando diante dele, agressivo, fremente*) Você que

não se arrisque a sair por aí dizendo que quem tem razão sou eu, agora!
DIEGO (*no seu encalço*) – Porque você reconhece a generosidade do seu sentimento.
FRANCESCO – Mas se é verdade!
DORO – Você é um palhaço!
DIEGO – Dará a entender que você, agora, sabe a verdade: que ele está apaixonado por Délia Morello, e por isso a defendeu!
DORO – DIEGO, pare com isso, pelo amor de Deus, se não vai se dar mal comigo! (*Para Francesco*) Um palhaço, meu caro, um palhaço!
FRANCESCO – Cuidado! Você me grita isso na cara pela quinta vez!
DORO – E vou gritar outras cem, agora, amanhã e sempre!
FRANCESCO – Lembro-lhe que estou em sua casa!
DORO – Dentro ou fora de minha casa, ou seja lá de quem for, vou gritar na sua cara: palhaço!
FRANCESCO – Ah é? Está bem. Já que é assim, até logo!

*E irá embora.*

DIEGO (*tentando correr atrás dele*) – Oh, não façamos brincadeira!
DORO (*retendo-o*) – Deixe que vá!
DIEGO – Mas está falando a sério? Você assim acaba por comprometer-se!
DORO – Estou pouco ligando!
DIEGO (*desprendendo-se dele*) – Mas está maluco!... Deixe-me ir!

*Sairá correndo para tentar alcançar Francesco Savio.*

DORO (*gritando atrás*) – Proíbo-lhe de intrometer-se! (*Não o vendo mais, interromper-se-á e começará a andar de um lado para outro da sala de visitas, mastigando entre dentes*). Mas vejam só! – Ora! – Ele ter a coragem de vir me dizer na cara que quem tinha razão era eu, ora sim! – Palhaço... – Depois de ter feito mundo acreditar...

*Neste ponto, entrará Filippo, um pouco espantado, com um cartão de visita na mão.*

FILIPPO – Com licença?
DORO (*detendo-se, áspero*) – O que é?
FILIPPO – Uma senhora à sua procura.

Doro – Uma senhora?
Filippo – Isso mesmo.

*Estender-lhe-á um cartão de visita.*

Doro (*depois de ler o nome no cartão, fortemente perturbado*) – Aqui? Onde está?
Filippo – Está ali, à espera.
Doro (*olhará em torno, perplexo; depois, perguntará, procurando ocultar a ansiedade e a agitação*) – E minha mãe, saiu?
Filippo – Sim, senhor, há pouco.
Doro – Peça que entre, peça que entre.

*Irá até o salão para receber Délia Morello. Filippo retirar-se-á, voltando pouco depois para acompanhar até as colunas Délia Morello, que aparecerá coberta por um véu, sobriamente vestida, mas elegantíssima. Filippo voltará a retirar-se, inclinando-se.*

Doro – A senhorita aqui, Délia?
Délia – Para agradecer-lhe; para beijar-lhe as mãos, meu amigo!
Doro – Mas não! O que está dizendo?
Délia – Sim, é isso (*inclinará a cabeça como se quisesse realmente beijar-lhe a mão, que ainda mantém entre as dela*) – de verdade, de verdade!
Doro – Mas não, o que está fazendo! Eu é que devo, a sua...
Délia – Pelo bem que me fez!
Doro – Mas que bem? Eu apenas...
Délia – Não! Acha que o faço por haver tomado minha defesa? E eu lá estou ligando para defesas, para ofensas! – Sei ferir-me sozinha! – A minha gratidão é pelo que o senhor pensou, sentiu, e não porque gritou isso na cara dos outros!
Doro (*não sabendo como controlar-se*) – Pensei... aquilo que – conhecendo eu, como conhecia, os fatos – me pareceu... me pareceu justo.
Délia – Justo ou injusto, não me importa! É que me reconheci, entende, "me reconheci" em tudo aquilo que disse de mim, tão logo me contaram!
Doro (*como acima, mas não querendo parecer espantado*) – Ah bem, porque... então... adivinhei?
Délia – Como se você tivesse vivido dentro de mim, sempre; mas compreendendo de mim o que nem eu mesma jamais pude compreen-

der, jamais, jamais! Senti meus rins serem rompidos por calafrios contínuos; gritei: "Sim!, sim!, é assim!, é assim!"; não pode imaginar a alegria, a aflição que me deu vendo-me, sentindo-me em todas as razões que o senhor soube encontrar!

DORO – Fico... feliz, creia-me! Feliz porque me pareceram tão claras no momento em que realmente as "encontrava", sem refletir, como... como que tocado por uma inspiração que tivesse sido acesa em mim, isso, em suma, por uma adivinhação de sua alma... e depois, confesso-lhe, não mais...

DÉLIA – Ah, não mais?

DORO – Mas se é a senhorita quem me diz agora que se reconheceu nelas!

DÉLIA – Meu amigo, desde a manhã de hoje vivo desta sua adivinhação, que também para mim me pareceu assim! Tanto que me pergunto como conseguiu chegar a ela, o senhor que, no fundo, me conhece tão pouco; enquanto eu me debato, sofro – sei lá! – como se estivesse para além de mim mesma, como se aquela que sou devesse continuar a persegui-la sempre, para mantê-la, para perguntar-lhe o que pretende, por que sofro, o que deveria fazer para amansá-la, para aplacá-la, para dar-lhe paz!

DORO – É isso: um pouco de paz, sim! É realmente disso que a senhorita está precisando.

DÉLIA – Tenho-o sempre diante de mim, tal como o vi, num átimo, cair aos meus pés, lívido, pelo próprio peso, depois de haver-se erguido sobre mim como uma chama; e eu me senti – sei lá! – apagando-me, apagando-me, estirando-me para olhar, do abismo daquele átimo, a eternidade daquela morte repentina, ali, no seu rosto, em um momento desmemoriado de tudo, extinto. E só eu sabia, eu só, quanta vida havia naquela cabeça que ali se esfacelara sobre mim, por mim, que não sou nada! Fiquei louca; imagine como estou agora!

DORO – Acalme-se, acalme-se.

DÉLIA – Eu me acalmo, sim. E logo que me acalmo – veja – fico assim... como que entorpecida. No corpo inteiro, entorpecida. Isso mesmo. Me belisco e não me sinto. As mãos – olho para elas – não me parecem minhas. E todas as coisas – meu Deus, as coisas a fazer – não sei mais por que se deva fazê-las. Abro a bolsa; tiro o espelho; e no horror desta frieza vã que me domina, não pode o senhor imaginar a impressão que me causam, no oval do espelho, a minha boca pintada, os meus olhos pintados, este rosto que estraguei para transformá-lo em máscara.

Doro (*apaixonado*) – Porque não o vê com os olhos dos outros.

Délia – O senhor também? Estou mesmo condenada a odiar como inimigos todos aqueles de quem me aproximo para que me ajudem a compreender-me? Deslumbram-se com os meus olhos, com a minha boca... E não há quem se preocupe com aquilo de que mais necessito!

Doro – Com sua alma, não é mesmo?

Délia – E é então que eu os puno, exatamente no ponto para onde eles dirigem os seus desejos; e eu primeiro os exacerbo, esses desejos que me dão asco, para melhor vingar-me; entregando de repente este corpo a quem menos o esperaria. (*Doro fará que sim com a cabeça, como se dissesse: "Desgraçadamente!"*) Assim, para mostrar-lhes quanto desprezo sinto por aquilo que eles apreciam em mim, acima de tudo. (*Mais uma vez Doro assentirá com a cabeça.*) Fiz o meu estrago? Sim. Sempre o faço. Ah, mas melhor a canalha – a canalha que se reconhece como tal; que se entristece, que não engana; e que pode até ter algum lado bom; às vezes certas ingenuidades que tanto mais nos alegram e reconfortam quanto menos o esperamos de sua parte!

Doro (*surpreso*) – Foi isso mesmo que eu disse! Exatamente isso.

Délia (*convulsa*) – Sim, sim...

Doro – Foi exatamente assim, foi assim que expliquei alguns de seus inopinados...

Délia – Desvios – isso! – pulos... saltos mortais... (*Permanecerá um momento com os olhos fixos no vazio, como que absortos numa visão longínqua*) Veja!... (*Em seguida, como se falasse consigo mesma, dirá*) Parece impossível... É isso... Os saltos mortais... (*E de novo absorta*) Aquela meninota, a quem os ciganos ensinavam a saltar – numa planície verde, verde, perto de minha pequena casa de campo, quando eu era pequena... (*como acima*) Parece impossível que também eu já tenha sido criança... (*Proferirá, sem nomeá-lo, o grito com o qual a mãe a chamava*) – "Lili! Lili!" – que medo eu tinha daqueles ciganos; que de repente eles levantassem acampamento e me raptassem! (*Voltando a si*) Não me raptaram. Mas os saltos mortais, esses eu também aprendi a dar, por mim mesma, quando vim do campo para a cidade – aqui – no meio de todo este fingimento, de toda esta falsidade, que sempre se torna mais fingido e mais falsa – e isso não se pode mudar; porque, enfim, para refazê-la em nós, ao nosso redor, a simplicidade, ela há de parecer falsa – parecer?, é, é – também ela falsa, fingida... Nada mais neste mundo é verdadeiro! E eu quero ver, sentir, ao menos sentir uma coisa, ao menos uma coisa só, que seja verdadeira, verdadeira, dentro de mim!

Doro – Mas é exatamente esta bondade que a senhorita tem no fundo de si, escondida; como tentei fazer que os outros a vissem...

Délia – Sim, sim; e lhe sou muito grata por isso, sim – mas tão complicada também – e tanto que o senhor atraiu sobre si a ira e o riso de todos por ter querido esclarecê-la, inclusive para mim. Sim, malvista por todos, como disse o senhor, tratada com desconfiança por todos, lá em Capri – creio até que havia quem me julgasse uma espiã. – Ah, que descoberta fez o senhor, meu amigo! Sabe o que significa "amar a humanidade"? Significa apenas isto: "estarmos contentes com nós mesmos". Quando uma pessoa está contente consigo mesma, "ama a humanidade". – Plena desse amor – ah, venturoso! – depois da última exposição de seus quadros em Nápoles, devia ele estar, quando veio a Capri...

Doro – Giorgio Salvi?

Délia – ...para alguns de seus estudos de paisagem... E me encontrou naquele estado de ânimo...

Doro – É isso aí! Exatamente como eu disse! Inteiramente tomado por sua arte, sem nenhum outro sentimento.

Délia – Cores! Para ele os sentimentos nada mais eram que cores!

Doro – Foi quando ele lhe propôs que posasse para um retrato...

Délia – De início, sim. Depois... Ele tinha um modo de pedir o que queria... um modo... era impudente, parecia um menino. E fui sua modelo. O senhor disse muito bem: nada irrita mais do que ver-se excluído de uma alegria...

Doro – ...viva, presente diante de nós, à nossa volta, e da qual não se descobre ou não se adivinha o motivo...

Délia – Justíssimo! Eu era uma alegria – pura – somente para os seus olhos, mas isso me demonstrava que também ele, no fundo, não apreciava nem queria outra coisa de mim senão o meu corpo; não como os outros, mas com um baixo propósito, oh!

Doro – Mas isso, com o passar do tempo, só podia irritá-la ainda mais...

Délia – É isso! Porque sempre me causou desdém e asco por não ser amparada em minhas angustiosas incertezas por aquelas outras, a repugnância por alguém que também de mim só queria o corpo, nada mais, mas apenas para extrair dele um prazer...

Doro – ...ideal!

Délia – ...exclusivamente para si mesmo!

Doro – Devia ser tanto mais forte quanto carecia justamente de qualquer motivo para náusea...

Délia – ...e tornava impossível aquela vingança que eu pude ao menos de repente tomar contra os outros! – Um anjo, para uma mulher, é sempre mais irritante do que um animal!
Doro (*radiante*) – Ora vejam só! As minhas palavras!, eu disse justamente – precisamente – isso assim!
Délia – Mas eu repito exatamente as suas palavras, tais como me foram relatadas, que me trouxeram luz...
Doro – Ah, é isso! Para ver a verdadeira razão...
Délia – ...daquilo que fiz! Sim, sim, é verdade, para eu poder me vingar, fiz que meu corpo começasse pouco a pouco, diante dele, a viver não mais para a delícia dos olhos apenas...
Doro – E quando o viu, como tantos outros, rendido e escravo, para melhor saborear a vingança, proibiu-lhe que tirasse disso outra alegria que não fosse aquela com que até então se havia contentado...
Délia – Como a única desejada, porque a única digna dele!
Doro – Basta! Basta! Mesmo porque, sua vingança, sim, já estava consumada! A senhorita não queria de maneira alguma que ele a desposasse, não é verdade?
Délia – Não, não! Lutei tanto, tanto, para dissuadi-lo! Quando endoidecido, exasperado com as minhas obstinadas negativas, ameaçou fazer loucuras, eu quis partir, desaparecer.
Doro – E depois lhe impôs as condições que sabia que para ele seriam as mais duras, de propósito...
Délia – De propósito, sim, de propósito...
Doro – Que ele a apresentasse como noiva para a mãe, para a irmã...
Délia – Sim, sim... de cuja ilibada discrição sentia tanto orgulho e era tão cioso... de propósito, para que dissesse não! Ah, como ele falava daquela sua irmãzinha!
Doro – Bravíssimo! Então, exatamente como eu sustentei! – E diga-me a verdade: quando o noivo da irmã, Rocca...
Délia (*com horror*) – Não, não! Não me fale dele, pelo amor de Deus!
Doro – Esta é a prova máxima das razões por mim sustentadas, e a senhorita precisa dizer, dizer que é verdade aquilo que sustentei...
Délia – Sim; que me envolvi com ele, desesperada, desesperada, quando não vi outra saída...
Doro – É isso aí! Muito bem!
Délia – Para que me surpreendessem, sim, para que me surpreendessem com ele, impedindo assim aquele casamento...
Doro – Que teria sido a infelicidade dele...
Délia – E também a minha, a minha!

Doro (*triunfante*) – Bravo! Tudo aquilo que eu sustentei! Foi como a defendi! – E aquele imbecil dizendo que não, que tanto as negativas, quanto a luta, a ameaça, a tentativa de desaparecer, não passavam todas de pérfidas artimanhas...

Délia (*impressionada*) – Ele disse isto?

Doro – Pois é, bem meditadas e realizadas para levar Salvi ao desespero, após tê-lo seduzido...

Délia (*como acima*) – Ah... eu... seduzido?

Doro – Certo! E quanto mais ele se desesperava, mais a senhorita se negava a ele, a fim de obter muitas e muitas coisas que de outro modo ele jamais lhe teria concedido...

Délia (*cada vez mais impressionada e, aos poucos, ficando perdida*) – O que, como assim?

Doro – Mas, antes de tudo, aquela apresentação à mãe e à irmãzinha, e ao noivo dela...

Délia – Ah! E não porque eu esperasse achar um pretexto em sua oposição para mandar pro espaço o compromisso de casamento?

Doro – Não, não! Por outra perfídia... sustentava!

Délia (*totalmente perdida*) – E qual?

Doro – Pelo prazer de aparecer em sociedade, vitoriosa, diante de todos, ao lado da pureza daquela irmãzinha, a senhorita, a desprezada, a contaminada...

Délia (*magoada*) – Ah, foi o que disse? (*e ficará com os olhos vagos, abatida*).

Doro – Foi assim, assim mesmo! E quando ficou sabendo que o motivo do prolongado retardamento dessa apresentação colocada como condição vinha, ao contrário, da oposição violentíssima de Rocca, o noivo da irmã...

Délia – Sempre para me vingar, não é verdade?

Doro – Sim! E perfidamente!

Délia – Dessa oposição?

Doro – Sim, a senhorita atraiu e arrastou Rocca como fio de palha em redemoinho, já sem pensar mais em Salvi, só pelo prazer de demonstrar àquela irmãzinha o que são a arrogância e a honestidade desses ilibados paladinos da moral!

*Délia permanecerá por um longo tempo em silêncio, imóvel, olhando à sua frente, como que aloucada; depois, cobrirá de súbito o rosto com as mãos e assim permanecerá.*

Doro (*depois de tê-la contemplado por um momento, perplexo, surpreso*) – O que há?

DÉLIA (*ficará ainda por algum tempo com o rosto coberto; depois o descobrirá e quedar-se-á ainda por um instante olhando à frente; por fim, abrindo desoladamente os braços, dirá*) – E quem sabe, meu amigo, se eu não o teria feito realmente por isso?
DORO (*explodindo*) – Como? E então?

*Nesse momento chegará Dona Lívia, transtornada e agitadíssima, gritando desde os bastidores.*

DONA LÍVIA – Doro! Doro!
DORO (*levantando-se de repente, perturbadíssimo ao reconhecer a voz*) – Minha mãe!
DONA LÍVIA (*precipitando-se para ele*) – Doro! Disseram-me, durante o passeio, que o escândalo de ontem à noite terá seguimento no campo de honra!
DORO – Mas absolutamente não! Quem lhe disse isso?
DONA LÍVIA (*voltando-se para Délia, com desdém*) – ...Ah! E não é que encontro esta senhora em minha casa?
DORO (*com firmeza, acentuando as palavras*) – Em sua casa, não há duvida, mamãe!
DÉLIA – Estou indo, já estou indo. Mas isso não irá acontecer, não irá acontecer, fique tranqüila, minha senhora! Eu o impedirei! Eu me encarrego de impedi-lo!

*E retirar-se-á rapidamente, muito agitada.*

DORO (*seguindo-a, por um momento*) – Não ouse, pelo amor de Deus interpor-se!

*Délia desaparecerá.*

DONA LÍVIA (*gritando, para detê-lo*) – Mas e não é verdade?
DORO (*voltando-se e gritando, exasperado*) – Verdade? O quê? Que vou bater-me em duelo? Talvez, mas por quê? Por algo que ninguém sabe o que é ou como é; nem eu, nem o outro e muito menos ela própria, muito menos ela própria!

CORTINA

## Primeiro Entreato Coral

*Tão logo desce, a cortina voltará a subir para mostrar aquela parte do corredor do teatro que leva às frisas, às poltronas, às cadeiras e, no fundo, ao palco. E veremos então os espectadores, que, pouco a pouco, vêm saindo da sala depois de haver assistido ao primeiro ato da peça. (Outros, em grande número, é de supor-se que saiam da sala pelo outro lado do corredor, que não se vê; e não poucos, de fato, chegam de quando em quando depois deles, pela esquerda.) Com esta apresentação do corredor do teatro e do público, o qual imaginará haver assistido ao primeiro ato da peça, aquilo que a princípio terá aparecido em primeiro plano, no palco, como representação de um acontecimento vivido, revelar-se-á agora como ficção artística; e será por isso como que afastado e rejeitado para um segundo plano. Ver-se-á, mais tarde, ao término deste primeiro entreato coral, que também o corredor do teatro e os espectadores serão, por sua vez, rejeitados para um terceiro plano; isto acontecerá quando se vier a conhecer que a peça que se representa no palco é à clef: isto é, construída pelo autor sobre um caso que se supõe tenha realmente ocorrido e do qual se ocuparam ainda recentemente as crônicas dos jornais: o caso da Moreno (que todos sabem quem é), do Barão Nuti e do escultor Giacomo La Vela que se suicidou por causa deles. A presença, no teatro, entre os espectadores da peça, da Moreno e de Nuti, passará então forçosamente a estabelecer um primeiro plano de realidade, mais próximo da vida, deixando no meio os espectadores alheios, que discutem e se apaixonam somente por uma ficção artística. Assistiremos, em seguida, a um segundo entreato coral, ao conflito entre esses três planos da realidade, quando, de um plano ao outro, as verdadeiras personagens do drama investirão contra as personagens fictícias da peça, enquanto os espectadores procurarão interpor-se. E a representação da peça não poderá mais, então, ter lugar.*
*Entrementes, para este primeiro entreato, recomendamos sobretudo a mais volúvel naturalidade e a mais fluida vivacidade. Agora já é manifesto a todos que, a cada fim de ato das irritantes peças de Pirandello, devam acontecer infalíveis discussões e entreveros. Assim, quem as defenda deve ter, em face dos irredutíveis adversários, aquela sorridente humildade que de costume possui o admirável efeito de irritar ainda mais.*
*E primeiro se formam várias rodinhas; e de uma para outra, de*

*tempos em tempos, se aparta alguém em busca de lume. É útil e diverte ver uma pessoa mudar de opinião, duas ou três vezes, depois de haver colhido de passagem dois ou três pareceres opostos. Algum espectador pacífico irá fumar, e fumará o seu enfado, se enfadado; as suas dúvidas, se dubitativo; porquanto o vício do fumo, como qualquer outro vício que se torna rotineiro, tem isto de triste, que por si não dá mais gosto, se não raramente, mas assume a qualidade do momento no qual se satisfaz e do ânimo com que se satisfaz. Assim, poderão fumar, se quiserem, também os irritados, e eles a fumo reduzirão a própria irritação.*

*No meio da multidão, os penachos de dois* carabinieri. *Alguns funcionários, alguns porteiros do teatro; duas ou três atendentes das frisas, vestidas de preto, com aventalzinho branco. Alguns jornaleiros apregoam as manchetes dos jornais. Nas rodinhas, aqui e ali, também algumas senhoras. Não gostaria que fumassem. Mas provavelmente mais de uma irá fumar.*

*Ver-se-ão outras irem de visita de um camarote a outro.*

*Os cinco críticos teatrais manter-se-ão de início, mormente se interrogados, muito reservados em seus juízos. Foram se reunindo pouco a pouco, a fim de trocar as primeiras impressões. Os amigos indiscretos, que se aproximarão para ouvir, atrairão de pronto muitos curiosos, e então os críticos ou se calarão ou se afastarão. Não está excluído que algum deles, que aqui no corredor dirá cobras e lagartos da peça e do autor, não deva, depois, no dia seguinte, falar bem de ambos em seu jornal. Tanto é verdade que uma coisa é a profissão e outra o homem que a professa por razões de conveniência que o constranjam a sacrificar a própria sinceridade (isso, entende-se, quando o sacrifício seja possível – quero dizer, que ele tenha uma sinceridade para sacrificar).*

*E assim também poderão mostrar-se como detratores encarniçados aqueles mesmos espectadores que ainda há pouco terão aplaudido, na sala, o primeiro ato da peça.*

*Poder-se-ia facilmente representar de improviso este primeiro entreato coral, tão notórios e repetidos são agora os juízos emitidos indistintamente sobre todas as peças desse autor: "cerebrais", "paradoxais", "obscuras", "absurdas", "inverossímeis". Ficarão, todavia, aqui registradas as falas mais importantes de um e outro dos atores momentâneos deste entreato, sem exclusão das que poderão ser improvisadas para manter viva a confusa agitação do corredor.*

*De início, breves exclamações, perguntas, respostas de espectadores indiferentes, que serão os primeiros a sair, enquanto, vindo de dentro, se ouvirá o surdo alarido da platéia.*

Entre Dois que Saem às Pressas – Vou lá em cima, vou lá em cima encontrá-lo! – Segunda fila, número oito! Mas diga a ele que estou à disposição! *(Sairá pela esquerda)* Não duvido, pode deixar!
Um que Aparece da Esquerda – Oh, você achou o lugar?
Aquele que Sai às Pressas – É o que você está vendo! Até logo, até logo!

*Sairá.*
*Nesse meio tempo, outros aparecerão pela esquerda,*
*de onde virá um forte vozerio; outros irromperão*
*pela entrada das poltronas; outros sairão*
*pelas portinholas dos camarotes.*

Um Qualquer – Que salão, hein?
Um Outro – Magnífico! Magnífico!
Um Terceiro – Mas você viu se eles vieram?
Um Quarto – Não, não, não creio.

*Troca de cumprimentos aqui e acolá: "Boa noite! Boa noite!" –*
*frases alheias ao fato. Algumas apresentações. Entrementes,*
*espectadores favoráveis ao autor, com as faces afogueadas e os*
*olhos brilhantes, procurar-se-ão uns aos outros e ficarão um tempo*
*juntos, a fim de trocar as primeiras impressões, para depois*
*espalhar-se aqui e ali, aproximando-se deste ou daquele grupinho*
*para defender a peça e o autor, com petulância e ironia,*
*das críticas dos adversários irreconciliáveis que,*
*nesse ínterim, também terão se reunido.*

Os Favoráveis – Ah, aqui estamos nós!
– Prontos!
– Pelo que vejo, vai tudo muito bem!
– Arre, finalmente se respira!
– Aquela última cena com a mulher!
– E a cena daqueles dois que não dizem coisa com coisa!
Os Contrários *(concomitantemente)* – As charadas de costume! Vá a gente saber o que ele quer dizer!
– Quer é divertir-se à custa dos outros!

– Acho que agora ele está começando a exagerar um pouco!
– Eu, por mim, não entendi nada!
– O jogo dos enigmas!
– Se o teatro, digo eu, deve reduzir-se a um suplício!

UM DOS CONTRÁRIOS (*para o grupo dos favoráveis*) – Já vocês, nem é preciso dizer, entenderam tudo, não é?

OUTRO DOS CONTRÁRIOS – É, sabe-se, são todos inteligentes aqueles ali.

UM DOS FAVORÁVEIS (*aproximando-se*) – É comigo que o senhor está falando?

O PRIMEIRO DOS CONTRÁRIOS – Não, com ele. Com aquele ali! (*indicará um deles...*)

O INDICADO (*adiantando-se*) – Comigo? Está falando comigo?

O PRIMEIRO DOS CONTRÁRIOS – É com você mesmo. Mas acho que você não entenderia nem *Os Dois Sargentos*, meu caro!

O INDICADO – Ah, sim, porque você entende muito bem que isto é coisa de se chutar pra lá com o pé – não é verdade? – assim como um pedregulho na rua!

VOZES DE UM GRUPO VIZINHO – Perdão, mas o que acha o senhor que existe aqui para ser entendido? Não está ouvindo? Ninguém sabe nada! Você fica ouvindo; que é, que não é, diziam uma coisa e já depois dizem outra!

– Parece uma burla!
– E todos aqueles discursos do começo!
– Para não concluir nada!

AQUELE QUE SE APARTA (*indo a uma outra rodinha*) – Parece uma burla, uma burla! Ninguém sabe nada!

VOZES DE OUTRO GRUPO – É certo, mas é coisa que interessa!

– Oh, meu Deus, mas este girar sempre em torno do mesmo eixo!
– Ah, não, não diria isso!
– Se é tudo um modo de entender, de conceber!
– Está expresso? Logo basta!
– Sim, basta, basta! Ninguém agüenta mais!
– Mas se você aplaudiu! Sim, você, você! Eu bem que vi!
– Perdão, ela pode ter também muitas faces, uma concepção: se é total, da vida!
– Mas que concepção? É capaz de me dizer no que consiste este ato?
– Ora, ora! E se ele não quisesse consistir? Se quisesse justamente mostrar a inconsistência das opiniões, dos sentimentos?

Aquele que se Aparta (*indo até outra rodinha*) – Está aí, é isso, pronto! E se ele não quisesse consistir! De propósito, de propósito; estão entendendo? É a comédia da inconsistência.
Vozes de Um Terceiro Grupo (*em torno dos críticos teatrais*) – Mas são doidices! Mas onde estamos?!
– Os senhores, que são críticos, iluminem-nos!
Primeiro Crítico – Ora. O ato é vário. Tem, talvez, coisa supérflua.
Um do Grupo – Toda aquela indagação sobre a consciência!
Segundo Crítico – Meus senhores, ainda estamos no primeiro ato!
Terceiro Crítico – Mas digamos a verdade! Perdão, mas você acha lícito destruir dessa maneira o caráter das personagens, conduzir a ação a esmo, sem pé nem cabeça, retomar o drama como que ao acaso, a partir de uma discussão?
Quarto Crítico – Mas a discussão é exatamente sobre esse drama. Ela é o próprio drama!
Segundo Crítico – Que de resto aparece vivo, finalmente, na mulher!
Terceiro Crítico – Mas eu gostaria de ver representado o drama, e é só!
Um dos Favoráveis – E a mulher está muitíssimo bem desenhada!
Um dos Contrários – O que você quer dizer é que está sendo maravilhosamente representada por... (*dirá o nome da atriz que terá feito o papel da Morello*).
Aquele que se Aparta (*retornando ao primeiro grupo*) – Porém o drama está vivo, vivo, na mulher! Isso é inegável! É o que todos dizem!
Um do Primeiro Grupo (*respondendo-lhe, indignado*) – Ora vamos! Isto tudo não passa de um novelo emaranhado de contradições!
Um Outro (*acometendo-o, por sua vez*) – E a costumeira casuística! Não há quem agüente!
Um Terceiro (*como acima*) – Todas, todas elas armadilhas dialéticas! Acrobatismos cerebrais!
Aquele que se Aparta (*afastando-se para aproximar-se do segundo grupo*) – É sim, realmente sim, a verdadeira casuística! É inegável! Todos dizem isso!
Quarto Crítico (*para o terceiro*) – Mas que caracteres, me diga, faça-me o favor! Onde você os encontra na vida, esses tais caracteres?
Terceiro Crítico – Ora essa! Pelo simples fato de que existe a palavra!
Quarto Crítico – Palavras, exato, palavras, das quais se quer mostrar a inconsistência!
Quinto Crítico – Mas pergunto eu, isto, se o teatro que, salvo erro, deve ser arte.
Um dos Contrários – Muito bem! Poesia! Poesia!

Quinto Crítico – Deve ser, ao invés, controvérsia – admirável, sim, não digo que não – contraste, choque de raciocínios opostos, é isto!

Um dos Favoráveis – Mas é aqui, me parece, que se fazem os raciocínios! No palco não vi nenhum! Só se para você raciocínio é a paixão que fica desarrazoada.

Um dos Contrários – Está aqui um autor ilustre: ele que fale!, ele que fale!

O Velho Autor Fracassado – Ah, por mim, já que querem, terão! Os senhores sabem o que penso a esse respeito.

Vozes – Não, diga, diga!

O Velho Autor Fracassado – Mas são pequenas solicitudes intelectuais, meus senhores, daqueles... daqueles... – como poderei dizer? – probleminhas filosóficos de quatro por um vintém!

Quarto Crítico – Ah, isto agora não!

O Velho Autor Fracassado (*sobrepondo-se*) – E nenhum trabalho profundo do espírito, que nasça de forças ingênuas e verdadeiramente persuasivas!

Quarto Crítico – Ah, sim, nós as conhecemos!, nós as conhecemos, estas forças ingênuas e persuasivas!

Um Literato que Desdenha Escrever – Aquilo que, a meu ver, ofende acima de tudo é o pouco garbo – é isto.

O Segundo Crítico – Mas não; até me parece que desta vez *temos* um ato um pouco mais leve que de costume!

O Literato que Desdenha Escrever – Mas nenhum verdadeiro discernimento artístico, arre! Escrevendo assim, seríamos todos bons!

Quarto Crítico – Eu, por mim, não quero antecipar meus juízos, mas vejo lampejos, oscilações. É isso, tenho a impressão de um desofuscar de espelho enlouquecido.

*Pela esquerda, chegará neste instante um clamor violento, como de um tumulto. Gritar-se-á: – "Sim, manicômio, manicômio!" – "Cenário! Caracterização!, caracterização!" – "Manicômio, manicômio!" – Muitos acorrerão, gritando: "O que está acontecendo do lado de lá?"*

O Espectador Irritado – Mas será possível que em toda estréia de Pirandello deva acontecer um fim-do-mundo?

O Espectador Pacífico – Esperemos que não se espanquem!

Um dos Favoráveis – Ah, reparem que é na verdade uma sorte e tanto! Quando os senhores vêm assistir a peças de outros autores, abandonam-se na sua poltrona e se dispõem a acolher a ilusão que o palco lhes quer criar, quando consegue criá-la! Ao invés, quando vêm assistir a uma peça de Pirandello, os senhores agarram com as duas mãos os braços da poltrona, põem-se – assim – com a cabeça como que prestes a dar marradas, a repelir a todo custo aquilo que o autor lhes diz. Se ouvem uma palavra qualquer... sei lá, "cadeira", ah, por Deus, ouviu? Ele disse "cadeira"; mas a mim é que não engana! Quem sabe que coisa haverá debaixo dessa cadeira!

Um dos Contrários – Ah, haverá de tudo, tudo – de acordo! – menos um pouco de poesia!

Outros Contrários – Muito bem!, muito bem! E nós só queremos um pouco de poesia, de poesia!

Um Outro dos Favoráveis – Sim, então vão buscá-la debaixo das cadeirinhas dos outros, a poesia!

Os Contrários – Mas parem com este niilismo espasmódico!

– E com esta volúpia de aniquilamento!

– Negar não é construir!

O Primeiro dos Favoráveis (*atacando*) – Quem nega isso? São os senhores o estão negando!

Um dos Atacados – Nós? Não fomos nós que dissemos que a realidade não existe!

O Primeiro dos Favoráveis – E quem a nega, a dos senhores, se conseguem criá-la?

Um Segundo – São os senhores que a negam aos outros, dizendo que ela é uma só!

O Primeiro – Aquela que parece aos senhores, hoje!

O Segundo – Esquecendo que ontem ela lhes parecia outra!

O Primeiro – Porque os senhores a recebem de outros, como uma convenção qualquer, palavra vazia: *monte*, *árvore*, *rua*, acreditam que exista uma "dada" realidade; e se lhes afigura uma fraude se outros nela descobrem, ao contrário, uma ilusão! Idiotas! Aqui se ensina que cada um deve construir por si o chão sob os pés, vez por vez, para cada passo que queiramos dar, fazendo desabar aquilo que não lhe pertence, porque não foi construído pelos senhores que caminhavam por ele como parasitas, como parasitas, sim, carpindo a antiga poesia perdida!

O Barão Nuti (*que terá aparecido pela esquerda, pálido, contrafeito, fremente, em companhia de dois outros espectadores que procurarão contê-lo*) – E uma outra coisa, porém, me parece que se ensina aqui, caro senhor: a vilipendiar os mortos e caluniar os vivos!

Um dos que o Acompanham (*de pronto, segurando-o pelo braço a fim de arrastá-lo para fora*) – Não ligue, venha, vamos embora!
O Outro Acompanhante (*ao mesmo tempo, como acima*) – Vamos! Vamos! Pelo amor de Deus, deixe isto pra lá!
O Barão Nuti (*enquanto o arrastam para a esquerda, voltar-se-á para repetir, convulso*) – Vilipendiar os mortos e caluniar os vivos!
Vozes de Curiosos (*em meio à surpresa geral*) – Mas quem é esse?
– Quem é? – Que cara, meu Deus! – Parece um morto! – Um louco!
– Quem será?
O Espectador Mundano – É o Barão Nuti, o Barão Nuti!
Vozes de Curiosos – E quem o conhece? – O Barão Nuti? – Por que falou assim?
O Espectador Mundano – Mas como! Ninguém até agora percebeu que esta peça é *à clef*?
Um dos Críticos – *À clef*? Como, *à clef*?
O Espectador Mundano – Mas sim! É o caso da Moreno! Sem tirar nem pôr! Todo ele tirado da vida!
Vozes – Da Moreno?
– E quem é ela?
– Ora, o que é isso? A Moreno, a atriz que esteve na Alemanha tanto tempo!
– Todo mundo sabe quem ela é, aqui em Turim!
– Ah, sim! Aquela do suicídio do escultor La Vela, ocorrido faz alguns meses!
– Ora vejam! Vejam só! E Pirandello?
– Mas como! Pirandello se pôs agora a escrever peças *à clef*?
– Parece, é, parece!
– Não é a primeira vez!
– Mas é legítimo extrair da vida o enredo de uma obra de arte!
– Sem dúvida, quando com ela, como disse aquele senhor, não se vilipendia os mortos e não se calunia os vivos!
– Mas quem é aquele Nuti?
O Espectador Mundano – Aquele por quem La Vela se matou! E que estava prestes, justamente, a tornar-se seu cunhado!
Um Outro dos Críticos – Porque ele se meteu realmente com a Moreno às vésperas das núpcias?
Um dos Contrários – Mas então o fato é idêntico! Que bomba, meu Deus!
Um Outro – E portanto estão no teatro os atores do drama verdadeiro, da vida?

Um Terceiro (*aludindo a Nuti e, por isso, apontando para a esquerda*) – Lá está um deles!
O Espectador Mundano – E a Moreno está lá em cima, escondida num camarotezinho de terceira fila! Ela logo se reconheceu na peça! Estão segurando-a, segurando-a, porque parece realmente ter enlouquecido! Rasgou três lencinhos com os dentes! Vai gritar, vocês verão! Fará algum escândalo!
Vozes – Naturalmente! Tem razão!
– Ver-se assim exposta numa peça!
– O próprio caso no palco!
– E aquele outro também! Por Deus, ele me deu medo!
– Ah, isso ainda vai acabar mal, vai acabar mal!

*Ouvir-se-á soar as campainhas que anunciam
o reinício da representação.*

– Oh, já estão dando o sinal, estão dando o sinal!
– Vai começar o segundo ato!
– Vamos lá, vamos assistir!

*Movimento geral em direção ao interior da sala, com baixos e confusos comentários sobre a notícia que de boca em boca se espalha. Permanecerão um pouco para trás três dos favoráveis, a tempo de assistirem, no corredor já esvaziado de público, à irrupção, pela esquerda, da Moreno, que havia descido de seu camarotezinho da terceira fila e estava sendo segura por três amigos que desejariam conduzi-la para fora do teatro a fim de impedi-la de armar um escândalo. Os porteiros do teatro, primeiro impressionados, farão depois sinais de silêncio para que não seja perturbada a representação. Os três espectadores favoráveis manter-se-ão à parte, ouvindo, atônitos e consternados.*

A Moreno – Não, não, me soltem, me soltem!
Um dos Amigos – Mas é uma loucura! O que quer fazer?
A Moreno – Quero subir ao palco!
O Outro – Mas para fazer o quê? Está louca?
A Moreno – Soltem-me!
O Terceiro – É melhor irmos embora!
Os Outros Dois – Sim, sim, vamos, vamos embora! – Seja cordata!
A Moreno – Não! Quero punir, devo punir esta infâmia!
O Primeiro – Mas como? Diante de todo o público?

A Moreno – No palco!
O Segundo – Ah, não, por Deus! Não deixaremos que cometa essa insanidade!
A Moreno – Soltem-me, repito! Quero ir ao palco!
O Terceiro – Mas os atores já estão em cena!
O Primeiro – O segundo ato começou!
A Moreno (*de repente, mudando*) – Começou? Então quero ouvir! Quero ouvir!

*E procurará retornar para a esquerda.*

Os Amigos – Mas não, vamos embora! – Ouça o que lhe estamos dizendo! – Sim, sim, vamos, vamos embora!
A Moreno (*arrastando-os para trás*) – Não, vamos subir, vamos subir ao camarote, já! Quero ouvir! Quero ouvir!
Um dos Amigos (*enquanto desaparccem pela esquerda*) – Mas por que deseja continuar se torturando?
Um dos Porteiros (*aos três espectadores favoráveis*) – Estão doidos?
O Primeiro dos Favoráveis (*para os outros dois*) – Entenderam?
O Segundo – É a Moreno?
O Terceiro – Me digam só um coisa: Pirandello está no palco?
O Primeiro – Vou correndo dizer a ele que se vá. Está noite não vai acabar bem, com certeza!

CORTINA

SEGUNDO ATO

*Estamos em casa de Francesco Savio, na manhã seguinte; numa saleta que dá para uma espaçosa varanda, usada por Savio para praticar esgrima. Por isso, ver-se-ão, através da grande vidraça, que ocupará quase toda a parede do fundo da saleta, um estrado, um longo banco para os amigos esgrimistas e espectadores e, depois, máscaras, luvas, plastrões, floretes, sabres. Uma cortina de pano verde, deslizando sobre argolas pela parte interna, puxada de um lado e do outro da porta que fica no meio, poderá esconder a varanda e isolar a saleta. Outra cortina do mesmo pano, sustida por varetas de ferro assentadas sobre a balaustrada no fundo, impedirá que, da varanda, seja avistado o jardim, que se supõe existir para além dela e que se poderá entrever um pouco quando alguém, para descer até ela, afastar no meio a cortina, que também esconde em toda a extensão a escadaria. A saleta de passagem terá como móveis apenas algumas espreguiçadeiras de junco laqueado e verde, dois divãzinhos e duas mesinhas, também de junco. berturas, só duas: uma janela à esquerda e uma porta à direita, afora a que dá para a varanda. Ao subir o pano, serão vistos na varanda Francesco Savio e o Mestre de esgrima, com as máscaras, os plastrões e as luvas, esgrimindo com espadas, e mais Prestino e outros Dois Amigos que estarão assistindo.*

O Mestre – Espace, espace os pé na guarda! – Atenção para este desengajamento! – Bravo! Bela esquiva! – Atenção agora: parada!, oposição! – Não dê atenção nem às paradas nem às fintas! – Cuidado com a riposta – Alt! (*Param de esgrimir*) Uma boa saída em tempo; sim!

*Tiram as máscaras.*

Francesco – Agora chega. Obrigado, Mestre.

*Apertar-lhe-á a mão.*

Prestino – Chega, chega, sim?
O Mestre (*tirando primeiro a luva e depois o plastrão*) – Mas você verá que as coisas não serão fáceis com Palegári, que já ataca prevenindo contra-ataque.
O Primeiro dos Amigos – E é perfeito na defesa, fique atento!
O Outro – Tem uma ação rapidíssima!
Francesco – Sim, sim, eu sei disso!

*Também tirará a luva e o plastrão.*

O Primeiro dos Amigos – E você seja esperto, seja esperto!
O Mestre – E vá pra cima da espada dele sem parar.
Francesco – Pode deixar, pode deixar.
O Outro – A única coisa que pode acontecer é você acertar uma estocada!
O Primeiro – Não, um golpe de arresto, um golpe de arresto seria melhor, ouça o que eu lhe digo: verá que ele se espeta sozinho!
O Mestre – Enquanto isso, meus parabéns! Você faz belíssimas arcadas.
Prestino – Siga o meu conselho: não ataque sem estar preparado. Você se sairá bem, como sempre, com um meneio de pulso. Vamos, é melhor que nos dê de beber à sua saúde.

*Virá com os outros para a saleta.*

Francesco – Sim, sim, é pra já. (*Apertará na parede uma campainha elétrica; depois, voltando-se novamente para o professor de esgrima*) O senhor, Mestre, deseja...
O Mestre – Ah, eu nada. Nunca bebo de manhã.
Francesco – Tenho uma ótima cerveja.
Prestino – Bravo! Sim!
O Primeiro – Vamos à cerveja!

*À porta da direita apresentar-se-á o Criado.*

Francesco – Traga logo alguma garrafa de cerveja!

*O Criado retirar-se-á para voltar pouco depois com uma garrafa e vários copos numa bandeja: encherá os copos, servirá e retirar-se-á.*

O Primeiro – Será o mais divertido duelo deste mundo, disto você vai poder vangloriar-se!

O Outro – É verdade! Creio que nunca tenha acontecido o caso de dois se baterem por estarem dispostos a se darem reciprocamente razão.

Prestino – Tudo muito natural!

O Primeiro – Não! Como, muito natural?

Prestino – Eles estavam em duas estradas opostas; quando ambos retornaram ao mesmo tempo para ir cada qual pela estrada do outro, então forçosamente encontraram-se – chocaram-se.

O Mestre – Certo! Assim quem primeiro acusava agora queria defender, e vice-versa; um usando as razões do outro.

O Primeiro – Está seguro disso?

Francesco – Acredite, eu lhe peço, que fui procurá-lo de coração aberto, e...

O Primeiro – Não pela consideração?

Francesco – Não, não, ao contrário...

O Primeiro – Não, digo, você tinha inadvertidamente cometido um despropósito acusando com tanta fúria a Morello?

Francesco – Mas não! Se eu...

O Primeiro – Espere, Santo Deus! Digo, sem levar em conta o que de modo mais do que evidente saltava aos olhos de todos, naquela noite?

O Outro – Que ele a defendia porque estava apaixonado?

Francesco – Mas de modo algum! E justamente por isso é que aconteceu o choque entre nós! Por não termos feito esta consideração nem antes nem depois. Primeiro a gente banca o imbecil... E depois se é julgado como tal, por ter-se deixado apanhar num momento – num ato espontâneo – que agora está levando a todas essas conseqüências ridículas. E eu que contava ir hoje descansar no campo, em casa de minha irmã e de meu cunhado, que me esperam!

Prestino – Havia discutido na noite anterior desapaixonadamente...

Francesco – Sem ver outra coisa, juro-lhe, senão as minhas razões e sem a mínima suspeita de que aí pudesse existir um sentimento secreto!

O Outro – Mas então ele existe deveras?

O Primeiro – Existe, existe!

Prestino – Deve existir com certeza!
Francesco – Se eu tivesse suspeitado, não teria ido à casa dele para conhecer suas razões, com a certeza de que iria irritá-lo!
O Outro (*alteando a voz*) – Eu queria... esperem! Eu queria dizer enquanto isso... (*interromper-se-á, perdido; todos olharão para ele, perplexos*)
O Primeiro (*depois de esperar um pouco*) – Dizer o quê?
O Outro – Uma coisa... Oh, por Deus! Não me lembro mais.

*Neste ponto, aparecerá na soleira da porta, à direita, Diego Cinci.*

Diego – Com licença?
Francesco (*permanecendo onde está*) – Oh! Diego... você?
Prestino – Você vem a mando de alguém?
Diego (*movendo-se*) – A mando de quem eu viria? Bom dia, Mestre.
O Mestre – Bom dia, caro Cinci... Estou de saída. (*Apertando a mão de Savio*) Até amanhã de manhã, caro Savio. E olhe lá, esteja tranqüilo, hein?
Francesco – Tranqüilíssimo, não duvide. Obrigado.
O Mestre (*para os outros, cumprimentando-os*) – Senhores, lamento deixá-los, mas devo ir.

*Os outros responderão ao cumprimento.*

Francesco – Veja, Mestre, se quiser, pode sair por aqui. (*Indicará a porta da varanda*) Afaste a cortina lá do fundo, ali há uma escadaria; estará logo no jardim.
O Mestre – Ah, obrigado. É o que farei. Bom dia a todos.

*Sai.*

O Primeiro (*para Diego*) – Esperávamos que você se incumbisse de ser o padrinho de Doro Palegári.
Diego (*fará, primeiro, sinal de não com o dedo*) – Não quis. Quando percebi estava no meio, ontem à noite. Amigo de um e de outro, preferi ficar de fora.
O Outro – E por que veio até aqui, agora?
Diego – Para dizer que estou felicíssimo com este duelo.
Prestino – Felicíssimo é demais!

*Os outros rirão.*

Diego – E gostaria que os dois se ferissem sem conseqüências sérias. Uma pequena sangria até que seria saudável. E depois, ao menos se vê uma feridinha; é coisa da qual se pode estar certo: dois, três centímetros, cinco... (*Segurará um dos braços de Francesco e lhe erguerá um pouco a manga da camisa*) Descubra o pulso. Não há nada aqui. E amanhã haverá aqui uma bela feridinha, que você poderá contemplar.

FRANCESCO – Obrigado pelo belo consolo!

*Os outros tornarão a rir.*

DIEGO (*de pronto*) – E ele também, esperamos, ele também, não precisamos ser egoístas! Pasmem, meus caros! Sabem quem esteve de visita a Palegári depois que você foi embora e eu saí correndo atrás?

PRESTINO – Délia Morello?

O OUTRO – Decerto foi agradecer-lhe pela defesa!

DIEGO – É isto. Mas não é que, uma vez conhecida a razão pela qual a acusava, sabe o que fez?

FRANCESCO – O quê?

DIEGO – Reconheceu que a sua acusação era justa.

FRANCESCO, PRESTINO e O PRIMEIRO (*a um só tempo*) – Ah, sim? Essa é muito boa! E ele, Doro?

DIEGO – Você bem pode imaginar como ele ficou...

O OUTRO – Agora, não deve saber mais por que se bate!

FRANCESCO – Não: isto ele sabe! Ele se bate porque me insultou, na sua presença; quando eu, como dizia aqui aos amigos e como você mesmo pôde ver, havia ido sinceramente à casa dele para reconhecer que ele tinha razão.

DIEGO – E agora?

FRANCESCO – Agora o quê?

DIEGO – Agora que você sabe que Délia Morello dá razão a você?

FRANCESCO – Ah, agora, se ela própria...

DIEGO – Não, meu caro! Não, meu caro, sustente a sua parte, que agora mais do que nunca é a de defender Délia Morello! E deve defendê-la você mesmo, que antes a acusava!

PRESTINO – Contra ela própria, que se acusa diante de quem antes queria defendê-la?

DIEGO – Justamente, justamente por isso! A minha admiração por ela se centuplicou, tão logo soube disto! (*De repente, voltando-se para Francesco*) Quem é você? (*Para Prestino*) Quem é você? Quem sou eu? E todos os que aqui estão? – Você se chama Francesco Savio; eu, Diego Cinci; você, Prestino. – Sabemos de nós, reciprocamente, e cada um sabe de si alguma pequena certeza de hoje, que não é aquela de ontem, que não será a de amanhã... (*para Francesco*) você vive de renda e se enfastia...

FRANCESCO – Não, quem lhe disse isso?

DIEGO – Não se enfastia? Tanto melhor. Eu reduzi minha alma, na fúria de escavar, a uma toca de toupeira. (*Para Prestino*) E você, o que faz?

PRESTINO – Nada.

DIEGO – Bela profissão! Mas também os que trabalham, meus caros, as pessoas sérias, todos, todos eles: a vida, dentro e fora de nós – reparem, reparem bem! – é de tal maneira uma rapina contínua, que nem os afetos mais sólidos podem a ela resistir, imaginem as opiniões, as simulações que conseguimos conceber, todas as idéias que, mal e mal, nesta fuga sem descanso, conseguimos entrever! Basta que se venha a saber uma coisa contrária àquilo que sabíamos. Fulano era branco? Vira negro; ou que se tenha uma impressão diversa, de uma hora para a outra; ou basta uma palavra, muitas vezes, dita neste ou naquele tom. E depois há as imagens de centenas de coisas que atravessam sem cessar a nossa mente e que nos fazem, sem sabermos por que, de repente, mudar de humor. Vamos indo tristes por uma rua já invadida pelas sombras da noite; basta levantarmos os olhos para um pequeno pórtico ainda ensolarado, com um gerânio vermelho queimando nesse sol e – sabe-se lá que sonho longínquo não irá entristecer-nos por um instante...

PRESTINO – E o que pretende concluir com isto?

DIEGO – Nada. O que conclui você, se é assim? Para chegar a alguma coisa e manter-se firme, você recai na aflição e no tédio da sua pequena certeza de hoje, daquilo que, no fim de contas, você consegue saber de si próprio: o nome que tem, quanto dinheiro possui no bolso, a casa onde mora, os seus hábitos, os seus afetos, todo o ramerrão de sua existência, com esse seu pobre corpo que ainda se move e pode acompanhar o fluxo da vida, enquanto o movimento, que pouco a pouco se vai ralentando e enrijecendo cada vez mais, com a velhice, não cessar de todo, e então boa noite!

FRANCESCO – Mas você estava falando de Délia Morello!

DIEGO – Ah, sim, para dizer a vocês de toda a minha admiração – o que é no mínimo uma alegria, uma bela e assustadora alegria, quando, acometidos pela correnteza de um momento de tempestade, assistimos ao desmoronar de todas aquelas formas fictícias nas quais se represara a nossa vida quotidiana; e sob os diques, além dos limites que nos haviam servido para compor-nos como que uma consciência, para construir-nos uma personalidade qualquer que seja, vemos também aquela parte da correnteza, que não escorria dentro de nós, ignorada, que dentro de nós se distingüia porque a havíamos canalizado cuidadosamente nos nossos afetos, nos deveres que nos havíamos imposto, nos hábitos que nos havíamos traçado, transbordar em magnífica enchente turbilhonante, revolvendo e derrubando tudo. – Ah, finalmente! – O furacão, a erupção, o terremoto!

Todos (*em coro*) – E isto lhe parece bonito? – Ah, muito obrigado! – De longe! – Deus que nos livre e guarde!

Diego – Caros amigos, depois da farsa da volubilidade, das nossas ridículas mudanças, a tragédia de uma alma conturbada que não sabe mais como reorientar-se! – E não é só ela. (*Para Francesco*) Você verá que vão despencar em cima de você, aqui, como duas iras de Deus, ela e o outro.

Francesco – O outro? Quem? Michele Rocca?

Diego – Ele, ele: Michele Rocca.

O Primeiro – Chegou ontem de Nápoles!

O Outro – Ah, pois é! Soube que procurava por Palegári para esbofeteá-lo. Era isto que eu queria dizer faz pouco! Procurava por Palegári para esbofeteá-lo!

Prestino – Ora, disso nós já sabíamos! (*Para Francesco*) Eu já lhe havia dito.

Francesco (*para Diego*) – E por que deveriam vir aqui à minha casa, agora?

Diego – Porque ele quer bater-se, antes de você, com Doro Palegári. Mas agora – já! – deveria, ao contrário, bater-se com você – já!

Francesco – Comigo?

Os Outros em Conjunto – como, como?

Diego – É sim! Se você sinceramente se desdisse, tornando seus portanto todos os vitupérios assacados por Palegári contra ele em casa dos Avanzi – está claro, inverta os papéis! – compete agora a Rocca esbofetear você.

Francesco – Devagar, devagar! Que diabo está dizendo?

Diego – Perdão: você vai bater-se com Doro apenas porque ele o insultou, não é verdade?

O Primeiro e o Outro (*sem deixá-lo terminar*) – Sim, é isso, está certo! Diego tem razão!

Diego – Inverta os papéis; você fica defendendo Délia Morello, lançando, por isso, toda a culpa em Michele Rocca.

Prestino (*irritado*) – Mas pare de brincar!

Diego – Brincar? (*Para Francesco*) De minha parte, você pode se vangloriar de estar do lado da razão.

Francesco – E quer que eu me bata também com Michele Rocca?

Diego – Ah, isso não! Aí o caso ficaria realmente sério. O desespero desse infeliz...
O Primeiro – Com o cadáver de Salvi entre ele e a irmã, sua noiva...
O Outro – Com o casamento indo por água abaixo...
Diego – E Délia Morello, que jogou com ele!
Francesco (*com irritação crescente*) – Como, "jogou"? Ah, agora você diz "jogou"?
Diego – Que ela se tenha servido dele, é inegável.
Francesco – Perfidamente, então, como eu já sustentava antes!
Diego (*com reprovação, para detê-lo*) – Ah, ah, ah, ah, ah! Não ouça: a irritação que você está sentindo por causa dessa embrulhada em que você se meteu não deve fazer que você mude outra vez!
Francesco – Mas de maneira nenhuma! Perdão, foi você mesmo quem disse que ela foi confessar a Doro Palegári que eu havia adivinhado ao acusá-la de pérfida!
Diego – Vê você? Está vendo?
Francesco – Vejo o que, se me faz o favor?! Se estou sabendo que é ela quem se acusa por si e me dá razão, por certo que mudo e volto à minha primeira opinião! (*Virando-se para os outros*) Não lhes parece? Não lhes parece?
Diego (*alteando a voz*) – Mas estou lhe dizendo que ela se serviu dele – sim, talvez perfidamente, como quer você – apenas para livrar Giorgio Salvi do perigo de casar-se com ela! Entendeu? Você não pode, em absoluto, sustentar que ela tenha sido pérfida também contra Salvi. Isto, não! E estou pronto a defendê-la eu, mesmo que ela própria se acuse; contra ela mesma – sim, sim!
Francesco (*concordando, irritado*) – Por todas as razões – vá lá! – por todas as razões alegadas por Doro Palegári...
Diego – Pelas quais você se...
Francesco – Desdisse – vá lá–, desdisse. Mas ainda assim, com Rocca ela realmente foi pérfida!
Diego – Foi mulher! Deixe estar! Ele foi ao seu encontro com um ar de quem ia jogar com ela, mas foi ela então quem jogou com ele! Eis o que acima de tudo ofende Michele Rocca: a mortificação de seu amor-próprio masculino! Ele ainda não aceita confessar que tenha sido um joguete idiota nas mãos de uma mulher: um palhacinho que Délia Morello atirou para o canto, em pedaços, depois de ter-se divertido fazendo-o abrir e fechar os braços, em ato de súplica, apertando-lhe com um dedo sobre o peito a mola do fole da paixão. O palhacinho tornou a pôr-se de pé: a carinha, as mãozinhas de porcelana, estão de dar dó; sem os dedos, as mãozinhas; a

carinha, sem nariz, toda rachada, esfacelada; a mola do peito perfurou a jaquetinha de cetim vermelho e saltou para fora, quebrada; e mesmo assim, não, vejam: o palhacinho grita que não, que não é verdade que aquela mulher o tenha feito abrir e fechar os braços para rir-se dele e que, depois de ter rido, o tenha feito em pedaços, diz que não, que não! E eu lhes pergunto agora: pode haver espetáculo mais comovente que este?!

Prestino (*explodindo e quase atingido com as mãos o rosto de Diego*) – E por que então você não queria que nos ríssemos, "seu" palhaço?

Diego (*permanecendo onde está, com os outros, que fitam Prestino, atordoados*) – Eu?

Prestino – Você, você, sim! Desde que entrou aqui, você banca o palhaço, tentando pôr todo mundo na berlinda: eu, ele, todos!

Diego – Mas eu também, idiota!

Prestino – Idiota você! É fácil rir dessa maneira! Fazendo-nos parecer aquelas ventoinhas que, basta um pouco de vento, já estão girando para o lado oposto! Não posso ouvi-lo falar! Que sei eu? Me parece que ele queima a própria alma falando, como certas tintas falsificadas queimam os tecidos.

Diego – Mas não, meu caro, eu rio porque...

Prestino – Porque você escavou o coração como uma toca de toupeira, você mesmo o disse; e não há nada mais lá dentro – eis por quê!

Diego – É o que você crê?

Prestino – Creio porque é verdade! – E ainda que fosse verdade aquilo que você diz, que somos assim, parece que isso deveria causar tristeza, compaixão...

Diego (*explodindo, por sua vez, agressivo, pondo as mãos sobre os ombros de Prestino e fitando-o nos olhos, bem de perto*) – Sim, se deixar que o olhem assim!

Prestino (*permanecendo onde está*) – Como?

Diego – Assim, dentro dos olhos – assim! – não! – Olhe pra mim – assim – nu como está, com todas as misérias e feiúras interiores – você como eu – os medos, os remorsos, as contradições! Arranque de si o palhacinho que fabricou para si mesmo com a interpretação fictícia de seus atos e sentimentos, e logo perceberá que ele nada tem a ver com o que você é ou possa verdadeiramente ser, com aquilo que está em você sem que o saiba, e que é um deus terrível, se a ele se opuser, mas que de repente, ao contrário, se compadece de todas as suas culpas, se você se abandonar e não quiser se desculpar. É, mas esse abandono parece um "negar-se", coisa indigna de um homem; e assim será sempre, enquanto acreditarmos que a humanidade consiste na assim chamada consciência – ou na coragem que alguma vez tenhamos demonstrado, e não no medo que tantas vezes nos aconselhou a ser prudentes. Você aceitou representar Savio neste estúpido duelo com Palegári! (*De repente para Savio*) E acreditou que Palegári disse "palhaço" para você ontem à noite, naquele momento? Ele o dizia para si próprio! Você não entendeu. Para o palhacinho que ele não enxergava dentro de si mas via em você, que lhe servia de espelho! – Eu rio... Mas rio assim; e o meu riso, antes de todos, fere a mim mesmo.

*Pausa. Todos permanecem como que absortos, a pensar cada qual consigo mesmo. E em seguida, entre uma e outra pausa, cada um falará para si somente.*

FRANCESCO – Certo, eu por mim não sinto ódio nenhum contra Doro Palegári. Foi ele quem arrastou...

PRESTINO (*após outra pausa*) – Muitas vezes é preciso também fazer de conta que se acredita. A piedade não deve diminuir, mas, ao contrário, crescer, se a mentira nos serve para chorar ainda mais.

O PRIMEIRO (*depois de outra pausa, como se lesse no pensamento de Francesco Savio*) – Quem sabe, o campo... como deve estar bonito agora...

FRANCESCO (*espontaneamente, sem surpresa, como para desculpar-se*) – E não é que cheguei até a comprar os brinquedos para levá-los à minha sobrinha!

O OUTRO – Ela ainda está tão bonitinha como quando a conheci?

FRANCESCO – Mais bonita ainda! Um amor de menina... Límpida! Deus, que beleza!

*Assim dizendo, tira de uma caixa um ursinho; dá-lhe corda e o coloca no chão para fazê-lo saltar, em meio à risada dos amigos. Após o riso, uma pausa, triste.*

DIEGO (*para Francesco*) – Ouça: se eu estivesse dentro de você...

*É interrompido pelo Criado, que se apresenta na soleira da porta à esquerda.*

CRIADO – Com licença.
FRANCESCO – O que é?
CRIADO – Tenho uma coisa a dizer ao senhor...
FRANCESCO (*aproximar-se-á dele e ficará ouvindo o que o Criado lhe dirá em voz baixa; depois, contrariado*) – Essa não! Agora?

*E voltar-se-á para olhar os amigos, confuso, perplexo.*

DIEGO (*de pronto*) – É ela?
PRESTINO – Você não pode recebê-la: não deve!
O PRIMEIRO – De fato, enquanto não se resolve a pendência!
DIEGO – Mas não, se não é nem por ela, a pendência!
PRESTINO – Como não? A causa é ela! Em suma, eu, que sou o padrinho, digo que você não deve, não deve recebê-la!
O OUTRO – Perdão, mas não se despacha assim uma senhora, sem nem mesmo saber a que veio!
DIEGO – Eu já não digo mais nada.
O PRIMEIRO (*para Francesco*) – Você podia ouvir!
O OUTRO – Isso! E se por acaso...
FRANCESCO – Fizesse menção de querer falar da pendência?
PRESTINO – Corte na hora!
FRANCESCO – Ora, por mim, eu a mando pro diabo, imagine!
PRESTINO – Tudo bem. Então vá, vá.

*Francesco sairá seguido do Criado.*

DIEGO – O máximo agora seria que ele a aconselhasse a...

*Neste ponto, afastando furiosamente a cortina da varanda, irromperá, vindo do jardim, Michele Rocca, tomado de uma sombria agitação, a custo contida. Está pelos trinta anos, é moreno, semblante macerado pelos remorsos e pela paixão. De seu rosto alterado, de todos os seus modos, ficará claro que está pronto a praticar qualquer excesso.*

ROCCA – Com licença. (*Surpreso por ver-se no meio de tanta gente, o que não esperava*) É aqui? Onde fui entrar?
PRESTINO (*em meio ao espanto dos outros e ao próprio*) – Desculpe-me, mas quem é o senhor?
ROCCA – Michele Rocca.
DIEGO – Ei-lo!
ROCCA (*para* DIEGO) – É o Senhor Francesco Savio?
DIEGO – Eu não. Savio está do lado de lá (*indicará a porta à direita*).
PRESTINO – Mas o senhor, perdão, como é que entrou aqui assim?
ROCCA – Indicaram-me esta entrada.
DIEGO – O porteiro, acreditando que fosse um dos amigos.

Rocca – Não entrou aqui, antes de mim, uma senhora?
Prestino – Quer dizer então que o senhor a seguia?
Rocca – Eu a seguia, sim, senhor! Sabia que ela devia vir para cá.
Diego – E eu também! E previ também a sua vinda, sabe?
Rocca – Coisas atrozes foram ditas a meu respeito. Sei que o senhor Sávio, sem me conhecer, tomou minha defesa. Agora ele não deve, não deve dar ouvidos àquela senhora, sem primeiro saber de mim como são realmente as coisas!
Prestino – Mas agora é inútil, meu caro senhor!
Rocca – Não! Como, inútil?
Prestino – Inútil, sim, sim, inútil qualquer intromissão!
O Primeiro – Há um desafio aceito.
O Outro – As condições estabelecidas.
Diego – E os ânimos, radicalmente mudados.
Prestino (*irritadíssimo, para Diego*) – Por favor, não se imiscua e pare com isso, por Deus, ao menos uma vez!
O Primeiro – Que prazer esse seu de embaralhar ainda mais as coisas!
Diego – Mas não, ao contrário! Ele veio até aqui pensando que Savio o tinha defendido, e eu o faço saber que agora ele não o defende mais.
Rocca – Ah! Agora também ele me acusa!
Diego – E não só ele, creia!
Rocca – Ele também?
Diego – Também eu, sim, senhor. E todos, aqui, como pode ver.
Rocca – Mas naturalmente! Estiveram falando até agora com aquela mulher!
Diego – Não, não, sabe? Nenhum de nós. E tampouco Savio, que agora está do lado de lá, ouvindo-a pela primeira vez.
Rocca – Então como me acusam? E até o senhor Savio, que antes me defendia? E por que então se bate ele com o senhor Palegári?
Diego – Caro senhor, nele – pelo que compreendo – assume – assume formas impressionantes, mas creia que – como dizia eu – há na verdade um pouco de loucura em todos nós. Ele se bate, se quer saber, ele se bate exatamente porque mudou de opinião a seu respeito.
O Primeiro (*de supetão, com os outros*) – Não faça isso! Não lhe dê atenção!
O Outro – Ele se bate porque depois do barulho da noite anterior, Palegári irritou-se...
O Primeiro (*sem dar trégua*) – E o insultou...
Prestino (*como acima*) – E Savio acolheu o insulto e o desafiou...

Diego (*sobrepondo-se a todos*) – Mesmo estando agora todos de acordo...
Rocca (*subitamente, com força*) – Em julgar-me, sem me ouvir? Mas como pôde essa infame mulher atrair todos assim para o lado dela!
Diego – Todos, sim, menos a si mesma.
Rocca – Menos a si mesma?
Diego – Ah, pois é!... Não pense que ela está deste ou daquele lado. Ela nem sabe realmente de que lado está. – E olhe bem dentro de si, também, senhor Rocca, e verá que também o senhor talvez não esteja de lado algum.
Rocca – O senhor está querendo brincar! Anunciem-me, qualquer dos senhores me faça este favor, anunciem-me ao senhor Savio.
Prestino – Mas o que pretende dizer a ele? Repito-lhe que é inútil!
Rocca – E o que sabe o senhor a respeito? Se agora também ele está contra mim, tanto melhor!
Prestino – Mas ele está do lado de lá, agora, com aquela senhora.
Rocca – Tanto melhor! Eu a segui até aqui de propósito. Talvez até seja uma sorte para ela eu encontrá-la na presença de outros... de um estranho que o acaso quis lançar entre nós dois... assim... Oh, Deus, eu estava decidido a tudo, como um cego, e... pelo simples fato de encontrar-me agora aqui, inopinadamente, no meio dos senhores, e ter de falar, de responder... me... me sinto como... como de ânimo desafogado... aliviado... Há tantos dias que não falava com ninguém! E os senhores não sabem o inferno que me queima por dentro! Eu quis salvar aquele que deveria ser meu cunhado, que eu já amava como a um irmão!
Prestino – Salvá-lo? Pela graça de Deus!
O Primeiro – Roubando-lhe a noiva?
O Outro – Na véspera do casamento? Não, não, me ouçam! Roubar-lhe coisa nenhuma! Qual noiva! Nem precisava tanto para salvá-lo! Bastava demonstrar-lhe, tornar-lhe palpável que aquela mulher que ele queria fazer sua pelo casamento podia ser dele, como fora de outros, como poderia ser de qualquer dos senhores, sem necessidade de um casamento!
Prestino – Mas o senhor, entrementes, a tomou dele!
Rocca – Fui desafiado! Desafiado!
O Primeiro – Como?
O Outro – Desafiado por quem?
Rocca – Desafiado por ele! Deixem-me falar! De pleno acordo com a irmã, com a mãe... depois da apresentação que ele fez à família, violentando todos os seus mais puros sentimentos, eu, de pleno

acordo, repito, com a irmã e com a mãe, acompanhei um e outro a Nápoles com a desculpa de ajudá-los a montar a casa (deveriam casar-se dentro de alguns meses). Foi quando aconteceu uma daquelas desavenças costumeiras entre noivos. Ela, enfurecida, afastou-se dele por alguns dias. (*Subitamente, como ofuscado por uma visão tentadora, esconderá os olhos*) Meu Deus! Ainda a vejo como se foi... (*Descobrirá os olhos, mais do que nunca perturbado*) ...porque estava presente quando brigaram. (*Refazendo-se*) Esperei então pelo momento que me pareceu mais oportuno para mostrar a Giorgio a loucura que estava prestes a cometer. É incrível, sim, é incrível! Com a tática comuníssima a todas essas mulheres, ela não quisera jamais conceder-lhe o menor favor...

O Primeiro (*atentíssimo, com todos os outros, à narrativa*) – Entende-se!...

Rocca – E em Capri ela se havia mostrado tão desdenhosa de todos, tão distante e altiva! Muito bem. Ele me desafiou... ele, ele... me desafiou, entendem? Me desafiou a dar-lhe a prova de tudo quanto eu lhe dizia, prometendo-me que, com a prova na mão, iria afastar-se dela, rompendo tudo. E, em vez disso, matou-se!

O Primeiro – Mas como? E o senhor se prestou a isso?

Rocca – Fui desafiado! Para salvá-lo!

O Outro – Mas então, a traição?...

Rocca – Horrível, horrível!

O Outro – É dele contra o senhor?

Rocca – Dele, dele!

O Outro – Matando-se!

Prestino – Inacreditável! Ah, é inacreditável!

Rocca – Que eu me tenha prestado a isso?

Prestino – Não, que ele tenha permitido ao senhor prestar-se a dar-lhe semelhante prova!

Rocca – De caso pensado, porque de repente se dera conta – sabe? – de que ela, desde o primeiro momento em que me viu, ao lado de minha noiva, havia maldosamente procurado atrair-me, atrair-me para si, envolvendo-me na sua simpatia. E foi ele, ele mesmo, Giorgio, quem me fez notar isso! Por isso para mim foi fácil – entendem? – fazer-lhe a proposta naquele momento, dizendo-lhe: "Mas se você bem sabe que até comigo ela se envolveria!"

Prestino – Então – oh, por Deus! – ele quis foi desafiar a si próprio?

Rocca – Deveria ter gritado, fazer-me entender que eu já estava envenenado para sempre e era inútil eu me empenhar em arrancar os dentes da peçonha àquela víbora!

Diego (*explodindo*) – Mas não! Víbora coisa nenhuma, desculpe!
Rocca – Uma víbora, uma víbora!
Diego – Demasiada ingenuidade, meu caro senhor, para uma víbora! Voltar contra o senhor tão depressa – ou melhor, de súbito – os dentes da peçonha!
Prestino – A menos que não tenha feito de propósito para ocasionar a morte de Giorgio Salvi!
Rocca – Talvez!
Diego – E por quê? Se já havia conseguido o seu intento de obrigá-lo a desposá-la! Parece-lhe que a ela poderia convir deixar que lhe arrancassem os dentes antes de atingir seu escopo?
Rocca – Mas ela não o suspeitava!
Diego – Então, que víbora é essa? Vá, vá! Onde já se viu uma víbora que não suspeite? Uma víbora teria mordido depois, não antes! Se mordeu antes, isso quer dizer que ou não era uma víbora ou por Giorgio Salvi quis perder os dentes da peçonha!
Rocca – Mas então o senhor acredita...
Diego – Mas é o senhor que me faz acreditar, perdão, que considera pérfida aquela mulher! Sendo as coisas como o senhor diz, não é lógico para uma pérfida fazer o que fez! Uma pérfida que quer o casamento e se entrega ao senhor tão facilmente...
Rocca (*saltando*) – Entrega-se a mim? Quem lhe disse que ela se entregou a mim? Eu não a possuí, não a possuí! Crê que eu tenha podido pensar em possuí-la?
Diego (*espantando, com os outros*) – Ah, não?
Os Outros – E como? E então...
Rocca – Eu devia ter somente a prova: que não seria frustrado por ela! Uma prova para mostrar a ele...

*Neste ponto, abrir-se-á a porta da direita e aparecerá, perturbado e excitadíssimo, Francesco Savio, que havia estado com Délia Morello, a qual, além de conseguir convencê-lo a não bater-se em duelo com Doro Palegári, parece tê-lo inebriado com sua presença. Decidido, investe logo contra Michele Rocca.*

Francesco – O que há? O que quer o senhor aqui? O que tanto tem para gritar em minha casa?
Rocca – Vim para dizer-lhe...
Francesco – O senhor nada tem a me dizer!
Rocca – Engana-se! Eu preciso falar, e não só com o senhor...
Francesco – Não se atreva, por Deus, a ameaçar!

Rocca – Mas não estou ameaçando! Pedi para falar-lhe...

Francesco – O senhor seguiu até minha casa uma senhora!

Rocca – Expliquei aqui a seus amigos...

Francesco – Pouco me importam as suas explicações! O senhor a seguiu, não negue!

Rocca – Sim! Porque se o senhor quer bater-se com o senhor Palegári!

Francesco – Mas que bater-se coisa nenhuma! Já não me bato mais com ninguém!

Prestino (*espantado*) – Como! O que está dizendo?

Francesco – Não me bato mais!

O Primeiro, Diego, O Outro (*juntos*) – Mas você está louco? – Está falando sério? – É uma enormidade!

Rocca (*ao mesmo tempo, mais alto, escarnecendo*) – Está claro! Ela o seduziu! Ela o seduziu!

Francesco (*tentando atirar-se contra ele*) – Cale-se, ou eu...

Prestino (*postando-se à sua frente*) – Não! Responda primeiro a mim! Você não vai se bater mais com Palegári?

Francesco – Não. Porque não devo por uma tolice de nada agravar agora o desespero de uma mulher!

Prestino – Mas o escândalo será pior, se você não se bater! Com o termo das condições do embate já firmado!

Francesco – Mas é ridículo que eu me bata agora com Palegári!

Prestino – Como ridículo?

Francesco – Ridículo! Ridículo! Já que estamos de acordo! E você bem o sabe! Apenas não vê a hora de encontrar-se no meio de uma dessas palhaçadas! Pra você é uma festa!

Prestino – Mas não foi você quem desafiou Palegári porque ele o insultou?

Francesco – Estupidez! Bem disse Diego! Chega!

Prestino – É incrível, é incrível!

Rocca – Prometeu a ela não bater-se com o seu paladino!

Francesco – Sim! Agora que me vi diante dela...

Rocca – Pelo que lhe fez uma promessa contrária?

Francesco – Não! Mas o senhor vem provocar até em minha casa! O que quer aqui daquela senhora?

Prestino – Deixe estar!

Francesco – Ele a segue desde ontem à noite!

Prestino – Mas você não pode se bater com ele!

Francesco – Ninguém poderá dizer que estou escolhendo um adversário menos temível!

PRESTINO – Não, meu caro! Porque se eu for agora e me puser à disposição de Palegári em seu lugar...
O PRIMEIRO (*gritando*) – Para você será a desqualificação!
PRESTINO – A desqualificação!
ROCCA – Mas eu também posso passar por cima da desqualificação!
O PRIMEIRO – Não! Porque então teria pela frente a nós, que o desqualificamos!
PRESTINO (*para Francesco*) – E você não vai encontrar ninguém que queira representá-lo como padrinho! – Ainda tem o dia inteiro para pensar nisso! Eu não agüento mais ficar aqui e vou embora!
DIEGO – Mas é claro que ele vai pensar! Vai pensar, sim!
PRESTINO (*para os outros dois*) – Vamos embora, nós! Vamos embora!

*Saem todos os três pelo jardim, ao fundo.*

DIEGO (*acompanha-os um pouco, aconselhando*) – Calma, calma, meus senhores! Não precipitem as coisas! (*Depois, voltando-se para Francesco*) E você, veja o que faz!
FRANCESCO – Vá pro diabo você também! (*Investindo contra Rocca*) E o senhor, rua, rua! Fora de minha casa! Estou às suas ordens quando e como queira!

*Neste momento, na entrada da porta à direita, aparecerá
Délia Morello. Logo que avistar Michele Rocca,
de tal modo mudado em relação ao que era, convertido
num outro, sentirá repentinamente cair dos olhos,
das mãos, a mentira de que se armara até então
para defender-se contra a secreta e violenta paixão
com que, desvairadamente, desde o primeiro
encontro, um e outro se viram atraídos e presos, e que
quiseram mascarar diante de si próprios por compaixão,
por interesse em Giorgio Salvi, bradando terem querido,
cada um a seu modo e um contra o outro, salvá-lo.
Agora, despidos dessa mentira, um defronte o outro,
pela compaixão que, de súbito, mutuamente se inspiram,
pálidos e trêmulos, ficarão a olhar-se
durante certo tempo.*

ROCCA (*quase gemendo*) – Délia... Délia...

*E irá até ela para abraçá-la.*

Délia (*desamparada, deixando-se abraçar*) – Não... não... Você está tão mal...

> *E em meio ao assombro e horror dos outros dois, abraçam-se freneticamente.*

Rocca – Minha Délia!
Diego – Veja só o ódio deles! Ah, é por isto? Vê? Vê?
Francesco – Mas é absurdo! É monstruoso! Entre eles está o cadáver de um homem!
Rocca (*sem largá-la, virando-se como fera sobre a presa*) – Sim, é monstruoso! Mas ela tem de ficar comigo! Sofrer comigo, comigo!
Délia (*tomada de horror, desvencilhando-se ferozmente*) – Não, não, vá embora, vá embora, me largue!
Rocca (*arrastando-a, como acima*) – Não! Aqui comigo, com o meu desespero! Aqui!
Délia (*como acima*) – Largue-me, estou dizendo! Largue-me! Assassino!
Francesco – Largue-a, por Deus! Largue-a!
Rocca – E senhor não se aproxime de mim!
Délia (*conseguindo desvencilhar-se*) – Largue-me! (*Enquanto Francesco e Diego seguram Michele Rocca, que quer atirar-se sobre ela*) Não tenho medo de você! Não tenho medo de você! Não, não! Nenhum mal pode vir de você, mesmo que me mate!
Rocca (*ao mesmo tempo, seguro pelos dois, gritará*) – Délia! Délia! Preciso me agarrar a você! Não posso mais continuar sozinho!
Délia (*como acima*) – Não sinto nada! Eu me iludi pensando que sentia compaixão, medo... não, não é verdade!
Rocca (*como acima*) – Mas eu enlouqueço! Larguem-me!
Diego e Francesco – São duas feras! Isto é um horror!
Délia – Larguem-no! Não tenho medo dele! Foi friamente que me deixei abraçar! Não por temor, nem por compaixão!
Rocca – Oh, infame! Eu sei, eu sei que você não vale nada! Mas eu quero você! Eu quero você!
Délia – Qualquer mal – mesmo que me mate – mesmo isso, para mim, será um mal menor! Um outro crime, a prisão, a própria morte! Quero continuar a sofrer assim!
Rocca (*prosseguindo, para os dois que o seguram*) – Não vale nada; para mim o que dá valor a isto, agora, é tudo quanto sofri por ela! Não é amor, é ódio, é ódio!

Délia – Ódio, sim! Também o meu ódio!

Rocca – E o próprio sangue foi derramado por ela! (*Com um movimento violento, conseguindo desvencilhar-se*) Tenha piedade, tenha piedade...

*E a segue pela sala.*

Délia (*fugindo dele*) – Não, não, e você sabe por quê! Ai de você!

Diego e Francesco (*agarrando-o de novo*) – Pelo amor de Deus, fique quieto! Tem de haver-se comigo!

Délia – Ai dele se tentar despertar em mim um pouco de compaixão por mim mesma ou por ele! Não a tenho! Se for compaixão o que os senhores têm por ele, façam com que se vá!

Rocca – Como quer que eu me vá? Você bem sabe que o que se quis foi afogar naquele sangue a minha vida para sempre!

Délia – E você não quis salvar da desonra o irmão da sua noiva?

Rocca – Infame! Não é verdade! Você sabe que a minha e a sua são duas mentiras!

Délia – Duas mentiras, sim, duas mentiras!

Rocca – Você me quis, como eu a quis, desde a primeira vez em que nos vimos!

Délia – Sim, sim, para puni-lo!

Rocca – Eu também, para puni-la! Mas sua vida também, para sempre, se afogou naquele sangue!

Délia – Sim, a minha também, a minha também! (*E correrá para ele qual uma chama, afastando aqueles que o seguram*) – É verdade, é verdade!

Rocca (*de súbito, voltando a abraçá-la freneticamente*) – Portanto, é preciso agora que afundemos os dois juntos, agarrados assim, assim! Não eu sozinho, não você sozinha, os dois juntos, assim, assim!

Diego – Para todo o sempre!

Rocca (*levando-a com ele pela escadaria do jardim e deixando os dois entre assombrados e aterrados*) – Vamos, vamos embora, venha comigo...

Francesco – Mas são dois loucos!

Diego – Porque você não se enxerga.

DESCE O PANO

## Segundo Entreato Coral

*De novo a cortina, tão logo desce no fim do segundo ato, voltará a subir para mostrar o mesmo trecho de corredor que conduz ao palco cênico. Mas desta vez, o público demorará para sair da sala. No corredor, os porteiros, alguns funcionários do teatro, as atendentes das frisas demonstrarão estar apreensivos por terem visto, quase ao término do ato, a Moreno, em vão segura pelos três amigos, atravessar, depressa, o corredor e precipitar-se em direção ao palco. Agora virá da sala um clamor de protestos e aplausos, cada vez mais enfurecido, seja porque os atores chamados à ribalta ainda não terão se apresentado para agradecer ao público, seja porque estranhos berros e ruídos desordenados se farão ouvir através da cortina, no palco, soando ainda mais fortemente aqui no corredor.*

Um dos Porteiros – Que diabo está acontecendo?
Um Outro Porteiro – Pois não é uma "estréia"? A bagunça de sempre!
Um Funcinário – Qual o quê! Estão batendo palmas, e os atores, nada de aparecer!
Uma Garçonete das Frisas – Mas estão gritando em cima do palco, não ouvem?
Segundo Porteiro – E berram também na sala!
Segunda Atendente das Frisas – Será que é por causa daquela senhora que ainda agora passou por aqui?
O Primeiro Porteiro – Deve ser por ela! Eles a seguravam como uma endemoninhada!
Primeira Atendente das Frisas – Ela subiu correndo para o palco!
O Primeiro Porteiro – Já estava querendo subir no fim do primeiro ato.
Uma Terceira Atendente das Frisas – Mas foi o próprio inferno que se desencadeou, não estão ouvindo?

*Duas, três portinholas dos camarotes se abrirão simultaneamente e por elas sairão alguns espectadores consternados, enquanto se ouve, mais forte, o fragor da sala.*

Os Senhores dos Camarotes (*saindo e debruçando-se nas portinholas*) –
– Sim, sim, é mesmo no palco!
– O que há? Estão se espancando?

– Estão berrando, berrando!
– E os atores que não aparecem!

*Outros senhores, senhoras, cada vez mais consternados, sairão dos camarotes para os corredores, olhos postos na portinhola, ao fundo. Logo depois, grande número de espectadores, excitadíssimos, afluirá pela esquerda. Todos gritarão: "O que há? O que há? O que está acontecendo?" Outros espectadores desembocarão, ansiosos, agitados, pela entrada das poltronas e das cadeiras.*

VOZES CONFUSAS – Estão se pegando no palco! – Sim, hei aí, estão ouvindo? – No palco? – Por que, por quê? – E por acaso alguém sabe? – Me deixem passar! – O que aconteceu? – Oh, meu Deus, onde estamos? – Que gritaria é essa? – Deixem-me passar! – O espetáculo terminou? – É o terceiro ato? – Isso deve ser o terceiro ato! – Afastam-se, afastem-se! – Sim, às quatro em ponto. Até logo! – Mas estão ouvindo que estrondo no palco? – Afinal, eu quero ir até o guarda-roupa! – Oh, oh, estão ouvindo? – Mas é um escândalo! – Uma indecência! – Mas por que toda essa barulhada? – Enfim, parece que... – Não se entende nada! – Mas que diabo! – Oh! Oh!, lá no fundo! – Abriram a porta!

*Escancarar-se-á, ao fundo, a portinhola do palco e logo irromperão de lá, por um minuto, os gritos alterados dos atores, atrizes, do Diretor da Companhia, da Moreno e de seus três amigos, os quais farão eco aos brados dos espectadores, que, pouco a pouco, foram se aglomerando diante da portinhola do palco, em meio aos protestos raivosos de alguém que, aborrecido, indignado, quer abrir caminho na multidão para ir embora...*

VOZES DO PALCO (*dos atores*) – Fora! Fora! – Ponham-na pra fora! – Insolente! – Megera! – Desavergonhada! – Terá de responder por isto! – Fora! Fora!
DA MORENO – É uma infâmia! Não, não!
DO DIRETOR DA COMPANHIA – Saia por onde entrou!
DE UM DOS AMIGOS – Mas se trata de uma mulher!
DA MORENO – Fiquei revoltada!
DE OUTRO DOS AMIGOS – É preciso ter respeito por uma mulher!
DOS ATORES – Mulher coisa nenhuma! – Ela subiu aqui pra agredir! – Fora! Fora!
DAS ATRIZES – Megera! Desavergonhada!

Dos Atores – Ela que agradeça a Deus por ser mulher! – Teve aquilo que merecia! – Saia, saia!
Do Diretor da Companhia – Desobstruam este lado aqui, por Deus!
Vozes dos Espectadores Aglomerados (*simultaneamente, entre assobios e aplausos*) – A Moreno! Moreno! – Quem é essa Moreno? – Esbofetearam a Atriz Principal! – Quem? Quem esbofeteou? – A Moreno, a Moreno! – E quem é essa Moreno? – A Atriz Principal? – Não, não, esbofetearam o Autor! – O Autor? Esbofeteado? – Quem? Quem esbofeteou? – A Moreno! – Não, a Primeira Atriz! – O Autor esbofeteou a Primeira Atriz? – Não, não, o contrário! – A Primeira Atriz esbofeteou o Autor! – Mas de maneira nenhuma! A Moreno esbofeteou a Primeira Atriz!
Vozes do Palco – Chega! Chega! – Caiam fora! – Patifes! – Despudorada! – Fora, fora! – Senhores, afastem-se! – Deixem passar!
Vozes dos Espectadores – Fora os baderneiros! – Chega! Chega! – Mas é mesmo a Moreno? – Chega! Fora! – Não, o espetáculo deve prosseguir! – Fora os baderneiros! – Abaixo Pirandello! – Não, viva Pirandello! – Abaixo! Abaixo! – É ele o provocador! – Basta! Basta! – Deixem passar, deixem passar! – Afastem-se, afastem-se!

*A multidão dos espectadores abrirá espaço para deixar passar alguns atores e atrizes, bem como o Administrador da Companhia e o Diretor do Teatro, que pretenderão persuadi-los a permanecer.*
*Na confusa agitação dessa passagem, a multidão de espectadores, que de início se manterá calada, romperá, de quando em quando, em alguns comentários ruidosos.*

O Diretor do Teatro – Mas, por caridade, sejam prudentes! Querem fazer o espetáculo ir por água abaixo?
Os Atores e Atrizes (*ao mesmo tempo*) – Não, não! – Eu me vou! – Vamos embora! – Meu Deus, isto é demais! – É uma vergonha! – Em protesto, em protesto!
O Administrador da Companhia – Mas que protesto? Contra quem protestam os senhores?
Um dos Atores – Contra o Autor! E com justiça!
Um Outro – E contra o Diretor, que aceitou representar semelhante peça!
O Diretor do Teatro – Mas os senhores não podem protestar assim, indo embora e deixando o espetáculo pela metade! Isto é anarquia!

Vozes dos Espectadores em Contraste – Muito bem! – Muito bem! – Mas esses quem são? – Os atores do teatro, não vê? – Não, de maneira nenhuma! – Eles têm razão, eles têm razão!

Os Atores (*concomitantemente*) – Sim, podemos, sim!

O Ator Característico – Já que nos obrigam a representar uma peça *à clef*, à chave.

Vozes de Alguns Espectadores Ignorantes – À chave? – Onde? Por que à chave? – Uma peça à chave?

Os Atores – Sim, senhores! Sim senhores!

Vozes de Outros Espectadores, que Sabem – Mas sim! – Sabia-se disso! – É um escândalo! – Todos estão sabendo! – O caso da Moreno! – Está aqui; foi vista no teatro! – Correu para o palco. – Esbofeteou a Primeira Atriz!

Os Espectadores Ignorantes e Favoráveis (*ao mesmo tempo e em grande confusão*) – Mas ninguém a percebeu! – A peça está agradando! – Queremos o terceiro ato! – Temos direito a isso! – Muito bem! Muito bem! – E há o direito do público que pagou!

Um dos Atores – Mas nós também temos direitos a serem respeitados.

Um Outro – Então vamos embora! Eu, por mim, já estou indo!

A Atriz Característica – Além do mais, a Primeira Atriz, essa já foi!

Vozes de Alguns Espectadores – Foi embora? – Como? – Por onde? – Pela porta do palco?

A Atriz Característica – Porque uma espectadora foi ao palco para agredi-la!

Vozes dos Espectadores em Contraste – Para agredi-la? – Sim, senhores, a Moreno! – E tinha razão! – Mas quem? Quem? – A Moreno? – E por que a agrediu? – A Primeira Atriz?

Um dos Atores – Porque se reconheceu na personagem da peça!

Um Outro Autor – E julgou que fôssemos cúmplices do Autor na difamação!

A Atriz Característica – Diga agora o público se deve ser esse o prêmio por nosso estafante trabalho!

O Barão Nuti (*seguro, como no primeiro entreato, por dois amigos, mais transtornado e convulso do que nunca, adiantando-se*) – É verdade! É uma infâmia inaudita! E os senhores têm todo o direito de se rebelar!

Um dos Amigos – Não se comprometa! Vamos! Vamos!

O Barão Nuti – Uma verdadeira iniquidade, senhores! – Dois corações no pelourinho! Dois corações, que ainda sangram, expostos no pelourinho!

O Diretor do Teatro (*desesperado*) – O espetáculo está passando agora do palco para o corredor!
Vozes dos Espectadores Contrários ao Autor – Tem razão, tem razão! – São infâmias! – Isto não é lícito! – A rebelião é legítima! – É uma difamação!
Vozes dos Espectadores Favoráveis – Qual o quê! Qual o quê! – Isso não vem ao caso! – Onde está a calúnia? – Difamação nenhuma!
O Diretor de Teatro – Mas, meus senhores, estamos no teatro ou numa praça?
O Barão Nuti (*agarrando pelo peito da camisa um dos espectadores favoráveis, enquanto todos, quase aterrados com o seu furor e com o seu aspecto, calar-se-ão, perplexos*) – Diz o senhor que é lícito fazer isto? Pegar a mim, vivo, e pôr-me em cena? Fazer com que eu me veja ali, com o meu tormento vivo, diante de todos, a dizer palavras que jamais disse, praticando atos que jamais pensei praticar?

*Do fundo, diante da portinhola do palco, no silêncio que sobrevém, destacar-se-á, qual uma resposta, as palavras que o Diretor da Companhia dirá naquele momento à Moreno, arrastada até ali em prantos, com as vestes descompostas e quase desmaiada, por seus três acompanhantes. Logo às primeiras palavras, todos se voltarão para o fundo, abrindo espaço, e Nuti largará o espectador por ele atacado, voltando-se também e perguntando: "O que há?"*

O Diretor da Companhia – Mas a senhora pode bem ver que nem o Autor nem a Primeira Atriz a conheciam!
A Moreno – A minha própria voz! Os meus gestos, todos os meus gestos! Eu vi a mim mesma! Eu me vi ali!
O Diretor da Companhia – Mas por que quis reconhecer-se?
A Moreno – Não, não, não é verdade! Porque foi o horror, isso sim, o horror de ver-me representada ali, naquele ato! Mas como? Eu, eu abraçar aquele homem? (*De repente, avistará Nuti quase à sua frente, dará um grito, levantando os braços para esconder o rosto*) Ah, meu Deus! Ali está ele, ali está ele!
O Barão Nuti – Amélia, Amélia...

*Comoção geral dos espectadores, que mal acreditarão nos próprios olhos ao reencontrar diante de si, vivas, as mesmas personagens e a mesma cena, vistas no fim do segundo ato, e isso eles o demonstrarão não só com a expressão do rosto mas com breves comentários feitos em voz baixa e algumas exclamações.*

Vozes dos Espectadores – Olhe só! – Ali estão eles! – Oh, oh! – Os dois! – Refazem a cena! – Olhe, olhe!
A Moreno (*incitando seus acompanhantes*) – Tirem-no da minha frente! Tirem-no da minha frente!
Os Acompanhantes – Sim, vamos, vamos!
O Barão Nuti (*atirando-se sobre ela*) – Não, não! Você tem de vir comigo! Comigo!
A Moreno (*desvencilhando-se*) – Não! Largue-me, largue-me! Assassino!
O Barão Nuti – Não repita o que fizeram você dizer lá em cima!
A Moreno – Largue-me! Não tenho medo de você!
O Barão Nuti – Mas é verdade, é verdade que devemos punir-nos juntos! Você não ouviu? Agora todos já estão sabendo! Venha comigo, venha!
A Moreno – Não, largue-me! Maldito! Eu odeio você!
O Barão Nuti – Estamos afogados, realmente afogados no mesmo sangue! Venha, venha!

*E a arrastará consigo, desaparecendo pela esquerda, seguidos por grande parte dos espectadores, em meio a rumorosos comentários: – "Oh, oh! – Não parece verdade! – É inacreditável! – Medonho! – Mas veja os dois ali! – Délia Morello e Michele Rocca!"*
*– Os outros espectadores, que permaneceram no corredor em bom número, segui-los-ão com os olhos, fazendo, sem tirar nem pôr, os mesmos comentários.*

Um Espectador Idiota – E dizer que ficaram revoltados! Revoltados... e depois fizeram como na peça!
O Diretor da Companhia – Veja só! Teve a coragem de vir agredir minha primeira atriz no palco! – "Eu, abraçar aquele homem?"
Muitos – É incrível! É incrível!
Um Espectador Inteligente – Mas não é isso, senhores: é naturalíssimo! Eles se viram como em um espelho e se revoltaram, sobretudo diante daquele último gesto deles!
O Diretor da Companhia – Mas foi exatamente aquele gesto que eles repetiram!
O Espectador Inteligente – Exato. Corretíssimo! Tiveram de fazer diante dos nossos olhos, sem que o quisessem, aquilo que a arte havia previsto!

*Os espectadores aprovarão, alguns aplaudirão e outros hão de rir.*

O Primeiro Cômico (*que terá aparecido diante da portinhola do palco*) – Não creia nisso, senhor. Aqueles dois ali? Veja: são o primeiro cômico, que representou de maneira convincente o papel de Diego Cinci na peça. Mas saíram pela porta, aqueles dois ali... Suas Senhorias não assistiram ao terceiro ato!
Os Espectadores – Ah, de fato! – O terceiro ato! – O que ocorria no terceiro ato? – Conte-nos! Conte-nos!
O Primeiro Cômico – Pois é, coisas, coisas, meus senhores... E depois... depois do terceiro ato... coisas, coisas!

*E assim dizendo, sairá de cena.*

O Diretor do Teatro – Perdão, senhor Diretor, acha que pode segurar o público aqui como num comício?
O Diretor da Companhia – E o que quer de mim? Mande dispersar!
O Administrador – Tanto mais que o espetáculo já não tem como continuar: os atores foram embora.
O Diretor da Companhia – E por isso recorre a mim? Ponha um aviso e mande as pessoas embora.
O Diretor do Teatro – Mas por certo restou público dentro do teatro!
O Diretor da Companhia – Está bem! Para o público que permaneceu no teatro, eu me apresentarei agora à frente da cortina e o despacharei com duas palavras!
O Diretor do Teatro – Sim, sim, vá, então vá, senhor Diretor! (*E enquanto o Diretor da Companhia se dirige para a portinhola do palco cênico*) Vamos saindo, vamos saindo, meus senhores, dispersem-se, dispersem-se, por favor, o espetáculo terminou.

*Cai o pano e, logo após, o Diretor da Companhia arredará uma das bandas, para apresentar-se na ribalta.*

Diretor da Companhia – Lamento anunciar ao público que em virtude dos desagradáveis incidentes ocorridos ao fim do Segundo Ato, a representação do terceiro não mais poderá ter lugar.

FIM

# PRESENÇA DE PIRANDELLO NO BRASIL*

*Annateresa Fabris e Mariarosaria Fabris*

Embora seja um autor bastante estudado nos cursos de Literatura Italiana, Pirandello nunca foi objeto de uma análise sistemática que evidenciasse sua fortuna crítica no Brasil ou o possível diálogo de dramaturgos e escritores brasileiros com sua vasta produção. Quando muito, foi proposto um paralelo entre seu humorismo e a ironia de Machado de Assis, como atestam a introdução de Cândido Motta Filho a uma coletânea de novelas (1925) e a dissertação de Mestrado, "Pirandello e Machado de Assis: um Estudo Comparado" (1989), de Sérgio Mauro. Esta apresentação, portanto, constitui um primeiro levantamento da presença do autor siciliano no Brasil.

É no decorrer dos anos 20 que começa a manifestar-se entre nós o interesse pelo Pirandello novelista, concomitantemente com a divulgação de sua atividade dramática, levada adiante por companhias brasileiras e estrangeiras, na esteira do sucesso italiano e internacional. Em 1925, graças ao empenho de Antonio Tisi, dono da Livraria Italiana de São Paulo, são publicadas algumas das *Novelle per un anno*, sob o título de *Novelas Escolhidas;* esta edição constitui uma das primeiras traduções mundiais da novelística pirandelliana[1].

---

\* Este texto, publicado originariamente em italiano no vol. 5 da revista norte-americana *Pirandellian Studies* (1995), foi atualizado para a presente edição.

1. Cf. Corrado Simioni, *"Introduzione"*, *in* Luigi Pirandello, *Novelle per un anno. In silenzio.* Milano, Mondadori, 1984, p. XXX.

Quanto ao teatro, a primeira montagem de uma peça de Pirandello da qual se tem notícia é de 1924: trata-se de *Pois é isso...* [*Così è (se vi pare)*], que a Companhia Brasileira de Comédias Jaime Costa apresentou na capital e nas cidades do interior do Estado de São Paulo. No ano seguinte, esse mesmo espetáculo é encenado pela Compagnie Dramatique Française de Victor Francen [*Chacun sa vérité*] e pela Compagnia Italiana Maria Melato-Annibale Petrone. Em 1927, a Compagnia del Teatro d'Arte di Roma, dirigida pelo próprio Pirandello, traz para São Paulo e Rio de Janeiro *L'amica delle mogli, Come tu mi vuoi, Come prima, Meglio di prima, Seis Personagens à Procura de um Autor* [*Sei personaggi in cerca d'autore*] e *Henrique IV* [*Enrico IV*]. Dois anos mais tarde, esta última peça voltará a ser proposta pela Compagnia Drammatica Italiana del Teatro d'Arte di Milano, com o mesmo Ruggero Ruggeri que, em 1922, havia determinado seu sucesso na Itália.

Os aplausos que, naquele momento, o autor italiano colhia em todos os campos correspondem perfeitamente às expectativas de um escritor e crítico moderno como Oswald de Andrade[2], que o havia descoberto como dramaturgo em 1923, em Paris, cidade da qual parte o reconhecimento internacional de Pirandello. Num artigo publicado pelo Correio Paulistano, "Anunciação de Pirandello" (29 de junho de 1923), Oswald de Andrade analisa a montagem de *Seis Personagens à Procura de um Autor* na Comédie des Champs-Elysées. Se o título do artigo é epifânico, igualmente epifânica parece ser a visão que o escritor tem de Pirandello, legítimo herdeiro de Henrik Ibsen e Ernest Mazeaud:

> A primeira impressão de quem entra para ver essa assustadora reforma cênica é que não há espetáculo. O teatro está aberto e nu. Pano levantado, bastidores de costas, mangueiras preparadas para um caso de incêndio, um piano, cartazes indicadores do horário dos artistas – toda a engrenagem anarquizada de uma caixa em dia de ensaio.

Quando começa a ação, o público e o crítico estão fascinados: um dos personagens incompletos

fala numa ânsia sugestiva, emocionado. Explica melhor, para o espanto crescente da banal assembléia de artistas: – a natureza prossegue, na imaginação, num plano

---

2. Em 1943, Oswald de Andrade, na época militante do Partido Comunista Brasileiro, revê sua posição em relação a Pirandello, condenando nele o aspecto politicamente anti-revolucionário e o afastamento daquilo que ele considerava o verdadeiro objetivo da arte teatral. Ver *Ponta de Lança*, Rio de Janeiro, Civilização Brasileira, 1972, p. 87.

superior, o seu trabalho de criação. O drama daquelas pessoas existe, existe em cada uma, precisa ser ordenado e levado a cabo. [...] Porque, de um lado, é de fato a vida que fala, o assunto sangrento, lama e estrela, a febre da crua realidade, do outro, as convenções bem-educadas que procuram dar um ritmo à matéria candente e apenas arrastam mais a sua ânsia de finalidade. Domina o quadro a duplicidade das grandes aglomerações atuais, onde uma complicação de consciência e de cerebralismo dá a nota central.

Tornando sua a idéia da "vida mental" de Simmel, Oswald de Andrade se inseria na grande corrente do pirandellismo, que terá êxito também no Brasil e não só naquele momento.

Visto como um intelectual da estatura de um Einstein, de um Freud e de um Uexkul, o Pirandello que Candido Motta Filho apresenta, na introdução de *Novelas Escolhidas* (1925), é o equivalente literário das grandes renovações da ciência moderna, por enfrentar um dos problemas cruciais da modernidade: a ilusão da aparência. Atento ao "fato psicológico do *processus* da personalidade e da fixação da consciência coordenadora", Pirandello não deve ser considerado um pessimista. É antes um humorista, animado pelo "sentimento do contrário", que o iguala a Swift, a Sterne, a France, a Proust e a Machado de Assis:

[...] põe diante do leitor o verso e o reverso, as duas faces do problema [...], nas cenas mais comoventes, nas cenas mais sentimentais, surge um aspecto ridículo, um aspecto burlesco, um aspecto que cria uma situação de real e puro humorismo.

Um humor doloroso porque profundo e filosófico, centrado no "desperdício de personalidade" que nasce do confronto entre o homem e o mundo, daquele "erro antropocêntrico" que está na base da consciência moderna. Em sua obra-prima, *O Falecido Matias Pascal* [*Il fu Mattia Pascal*], que Motta Filho compara a *Brand*, de Ibsen, a *Um Homem Acabado*, de Papini e a *O Fogo*, de D'Annunzio, Pirandello explicita sua concepção de arte, baseada na autovisão, mas transformada em emoção estética:

[...] a realidade tumultuante e vertiginosa da vida exterior, o instante estético, o momento artístico emanado da consciência especializada do artista que tem o dom de ligar os fragmentos, de harmonizar os contrastes, de compor a unidade integral, de tecer a vida universal e eterna das grandes criações.

Um autor inumano, que desarticula o homem até transformá-lo em fragmentos, que se interessa só pelos estados de espírito é, ao contrário, a visão que Tristão de Ataíde tem de Pirandello em *Estudos – 2ª*

*Série* (1928). A originalidade do escritor italiano reside justamente no fato de ter reduzido o homem a uma abstração, a uma série de peças de um mosaico que fazem perder de vista o organismo e com ele as noções de unidade, de fusão e de concatenação. O homem que surge a partir dessa concepção é complexo e trágico, assiste à própria desarticulação, mas não se resigna a ela. Ser que se sente abandonado, o homem de Pirandello

> vê a contingência em todas as coisas, mas não se resigna à contingência. [...] Vê a alegria maculada de dissolução, vê os ímpetos mais desinteressados em perpétua dilaceração recíproca, vê os homens fechados entre si, fechados em si mesmos, incompreendidos e incompreensíveis, vê tudo isso, vê todo esse abandono, e no entanto não pode mais entreabrir-se num sorriso de desprendimento e quando ri, é de esquecimento ou de sarcasmo.

Se existem limitações em Pirandello, elas devem ser buscadas na transformação de uma verdade parcial em verdade absoluta, no fato de ter elevado a sistema o relativismo psicológico, a negação da imanência e da transcendência, o gosto da aparência. Mas, ao mesmo tempo, Pirandello é para Tristão de Ataíde – que faz suas as palavras de Starkie – o arauto da falência do Super-homem, comparável nisso a Spengler, o profeta da decadência da Supercultura ocidental. Autor extremamente moderno, Pirandello não só testemunhou o estado de abandono no qual vive o homem do século XX. Fez mais: quebrando uma estrutura que parecia eterna, tornou os homens perplexos e desesperados, mas talvez "mais humanizados pela supressão de uma fé excessiva no 'Homem' ", levando-os, quem sabe, mais para perto da Verdade.

A idéia do homem-mosaico é retomada por Oscar Mendes no livro *Papini, Pirandello e Outros*, publicado em 1941. Comparado a um desenho cubista por seu aspecto facetado, o homem pirandelliano proposto por Mendes corresponde plenamente ao pirandellismo com seu ver-se viver, com seu oscilar entre pessoa e personagem, com a desproporção que existe entre sua natureza medíocre e tímida e as situações difíceis que tem que enfrentar. Igualmente derivada do pirandellismo é a tipificação que Mendes faz da poética do autor, em cuja complexidade estaria o porquê de sua rarefeita presença no panorama cultural brasileiro:

> A sua arte estranha, seca, misteriosa e surpreendente, oscilante entre o trágico e o grotesco, quando não hibridamente misturando-os, o seu inóspito cerebralismo, a sua dúvida ansiosa, o seu hamletismo desorientador e dessorante, tudo conspira para afastar do escritor siciliano a média do público ledor.

Querendo negar o pirandellismo, que concebe como uma filosofia primitiva e nada original, baseada na dúvida e no ceticismo, Cláudio de Souza acaba, porém, por confirmá-lo, graças a uma série de categorias que constituem o *leitmotiv* de *Pirandello e seu Teatro* (1946). *Raisonneur* risonho, o escritor siciliano distingue-se pela adesão a uma prosa filosófica, pela tendência a fazer das próprias obras a demonstração de uma tese, o palco no qual se explicitam os discursos da razão. Disso derivam a falta de verossimilhança e de humanidade de seus escritos, seu ambiente "quase sempre metafísico, abstrato, ideológico, ou simbólico". O teatro de Pirandello se encaixa totalmente numa fórmula que Cláudio de Souza retoma da interpretação mais corrente sobre o escritor siciliano:

> O drama é todo da razão. Sobe do instinto e do coração para o cérebro, do choque sentimental para a elaboração da inteligência, da linguagem do preconceito para o diálogo conceituoso. [...] É ele mesmo como *ragionatore* o personagem central de suas peças. [...] Em todo o teatro pirandelliano o que se nota é sempre a tendência verbalista, filha da dúvida, e também, ou principalmente, do pavor do obstáculo, do medo da luta, que, pregando a submissão sem combate às leis do destino, e compreendendo quanto esta atitude passiva é censurável, se esvai em uma polêmica ininterrupta, em uma controvérsia sem fim para, com auxílio de paradoxos e inversões especiosas, justificar a própria inércia, a inata abulia.

Num livro de divulgação, *Todo o Teatro de Pirandello (Narrado, Comparado e Explicado ao Povo)*, datado de 1956, o jornalista Carlo Prina analisa vinte e três comédias do escritor, que procura salvaguardar do pirandellismo graças à idéia reiterada da humanidade de seus personagens, "mesmo quando parecem esquisitos ou grotescos, com seus sofismas e seus paradoxos, que os obrigam a grande tensão espiritual, aparecendo, à primeira vista, arbitrários, estrambóticos, ilógicos, e mesmo loucos"[3].

Embora destaque esse fundo humanista de Pirandello, Prina não deixa de referir-se ao pessimismo do escritor – que atribui à estada na Alemanha e à conturbada experiência matrimonial –, recuperando-o e atenuando-o, porém, ao subordiná-lo enfim "a necessidades artísticas e às visões de sua fantasia prodigiosa na procura do inédito". Depurada da acusação de cerebralismo, a poética de Pirandello resume-se, para o autor, em dois elementos básicos: "sentir o *Homem* como força, e fustigar a sociedade e as incongruências da lei como *Organização*".

---

3. Desse conceito deriva o adjetivo *pirandelo*, que, no interior do Estado de São Paulo, designa uma pessoa de comportamento esquisito.

Em seguida, Prina – retomando o argumento clássico de Tilgher sobre o dualismo da Vida e da Forma[4] – destaca dois momentos na obra pirandelliana: o primeiro, caracterizado por um estilo duro, áspero, preciso, no qual os personagens são "vidas fixadas na forma"; o segundo, em que os personagens vivem de sensações, o que permite ao escritor evadir-se da prisão da matéria.

A negação do pirandellismo é também a proposta de Sábato Magaldi que, em 1964, faz da análise de *Vestir os Nus* [*Vestire gli ignudi*] o pretexto para repensar a obra do autor siciliano. Magaldi, que quatro anos antes[5] havia se referido a um Pirandello popular, localizável em comédias como *O Jarro* [*La giara*] e *O Homem, a Besta e a Virtude* [*L'uomo, la bestia e la virtù*], concentra na tragédia de Ersilia Drei todas as qualidades criativas do autor – revelação das traições, da fragilidade dos sentimentos, do jogo inútil da culpa e da certeza, da falta de horizontes, do desespero como estigma – e as iguala às da literatura moderna, interessada nos aspectos mais dolorosos da condição humana. Precursora da expressão do absurdo contemporâneo, *Vestir os Nus* é comparada a *Entre Quatro Paredes*, de Sartre. Em ambas, a ação é determinada por um fato irremediável: mas, enquanto a visão de Pirandello é pessimista, o filósofo francês propõe a possibilidade da livre escolha em determinadas circunstâncias.

Igualmente negadora do pirandellismo é a diretriz de outro ensaio, *O Cenário no Avesso (Gide e Pirandello)*, que o mesmo Magaldi dedica ao dramaturgo em 1977. Contrapondo-se à idéia cristalizada de um autor que deixa de lado a ação para dar lugar às idéias, Magaldi define o teatro pirandelliano como um misto de paixão e razão, justificando sua tese com vários exemplos extraídos de *Seis Personagens à Procura de um Autor* [*Sei personaggi in cerca d'autore*], *Cada Um a seu Modo* [*Ciascuno a Suo Modo*], *Esta Noite se Representa de Improviso* [*Questa sera si recita a soggetto*] e *Os Gigantes da Montanha* [*I giganti della montagna*].

4. Prina elabora uma lista de dramaturgos "pirandellianos" retomando, em boa parte, a estabelecida por Silvio D'Amico desde 1935: O'Neil, Goetz, Lakatos, Savoir, Achard, Amiel, Bernstein, Giraudoux, Gentillon, Poliakoff, Grommelink, Prestley, Sartre, Camus e o De Filippo de *Filumena Marturano*. Em 1960, o autor escreve um complemento ao livro de 1956, no qual atualiza o comentário sobre algumas peças, analisa outras e estabelece uma relação sucinta entre Pirandello e o cinema.

5. Ver "Pirandello Popular", escrito em setembro de 1960, por ocasião da turnê brasileira do Teatro Stabile della Città di Torino, que apresentou *O Homem, a Besta e a Virtude* no âmbito da mostra "Il sentimento popolare nel teatro italiano" [O Sentimento Popular no Teatro Italiano]. O artigo voltou a ser publicado em 1989 em *O Texto no Teatro* (pp. 230-233).

Se, num primeiro momento, Pirandello era levado pelo sentimento da incomunicabilidade, motivo pelo qual via no teatro um equívoco e no intérprete um deturpador do texto literário, com o passar dos anos e, sobretudo, depois do encontro com Marta Abba, dá importância ao papel do ator, no qual detecta um exercício de verdade, a capacidade de viver a ficção até as últimas conseqüências.

O teatro no teatro, *leitmotiv* da produção pirandelliana, é visto por Magaldi como estímulo à auto-reflexão na última obra do escritor, *Os Gigantes da Montanha*, na qual é explicitada uma concepção amarga do papel da arte e de suas relações com o público. Apesar disso, Pirandello parece distanciar-se do hermetismo anterior, no qual o homem era desmembrado, e entrevê, numa arte impregnada de vida e na recomposição do indivíduo, uma nova catequese poética.

Para Aurora Fornoni Bernardini, os temas centrais da poética pirandelliana devem ser procurados em sua formação burguesa. Os motivos da família, da força das convenções, do pudor dos sentimentos, da conduta feminina correta, contra os quais o escritor reagirá a exemplo de seus personagens, foram-lhe inculcados desde pequeno; transformados em matéria artística, serão o espelho de uma crise que Pirandello atribui ao homem do início do século XX.

O conflito entre o eu e os outros, que desemboca na construção do personagem, é o ponto central dessa crise. É dela que Aurora Bernardini faz brotar a dramaturgia pirandelliana, centrada numa minuciosa pesquisa lingüística, na concepção do humorismo como sentimento do contrário, numa visão do personagem como ponto de confluência entre forma e movimento expressivo, numa orquestração calibrada do fato cênico.

Personagem e pessoa, como Magaldi também havia assinalado, distinguem-se por uma densidade humana diferente: se o primeiro é unívoco, a segunda é variável e relativa. Nessa contraposição, inspirada em Claudio Vicentini (*L'estetica di Pirandello*, 1970), a autora encontra a "proposta ideal" da poética pirandelliana: uma síntese de humanismo e esteticismo, que deve ser procurada na idéia da arte como mundo superior e mais verdadeiro (acima da crise), como representação e expressão da condição crítica do homem.

Se esses são aspectos positivos da poética pirandelliana, Aurora Bernardini não deixa de focalizar o que considera seu ponto fraco – a conciliação política proposta no fim do roteiro cinematográfico de *Acciaio*, que destoaria do momento político –, passando por cima, porém, da relação do autor com o fascismo, a qual, sem dúvida, poderia esclarecer essa atitude.

Ao contrário da maior parte da crítica, não só brasileira, que, quase sempre, se debruçou sobre a obra dramática de Pirandello, Alfredo Bosi, em "*Itinerario della narrativa pirandelliana*", propõe-se a delinear o que denomina o "itinerário ídeo-expressivo" do autor siciliano. Ao analisar várias novelas e os romances de Pirandello, Bosi estabelece quatro momentos em sua narrativa.

O primeiro é constituído pelas novelas "exemplares" e "campestres" e pelos romances da juventude, *A Excluída* [*L'esclusa*] e *Il turno*. Se é verdade que neles ainda ressoam ecos veristas e regionalistas, aos poucos substituídos pelo psicologismo, também é verdade que alguns dos temas pirandellianos já estão presentes nesta primeira fase, principalmente o dissídio entre consciência e sociedade, expresso no mal-estar do homem contemporâneo – "ator involuntário de um *papel* no drama social" – que, ao intuir a própria solidão no meio daqueles que o rodeiam, acalenta um desejo de evasão (representado pelo suicídio, pela falsa morte, pela loucura, verdadeira ou não).

O segundo momento corresponde à maturidade expressiva do autor e vai de *O Falecido Matias Pascal* ao início da atividade teatral, nova forma artística, a qual, como sublinha Bosi, se revelará "mais adequada para radicalizar a problemática que vinha amadurecendo nas novelas e nos romances e, também, mais propícia para uma comunicação viva e imediata com o público".

Em *O Falecido Matias Pascal*, com um fôlego narrativo muito mais amplo, voltam os motivos das primeiras novelas transformados no "amargo sentimento do exílio", isto é, naquela constatação da "impossibilidade da evasão social absoluta", constatação que não é aceitação, integração passiva, pois a aspiração à fuga, gerada pelo sentimento da solidão, não é superada. Ao contrário, este é o momento em que se impõe incisivamente na narrativa pirandelliana o desdobramento da personalidade, na trágica oposição entre viver e ver-se viver. Esse desdobramento do eu não só constituirá o grande tema de seu teatro de *Pois é Isso...* a *Quando si è qualcuno*, mas estará ainda presente em obras narrativas posteriores: em várias novelas e nos romances *Suo marito*, *Cadernos de Serafino Gubbio Operador* [*Quaderni di Serafino Gubbio operatore*], *Uno, nessuno e centomila*.

O humorismo, aquele "sentimento do contrário", que nasce dessa cisão entre ser e parecer, já presente nos primeiros romances, encontrará seu complemento em *Os Velhos e os Moços* [*I vecchi e i giovani*], escrito no mesmo período do ensaio sobre o humorismo. Embora a estruturação da obra possa levar a pensar num romance tipicamente oitocentista, a atitude em relação ao grotesco e à máscara presente na descrição dos personagens, que corresponde a uma necessidade de trazer à luz traços psicológicos e morais da personalidade humana, faz de *Os Velhos e os Moços* um precursor daquela tendência que, alguns anos mais tarde, levará o teatro italiano a superar a mera descrição realista.

Mais do que esse romance, é *Cadernos de Serafino Gubbio Operador* que para Bosi representa "o verdadeiro e imediato prefácio do teatro, o drama *in nuce* dos personagens que formarão a mais vistosa encarnação dos problemas pirandellianos e, em certo sentido, daquele fenômeno cultural que se pode chamar "pirandellismo".

O operador, espectador do comportamento social alheio, cuja vaidade denuncia, é herdeiro direto de Matias Pascal e de Dom Cosme Laurentano de *Os Velhos e os Moços*. É de sua observação que nasce o humorismo, de sua perspectiva absoluta, que se torna possível graças à forma de diário do romance. O caráter de monólogo da obra, porém, não leva Bosi a aproximar Pirandello de Joyce ("fluxo de consciência") ou de Proust (conteúdos tirados da memória) mas antes do Leopardi de *Opúsculos Morais*, enquanto o afasta dos futuristas na medida em que Serafino Gubbio despreza a civilização mecânica que eles exaltavam.

No terceiro momento também, que vai até a conclusão de *Uno, nessuno e centomila*, o tema principal é o dissídio entre o que cada um acredita ser para si mesmo e como aparece aos olhos dos outros. Mas Vitangelo Moscardo não é mais uma personagem que se vê viver. Já é "o homem diante do espelho: aquele homem em busca de sua verdadeira imagem, ao mesmo tempo esperançoso e desesperançado de achá-la, além de todo fingimento, de toda automistificação".

Na última fase de seu itinerário narrativo, animado por um novo sentimento da realidade, Pirandello, tendo se livrado do "pesadelo relativista", assume seu caráter lírico, já revelado em *Uno, nessuno e centomila*. Nos dramas, nas novelas e em *Adamo ed Eva*, romance ideado mas não escrito, a alma pirandelliana liberta-se do passado, da história, perde-se na natureza e foge para outra realidade, o mundo dos sonhos, dos desejos inconscientes.

Embora este último momento da prosa de Pirandello coincida cronologicamente com o Surrealismo, Bosi tem muitas reservas quanto a uma aproximação apressada, pois o autor siciliano estaria sempre em busca de uma racionalidade mesmo no irracionalismo.

Está baseada também na narrativa pirandelliana a dissertação em que Sérgio Mauro propõe um estudo comparado entre Pirandello e Machado de Assis, irmanados por um pessimismo *histórico* que em ambos se transformará em pessimismo *natural*.

Segundo o autor, nos dois escritores esse pessimismo deriva da decepção em relação à sociedade na qual estavam inseridos. Se, em Pirandello, a decepção se originava da traição, para a sua geração, da esperança depositada nos ideais que haviam levado à unificação da Itália, em Machado de Assis nascia da nostalgia por um passado "nobre", isto é, por aqueles valores morais e culturais que haviam caracterizado a sociedade brasileira até o fim do II Império e que, com o advento da República, haviam sido substituídos pela frivolidade e pela ignorância da burguesia ascendente.

Ao analisar *O Falecido Matias Pascal* e *Memórias Póstumas de Brás Cubas*, Mauro mostra como a morte (civil ou natural) permite aos dois narradores – o primeiro, "fora da vida"; o segundo, defunto – estar em condições especiais para poder fazer sua crítica à sociedade. No romance de Pirandello, os acontecimentos, apresentados em chave grotesca, são narrados em tom caricatural por um narrador humorista e levam àquele "sentimento do contrário" eivado de piedade pelo destino dos homens, incapazes de se subtraírem à prisão das formas. No de Machado de Assis, ao contrário, o narrador cínico se mantém afastado dos fatos que narra com sutil ironia, quase com sarcasmo, não experimenta nenhum sentimento de piedade, zomba do leitor.

O ver-se viver de Pirandello corresponde, em Machado de Assis, à condenação a viver que a Natureza impõe ao homem, o que o leva a desenvolver um humor no qual a ironia de Sterne se mistura com o pessimismo de Schopenhauer ou do Leopardi do *Zibaldone di pensieri*[6].

\*\*\*\*\*

Esta breve resenha sobre a recepção crítica de Pirandello no Brasil não seria completa se nos limitássemos às edições brasileiras de suas obras. Embora haja grandes hiatos entre as traduções de novelas e romances, não devemos esquecer que Pirandello, muitas vezes, era lido diretamente em italiano, em francês ou em espanhol, como demonstram Candido Motta Filho que, no prefácio de 1925, já se refere a *O Falecido Matias Pascal* e a *Seis Personagens à Procura de um Autor*, e Tristão de Ataíde, que, no ensaio de 1928, define esta última como "um momento capital no teatro de todos os tempos e de todos os povos".

---

6. Ao assinalar a presença de Leopardi no pensamento de Machado de Assis, Sérgio Mauro retoma uma idéia já desenvolvida por Alfredo Bosi num estudo sobre este escritor.

A falta de traduções não impediu, sobretudo entre os anos 20 e 40, o público interessado de penetrar no universo pirandelliano, o que permite desmentir, em parte, a afirmação de Oscar Mendes quanto a uma presença marginal do escritor no Brasil. Se é verdade que, até o início da década de 40, as traduções de Pirandello se resumiam às *Novelas Escolhidas* (1925, 1932) e a *O Falecido Matias Pascal* (1933, 1941), por outro lado não podemos esquecer o interesse que o dramaturgo desperta de 1924 em diante.

Nesse sentido, é muito importante lembrar que a primeira montagem brasileira de Pirandello foi de uma companhia como a de Jaime Costa, especializada em *vaudeville* e em comédias de costumes. Embora seja provável que Costa não tivesse alcançado plenamente o significado da proposta pirandelliana, encenar o autor italiano fora, porém, "obra de coragem e de ambição artística"[7], num momento em que o teatro local não havia sido tomado por aquele mesmo desejo de renovação que começava a caracterizar a literatura e as artes visuais. O próprio autor teve a oportunidade de assistir a esta apresentação no Rio de Janeiro, em 1927, quando de sua turnê com a Compagnia Del Teatro d'Arte di Roma, sendo, na ocasião, homenageado pela Academia Brasileira de Letras (15 de setembro).

Se Pirandello possibilitou a um encenador popular como Jaime Costa uma abertura para peças de maior qualidade, permitiu também a Antônio de Alcântara Machado se aproximar das vanguardas e rever sua visão de teatro vazada nos moldes do teatro tradicional francês.

De vislumbre de novas possibilidades para a arte teatral no início da década de 20, Pirandello passa a ser, entre os anos 40 e 50, um elemento determinante na elaboração de uma nova estética. Para confirmar isso basta lembrar as montagens de *Seis Personagens à Procura de um Autor*, *Assim É (se lhes Parece)* [*Così è (se vi pare)*] e *Vestir os Nus*, realizadas pelo Teatro Brasileiro de Comédia, o qual estava renovando o conceito de teatro, graças à escolha de um repertório nacional e internacional qualificado, à presença de novos diretores e cenógrafos (entre os quais os italianos Adolfo Celi, Luciano Salce, Ruggero Jacobbi e Aldo Calvo), a um melhor preparo dos intérpretes.

Pirandello, no entanto, não é primordial só para o Teatro Brasileiro de Comédia pela sólida carpintaria teatral de suas peças. Serve tam-

---

7. Miroel Silveira, *A Contribuição Italiana ao Teatro Brasileiro*. São Paulo, Quíron; Brasília, Instituto Nacional do Livro, 1976, p. 206.

bém para que o Teatro de Arena, em oposição à "estética burguesa" do TBC, encontre o caminho para um espetáculo mais popular, apresentando, em meados da década de 50, *O Prazer da Honestidade* [*Il piacere dell'onestà*] e *Não se Sabe Como* [*Non si sa come*].

Nos anos seguintes, a presença de Pirandello se enfraquece, mas volta sempre em momentos significativos para a cultura brasileira, como, por exemplo, recentemente, na peça *Encontrar-se* [*Trovarsi*], na qual o teatro volta a afirmar-se como empenho intelectual num momento em que os palcos brasileiros são tomados pelas comédias ligeiras; e na montagem de 1992-1993 de *O Homem da Flor na Boca* [*L'uomo dal fiore in bocca*], quando se parte do texto pirandelliano para representar um dos grandes dramas contemporâneos, o da AIDS.

A atualidade de Pirandello, que estes últimos espetáculos parecem afirmar, não deve porém deixar em segundo plano o conhecimento ainda hoje fragmentário de sua obra e a existência de uma fortuna crítica que, exceto em alguns casos, quase nunca saiu do estrito âmbito do pirandellismo e, portanto, não se demonstrou capaz de trazer contribuições significativas para a análise de sua poética.

Nesse sentido, a última edição de *Seis Personagens à Procura de um Autor* junto com *Esta Noite se Representa de Improviso* e *Cada Um a Seu Modo*, precedida de *O Humorismo* [*L'umorismo*], representa um passo importante em direção a uma retomada dos estudos sobre Pirandello no Brasil.

Partindo de uma sugestão de Sábato Magaldi em *O Cenário no Avesso* (Gide e Pirandello), J. Guinsburg reuniu três das peças mais significativas do teatro pirandelliano bem como o ensaio escrito em 1907-1908 e novamente publicado em 1920, em virtude do vínculo que pode ser estabelecido entre esses vários textos. Se nas peças Pirandello reflete sobre a arte teatral, sondando sobretudo o estatuto da *persona*, em *O Humorismo* postula aquele "sentimento do contrário" que anima suas personagens.

Diante dessa nova proposta de reflexão sobre a arte pirandelliana, explicitada também nos ensaios que abrem o volume *Pirandello: Do Teatro no Teatro* (1999), não deixa de causar uma certa curiosidade a anunciada adaptação de *Assim É (se lhes Parece)* para um dos episódios de *Você Decide* da Rede Globo. É mais uma tentativa de apresentar Pirandello ao povo, como pretendia Prina em 1956? Num programa em que o público é chamado a escolher categoricamente entre duas alternativas, qual será o espaço para a perplexidade, a contradição, a cisão dos sentimentos pirandellianos?

## Traduções de Obras de Pirandello no Brasil

### De NOVELLE PER UN ANNO

*Novelas Escolhidas*, tradução de Francisco Pati, São Paulo, A. Tisi, 1925.
*A Luz da Outra Casa, Novelas Escolhidas*, tradução de Francisco Pati, São Paulo, Piratininga, 1932.
*A Morta e a Viva e Outras Novelas*, tradução de Daysy Brescia, São Paulo, Martins, 1960.
*Entre Duas Sombras e Outras Novelas*, tradução de Jacob Penteado, São Paulo, Martins, 1962.
*O Marido de Minha Mulher e Outras Novelas*, tradução de Jacob Penteado, São Paulo, Martins, 1963.
*Sol e Sombra e Outras Novelas*, tradução de Jacob Penteado, São Paulo, Martins, 1963.
*O Velório e Outras Novelas*, tradução de Jacob Penteado, São Paulo, Martins, 1963.
*Kaos e Outros Contos Sicilianos*, tradução de Fulvia M. L. Moretto, São Paulo, Nova Alexandria, 1994.

### IL FU MATTIA PASCAL

*O Falecido Matias Pascal*, tradução de Souza Jr., Porto Alegre, Globo, 1933.
*O Falecido Matias Pascal*, tradução de Souza Jr., Porto Alegre, Globo, 1941.
*O Falecido Matias Pascal*, [sem indicação do tradutor], São Paulo, Martins, 1964.
*O Finado Matias Pascal*, tradução de Helena Parente Cunha, Rio de Janeiro, Delta, 1966.
*O Finado Matias Pascal*, tradução de Helena Parente Cunha, Rio de Janeiro, Opera Mundi, 1970.
*O Falecido Matias Pascal*, tradução de Mário da Silva, Rio de Janeiro, Civilização Brasileira, 1971.
*O Falecido Matias Pascal*, tradução de Raul de Polillo, São Paulo, Martins, 1971.
*O Falecido Mattia Pascal*, tradução de Mário da Silva, São Paulo, Abril Cultural, 1972.
*O Falecido Mattia Pascal, Seis Personagens à Procura de um Autor*, tradução de Mário da Silva, Brutus Pedreira & Elvira Rina Malerbi Ricci, São Paulo, Abril Cultural, 1978.
*O Falecido Mattia Pascal, Seis Personagens à Procura de um Autor*, [sem indicação do tradutor], São Paulo, Abril Cultural, 1981.

I Vecchi e i Giovani

*Os Velhos e os Moços*, tradução de José Geraldo Vieira, São Paulo, Instituto Progresso Editorial, 1947.

L'Esclusa

*A Excluída*, tradução de José Geraldo Vieira, São Paulo, Instituto Progresso Editorial, 1949.
*A Excluída*, [sem indicação do tradutor], São Paulo, Martins, 1960.

Vestire gli Ignudi

*Vestir os Nus*, tradução de Ruggero Jacobbi, São Paulo, Brasiliense, 1966.

Liolà

*Teatro 1: Seis Personagens à Procura de um Autor; Liolá*, tradução de Brutus D. G. Pedreira & Mário da Silva, Rio de Janeiro, Civilização Brasileira, 1972.

Sei personaggi in Cerca d'Autore

*Teatro 1: Seis Personagens à Procura de um Autor; Liolá*, tradução de Brutus D. G. Pedreira & Mário da Silva, Rio de Janeiro, Civilização Brasileira, 1972.
*Seis Personagens à Procura de um Autor*, tradução de Brutus Pedreira & Elvira Rina Malerbi Ricci, São Paulo, Abril Cultural, 1977.
*O Falecido Mattia Pascal; Seis Personagens à Procura de um Autor*, tradução de Mário da Silva, Brutus Pedreira & Elvira Rina Malerbi Ricci, São Paulo, Abril Cultural, 1978.
*O Falecido Mattia Pascal; Seis Personagens à Procura de um Autor*, [sem indicação do tradutor], São Paulo, Abril Cultural, 1981.
*Seis Personagens à Procura de um Autor*, tradução de J. Guinsburg e Roberta Barnie, in GUINSBURG, J. (org.), *Pirandello: Do Teatro no Teatro*, São Paulo, Perspectiva, 1999.

La giara

*O Jarro*, [sem indicação do tradutor], *Cadernos de Teatro*, Rio de Janeiro, n. 94, jul.-set. 1982, pp. 31-39.

## BELLAVITA

*Belavida*, [sem indicação do tradutor], *Cadernos de Teatro*, Rio de Janeiro, n. 99, out.-dez. 1983, pp. 19-25.

## ENRICO IV

*Henrique IV*, tradução de Aurora Fornoni Bernardini e Homero Freitas de Andrade, in Aurora Fornoni BERNARDINI, *Henrique IV e Pirandello: Roteiro para uma Leitura*, São Paulo, Edusp, 1990, pp. 75-171.

## QUADERNI DI SERAFINO GUBBIO OPERATORE

*Cadernos de Serafino Gubbio Operador*, tradução de Sérgio Mauro, Petrópolis, Vozes; São Paulo, Istituto Italiano di Cultura – Instituto Cultural Ítalo-Brasileiro, 1990.

## CIASCUNO A SUO MODO

*Cada Um a Seu Modo*, tradução de J. Guinsburg e Pérola de Carvalho, *in* GUINSBURG, J. (org.), *Pirandello. Do Teatro no Teatro*, São Paulo, Perspectiva, 1998.

## QUESTA SERA SI RECITA A SOGGETTO

*Esta Noite se Representa de Improviso*, tradução de J. Guinsburg e Sérgio Coelho, *in* GUINSBURG, J. (org.), *Pirandello: Do Teatro no Teatro*, São Paulo, Perspectiva, 1999.

## L'UMORISMO

*O Humorismo*, tradução de J. Guinsburg, *in* GUINSBURG, J. (org.), *Pirandello: Do Teatro no Teatro*, São Paulo, Perspectiva, 1999.

## PRINCIPAIS MONTAGENS DE PIRANDELLO NO BRASIL

*Così è (se vi Pare)*

1924, Companhia Brasileira de Comédias Jaime Costa, São Paulo/Jaú (*Pois É Isso...*, tradução de Paulo Gonçalves, que assinou com o pseudônimo de Teresa Coelho)

1925, Compagnie Dramatique Française, São Paulo (*Chacun sa vérité*)
1925, Compagnia Italiana Maria Melato-Annibale Petrone, São Paulo/Rio de Janeiro
1927, Companhia Brasileira de Comédias Jaime Costa, Rio de Janeiro (*Pois É Isso...*, tradução de Paulo Gonçalves)
1953, Teatro Brasileiro de Comédia, São Paulo (*Assim É (se lhe Parece)*, tradução de Brutus Pedreira)
1971, Companhia Paulo Autran, São Paulo (*Só Porque Você Quer...*, tradução de Paulo Autran)

## Il Giuoco delle Parti

1926, Compagnia Italiana Italia Almirante, São Paulo

## L'amica delle mogli

1927, Compagnia del Teatro d'Arte di Roma, São Paulo/Rio de Janeiro

## Come prima, meglio di prima

1927, Compagnia del Teatro d'Arte di Roma, São Paulo/Rio de Janeiro

## Enrico IV

1927, Compagnia del Teatro d'Arte di Roma, São Paulo/Rio de Janeiro
1929, Compagnia Drammatica Italiana del Teatro d'Arte di Milano, São Paulo
1956-57, Companhia Nydia Licia & Sérgio Cardoso, São Paulo (*Henrique IV*, tradução de Brutus Pedreira)

## Sei Personaggi in Cerca d'Autore

1927, Compagnia del Teatro d'Arte di Roma, São Paulo/Rio de Janeiro
1947, Grande Compagnia Italiana di Commedie, São Paulo
1951, Compagnia del Teatro Italiano, São Paulo
1951, Teatro Brasileiro de Comédia, São Paulo (*Seis Personagens à Procura de um Autor*, tradução de Menotti Del Picchia)
1955, Compagnia del Teatro Italiano, São Paulo
1956, Sociedade de Artistas Independentes, São Paulo (*Seis Personagens à Procura de um Autor*, tradução de Menotti Del Picchia)
1958, Teatro de Amadores de Pernambuco, Recife (*Seis Personagens à Procura de Autor*)
1960, Companhia CTCA Tonia-Celi-Autran, São Paulo/ Santos (*Seis Personagens à Procura de um Autor*, tradução de Brutus Pedreira)
1977, Sfat Empreendimentos Culturais e Artísticos, Rio de Janeiro (*Seis Personagens à Procura de Autor*, tradução de Paulo José)

1983, Escola de Artes Cênicas, Belo Horizonte, (*Seis Personagens à Procura de um Autor*)

## Come tu mi Vuoi

1927, Compagnia del Teatro d'Arte di Roma, São Paulo/ Rio de Janeiro
1948, Compagnia Italiana di Commedie Evi Maltagliati-Luigi Cimara, São Paulo

## Tutto per bene

1929, Compagnia Drammatica Italiana del Teatro d'Arte di Milano, São Paulo

## Il Piacere dell'Onestà

1929, Compagnia Drammatica Italiana del Teatro d'Arte di Milano, São Paulo
1937, Teatro Regina, Rio de Janeiro (*A Volúpia da Honra*, tradução de Benjamin de Lima)
1954, Teatro Permanente das Segundas-Feiras, São Paulo (*O Prazer da Honestidade*, tradução de Álvaro Moreira)
1955, Teatro de Arena, São Paulo (*O Prazer da Honestidade*, tradução de Álvaro Moreira)

## La Patente

1930, Compagnia Italo-Siciliana Marcollini, São Paulo
1954, Il Piccolo Teatro di Milano, São Paulo
1982, Escola de Comunicações e Artes da Universidade de São Paulo, São Paulo (montagem de *A Licença & O Homem da Flor na Boca* com o título de *Ledo Engano*)

## Il Berretto a Sonagli

1930, Compagnia Italo-Siciliana Marcollini, São Paulo
1956, Compagnia Peppino De Filippo, São Paulo

## La morsa

1947, Grande Compagnia Italiana Emma Gramatica, São Paulo

## La vita che ti diedi

1947, Grande Compagnia Italiana Emma Gramatica, São Paulo

## Vestire gli Ignudi

1947, Grande Compagnia Italiana di Commedie, São Paulo

1948, Cooperativa de Espetáculos Novos de Arte, Rio de Janeiro (*Vestir os Nus*)
1957, Nosso Teatro, São Paulo (*Vestir os Nus*, tradução de Pyndaro Godinho)
1958, Teatro Brasileiro de Comédia, São Paulo/Santos (*Vestir os Nus*, tradução de Ruggero Jacobbi)

*Pensaci, Giacomino!*

1947, Grande Compagnia Italiana di Commedie, São Paulo
1970, Compagnia Italiana di Commedie "Teatro Stabile San Babila di Milano", São Paulo

*L'Imbecille*

1952, Companhia Teatral da Escola de Arte Dramática, São Paulo (*O Imbecil*, tradução de Alfredo Mesquita)
1952, Companhia Teatral da Escola de Arte Dramática, Recife (*Um Imbecil*)
1954, Il Piccolo Teatro di Milano, São Paulo
1994, Teatro da Praça, São Paulo (*Um Político Imbecil*)

*La Giara*

1954, Il Piccolo Teatro di Milano, São Paulo
1956, Instituto Cultural Ítalo-Brasileiro, São Paulo

*Non si sa Come*

1955, Teatro de Arena, São Paulo (*Não se Sabe Como*, tradução de Ruggero Jacobbi)
1978, Cooperativa Teatro Móvel, Rio de Janeiro

*Il dovere del Medico*

1956, Instituto Cultural Ítalo-Brasileiro, São Paulo

*Lazzaro*

1957, Compagnia Italiana di Prosa, São Paulo

*L'altro figlio*

1958, Instituto Cultural Ítalo-Brasileiro, São Paulo

*Liolà*

1958, Compagnia Stabile di Genova, São Paulo
1969, Teatro Stabile di Catania, São Paulo

## L'uomo, la Bestia e la Virtù

1960, Teatro Stabile della Città di Torino, São Paulo
1962, O Teatro dos Sete, Rio de Janeiro (*O Homem, a Besta e a Virtude*, tradução de Gianni Ratto)
1983, Compagnia Arnaldo Ninchi, São Paulo

## L'Uomo dal Fiore in Bocca

1961, Grêmio Teatral da Congregação Mariana Santana, São Paulo (*O Homem da Flor na Boca*)
1982, Escola de Comunicações e Artes da Universidade de São Paulo, São Paulo (montagem de *A Licença* & *O Homem da Flor na Boca* com o título de *Ledo Engano*)
1988, Núcleo Teatro Oculto, São Paulo (*O Homem da Flor na Boca*)
1992-93, Casa de Cultura Mário Quintana, Porto Alegre (*O Homem da Flor na Boca*)
1994, Cacá Carvalho, São Paulo (*O Homem com a Flor na Boca*, tradução de Maria José Carvalho)
1998, Teatro Glória, Rio de Janeiro.

## Questa Sera si Recita a Soggetto

1961, Companhia Nydia Licia, São Paulo (*Esta Noite Improvisamos*, tradução de Nydia Licia)
1986, Grupo Divulgação, Juiz de Fora (*Esta Noite se Improvisa*)
1998, Teatro da Assembléia, Belo Horizonte (*Esta Noite se Improvisa*)

## I Giganti della Montagna

1969, Teatro Dois Mundos, São Paulo (*Os Gigantes da Montanha*, tradução de Alberto D'Aversa)

## Ma non è una cosa seria

1983, Compagnia Arnaldo Ninchi, São Paulo

## Trovarsi

1989-90, Companhia Renata Sorrah, Rio de Janeiro/São Paulo (*Encontrar-se*)

PRINCIPAIS TEXTOS ESCRITOS NO BRASIL SOBRE PIRANDELLO

ANDRADE, Oswald de. "Anunciação de Pirandello". *Correio Paulistano*, São Paulo, 29 jun. 1923.
_____ . "Do Teatro, que É Bom...", in *Ponta de Lança*. Rio de Janeiro, Civilização Brasileira, 1972, pp. 85-92.

ATAÍDE, Tristão de. "Pirandello", in *Estudos – 2ª Série*. Rio de Janeiro, Edição de Terra de Sol, 1928, pp. 136-146.

BERNARDINI, Aurora Fornoni. *Henrique IV e Pirandello: Roteiro para uma Leitura*. São Paulo, Edusp, 1990.

BOSI, Alfredo. "Itinerario della narrativa pirandelliana". Tese de Doutoramento. Faculdade de Filosofia, Ciências e Letras, Universidade de São Paulo, 1964.

_____ . "O Outro Pirandello"; "Um Conceito de Humorismo"; "Alguém Está Rindo", in *Céu, Inferno: Ensaios de Crítica Literária e Ideológica*. São Paulo, Ática, 1988, pp. 183-187, 188-191, 192-198.

DISTANTE, Carmelo. "Introdução", in PIRANDELLO, Luigi, *Cadernos de Serafino Gubbio Operador*. Petrópolis, Vozes; São Paulo, Istituto Italiano di Cultura-Instituto Cultural Ítalo-Brasileiro, 1990, pp. 5-13.

*A Luz de Pirandello*. Anhembi, São Paulo, II(5): 382-385, abr. 1951.

LARA, Cecília de. *De Pirandello a Piolim: Alcântara Machado e o Teatro no Modernismo*. Rio de Janeiro, INACEN, 1987.

MAGALDI, Sábato. *O Cenário no Avesso (Gide e Pirandello)*. São Paulo, Perspectiva, 1977.

_____ . "Os Gigantes da Montanha". *O Estado de S. Paulo*, São Paulo, Supl. Literário, p. 4, 12 jul. 1978.

_____ . "Prefácio", in PIRANDELLO, Luigi, *Vestir os Nus*. São Paulo, Brasiliense, 1966, pp. V-XI.

_____ . *O Texto no Teatro*. São Paulo, Perspectiva/Edusp, 1989.

MAGALHÃES, Paulo de. *Pirandello, o Maior Autor Contemporâneo*. Rio de Janeiro, Gráfica Tupy, 1957.

MAURO, Sérgio. "Pirandello e Machado de Assis: um Estudo Comparado". Dissertação de Mestrado. Faculdade de Filosofia, Letras e Ciências Humanas, Universidade de São Paulo, 1989.

MENDES, Oscar. *Papini, Pirandello e Outros*. Belo Horizonte, Livraria Editora Paulo Bluhm, 1941.

MICHALSKI, Yan. "A Vida que Imita o Teatro". *Jornal do Brasil*, Rio de Janeiro, 19 ago 1977.

_____ . "A Vida que Imita o Teatro". *Jornal do Brasil*, Rio de Janeiro, Caderno B, p. 10, 30 ago. 1977.

_____ . "Os que Sabem Como". *Jornal do Brasil*, Rio de Janeiro, Caderno B, p. 2, 23 maio 1978.

MORETTO, Fulvia L. M. "Introdução", in PIRANDELLO, Luigi, *Kaos e Outros Contos Sicilianos*. São Paulo, Nova Alexandria, 1994, pp. 7-12.

MOTTA, Candido Filho. "Introdução", in PIRANDELLO, Luigi, *Novelas Escolhidas*. São Paulo, Tisi, 1925, pp. V-XIII.

_____ . "Pirandello", inPIRANDELLO, Luigi, *A Luz da Outra Casa: Novelas Escolhidas*. São Paulo, Piratininga, 1932, pp. V-XIII.

NAGIB, Amary Luiz. *Temas Pirandellianos*. Anhembi, São Paulo, IX(107): 411-413, out. 1959.

PIMENTEL, Osmar. "O Homem Pirandello", in *A Cruz e o Martelo*. São Paulo, Conselho Estadual de Cultura, 1970, pp. 9 -33.

PRINA, Carlo. *Castro Alves, as Mulheres e a Música; Síntese da Poesia Dannunziana; Suplemento Narrativo e Crítico: a Complemento de Todo o Teatro de Pirandello.* São Paulo, Martins, 1960.

_____ . *Todo o Teatro de Pirandello (Narrado, Comparado e Explicado ao Povo).* São Paulo, Edição do Autor, 1956.

SEGRE, Carlos David. "Pirandello e a Psicanálise". *Quaderni,* São Paulo, (2): 97-108, mar. 1992.

*Sei personaggi in cerca di autore, de Pirandello. Anhembi,* São Paulo, I(10): 124-125, set. 1951.

*Seis Personagens à Procura de Autor. Anhembi,* São Paulo, X(114): 611-612, maio 1960.

*Seis Personagens à Procura de um Autor. Anhembi,* São Paulo, II(6): 566-569, maio 1951.

*Seis Personagens no Teatro Brasileiro de Comédia e por Vittorio Gassmann. Anhembi,* São Paulo, I(10): 130-131, set. 1951.

SILVEIRA, Miroel. *A Contribuição Italiana ao Teatro Brasileiro.* São Paulo, Quíron; Brasília, Instituto Nacional do Livro, 1976.

SOUZA, Claudio de. *Pirandello e seu Teatro.* Rio de Janeiro, P.E.N. Clube do Brasil, 1946.

SOUZA, Vilma K. B. de. *Pirandello e o Realismo da Linguagem.* Língua e Literatura, São Paulo, XI(14): 151-160, 1985.

*VESTIR OS NUS. Anhembi,* São Paulo, VIII(9): 188-189, jun. 1958.

# COLEÇÃO TEXTOS

1. *Marta, a Árvore e o Relógio*, Jorge Andrade
2. *Antologia dos Poetas Brasileiros da Fase Colonial*, Sérgio Buarque de Holanda
3. *A Filha do Capitão e o Jogo das Epígrafes*, Aleksandr S. Púchkin / Helena S. Nazario
4. *Textos Críticos*, Augusto Meyer (João Alexandre Barbosa, org.)
5. *O Dibuk*, Sch. An-ski (J. Guinsburg, org.)
6. *Panorama do Movimento Simbolista Brasileiro* (2 vols.), Andrade Muricy
7. *Ensaios*, Thomas Mann (Anatol Rosenfeld, seleção)
8. *Leone de'Sommi: Um Judeu no Teatro da Renascença Italiana*, J. Guinsburg (org.)
9. *Caminhos do Decadentismo Francês*, Fulvia M. L. Moretto (org.)
10. *Urgência e Ruptura*, Consuelo de Castro
11. *Pirandello: Do Teatro no Teatro*, J. Guinsburg (org.)
12. *Diderot: Obras I-VIII*, J. Guinsburg (org.)
13. *Makunaíma e Jurupari: Cosmogonias Ameríndias*, Sérgio Medeiros (org.)
14. *Canetti: O Teatro Terrível*, Elias Canetti
15. *Ideias Teatrais: O Século XIX no Brasil*, João Roberto Faria
16. *Heiner Müller: O Espanto no Teatro*, Ingrid D. Koudela (org.)
17. *Büchner: Na Pena e na Cena*, J. Guinsburg e Ingrid D. Koudela (orgs.)
18. *Teatro Completo*, Renata Pallottini
19. *A República de Platão*, J. Guinsburg (org.)
    *Górgias de Platão*, Daniel R. N. Lopes
    *Protágoras de Platão*, Daniel R. N. Lopes
20. *Barbara Heliodora: Escritos sobre Teatro*, Claudia Braga (org.)
21. *Hegel e o Estado*, Franz Rosenzweig
22. *Almas Mortas*, Nikolai Gógol
23. *Machado de Assis: Do Teatro*, João Roberto Faria (org.)
24. *Descartes: Obras Escolhidas*, J. Guinsburg, Roberto Romano e Newton Cunha (orgs.)
25. *Luís Alberto de Abreu: Um Teatro de Pesquisa*, Adélia Nicolete (org.)
26. *Teatro Espanhol do Século de Ouro*, J. Guinsburg e Newton Cunha (orgs.)
27. *Tévye, o Leiteiro*, Scholem Aleikhem
28. *Tatiana Belinky: Uma Janela para o Mundo – Teatro para Crianças e para Todos*, Maria Lúcia de Souza Barros Pupo (org.)
29. *Spinoza – Obra Completa I-IV*, J. Guinsburg; Newton Cunha e Roberto Romano (orgs.)
30. *Comentário Sobre a "República"*, Averróis (Rosalie H.S. Pereira, org.)
31. *Hóspede Por uma Noite*, Sch.I. Agnon
32. *Peter Handke: Peças Faladas*, Samir Signeu (org.)
33. *Dramaturgia Elizabetana*, Barbara Heliodora (org.)
34. *Lessing: Obras*, J. Guinsburg e Ingrid D. Koudela (orgs.)
35. *Thomas Bernhard: O Fazedor de Teatro*, Samir Signeu (org.)

Este livro foi impresso em Cotia,
nas oficinas da Meta Brasil,
para a Editora Perspectiva.